KB267786

간추린 불교상식 100문100답

간추린 불교상식 100문 100답

정승석 지음

민족사

머 리 말

하나의 사상이 성립되면 이를 해설하고 보완하기 위한 많은 문헌들이 쏟아져 나오기 마련이지만, 불교의 경우에는 그 문헌의 양이 타의 추종을 불허한다. 과거에 그렇게 많은 양의 문헌들이 쏟아졌던 이유는 불교사상의 깊이와 폭이 그만큼 광활하기 때문일 것이다. 물론 역으로 불교사상가들의 활발한 저술활동이 불교의 폭을 넓히고 깊이를 더하게 했다고도 할 수 있다. 어떠한 경우이든 부처님이 애초에 폈던 가르침에는 세계와 인간에 대한 냉철한 비판과 바른 진실이 담겨 있고, 진리를 추구하는 많은 사람들이 그 가르침에 공감하였음을 부인할 수 없다.

그렇게 많은 문헌들이 있음에도 불구하고 당면해 있는 시대마다 사람들은 새로운 책의 필요성을 절감하게 된다. 왜냐하면 갈수록 인간의 인지가 발달하고, 그에 따라 표현방식도 달라지기 때문이다. 특히 현대에 이르러서는 가장 보편적이고 중요한 표현방식인 언어의 급격한 변화로 인해 그 필요성이 더욱 절실해지고 있다. 그래서 고도의 인쇄술로 많은 책들이 쏟아지고 있음에도 정작 책이 부족하다는 호소를 종종 듣게 되는 것이 바로 우리 불교계의 현실이다. 이는 불교인이 가지고 있는 사유의 틀이 조화를 이루고 있지 못한 탓이라고 생각된다.

불교사상을 주로 중국의 언어로 전해 받은 우리 나라의 특수성 때문에, 불교를 전하고자 하는 측은 한자에 젖은 기존의 고정관념으로 불교를 이해할 수 있으나, 막상 받아들이는 측은 자신이 젖어 있는 일상의 언어 감각으로써 그것을 이해하려는 데서 어려움이 따르게 된다. 근래에 들어서는 누구나 이 문제를 심각하게 의식하고 있으며, 필자마다 이러한 문제의 해소를 위해서 노력하고 있으므로 점차 개선되어 갈 것으로 기대된다.

이와 아울러 불교에 접근하고자 하는 사람들이 부닥치는 또 하나의 문제는, 불교의 전반을 이해하기 위해 어떤 책을 선택해야 할 것이냐 하는 어려움이다. 단적으로 말하면 마땅한 입문서가 없다고 느끼는 것이다. 사실 최근에는 많은 입문서들이 출판되어 있다. 그리고 그것들은 나름대로의 가치를 지니고 있다. 그 중 어느 것이든 하나를 택하여 열심히 진지하게 읽어 나간다면 어느 정도 소기의 성과를 거둘 수 있으리라는 것은 분명하다. 하지만 한편으로 모든 초심자에게 연구하는 자세로 열심히 읽으라고 권하기란 쉽지 않은 일이다. 아무래도 전문가측에서는 일반인들이 보다 쉽게 접근할 수 있도록 배려를 아끼지 말아야 하는 것이 당연할 것 같다. 실제로 현재의 입문서들은 일본서적을 번역한 것이 대부분이고, 국내의 많지 않은 저작들은 아직 전문 학도에게 편향되어 있다. 그 내용 또한 교리의 해설이나 사상사의 개관에 치우쳐 있다. 따라서 좀더 다양한 방식의 입문서가 요구되고 있다.

이 책을 쓰게 된 것은 위와 같은 여러 문제들을 모두 해소하겠다는 생각에서가 아니다. 그러한 문제는 의식하고 있지만, 아직 나로서는 그것을 자신있게 해소할 능력이 없다. 다만 불교입문서의 한 가지 방식을 이 책으로써 시도해 본 것일 뿐이다. 여러 사람들이 그 나름대로의 방식으로 다양하게 불교의 이해를 도모하고, 그러한 방식들이 취합되는 과정에서 문제의 해결은 자연스럽게 이루어질 수 있을 것이라는 생각에서 기존의 입문서와는 다른 양식으로 불교의 종합적 이해를 시도해 보았다. 그래서 다음과 같은 기준을 토대로 하여 이 책을 집필하였다.

형식상 문답의 형태를 취하기는 했지만, 기존의 교리문답과는 전혀 입장이 다르다.

먼저 우리 나라의 불교인으로서 불교 전반을 이해하는 데 필수적이라고 생각되는 주제, 또는 확실히 이해할 수 없어서 궁금하리라고 생각되는 문제 100가지를 선정하였다. 그리고 나서 각 주제의 핵심적인 측면을 다른 문제와 연관시켜서 설명하는 데 주력하였다.

여기서 선정된 주제는 필자 개인의 주관에 의한 것이므로 다른 사람들이 중요하다고 생각하는 문제가 빠져 있을 수가 있다. 그러므로 하나의 문제에서 관련되는 주요사항을 아울러 설명하고자 각별히 신경을 썼으며, 그 사상적 배경을 이해하는 데에 치중하였다.

내용을 기술함에 있어서는 비교적 우리 주변에서 쉽게 접할 수 있는 교양서나 전문서를 이용하였다. 그러나 관련된 문제에 대한 논의가 너무 전문적인 수준으로 나아가지 않도록 유의하였다. 또한 대개의 경우는 나의 주관적 견해가 피력되어 있다. 그렇다고 해서 근래의 학계에서 정설화되어 있는 해석이나 해설을 임의로 변용한 것은 아니다. 물론 주제에 따라서는 나의 견해가 강하게 노출된 경우도 있다. 하지만 그러한 모든 경우에는 나의 견해를 피력하는 데에 근거가 되거나 도움이 된 자료들을 제시하였다.

전체적으로 불교 이해의 현대적 시각을 수용하였으며, 여기서 설명된 내용들은 현대의 한 젊은 불교인이 그간의 불교서적을 통하여 이해하고 비판한 불교의 한 측면이라고 받아들여 주면 좋겠다.

이러한 나의 이해가 가능한 한, 객관적인 것이 될 수 있도록 노력하였지만 내가 간과하거나 무시한 다른 측면도 있을 수 있음을 부인할 수는 없다. 그러한 면에 대해서는 선배와 동료들의 지적이 있을 것으로 기대하며, 그런 지적을 통해 이 책의 부족함을 보완할 기회가 있을 것으로 믿는다.

개인적으로는 이러한 입문서 성격의 책을 쓴다는 것이 시기 상조임을 확실히 알고 있다. 물론 이 책이 자발적으로 기획된 것은 아니었으나, 막상 작업에 들어가서는 평소에 느끼고 있던 대로 불교 이해의 구태 의연함을 벗기 위해 욕심을 부리고 나름대로의 노력은 하였다. 그렇지만 앞에서 지적한 몇 가지 문제점들을 해소하는 데에 만족할 만한 노력을 기울이지 못하였음을 스스로 인정하지 않을 수 없다. 이 책은 내게 그러한 작업의 시작으로서의 짐을 지워 주었다는 것으로써 일단 자위하고자 한다. 아울러 이 책을 통해 일반 불교인은 물론이고 보다 전문적으로 불교에 접근하고자 하는 학생들이 불교의 실체를 어느 정도 인식할 수 있다면 더할 나위 없는 다행일 것이다.

1989년 1월 5일

정승석

개정판 머리말

나의 첫번째 저서인 이 책을 펴낸 지 10년이 지났다. 지금은 개정판을 내기에 적절한 시기가 되었다. 이 책은 어느 정도 전문성을 갖춘 불교강좌의 책으로는 가장 많이 시판되었다. 그런 만큼 저자로서는 부담도 커졌으므로, 나중에 발견된 사소한 오류라도 정정하여 재판을 발행하고 싶었지만, 정정이 필요한 양에 비하면 아직 시기가 이르다는 생각에 지금까지 초판을 유지해 왔었다. 이제 이 책을 민족사에서 발행하게 된 것을 기회로 삼아, 그간 미루어 왔던 정정을 전면적으로 실행하여 개정판을 내게 되었다.

개정판이 초판과 비교하여 크게 달라진 것은 불교원어의 표기법과 찾아보기이다. 이 밖에는 오자를 맞춤법에 따라 바로잡았으며, 문장이 바뀌거나 추가된 내용도 약간 있다. 그러므로 내용상의 큰 변화는 별로 없다.

이 책을 대할 때마다 나는 고인이 되신 장상문 거사의 업적과 은덕을 상기한다. 불교의 대중화를 선도하였고, 소위 대중불교를 정착시킨 그 분의 깊은 뜻과 배려에 의해 이 책은 출판될 수 있었다. 장상문 거사와 같은 뜻을 또 다른 차원에서 실행하고 있는 민족사의 윤창화 사장님이 개정판을 발행하게 된 것을 나는 감사하며 기쁨으로 여긴다. 초판을 발행한 고인의 염원이 이 개정판으로 더욱 크게 실현될 수 있기를 기대한다.

1999년 7월 16일
저자

일러두기

1. 이 책은 반드시 차례대로 읽어야 할 필요는 없다. 물론 처음부터 정독하는 것이 가장 바람직하겠으나, 그렇지 못할 경우에는 관심 있는 문제를 취하여 관련되는 문제를 읽어 나갈 수 있도록 구성했다.

2. 각 문항의 제목은 전체의 주제와 실제의 질문으로 구성되어 있다. 주제는 답변의 전반에 미치는 중심 문제이고, 질문은 그 주제가 주로 어떠한 입장에서 설명될 것인지를 나타낸다.

3. 답변의 내용에서 고딕체로 돌출되어 있는 단어는 주제와 동일한 개념이거나, 주제와 필수적으로 연관되기 때문에 집중적으로 설명하는 주요 개념임을 표시한다.

4. 각 문항의 말미에 참고자료의 출처를 정확히 표시하였으나, 이 책에서의 기술 중 어느 부분인지는 표시하지 않았다. 필자의 주관적인 견해 외에, 관련된 주제의 사실적, 역사적 설명이나 교리적 해명은 모두 말미에 제시된 참고자료에서 이용한 것이다. 이 경우에는 대개가 참고자료의 문구를 그대로 옮긴 것이 아니라, 그 골자를 발췌하거나 원의를 왜곡하지 않는 범위 내에서 그 표현의 일부를 수정하여 서술한 것이다.

차 례

제1장 붓다의 생애와 설법

1. 출 생 20
　부처님은 언제, 어디서, 어떻게 출생하였는가?

2. 성 장 24
　부처님은 젊은 시절을 어떻게 보냈는가?

3. 악마의 유혹 28
　부처님이 깨달음을 얻기 직전, 악마의 유혹을 물리쳤다는 이야기의 의미는?

4. 전 도 32
　부처님의 전도선언이란 무엇이며, 어떠한 의의를 지니는가?

5. 외도제압 36
　사화외도의 3형제를 신통력으로써 굴복시켰다는 이야기는
　어떤 의의를 지니는가?

6. 반 발 39
　데바닷타의 반역이란 실제 어떠한 사건인가?

7. 수행과 성 44
　부처님은 왜 처음에 여성의 출가를 반대하였는가?

8. 유 훈 49
　'자등명 법등명'이라는 유훈의 의미는?

10

9. 방 편 ··· 52
　　뗏목의 비유가 뜻하는 바는 무엇인가?

10. 현실해결주의 ··· 55
　　독화살의 비유가 뜻하는 바는 무엇인가?

11. 교화방법 ··· 59
　　부처님은 어떠한 방법으로 사람들을 교화하였는가?

12. 차제설법 ··· 64
　　부처님의 차제설법이란 무엇이며, 그 의의는?

제2장 진리의 실천자들

13. 불(佛) ·· 70
　　부처란 무엇인가?

14. 보 살 ··· 74
　　보살이란 어떠한 인물인가?

15. 대승의 보살 ··· 78
　　어떠한 보살들이 있으며, 그 특징은 무엇인가?

16. 아라한 ··· 84
　　아라한이란 어떠한 사람인가?

17. 성문과 독각 ··· 88
　　성문과 독각이란 어떠한 사람인가?

18. 전륜성왕 ··· 93
　　전륜성왕의 불교적 의의는 무엇인가?

19. 십대제자 97

십대제자란 어떠한 이들이며, 그들의 특기는 무엇인가?

제3장 진리의 전수

20. 법(法) 108

불교에서 법의 의미는 무엇인가?

21. 깨달음 113

불교에서 말하는 깨달음이란 무엇을 의미하는가?

22. 결 집 120

경전은 어떻게 편찬되고 전파되었는가?

23. 삼 장 125

삼장이란 무엇인가?

24. 문학형식 129

불교문학의 형식으로서 구분교란 무엇인가?

25. 아 함 133

아함이란 어떠한 경전인가?

26. 설법의 언어 138

부처님은 어떠한 언어로 가르침을 폈는가?

27. 붓다의 전기 142

역사적 기록이 없음에도 부처님의 일생을 어떻게 알 수 있는가?

28. 위 경 147

위경이란 어떠한 경전인가?

12

29. 대승경전 ···································· 151
　　대승경전은 부처님의 가르침이 아닌가?

30. 역 경 ······································· 155
　　중국에서는 경전을 어떻게 번역하였는가?

31. 고려대장경 ································· 160
　　고려대장경은 어떠한 의의를 지니는가?

제4장 진리의 전개

32. 육사외도 ··································· 164
　　육사외도란 무엇이며, 불교와는 어떠한 관계가 있는가?

33. 원시불교 ··································· 170
　　원시불교는 어떠한 성격의 불교를 가리키는가?

34. 근본교설 ··································· 173
　　부처님의 근본교설이란 어떤 내용들인가?

35. 아비달마불교 ······························ 183
　　아비달마불교란 어떠한 성격의 불교인가?

36. 대승불교 ··································· 188
　　대승불교란 어떠한 성격의 불교인가?

37. 밀 교 ······································· 192
　　밀교란 어떠한 성격의 불교를 가리키는가?

38. 반야와 공 ································· 197
　　반야는 어떠한 사상을 함축하고 있는가?

39. 중 관 ·· 201

　중관사상이 견지하는 기본입장은 무엇인가?

40. 유 식 ·· 205

　유식사상은 어떠한 이론을 내세우는 사상인가?

41. 여래장 ·· 210

　여래장이란 어떠한 의의를 지닌 개념인가?

42. 일 승 ·· 214

　일승사상이란 무엇인가?

43. 교 판 ·· 217

　교상판석이란 무엇인가?

44. 격의불교 ·· 222

　격의불교란 어떠한 의미와 의의를 지니는가?

45. 화 쟁 ·· 227

　원효의 화쟁사상이란 무엇인가?

제5장 교단과 종파

46. 승(僧) ·· 232

　삼보 중의 승이 뜻하는 바는 무엇인가?

47. 출가교단 ·· 236

　처음의 출가교단은 어떻게 유지되고 기능하였는가?

48. 승 원 ·· 241

　승원은 어떻게 제도적으로 확립되어 갔는가?

14

49. 남방불교 ·· 246
　　남방불교와 북방불교는 서로 어떻게 구별되는가?

50. 인도불교 ·· 250
　　인도에서 불교는 왜 쇠멸하였는가?

51. 서역불교 ·· 256
　　서역불교란 어떤 개념이며 어떤 의의를 지니는가?

52. 중국불교 ·· 260
　　중국에는 불교가 어떻게 전래되었는가?

53. 한국불교 ·· 264
　　한국에는 불교가 어떻게 전래되었으며, 그 특징은 무엇인가?

54. 일본불교 ·· 269
　　일본에는 불교가 어떻게 전래되었으며, 그 특징은 무엇인가?

55. 티베트불교 ·· 274
　　티베트에는 불교가 어떻게 전래되었으며, 특기할 만한 사항은 무엇인가?

56. 돈황불교 ·· 279
　　돈황이 간직한 불교적 가치는 무엇인가?

57. 종 파 ··· 283
　　불교에서 종(宗)이라는 말이 지니는 의의는 무엇인가?

58. 삼론종 ·· 287
　　삼론종은 어떠한 교의를 특징으로 하는 종파인가?

59. 천태종 ·· 291
　　중국의 천태종은 어떠한 교의를 특징으로 하는 종파인가?

60. 삼계교 ···················· 298
중국에서 일어났던 삼계교는 어떤 가르침을 내건 종파인가?

61. 법상종 ···················· 303
법상종은 어떠한 입장을 특징으로 하는 종파인가?

62. 화엄종 ···················· 307
화엄종은 어떠한 교의를 특징으로 하는 종파인가?

63. 율 종 ···················· 312
율종이란 어떠한 입장을 중시하는 종파인가?

64. 선 종 ···················· 315
선종이란 어떠한 입장을 중시하여 전개된 종파인가?

65. 정토교 ···················· 322
정토교란 어떠한 교의를 특징으로 하는 종파인가?

66. 조계종 ···················· 327
조계종의 성립에 따른 한국선종의 배경은 어떠한가?

67. 일련종 ···················· 332
일본의 일련종은 어떠한 성격을 지닌 종파인가?

68. 법 난 ···················· 337
법난이란 무엇이며, 어떠한 예가 있는가?

69. 불교정화 ···················· 342
우리나라에 있었던 불교정화의 과정은 어떠하며, 그 교훈은 무엇인가?

70. 불교유신론 ···················· 347
한국불교의 과제는 무엇인가?

제6장 수행과 신앙

71. 사의지(四依止) ························· 354
초기에 출가수행자들의 청정생활은 어떠했는가?

72. 안 거 ························· 357
안거란 어떠한 의의를 지니는 제도인가?

73. 자자와 포살 ························· 360
자자와 포살이란 어떠한 의례인가?

74. 계 율 ························· 364
계율이란 무엇이며, 어떻게 제정되었는가?

75. 수 계 ························· 369
수계의 의의와 내용은 무엇인가?

76. 칠불통계 ························· 373
칠불통계의 내용과 의의는 무엇인가?

77. 삼취정계 ························· 376
삼취정계의 내용과 의의는 무엇인가?

78. 바라밀 ························· 380
바라밀의 의미와 육바라밀의 내용은 무엇인가?

79. 삼 도 ························· 384
불교를 실천하는 세 가지 길은 무엇인가?

80. 사섭법 ························· 388
사섭법의 내용과 의의는 무엇인가?

81. 서 원 391
　　서원이란 무엇이며, 어떠한 의의를 지니는가?

82. 회 향 395
　　회향이란 무엇인가?

83. 윤회와 업 398
　　불교의 윤회와 업을 어떻게 이해해야 하는가?

84. 신 통 408
　　신통이란 무엇이며, 이를 어떻게 이해해야 하는가?

85. 수 기 413
　　수기는 무엇이며, 어떠한 의미를 지니는가?

86. 4대성지 417
　　인도에서 붓다의 4대성지는 어느 곳인가?

87. 탑 421
　　불탑의 신앙적 의의는 무엇인가?

88. 불 상 426
　　불상의 신앙적 의의는 무엇인가?

89. 석굴사원 431
　　유명한 석굴사원으로는 어떤 것이 있으며, 그 의의는 무엇인가?

90. 강원과 선원 437
　　우리나라의 강원과 선원은 어떠한 곳인가?

91. 다라니와 만다라 441
　　다라니, 만다라, 만트라 등은 어떠한 것인가?

18

92. 연 등 ···················· 446
  연등행사의 의의는 무엇인가?

93. 자력과 타력 ···················· 450
  자력문과 타력문이란 어떠한 입장을 가리키는가?

94. 기복불교 ···················· 454
  우리나라 기복불교의 실태와 문제점은 무엇인가?

95. 사불과정 ···················· 459
  불교신자로서 바른 자세는 어떠해야 하는가?

96. 민중불교 ···················· 464
  민중불교 운동의 의의와 문제점은 무엇인가?

제7장 불교와 세계

97. 오 온 ···················· 474
  불교는 인간을 어떠한 존재라고 파악하는가?

98. 십이처 ···················· 479
  불교는 현실세계를 어떠한 입장에서 파악하는가?

99. 불교사회주의 ···················· 483
  불교사회주의란 어떠한 이념인가?

100. 불교의 현대적 의의 ···················· 489
  현대사회에서 불교의 의의는 무엇인가?

붓다의 생애와 설법

1 출생

부처님은 언제, 어디서, 어떻게 출생하였는가?

역사적 실재 인물로서의 부처님이 출생한 연월일은 정확히 알 수가 없다. 고대의 인도에서는 역사를 기록으로 남기지 않았기 때문이다. 그러나 부처님의 일대기를 전하는 후대의 전기나 전설 등을 통하여 그의 출생시기를 추측할 수가 있다. 많은 학자들이 여러 자료들을 검토하여 현대적 방법으로 **출생연대**를 산정하였는데, 기원전 566, 564, 563, 463년 등을 제시하고 있다. 이러한 추측들을 다음과 같이 두 가지로 정리할 수 있다.

첫째는 남방에 전해진 경전들의 내용을 검토해 기원전 550년대 이전으로 보는 것이다. 경전에 전하는 내용은 아니지만, 중성점기설(衆聖点記說)에 의해 기원전 566년으로 산정한 것도 대표적인 남방불교의 전승이다. 중성점기란 율장을 전한 비구들이 매년 1회씩 실시하는 우기(雨期)의 안거가 끝날 때마다 점을 하나씩 새겨서 경과된 햇수를 표시한 것이다. 다만 그 점들을 찍기 시작한 시기와 점의 수효가 명확하지 않다는 점에서 이 추정도 확정적일 수는 없다.

둘째는 북방으로 전해진 여러 경전과 전설 등을 근거로 하여 기원전 460년대 이후로 산정한 것이다. 이 대표적인 예는 인도 역사상 최초의 통일국가를 건설한 아쇼카(Aśoka)왕의 즉위 연대로부터 산정하여 기원전 463년이라고 보는 것이다. 이는 아쇼카왕이 부처님 입멸 후 200년 만에 즉위했다는 전승을 근거로 한다. 그러나 아쇼카왕의 즉위 연대가 확실하지 않다는 점에서 이 역시 정확한 것은 아니다. 대체로 남방과 북방 사이에는 약 100년의 차이가 있으나, 확실한 자료가 없는 인도 고대사에 있어서 이 정도의 차이는 오히려 정확한 편이라 한다.

이처럼 정확한 출생연대의 산정은 거의 불가능하기 때문에 신앙적인 입장에서 그 연대를 믿고자 하는 경향이 강하다. 한국과 중국 등의 북방에서는 기원전 1027년으로 믿어 왔던 적도 있으나, 이는 너무 지나쳐서 기원전 624년이라는 남방의 전설을 채택하고 있다. 즉 1956년에 남방의 불교국가들은 자신들의 전설에 따라 부처님이 입멸하신 지 2500년이 되는 해라는 것을 기념하여 제1차 세계불교대회를 개최하였는데, 여기에 참석한 많은 불교국가들이 이를 공식적으로 채택한 것이다. 따라서 부처님의 생애가 80년이라는 것은 이의 없이 인정되므로 '2500−1956+80=624'가 된다. 부처님의 입멸 연대로부터 계산하고 있는 현대 우리 나라의 불기(佛紀)도 이에 따른 것이다.

부처님의 출생일을 음력 4월 8일로 믿고 있는데, 이는 한역『반니원경(般泥洹經)』에서 탄생, 출가, 성도, 입멸의 날을 모두 사월초파일로 전하고 있기 때문이다. 그러나 남방불교의 전승에서는 출생일을 인도력으로 둘째 달의 보름달, 또는 인도력의 춘분에 해당하는 2월 8일이라고 한다. 인도인들은 춘분점을 가장 상서로운 시기로 간주했기 때문에 부처님의 탄생일을 이와 결부시켰을 것으로 짐작한다.

따라서 탄생일 음력 4월 8일은 불교인으로서 믿음을 되새기고 실천을 다짐하는 날로서 기념하는 것이고, 역사적 출생연대는 기원전 600년에서 500년 사이라고 생각하는 것이 무난하고 타당하다.

부처님의 **출생지**는 룸비니(Lumbini)동산이라고 전하는데, 이는 역사적으로 사실임이 입증되어 있다. 이곳은 현재 인도와 네팔의 국경지역에 있는 룸민데이라는 곳으로서 마야당이 건립되어 각국의 참배객을 맞고 있다.

1896년 영국의 고고학 연구팀은 이곳에서 부처님의 출생지임을 확인하는 아쇼카왕의 석주를 발견하였는데, 이는 이미 약 1250년 전에 중국의 현장(玄奘)스님이 목격한 바 있는 석주임이 확인된 것이다.

부처님의 **출생과정**을 전기에서는 상서롭게 묘사하고 있다. 즉 어머니인 마야(Māyā)부인이 출산일이 다가오자, 관습에 따라 친정으로 가던 도중에 산기가 있어 룸비니동산으로 들어갔는데, 부인의 오른쪽 옆구리에서 탄생하였다는 것이다. 그러나 이는 인도인의 전통적인 믿음에 따라 부처님의 출신 성분을 표현한 것이다. 인도의 최고 성전인 『리그베다』에서, 제2계급인 왕족은 신의 오른쪽 옆구리에서 태어났다고 했기 때문에, 그 믿음에 맞추어 부처님이 왕족이라는 것을 표시한 것이다.

부처님이 속한 종족은 농업을 위주로 하는 사키야(Sākya)족이며, 그 발음을 따서 한자로 석가족(釋迦族)이라고 한다. 부친인 정반왕(淨飯王), 즉 숫도다나(Suddhodana)왕은 공화국 체제의 작은 나라를

다스리는 통치자였다. 일생 동안 부처님의 사고와 행적이 박학다
식하면서도 보수적이지 않고 진보적이며 민주적이었던 것은 그의
출신 환경과도 밀접한 관계가 있었을 것이다.

[참고문헌] 『불교학개론』(동국대학교 출판부, 1986), p. 20.
　　　　　김지견 역, 『佛陀의 世界』(김영사, 1984), pp. 180～182.
　　　　　中村 元, 『ゴタマブツダ』(東京 : 春秋社, 1969), pp. 44～60.

2 성장
부처님은 젊은 시절을 어떻게 보냈는가?

고타마 싯다르타(Gotama Siddhārtha)는 부처님의 젊은 시절의 성과 이름이다. 성씨인 고타마는 '매우 좋은 소'라는 뜻이다. 이름인 싯다르타는 팔리어로 싯닷타(Siddhattha)라고도 하는데, '목적을 달성한' 또는 '뜻을 성취한'이라는 의미를 지닌다. 따라서 이 이름은 후대 사람들이 붙인 것으로 생각되지만 달리 전하는 이름이 없으므로 이를 부처님의 본래 이름으로 삼는다.

전기에 전하고 있듯이 싯다르타가 일찍이 어머니를 여의고 계모가 된 이모에 의해 양육되었다는 것은 거의 확실한 사실이라고 본다. 하지만 그 영향으로 싯다르타의 어린 시절이 우울하고 내성적이었다고 보는 것은 비약된 감이 없지 않다. 친어머니나 다름없는 계모가 싯다르타를 편파적으로 대했다거나 비애감을 느끼게 했다는 기록은 전혀 없고, 또 그럴 가능성도 없기 때문이다. 따라서 내성적이고 사색적인 것으로 표현된 싯다르타의 성격은 그의 천성이었다고 보는 편이 무난할 것이다.

전기나 당시의 정황으로 미루어 보아 싯다르타가 왕족으로서의 교양을 쌓는 데 필요한 온갖 학문과 기예를 습득했고, 비범한 재능을 발휘했다는 것은 신빙성이 있다. 사회적 지위와 물질적 향락이라는 점에서는 그에게 부족함이 없었을 것이다. 더욱이 싯다르타는 정반왕(淨飯王)이 나이 40이 넘어서야 얻은 태자였다. 그러므로 그에게 쏟은 부친의 정성은 지극했으리라고 짐작할 수가 있다. 겨울과 여름과 봄, 가을의 세 철마다 옮겨 다니며 편히 지낼 수 있는 3시전(三時殿)이라는 궁전을 태자에게 지어 주었다는 것이 그 대표적인 예이다. 그렇지만 태자가 부인이 될 야쇼다라(Yaśodharā)를 쟁탈하기 위해서 사촌 동생인 데바닷타(Devadatta)와 싸웠다는 등의 무용담은 그가 무예에도 뛰어났다는 과장으로서 후대에 지어낸 이야기이다.

싯다르타의 젊은 시절을 유추할 때 분명하게 인정되는 사실은 그가 남달리 자기 반성적인 사색의 생활을 하였다는 점이다. 그는 우아한 생활에 젖어 있었기 때문에 육체적으로 약하고 정신적으로는 온순하였을 것이다. 또 궁전에서 폐쇄된 생활을 하였기 때문에 같은 또래의 아이들과 함께 노는 일도 드물었을 것이다. 따라서 섬세하고 민감한 감정을 지니게 되었을 것이며, 이와 아울러 세상에 대한 반성적이고 비판적인 의식이 싹트기 시작하면서부터는 남다른 고민을 안게 되었을 것이다. 부처님의 다음과 같은 회상을 통해 젊은 시절 싯다르타의 면모를 엿볼 수 있다.

"나는 이처럼 유복했으며, 이처럼 우아하고 유연했지만 이런 생각이 일어났다.

'어리석은 사람들은 스스로 늙어 가고 있으며 피할 수 없는데도 다른 사람이 노쇠함을 보고는 골똘히 생각하여 괴로워하고 부끄러워하고 혐오하고 있다. 나 역시 늙어 가는 것이며, 늙음을 피할 수 없다. 자신이 바로 늙어 가고 있으며 마찬가지로 늙음을 피할 수 없는데도, 이것은 나에게 어울리지 않는다고 말하며 괴로워하고 부끄러워하고 혐오하는 것이리라'

내가 이렇게 관찰했을 때, 나는 청년이면서도 청년의 의기가 완전히 사라져 버리고 말았다.

'어리석은 사람들은 스스로 병들고 또 병을 피할 수 없는데도 다른 사람이 병든 것을 보고는 골똘히 생각하여 괴로워하고 부끄러워하고 혐오하고 있다. 나 역시 병들 것이며 병을 피할 수 없다 …'

내가 이렇게 관찰했을 때, 나는 건강하면서도 건강의 의기는 완전히 사라져 버리고 말았다.

'어리석은 사람들은 스스로 죽는 것이며 또 죽음을 피할 수 없는데도 다른 사람이 죽는 것을 보고는 골똘히 생각하여, 괴로워하고 부끄러워하고 혐오하고 있다 …'

내가 이렇게 관찰했을 때, 나는 생존해 있으면서도 생존의 의기는 완전히 사라져버리고 말았다."

이상과 같은 젊은 시절 싯다르타의 생활과 사고를 단적으로 표현한 것이 **사문유관(四門遊觀)**의 전설이다.

어느 날 태자가 성의 동문 밖으로 산책을 나갔다가, 허리가 굽은 백발의 노인을 보고는 인간은 누구나 늙는다는 사실을 실감하였고, 남문 밖에서는 고통으로 신음하는 병자를 보고서 병에 시달리는 인생의 괴로움을 절실히 알았으며, 서문 밖에서는 상여 행렬을 보고서 세상에 태어난 자는 누구나 반드시 죽는다는 사실을 통감하였고, 북문 밖에서는 세상의 모든 형식적 속박에서 벗어난 듯이 보이는 출가한 수행자를 보고서 고민을 해결할 한 가닥 희망을 붙들게 되었다는 것이 사문유관의 골자이다.

  이 전설은 전기 작가의 뛰어난 문학적 기교이기도 하지만, 그 나름대로 성장 시절 싯다르타의 면모를 짐작케 한다.

  그의 젊은 시절은 한 마디로 말해서 인생의 지식을 폭넓게 습득하면서 끊임없이 자신을 반성하고 삶의 문제를 통찰하는 생활이었다고 할 수 있다. 그는 결혼 이후에도 그러한 자세를 잃지 않았다. 따라서 이후 얻게 된 그의 깨달음은 그의 단순한 천재성이나 직관력에 기인하는 것이 아니라, 어린 시절부터 청년 시절까지 지속된 내성적인 성숙과 이지적인 노력의 결과라 할 것이다.

〔참고문헌〕 『불교학개론』(→ 문 1), pp. 20~26.
　　　　　　中村 元, 『ゴタマブッダ』(→ 문 1), pp. 63~72.

3 악마의 유혹

부처님이 깨달음을 얻기 직전, 악마의 유혹을 물리쳤다는
이야기의 의미는?

불전에서는 싯다르타가 '도를 이루지 못하면 결코 이 자리에서
일어서지 않겠다'라는 굳은 결심으로 명상에 돌입한 후, 악마들의
온갖 유혹과 방해를 물리쳤다는 이야기를 생생히 묘사함으로써 부
처님의 깨달음을 더욱 극화하여 그 위대성을 강조하고 있다.

이 이야기에는, 종교적으로 중요한 사건에 대해서는 어느 종교
에서나 응당 그런 식으로 표현하는 상투적 수식이라고만 넘길 수
없는 사실적 의미를 담고 있다. 다시 말해서 중대한 결단을 실행하
는 한 인간의 내면세계에서 일어난 반성과 갈등, 이에 대한 극복을
상징화한 것이 악마 유혹의 전설이라고 이해해야 할 것이다.

사실 싯다르타는 수행 도중 끊임없이 따라 다니는 악마들의 유
혹과 협박을 받으면서 이들을 물리친다.

『숫타니파타(經集)』에 의하면, 나무치라는 악마가 이렇게 말했
다고 한다.

"당신은 고행의 결과 몸이 여위게 되어 살아남기 어렵다. 생명
이 있어야 여러 가지 선행도 가능한 것이다. 고행에 열중한다고 해

서 무슨 성과가 있겠는가? 정진의 길은 가기 어렵고 도달하기 어려운 것이다."

이와 같이 거짓 위로의 말을 들려준 데 대하여, 싯다르타는 이렇게 대답한다.

"내게는 믿음이 있고 정진이 있고 지혜가 있다. 신체의 살이 빠질 때, 마음은 더욱더 맑게 개이고, 생각과 지혜와 명상이 더욱더 굳어진다. 마음은 갖가지 욕망을 전혀 돌보지 않는다. 보라, 이 심신의 깨끗함을."

역시 같은 문헌에 의하면, 악마에게는 여덟 무리의 군대가 있었다고 한다. 이들에 대해서도 싯다르타는 다음과 같이 말하여 물리친다.

"어떤 브라만 수도자는 이 군대 속에 침몰해 버렸다. 그리고 덕행이 있는 사람조차 가야 할 길을 알지 못한다. 군대가 사방을 포위하고 악마가 코끼리를 타고 있는 모습을 보았으므로 나는 일어나 맞서 싸울 것이다. 아무도 나를 여기서 물러서게 하지는 못할 것이다. 신들도 세상 사람들도 그 군세를 깨뜨리지 못하지만 나만은 그들의 군세를 지혜로써 깨뜨릴 수 있다. 마치 채 굽지 않은 흙 항아리를 물로써 무너뜨리듯이."

여기서 악마의 여덟 군대란 욕망, 혐오, 기갈, 갈애, 나태, 공포, 의혹, 위선을 말한다. 이들은 모두 인간이 본래부터 지니고 있는 욕망과 미혹과 나태의 측면을 표현하고 있음이 분명하다. 즉 인간의 마음속에 생겨나는 갈등을 나타내고 있는 것이다.

악마의 유혹 중 절정을 이루는 것은 **마왕 파순**의 세 딸이 등장하여 성도에 다가선 싯다르타를 온갖 교태로써 유혹했다는 전설이다.

갈애, 혐오, 탐욕이라 불리는 마왕의 세 딸은 아버지의 만류에도 불구하고 어린 소녀, 젊은 처녀, 남의 아내, 노파 등으로 모습을 바꿔 가며 싯다르타에게 접근했지만, 결국 실패하였다. 이들은 명상에 잠겨 있는 싯다르타에게 다가가 "슬픔에 지쳐 홀로 숲에 앉아 생각에 잠겨 있는 것인가, 마을 사람들에게 무슨 죄를 지었는가, 무슨 까닭으로 모든 사람들과 교류를 끊었는가, 친구가 없어서 그러는가?"라고 물으면서, 자기들과 잠자리를 같이 하기만 하면 온 세상의 통치자가 되게 해주겠다고 제안하였으나, 싯다르타는 "내 마음은 고요하다."라는 말로써 이들을 일축하고 있다. 이 유혹자들이 교태와 아름다움을 지닌 여자로서 등장했다는 측면만을 부각하여, 싯다르타가 성적 충동을 이겨냈다고만 생각하는 것은 지엽적인 것이다. 이들의 이름과 다양한 변신에서 알 수 있듯이, 이들의 유혹은 싯다르타의 내면세계에서 일어났음직한 갈등의 총체적인 상징이다.

여러 경전들에 나타난 내용을 종합해 보면, 악마의 유혹이라는 전설은 인간이면 누구나 지니고 있는, 그리고 인간 존재의 근원에 깔린 욕망과 불안, 공포와 고뇌 등이 인간과 벌이는 투쟁의 경과를 가리키고 있는 것이라 할 수 있다. 불교는 인간이 지니고 있는 욕망과 번뇌에 대한 인식, 그리고 이것을 극복하고자 하는 노력을 가장 중요한 문제의 하나로 보고 있다. 불교의 이러한 기본 인식이 악마의 유혹이라는 상징으로써 표현되고 있다.

결국 부처님의 깨달음이라는 것은 단지 그만이 할 수 있는 특수한 명상의 결과가 아니라, 다른 사람들은 이겨내지 못했던 내면적 갈등의 극복에서 비롯된 것이라 할 수 있다. 악마란 죽음의 신이요, 욕망의 지배자이다. 깨달음이 죽음의 공포를 극복하고 욕망을 단절하여 정신의 자유를 얻는 것이라면, 그 깨달음에 직면했을 때야말로 악마와 가장 치열한 전투가 있었을 것임이 틀림없다. 이것은 싯다르타의 마음속에서 일어난 전투였던 것이다. 이 전투의 의의를 강조하기 위해 후대의 경전에서는 악마의 수가 더욱 증가하고, 그 내용도 추상적으로 발달해 간다.

그러나 성도 이후, 악마가 부처님 앞에서 완전히 사라졌던 것은 아니다. 이후에도 악마들은 종종 나타나 유혹을 시도한다. 식욕, 수면, 질병 등의 욕망과 고통을 부처님도 인간으로서는 피할 수 없었다. 그러나 이러한 악마의 유혹을 부처님은 항상 이겨냈다. 따라서 악마의 유혹이란 단순한 전설이 아니라, 우리가 끊임없이 직면하는 현실로서 받아들여야 할 교훈인 것이다. 우리 모두가 불성을 지니고 있으면서도 그것을 실제로 발현하지 못하는 것은 그러한 악마의 유혹을 아직 극복하지 못했기 때문일 것이다.

[참고문헌]　김지견 역, 『佛陀의 世界』(→ 문 1), pp. 198~199.
中村 元, 『ゴタマブッダ』(→ 문 1), pp. 121~131.
平川 彰, 『イソド佛教史』 上卷(東京 : 春秋社, 1974), pp. 39~40.

4 전도

부처님의 전도선언이란 무엇이며, 어떠한 의의를 지니는가?

부처님이 이 세상의 이치와 이에 따른 삶의 방식에 대하여 독자적으로 깨달은 내용을 다른 사람들 앞에 최초로 설파한 역사적 사건을 흔히 **초전법륜**(初轉法輪)이라 한다. 이 초전법륜이야말로 부처님의 전도활동의 개시라는 역사적인 평가를 받지만, 보다 엄격히 말하면 이는 부처님의 가르침이 지각있는 사람들로부터 맨 처음 시험받는 무대였다고도 할 수 있을 것이다.

부처님은 처음에 깨달음을 얻고 나서, 그 내용을 다른 사람들에게 설파하기를 주저했다고 하는데, 그 이유는 자신이 깨달은 진리가 너무 심오하고 난해하여 일반 사람들로서는 이해하기가 힘들 것이라는 염려 때문이었다고 한다.

부처님의 이러한 망설임이 율장인 『비나야』의 〈대품〉에 다음과 같이 묘사되어 있다.

"고생 끝에 얻은 깨달음을 지금 또 어떻게 설할 수 있겠는가? 탐욕과 노여움으로 고통받고 있는 사람들이 이 진리를 깨닫는다는 것은 결코 쉬운 일이 아니다. 이것은 세상의 흐름을 거스르는 것이며, 미묘하고 심원하기 때문에 탐욕과 암흑으로 뒤덮여 있는 사람에게는 드러나지 않는 것이다.”

이러한 염려에도 불구하고 가르침을 펴기 위해 몸소 나선 데에 불교의 자비정신이 있다. 그러나 처음부터 이해할 근거가 없는 사람들에게 바로 설하고 싶지는 않았을 것이다. 그래서 이전에 함께 수행한 적이 있는 다섯 사람의 동료들에게 먼저 자신의 깨달음을 펴 보였고, 이들로부터의 호응이 자신의 깨달음에 대한 자신감과 전도의지를 불러 일으켰을 것이다. 다시 말해서 초전법륜은 부처님의 전도의지를 다지는 계기였다.

이후 부처님을 포함한 여섯 사람은 이들의 가르침을 전해들은 다른 이들로부터 ‘아라한(阿羅漢)’ 즉 ‘존경받을 만한 사람’이라 불리게 되었고, 이들은 함께 다니면서 많은 출가수행자들과 재가신도를 받아들이게 되었다. 먼저 부처님이 젊은 시절에 겪었던 것과 유사한 고민을 안고 방황하던 야사(Yasa)라는 청년이 부처님께 감화되어 부처님의 출가제자인 비구가 되었고, 아들을 찾아 나선 그의 부모는 부처님을 만나 재가신도가 되었다. 또 야사의 친구 50여 명도 부처님의 감화를 받고 비구가 되었다고 한다.

이러한 일련의 사건들은 부처님으로 하여금 이전의 망설임을 보다 확실히 불식시키고 보다 효과적인 전도의 방법을 모색하게 하였을 것이다. 그리하여 이들이 가르침에 따라 진리를 증득하게 되자, 부처님이 이들로 하여금 여러 지방으로 가서 진리의 가르침을 전하게 하였다. 이때 부처님이 제자들에게 다음과 같은 말로써 적극적인 전도의 개시를 당부하고 있다.

“두 사람이 한 길로 가지 말라. 처음이 좋고 중간도 좋고 끝도 좋은, 도리에 맞고 언설이 정돈된 가르침을 펴라.”

바로 이것을 '전도의 선언'이라 한다.

『불본행집경(佛本行集經)』에서는 이렇게 말하고 있다.

"그대들은 이미 해탈을 얻었다. 그러므로 많은 사람의 이익을 위하고 많은 사람의 안락을 위하여, 그리고 세상에서 구하는 미래의 이익과 안락을 위하여 가도록 하라. 다른 마을로 갈 때는 혼자서 가고, 두 사람이 한 곳으로 가는 일이 없도록 하라. 그대들은 많은 사람을 연민하고 섭수하여 이치에 맞게, 잘 알아들을 수 있도록 설법하라. 나도 우루벨라의 병장촌(兵將村)으로 가서 설법 교화하겠다."

후대에 이타(利他)의 대승불교가 흥기하게 된 근본취의를 여기서 발견할 수 있다. 이 전도선언은 불교의 참뜻이 자기 자신만의 해탈에 있는 것이 아니라 모든 사람의 이익과 행복에 있음을 알리고 있다. 뿐만 아니라 이러한 적극적인 자세가 있었기 때문에 오늘날의 불교가 존재할 수 있게 된 것임을 인정하지 않을 수 없다.

사실 당시에는 부처님뿐만이 아니라, 소위 육사외도로 대표되는 숱한 사상가들이 있었음을 불전은 전하고 있다. 그러한 사상가들을 불교가 압도할 수 있었던 것은 가르침의 질을 따지기 이전에 가르침을 실천하는 당사자들의 적극적인 노력 때문이었다고 평가해야 할 것이다. 자신의 깨달음을 사회화하려는 노력이 부처님의 전도선언으로 표명된 것이다. 제자들을 떠나 보내기 전에 다음과 같이 덧붙인 부처님의 당부에서 그 실천적 자세를 엿볼 수 있다.

"수행자들이여, 출가한 사람으로서 법을 펼 때, 남에게 존경받겠다는 생각을 내서는 안 된다. 남을 도울 줄 모르고 법에 의하여 먹고 살려고 하는 자는 '법을 먹는 아귀'와 같은 자이다.

또한 너희가 전하는 법을 듣고 사람들은 기뻐할 것이다. 그럴 때

너희들은 교만해지기 쉽다. 사람들이 법을 듣고 기뻐하는 것을 보
고 자기의 공덕처럼 생각하면 그는 벌써 법을 먹고 사는 아귀가
되어 버린 것이다. 그러므로 법을 갉아먹고 사는 아귀가 되지 않도
록 항상 겸손해야 한다.”

[참고문헌] 김지견 역, 『佛陀의 世界』(→ 문 1), pp. 213~214.
          『불교학개론』(→ 문 1), p. 37.
          『불교성전』(동국역경원, 1972), pp. 45~46.

5 외도제압

사화외도의 3형제를 신통력으로써 굴복시켰다는 이야기는
어떤 의의를 지니는가?

이 장에서는 불을 섬기는 사화외도(事火外道)인 캇사파(Kassapa)
3형제를 부처님이 굴복시켜 귀의하게 한 이야기를 자세히 전하고
있다. 이 이야기를 흔히 **우루벨라**(Uruvela)**의 신변**(神變)이라 한다. 이
들 3형제는 당시의 민중들 사이에서 대단한 호응을 얻고 있었을 뿐
만 아니라, 각기 500, 300, 200명의 제자들을 거느리고 있었다. 이렇
게 당당한 위세 속으로 부처님이 직접 뛰어들어가 그들을 결국에는
교화시켰다는 이 이야기는, 결코 부처님이 신통력에서도 가장 뛰어
났음을 전하고자 하는 것이 아니다.

이야기의 전개는 다음과 같다.

부처님은 머리를 소라 껍질처럼 땋은 사화외도의 3형제 중 제자
를 가장 많이 거느린 우루벨라의 암자로 찾아가서 하룻밤을 지내
길 청한다. 우루벨라는 그의 사당인 성화당(聖火堂)에서 지낼 수
있도록 허락하면서, 그 안에는 신통력을 지닌 흉악한 용왕이 있는
데 해나 끼치지 않을지 모르겠다고 겁을 주었다. 안으로 들어간 부
처님은 가부좌를 틀고 앉아서 화가 난 용왕과 대결한다. 용왕이 연

기를 뿜으면 같이 연기를 뿜고, 화염을 토하면 같이 화염을 토하면서 부처님은 용왕의 화력을 없애 버렸다.

우루벨라의 제자들은 부처님이 참된 수행자의 기품은 지녔지만 결국 용왕에게 당하고야 말 것이라고 염려하였다. 그러나 다음날 아침에 부처님은 그 용을 발우에 담아서 우루벨라에게 보여 주었다. 그것을 보고 나서 우루벨라는 부처님에게 굴복하고 만다.

이야기는 이것으로 그치지 않고 4천왕, 신들의 왕인 제석천, 세계의 주인인 범천(梵天)이 부처님에게 와서 가르침을 듣는 것을 보고서 우루벨라는 진심으로 부처님에게 승복하여 그의 제자가 된다. 우루벨라는 성화당에서 쓰던 도구들을 강물에 버렸으며, 떠내려오는 그 도구들을 본 나머지 형제들도 부처님에게 귀의하게 된다.

여기서 사화외도란 불의 제사와 밀접한 관련이 있는 브라만교를 상징할 수도 있다. 그렇다면 이 이야기는 불교가 브라만교를 제압하였음을 뜻할 수도 있다. 그러나 굳이 그런 뜻이 아니라도, 이는 분명히 당시에 유력했던 사상 또는 종교적 일파를 제압해 나갔음을 상징하고 있다. 더욱이 캇사파 3형제의 이름인 우루벨라, 가야(Gayā), 나디(Nadī : 네란자라 강) 등은 불교와 관련이 깊은 지역의 명칭이기도 하다.

부처님은 수행자들에게 신통력의 사용을 금지했기 때문에, 이 이야기가 부처님의 신통력을 자랑하기 위한 것은 분명히 아닐 것이다.

수많은 경전들에서 부처님에 대해 언급할 때 흔히 '1,250명의 비구들과 함께 계셨다'고 기록하고 있는데, 이 1,250명 중 1,000명은 캇사파 3형제의 제자들이라고 한다. 더욱이 부처님은 이들 3형제와 그들의 제자들에게 인간의 고뇌를 불에 비유한 **'불의 설법'**을 하여, 모두를 해탈시켰다고 한다. 따라서 '우루벨라의 신변'은 불교가 당시의 사상계를 적극적으로 제압해 가는 과정을 상징하는 대표적인 일화라고 받아들일 수 있는 것이다.

"모든 것은 불타고 있다. 모든 것이 불타고 있다는 것은 무슨 뜻인가? 눈은 불타고 있다. 색채와 형태는 불타고 있다. 눈의 식별 작용은 불타고 있다. 눈의 접촉(색, 형태, 식별작용)은 불타고 있다. 눈의 접촉에 의해서 생기는 감수(感受)는 좋거나 나쁘거나 혹은 그 어느 쪽도 아닐지라도 그것 역시 불타고 있다. 무엇에 의해 불타고 있는가? 탐욕의 불로, 혐오의 불로, 미혹의 불로, 모든 것은 활활 타오르고 있다. 탄생과 노쇠, 죽음과 근심, 슬픔과 고통, 번뇌와 번민에 의해서 불타고 있는 것이다."

사화외도에게 한 이 불의 설법은 부처님의 감화력이 어디에 있었는가를 짐작케 한다. 단순한 신통력이 아닌 이러한 실천적 교화력이 있었기 때문에 당시의 사상계를 제압해 갈 수 있었을 것이다. 또한 이로 인해서 부처님에게 귀의하는 것이 사화외도에 그쳤을 리가 없다. 십대제자로 꼽히는 부처님의 뛰어난 제자들 중에도 당시에 유명했던 다른 사상 계통의 출신이 있다는 사실도 그 점을 입증한다.

결국 이 이야기를 통해, 불교가 인도 땅에서 성장할 수 있었던 것은 앉아서 쉽게 얻은 호의의 결과가 아니라, 찾아다니며 애써 얻은 노력의 결과임을 알 수 있다.

[참고문헌] 김지견 역, 『佛陀의 世界』(→ 문 1), pp. 215~216.
中村 元, 『ゴタマブッダ』(→ 문 1), pp. 292~320.

6 반발

데바닷타의 반역이란 실제 어떠한 사건인가?

위대한 인물일수록 그 행로에는 역경이 따르기 마련이다. 그 역경 중에서도 가장 가슴 아픈 것은 믿었던 사람으로부터 배신을 당하는 일이다. 기독교에서 예수가 그의 12제자 중의 한 사람인 유다로부터 배신을 당하듯이, 불교에서는 부처님이 자신의 친척인 **데바닷타**(Devadatta, **提婆達多**)로부터 배신을 당했다는 것은 상식에 속한다. 그래서 불교에서는 데바닷타가 악인의 대명사로 인식되고, 세상 사람이면 누구나 다 성불할 수 있어도 데바닷타 같은 사람만큼은 성불할 수 없다고 믿어 왔다. 그러나 불교에서 **데바닷타의 반역**이란 실제 불교의 융통성을 알려 주는 보다 더 깊은 의미가 있음을 이해하는 사람은 흔치 않다.

우선 부처님의 전기에 나타난 데바닷타의 반역에 대한 이야기를 요약하면 다음과 같다.

데바닷타는 부처님의 가장 가까운 친척으로, 아난과 함께 출가하여 부처님의 교단에서 수행하고 있었다. 그런데 데바닷타는 부처님의 교단을 이어받으려는 남달리 큰 야심을 품고 있는 사람이었다. 특히 부처님을 비롯한 불교교단이 마가다왕국의 태자인 아자타삿투(Ajātasattu)의 후원을 받게 되자 그의 야심은 더욱 커졌다. 아자타삿투와 데바닷타의 사이가 가까워지면서 여러 가지 소문이 돌고 있었다.

그때 부처님은 왕사성(王舍城)의 죽림정사(竹林精舍)에 계셨는데, 오랜만에 부처님을 가운데 모시고 둘러앉은 제자들이 데바닷타에 관한 소문을 부처님께 전했다. 이 말을 들은 부처님은 이렇게 말씀하셨다.

"지금 데바닷타가 누리고 있는 명성과 이익을 부러워해서는 안 된다. 그와 같은 호화로운 사치는 데바닷타에게 아무런 이익을 주지 못하고 도리어 파멸을 가져다 줄 것이다. 마치 파초가 열매를 맺으면 시들어 버리는 것과 같은 것이다."

그런 뒤 며칠이 지나 부처님이 다시 제자들과 한 자리에 앉아 설법을 시작하려고 할 때였다. 데바닷타와 그를 추종하는 무리들이 부처님을 찾아왔다. 그는 부처님에게 중대한 제의를 하였다.

"부처님은 이제 연세도 너무 많으신 데다가 건강도 좋지 않으십니다. 그러니 교단을 제게 맡겨 주십시오."

부처님이 이에 대해 완곡히 거절하자, 데바닷타는 무서운 음모를 꾸미기 시작했다. 부왕을 옥에 가두고 왕위를 찬탈한 아자타삿투의 힘을 빌어 부처님을 죽이려 했다. 한 번은 칼을 잘 쓰는 자객을 보내어 부처님의 목숨을 빼앗으려 했다. 이에 실패하자, 데바닷타의 무리들은 벼랑 위에 숨어 있다가 영취산에서 내려오는 부처님에게 큰 바위를 굴렸으나, 역시 실패하고 말았다. 그러자 이번에는 왕사성의 거리를 지나가는 부처님을 향해 성질이 사나운 코끼리를 풀어 놓았다. 그러나 부처님을 향해 달려가던 코끼리

는 부처님 앞에 이르더니 갑자기 그 자리에 멈추고서 꿇어앉고
말았다.

　데바닷타의 음모는 세 번 다 실패로 돌아갔다. 그러나 데바닷타
의 사건은 부처님의 일생에서 가장 큰 아픔이었다. 데바닷타로 인
해 교단의 분열까지도 일어났다. 교단을 분열시킨 데바닷타가 부
처님의 가장 가까운 친척이었다는 것이 부처님의 마음을 더욱 아
프게 했다.

　이상과 같은 전설에서 중요한 사실을 전하고 있는 것은 마지막
대목이다. 즉 부처님의 제자들 중에서는 부처님의 노선에 대해 견
해를 달리하는 부류도 있었다는 사실이다. 이러한 반발이 데바닷
타의 반역이라는 전설로 표현되었던 것이다. 이러한 전설이 오히
려 권위주의를 배제하는 불교의 민주적이고 현실적인 면모를 대변
하고 있다. 부처님은 데바닷타의 사건을 결코 반역이라 규정하지
않고, 자신의 참뜻을 이해하지 못한 가슴 아픈 일로서 받아들이고
있을 뿐이다.

　실제 부처님은 당시의 엄격하고 형식적인 수행생활에 대해 유연
한 태도를 취했다. 권위나 격식에 얽매이지 않고, 진정으로 원하는
자의 초청에는 사회적 신분에 관계없이 응했고 그들의 대접을 흔
쾌히 받았다. 이러한 태도는 당시의 엄격했던 수행자의 규율에는
어긋난 것이었다. 이에 대해 교단의 안팎에서 반발이 있었을 것임
은 짐작할 수 있다. 데바닷타의 반역이라는 것도 사실은 그러한 반
발의 하나였던 것이다.

　경전에서는 데바닷타를 극악 무도한 자라고 나쁘게 표현하고 있
지만, 사실 그는 지나칠 정도로 착실한 수행자로서 부처님의 유연
한 자세와는 달리 너무 원칙에 얽매였던 수행자라고 보는 것이 옳

을 것이다.

이 사건은 부처님의 말년에 일어났는데, 남방불교의 율장에 전하는 바에 의하면, 그가 교단의 개혁을 위해 요구했던 다섯 가지 항목은 다음과 같다.

첫째, 일생 동안 숲속에서 산다.

둘째, 일생 동안 탁발에 의지하여 음식을 얻어야 하며, 신자의 집에 초대되어 음식의 대접을 받지 않는다.

셋째, 일생 동안 허름한 낡은 옷만을 입는다.

넷째, 일생 동안 나무 아래에서 생활을 하며, 옥내에 들어가지 않는다.

다섯째, 일생 동안 생선이나 육류를 먹지 않는다.

이상은 세속과는 격리된 엄격한 수행생활로의 복귀를 요구한 것이다. 그러나 부처님은 이러한 요구를 거부했고, 이에 데바닷타는 부처님의 교단을 떠나 독자적인 교단을 만들었던 것 같다. 이 때문에 데바닷타를 반역자라고 낙인찍게 되었을 것이다.

이 사건은 부처님이 계율에 대하여 "현실적으로 필요하다면, 사소한 계율에는 얽매이지 않아도 좋다."라고 함으로써 후대 교단 내의 의견대립을 야기했던 것과 일맥상통하는 면이 있다. 그러나 그러한 의견의 대립이 불교의 종교적, 사상적 발전을 초래했을지언정 저해를 초래하지는 않았다는 점을 주목해야 할 것이다.

오늘날에 이르기까지 이룩한 불교의 발전은 사실 부처님의 그러한 유연한 자세에 기인한 것이라 할 수 있다. 그리고 그러한 태도가 아집과 절대 불변을 거부하는 불교적 사고방식에 합치하는 것이기도 하다.

후대의 대승경전인 『법화경』에서 데바닷타와 같은 사람도 성불

할 수 있다고 주장하는 것은 부처님의 참뜻을 이해한 당연한 귀결
이다. 중생의 고통을 해결하기 위해서는 자체 내의 반역도 수용할
수 있는 것이 부처님의 포용력이고 불교의 실천적 태도이다.

[참고문헌] 『불교성전』(→ 문 4), pp. 63~66.
　　　　　김지견 역, 『佛陀의 世界』(→ 문 1), p. 259.

7 수행과 성
부처님은 왜 처음에 여성의 출가를 반대하였는가?

부처님은 **여성의 출가**에 대해 매우 신중한 태도를 취했음이 역력히 나타난다.

율장에 의하면 부처님의 양모인 마하프라자파티는 출가의 뜻을 세워 세 번이나 부처님을 찾아가 허락을 원했지만 거절당했다고 한다. 그녀는 그 후에도 스스로 머리를 깎고 가사를 입은 다음, 같은 뜻을 지닌 여인들과 함께 문 밖에 서서 부처님의 허락을 요구하였다. 이를 안타깝게 여긴 아난다가 세 번이나 그들의 뜻을 부처님에게 전했지만, 부처님의 태도는 변함이 없었다. 이에 아난다는 "여성도 출가 수도하면 최후에는 성자의 최고 경지에 이를 수 있다."라는 부처님의 말씀을 방패삼아, 어머니가 돌아가신 뒤에 자애롭게 보살펴 주신 양모의 은혜를 생각해서라도 그들의 소원을 들어주는 것이 옳을 것임을 설득하여 마침내 여성 출가의 길을 열었다. 이때 부처님은, 비구니는 설령 자신보다 후에 출가한 비구라 할지라도 그를 공경하고, 비구의 교단에서 떨어진 독립된 장소에서 살아서는 안 된다는 등 8조항의 단서를 부과하였다.

이 유명한 이야기가 인도나 중국의 남존여비의 관념에 따라 곡해되면서, 불교의 수행자 집단에서는 남녀의 차별을 인정할 수밖에 없는 근거인 양 인식되어 왔다. 특히 부처님이 여성의 출가를 허락하면서 단서로 제시한 소위 8경법(八敬法)에 따라, 오늘날에도 비구니는 응당 비구에게 복종하고 비구를 상전의 예로써 받들어야 하는 것으로 인식하고 있으며, 또 실제로 그렇게 대하는 경우도 있다.

뿐만 아니라 여인은 범천, 제석천, 마왕, 전륜성왕, 부처가 될 수 없다는 '여인 5장설(五障說)'이 불교의 근본입장인 양 인식되고 있다. 그리고 부처님이 수행자들에게 여인을 멸시하는 태도로 대하라고 권하는 듯한 이야기도 많이 전해지고 있다. 이러저러한 연유로 해서 불교의 교단에서는 오랫동안 여인을 멸시하는 풍조가 계속되었던 것이 사실이다.

그러나 이러한 오해와 풍조는 부처님이 일찍이 여성의 출가를 허락하면서 염려했던 바를 수행자들이 지나치게 의식하고 확대하여 적용한 결과임이 분명하다. 또 여성에 대한 사회의 일반적 인습이 여기에 개입되었다.

대표적 예로서 "여성은 어려서는 부모에게, 젊어서는 남편에게, 늙어서는 자식에게 복종해야 한다."는 3종설(三從說)은 불교 본래의 입장이 아니라, 인도 고대의 법전에도 명시되어 있는 통속적 관념임은 물론이고 우리에게도 익숙한 남존여비의 중국적 관념이기도 하다.

부처님이 여성을 멸시하는 자세를 보였다고 하지만 그것은 어디까지나 수행자들에게 경각심을 불러일으키기 위함이고, 일반 속인에 대해서는 오히려 여성의 역할을 남성보다 중시하는 인본주의적 태도를 취했음을 볼 수 있다. 따라서 불교의 여성관은 '수행과 성(性)'이라는 문제와 결부하여 재조명해야 할 필요가 있는 것이다.

부처님이 제시했다는 8경법에 대하여, 이를 면밀히 고찰한 전문가는 그 역사적 사실성을 의심하고 있다. 정황으로 보아, 애초에 현재의 8경법과 유사한 부처님의 말씀이 있었을지 모르나, 현존의 8경법은 여성의 교단이 성립된 이후에 정비되었을 것이 분명하다는 것이다. 즉 여성의 입단으로 인해 자칫 느슨해질 우려가 있는 교단의 질서를 확고히 하기 위해 정비된 것이 8경법이었을 것으로 본다. 막상 수행에 임해서는 해이해지기 쉬운 여성의 정신적 자세를 보다 굳건히 하려는 의도가 있었을 것이다.

또한 여기에 여성을 열등시하는 경전편찬자의 고정관념이나 당시의 시대적 상황, 즉 여성의 자립이나 독신생활이 현실적으로 어려운 사회적 상황이 반영되어 8경법은 정비되었을 것으로 보인다. 그러나 분명히 남성 본위로 되어 있는 현존의 8경법을 그대로 인정한다 하더라도 여기에는 여성에 대한 부처님의 진의가 어느 정도 나타나 있다.

8경법이 강조하는 바는, 여자로서 비구니는 남자인 비구를 존경하고 그의 보호를 받으라는 것이다. 특히 당시의 인도사회는 여성이 혼자서 다닌다거나 자립한다는 것이 무척 위험하고 어려운 처지였다. 이러한 상황에서 부처님이 일상생활을 떨쳐 버리고 출가하는 여성에게 그러한 요구를 했다면, 이를 성적 차별에 기인한 것이라고는 볼 수 없다.

부처님이 무엇보다도 염려하였던 것은 여성의 모성적 기능이었을 것이다. 수행에 있어서 여성의 생리적 특성이 장애의 요소가 될 것임은 누구나 공감할 수 있을 것이다. 출가한 여성이 엄격한 수행생활을 이겨내지 못하고 낙오된다면 이는 여성 자신의 파멸이 될 것이며, 또 한편으로 여성의 출가가 자칫하면 금욕의 비구사회에 성적 동요를 일으킬 우려가 있음을 부처님은 염려하였던 것 같다.

따라서 8경법은 출가생활의 경험이 앞선 비구교단의 보호를 받고 그들을 모범으로 삼으라는 뜻이 표명된 것으로 이해하는 것이 타당하다. 실제로 당시의 비구니는 비구교단과 재가사회로부터 이중의 보호와 감시를 받도록 되어 있었다고 한다. 계율의 수가 비구는 250계, 비구니는 348계인데, 이와 같이 여성에 대한 계율이 남성보다 많은 것도 그러한 관점에서 이해할 수 있다.

그러나 남성과 여성의 능력 자체에 대해서는 아무런 차별을 두고 있지 않은데, 이후의 여러 경전을 통하여 확인할 수 있다.

비구의 시를 모은 『테라가타』 즉 『장로게(長老偈)』와 짝을 이루고 있는 『테리가타』 즉 『장로니게(長老尼偈)』라는 경전은 유명한 비구니들의 시를 수록하고 있는 문헌으로서 여기에는 73명의 비구니가 등장한다. 그리고 그 출신도 다양하여 왕가 출신이 23명, 부호 출신이 13명, 브라만 출신이 18명, 다른 계급이 4명, 유녀가 4명, 기타 11명으로 되어 있다.

한편 여인 5장설이라는 것도 『법화경』에서는 부처님이 직접 설한 것이 아니라 제자인 사리불이 설한 것으로 되어 있고, 특히 『유마경(維摩經)』에서는 천녀(天女)가 등장하여 부처님의 뛰어난 제자들과의 문답에서 압승을 거두는 장면이 생생히 묘사되어 있다. 이러한 묘사는 잘못 이해된 여성관에 대한 불교 자체 내의 반성이라고 볼 수 있을 것이다.

결국 성의 문제가 수행생활에서는 중요한 장애요소가 되었을 것이라는 점을 충분히 수긍할 수 있겠는데, 이에 대한 부처님의 심각한 염려를 지나치게 의식하다 보니 여성을 차별하는 듯한 관념을 낳기에 이르렀다고 보아야 할 것이다. 특히 여성에 대한 차별관을 반영하고 있는 불교의 문헌들이 인도에서는 전통 종교인 브라만교가 부흥한 이후에 성립되었다는 것도 주목할 만한 사실이다.

[참고문헌]　김지견 역,『佛陀의 世界』(→ 문 1), p. 221.
　　　　　　　岩本　裕,『佛敎入門』(中公新書 32, 1964), pp. 100~118.
　　　　　　　『佛日會報』, 53, 54호(1985년 4, 5월호).

8 유훈
'자등명 법등명'이라는 유훈의 의미는?

부처님이 제자들에게 베푼 마지막 설법에서 남긴 유명한 가르침을 흔히 한 마디로 표현하여 **자등명 법등명**(**自燈明法燈明**)의 가르침이라 한다.

인생의 황혼기에 접어들어 노쇠한 부처님은 죽림촌(竹林村)에서 우기(雨期)의 안거(安居)를 지내면서 매우 위독한 병에 걸려, 죽음에 가까우리 만큼 심한 고통을 겪고 있었다고 한다. 부처님은 이 고통을 참고 견뎌 냈지만, 항상 부처님을 가까이 모시던 제자 아난은 이를 근심하여 부처님에게 마지막 설법을 간청했다. 이에 부처님은 이제까지 자신은 제자들에게 아무것도 감춘 것 없이 모두 내보였을 뿐만 아니라, 자신에게는 "비구들이 나를 의지하고 있다."고 하거나 "나는 비구들을 교도한다."는 등의 생각이 없음을 밝히면서 이렇게 말했다고 한다.

"너희들은 저마다 자기 자신을 등불로 삼고 자기를 의지하여라. 진리를 등불로 삼고 진리를 의지하여라. 이밖에 다른 것에 의지해서는 안 된다."

이것이 소위 자등명 법등명의 가르침인데, 여기서 '등(燈)'이라는 말은 한문번역이 아닌 원어의 의미를 따르면 섬[島]이라는 뜻이므로, 이 가르침은 본래 "이 세상에서 자기를 섬으로 삼아 자기를 의지처로 삼고 타인을 의지처로 삼지 말 것이며, 법(法)을 의지처로 삼고 다른 것을 의지처로 삼지 말라."고 설해진 것이라 한다. 물론 어떻게 이해하더라도 부처님이 설한 의도가 달라지지는 않는다. 인생이라는 망망한 바다의 한가운데에 있는 섬처럼 자기 자신과 부처님의 가르침인 진리를 중시하라는 뜻이기도 하고, 어리석음이라는 암흑의 인생에서 자신과 진리를 등불처럼 밝히라는 뜻이기도 할 것이다.

여기서 부처님은 그 자신이 교단의 지도자라는 것을 스스로 부정하고 있다. 부처님은 그의 가르침이 영원한 이법(理法), 즉 진리에 기초한 것이라는 확신을 갖고 있었다. 그래서 부처님이라는 한 인간을 따르는 자는 구원받는다는 그러한 입장을 취하지 않는다. 부처라는 것은 법, 즉 진리를 구현한 사람이다. 부처님은 자격에 있어서나 의의에 있어서나 스스로가 그러한 인물임을 자각하고 있었을 뿐이다. "나는 세상을 구제하는 자이므로 나를 따르면 구원을 받을 것이지만, 그렇지 않으면 지옥에 떨어질 것이다."라는 식의 가르침을 펴지 않았던 것이다. 따라서 이 마지막 가르침은 이후의 불교가 자주, 자율, 자유의 인격을 추구하는 종교가 되기를 선언한 것이라고 볼 수 있을 것이다. 이는 곧 교단에 있어서 일체의 권위주의를 배제하는 것이기도 하다.

부처님이 이 가르침을 통해서 강조한 것은 한 인물에 대한 맹목적 숭배가 아니라, 이 세상의 올바른 정의와 진리에 대한 인식과 실천이다. 그러므로 우리가 일상의 신앙생활에서 부처님을 흠모하고 받드는 것은 그의 가르침인 진리에 대한 경의이며, 그 실천을 다짐하는 것이다.

　이 가르침이 지니고 있는 또 하나의 중요한 의의는 삶의 주체로서의 인간 자신에 대한 강조이다. 불교의 근본교의인 **무아설(無我說)**은 간혹 이 세상을 살아가는 '나'에 대한 부정인 양 오해되기도 한다. 그러나 무아설에서 부정되는 나란 영원히 실재하는 양 착각되는 나이다. 영원히 실재하지 않는 것을 실재한다고 착각하는 것은 인간의 무명(無明), 즉 무지 때문이다. 그래서 그러한 무지에 싸인 나를 부정하려는 것이 무아설의 의도이다. 따라서 무아설의 진정한 뜻은 그렇게 실재하지 않는 나에 집착하지 않음은 물론, 적극적으로 그것을 없애는 실천을 강조하는 데에 있다고 한다. 무지의 나를 부정한다는 것은 참다운 나를 찾는 것이 된다. 참다운 나는 그러한 거짓된 나를 부정함으로써 나타날 수 있다는 점에 무아설의 의의가 있는 것이다. 그러므로 부처님의 이 마지막 설법에서 의지해야 하는 나는 '참다운 나'이며, 참다운 나는 부처님의 가르침을 이해하고 실천하고자 노력할 때 구현될 것이다. 이는 곧 이상을 향한 인간 자신의 주체적이고 적극적인 노력을 강조하는 것이라고 이해해야 할 것이다. 이러한 의도에서 부처님은 임종 직전에 "내가 간 후에는 내가 말한 가르침이 곧 너희들의 스승이 될 것이다. 모든 것은 덧없으니, 게으르지 말고 부지런히 정진하라."는 말씀을 유언으로 남겼을 것이다.

[참고문헌] 『불교성전』(→ 문 4), pp. 72~73.
　　　　　고익진, 『현대한국불교의 방향』(경서원, 1984), pp. 156~158.
　　　　　中村　元, 『原始佛典を讀む』(東京 : 岩波書店, 1985), pp. 131~132.
　　　　　中村　元, 『ゴタマブッダ』(→ 문 1), p. 443.

9 방편
떗목의 비유가 뜻하는 바는 무엇인가?

부처님은 그 자신이 설한 가르침을 수단으로 삼을 것이며, 결코 목적으로 삼지 말라고 설한다. 이 점을 분명히 제시한 것이 **떗목의 비유**이다. 아무리 그렇다 하더라도 부처님의 가르침을 최고의 진리라고 믿고 그것을 이해하고자 애쓰는 우리에게는 그 말이 선뜻 수긍되지 않기도 한다. 즉 우리는 불교를 신봉하면서 그 가르침에 집착하지 않을 수 없는 것이다. 그러나 자칫하면 그 집착이 또 다른 아집(我執)을 낳을 우려가 있다. 떗목의 비유는 우선 그러한 아집을 경계한 것으로 이해된다.

부처님은 집착을 버리도록 하기 위함이라 전제하고서 다음과 같은 비유를 들었다.

"어떤 나그네가 긴 여행 끝에 바닷가에 이르렀다. 그는 생각하기를, '바다 건너 저쪽은 평화로운 땅이다. 그러나 배가 없으니 어떻게 갈까? 갈대나 나무로 떗목을 엮어 건너가야지' 하고서 떗목을 만들어 무사히 바다를 건너갔다. 그는 다시 생각하였다. '이 떗목이 아니었다면 바다를 건널 수 없었을 것이다. 이 떗목은 내게 큰 은혜가 있으니 메고 가야겠다’ 너희들은 어떻게 생각하느냐?”

이에 대해 비구들이 한결같이 그렇지 않다고 대답하자, 부처님은 다음과 같이 말하였다.

“그러면 그가 어떻게 해야 자기의 할 일을 다하게 되겠는가? 그는 바다를 건너고 나서 이렇게 생각해야 할 것이다. ‘이 뗏목으로 인해 나는 바다를 무사히 건너 왔다. 다른 사람들도 이 뗏목을 이용할 수 있도록 물에 띄워 놓고 나는 내 갈 길을 가자’ 이와 같이 하는 것이 그 뗏목에 대해서 할 일을 다하게 되는 것이다. 나는 이 뗏목의 비유로써, 교법을 배워 그 뜻을 안 후에는 버려야 하며, 결코 거기에 집착할 것이 아니라는 것을 말하였다. 너희들은 이 뗏목처럼 내가 말한 교법까지도 버리지 않으면 안 된다. 하물며 법이 아닌 것이야 더 말할 것이 있겠느냐?”

흔히 부처님이 일생 동안 베푼 모든 교설은 깨달음을 성취하게 하기 위한 방편이라 한다. 위의 비유가 이러한 부처님의 입장을 단적으로 대변하고 있다. 그러나 자신의 목적을 달성한 후 그 수단을 버리라고 함은 그것을 무시해 버리라는 뜻이 아니라, 그에 대한 집착이 낳은 아집을 버리라는 뜻으로 이해해야 한다. 더욱이 부처님 자신은 이러한 비유를 통해 자신의 가르침에 어긋나는 생각에 현혹되지 말아야 할 것임을 분명히 천명하고 있다. 따라서 부처님의 가르침을 궁극적으로는 버려야 할 수단이요 방편이라 할 때, 그것은 나름대로의 가치와 의의를 지니게 된다. 즉 방편이라는 것은 진실과 다른 것이 아니라, 진실을 실현하는 활동이요 실제 진실과 일체가 되는 것이라 하지 않을 수 없다.

그래서 『법화경』에서는 “모든 부처님과 여래의 법은 다 이와 같아서, 중생을 제도하기 위하여 모두 진실이요 허망함이 없느니라.”

라고 설한다.

부처님의 일대 교설이 뗏목과 같은 방편이라 전제하고서 그것이 모두 허망한 것이라는 인식하에 발흥하는 또 다른 독단이나 아집을 우리는 경계하지 않을 수 없다.

이 뗏목의 비유가 의도하는 진정한 취의는 우리의 맹목적인 집착을 경계하는 것임은 말할 것도 없고, 우리의 창조적 사고와 실천적 행위를 강조하는 것이라고 생각된다. 자신의 목적 성취에 도움이 된 수단에 얽매이지 않기 위해서는 그를 바탕으로 하여 발전적인 사고를 부단히 창출하지 않으면 안 된다.

그리고 이 과정에서 도움이 된 방법들은 다른 사람들이 이용할 수 있는 뗏목처럼 남겨 두어 공유하게 해야 한다. 즉 자신의 방도를 독점함으로써 낳게 될 독선과 아집을 항상 스스로 경계해야 하는 것이다. 이러한 창조적 사고방식을 강조하는 교훈으로서, 궁극적이라 믿는 부처님의 가르침까지도 결국에는 버려야 한다는 것 이상으로 우리의 폐부를 찌르는 다른 표현방식이 있겠는가?

부처님이 강조한 이러한 사고방식이 후대에는 공(空)이라는 사상으로 표출되지만, 이 공은 단순한 부정이나 절대적 허무가 아니라 끊임없는 의식의 전환을 통한 일체의 긍정으로 이해된다는 점에서도, 뗏목의 비유가 뜻하는 바를 짐작할 수 있다. 방편은 공이지만 그것은 곧 진실이고, 이는 한 곳에 얽매이지 않고 끊임없이 활동하는 의식의 창조적 전환을 추구하는 것이다.

[참고문헌] 『불교성전』(→ 문 4), pp. 122~123.
　　　　　　横超慧日, 『法華思想の硏究』(京都 : 平樂寺書店, 1975), p. 104.
　　　　　　矢島羊吉, 『空の哲學』(日本放送出版協會, 1983), p. 188.

10 현실해결주의
독화살의 비유가 뜻하는 바는 무엇인가?

부처님이 **형이상학적 문제**에 대해서는 일일이 대답하지 않았다는 것은 잘 알려진 이야기이다. 형이상학적 문제란 인간의 지성으로는 그 사실 여부를 확실하게 논증할 수 없는 관념적인 문제를 말한다. 또는 인간의 일상적 실제 생활에서 삶의 직접적인 문제해결과 무관한 것을 뜻하기도 한다.

그러나 형이상학적 문제가 인간의 정신생활에 있어서 전혀 필요 없는 것임을 뜻하지 않는다. 종교는 소위 영혼의 구제라든가 정신의 자유를 추구하기 때문에 일반 종교에 있어서는 그러한 문제가 보다 절실할지도 모른다. 적어도 부처님 당시의 인도 종교계에서는 그러했다. 그럼에도 불구하고 부처님이 그러한 문제에 대해 대답하지 않았다는 것은 혹시 대답하기 곤란한 문제에 대한 회피가 아닌가? 이러한 의문은 그 의도를 이해함으로써 해결될 것이다.

한 수행자는 다음과 같은 생각을 품고 있었다.

"세계는 영원한가 무상한가? 무한한 것인가 유한한 것인가? 목숨이 곧 몸인가 목숨과 몸은 다른 것인가? 여래는 마침이 있는가,

아니면 마침이 있지도 않고 없지도 않는가? 부처님은 이러한 말씀을 전혀 하시지 않는다. 그러나 나는 그러한 태도가 못마땅하고 이제는 더 참을 수가 없다. 부처님께서 나를 위해 세계는 영원하다고 말씀한다면 수행을 계속하겠지만, 영원하지 않다면 비난한 뒤에 떠나야겠다.”

그는 이러한 자신의 생각을 부처님에게 말하고 답을 구했다. 부처님은 이에 대해 자신은 세상이 영원하다고도 허망하다고도 말한 적이 없음을 상기시키고 부질 없는 생각으로 자신을 비방하려 하는 것을 꾸짖었지만, 그의 의문은 가시질 않았다. 그래서 부처님은 다음과 같은 비유로써 답변을 대신하였다.

“어떤 어리석은 사람이 ‘만약 부처님이 나를 위해 세계는 영원하다고 말하지 않는다면 나는 그를 따라 도를 배우지 않겠다’라고 생각한다면, 그는 그 문제를 풀지도 못한 채 도중에 죽고 말 것이다. 이를테면, 어떤 사람이 독 묻은 화살을 맞아 견디기 어려운 고통을 받을 때, 그의 친족들은 곧 의사를 부르려 했다. 그런데 그가 ‘아직 이 화살을 뽑아서는 안 되오. 나는 먼저 화살을 쏜 사람이 누군지를 알아야겠소. 그리고 그 활이 뽕나무로 되었는지 물푸레나무로 되었는지, 화살 또한 어떤 나무로 되었는지를 알아야겠소. 또 화살깃이 매 털로 되었는지 독수리 털로 되었는지 아니면 닭 털로 되었는지를 먼저 알아야겠소’라고 말한다면, 그는 그것을 알기도 전에 온몸에 독이 퍼져 죽고 말 것이다.”

결국 이 비유가 강조하는 바는 “인간은 영원히 사는 것이 아니고 죽음이 다가오는 것이 이와 같이 빨라서, 한가로이 이것저것 따지는 일로 시간을 헛되이 낭비해서는 안 된다.”는 것이다.

다시 말하면 실제의 삶과 직접적인 관련이 없는 쓸데없는 형이상학적 논의에만 빠져서는 안 된다는 뜻이며, 인생의 보다 중요한 문제는 현실적인 고통을 정확히 인식하고 그에 대응하여 고통을 극복하려는 노력이라는 것이다. 이는 가르침을 펴는 부처님의 목적이 일차적으로 자신에게 부닥친 현실의 여러 문제를 해결하는 데에 있음을 보여 주는 것이다.

만일 우리가 불교를 통해 어떤 초월적 경지나 현실의 세계로부터 초탈한 자재로움을 구하려 한다면, 이는 부처님의 그러한 일차적인 입장을 도외시한 것이다. 현실적 문제해결에 무관심하고 곧장 정신적 자재를 추구한다면, 그것은 진정한 자유가 아니라 일시적인 도피에 불과할 것이다. 초기의 불교가 여러 가지 측면에서 현실주의적 입장을 취하고 있음은 이러한 부처님의 근본취의를 충분히 이해하고 받아들였기 때문일 것이다.

물론 이 비유의 의의가 여기에 그치는 것은 아니다. 보다 근본적으로, 부처님이 형이상학적 문제에 답하지 않았음은 그것이 단순히 인간의 실천적 목표에 합치되지 않는다는 이유 때문만이 아니라, 그것이 수행의 근본이 되지 않을 뿐더러 인간에게 참된 이해를 불러오는 것이 아니기 때문이라고 할 수 있다.

부처님은 당시에 유행하는 현학적 이론과 사변이 지니고 있는 공허함과 무용함을 충분히 인식하고 있었으며 통찰하였던 것이다. 또 한편 부처님의 이러한 태도는 흔히 인간의 인식에 관한 새로운 비판이었다.

이러한 입장을 단적으로 표현하면, 부처님은 상반된 견해의 어느 한쪽에 치우치는 독단적 사고를 배제한 것이라고 할 수 있다. 즉 사람들이 특수한 입장에서 본 견해를 유일한 올바른 **견해라고** 너무 집착할 때, 결과적으로 그것이 자신들의 견해가 되고, 그들은 그 견해를 옹호하기 위해 가능한 모든 수단에 호소한다. 이 때문에 그들은 인간을 포함한 사물의 참모습을 이해하지 못하는 것이다.

어쨌든 이 독화살의 비유가 지적하는 바는 인간의 급선무가 자신이 부닥친 문제를 먼저 해결하는 것이라는 점이다. 이를 바탕으로 하여 그 이상의 문제에 대한 올바른 인식이 가능하다. 바꾸어 말하면 사성제(四聖諦)로 표현되는 세계에 대한 올바른 인식은 곧 인간의 현실적 문제를 해결하는 길이다. 그래서 부처님은 이 비유를 사성제의 가르침을 재천명하는 것으로 매듭짓고 있다.

[참고문헌] 『불교성전』(→ 문 4), pp. 131~134.
『現代韓國佛敎論』(도서출판 여래, 1983), pp. 94~95.
이도해 역, 『불타의 삶과 가르침』(도서출판 여래, 1984), p. 131.
정승석 역, 『불교의 정치철학』(대원정사, 1987), p. 52.

11 교화방법

부처님은 어떠한 방법으로 사람들을 교화하였는가?

부처님 당시의 인도사회에는 수많은 사상가들이 난무하였다. 불교의 문헌에서는 이러한 사상가들의 다양한 견해를 62견(六十二見)이라 분류하기도 하고, 불교와 같은 시대에 성립한 자이나교의 문헌에서는 363종의 견해가 있었다고 전할 정도이다. 흔히 불교문헌에서는 이를 최소한으로 압축하여 육사외도(六師外道)로서 대표적인 견해를 소개하기도 한다. 가히 이 시대를 인도의 제자백가(諸子百家)시대라 할 만하다.

이러한 상황에서도 부처님의 가르침이 유달리 호응을 받고 많은 추종자를 이끌었던 것은 무엇보다도 부처님 자신의 뛰어난 교육적 역량 때문일 것이다. 실제 불교의 경전 속에서 부처님은 위대한 교사로서의 자질이 유감 없이 발휘되어 있기도 하다.

이런 의미에서 부처님이 대중을 교화한 방법은 현대의 교육방법에 있어서는 물론이고 일반의 대인관계에 있어서도 우리에게 시사하는 바가 크다. 부처님의 전기와 경전을 통해 엿볼 수 있는 부처님의 교화 방법을 정리하면 다음과 같이 분류할 수 있다.

(1) 위의교화(威儀敎化)

(2) 설법교화(說法敎化)

　① 비유

　② 인연담

　③ 문답법 : 일향기(一向記), 분별기(分別記), 반힐기(反詰記),

　　　　　　사치기(捨置記).

　④ 전의법(轉意法)

위의교화란 언어를 사용하지 않고도 상대방을 감화시키고 마음을 일깨워 주는 방법이다. 말이 없으면서도 말로써 가르치는 것 못지 않은 성과를 거두기 때문에 이를 상호설법(相互說法)이라고도 한다. 최초의 설법이 있었을 때에 예전에 같이 수행한 적이 있던 다섯 비구들이 싯다르타가 다가오는 것을 보고서 아는 척도 하지 않으려 했음에도 저절로 감화되어 자리를 내주며 설법을 듣게 되었다는 이야기나, 부처님을 해치기 위해 데바닷타가 풀어 놓은 술취한 코끼리가 부처님 앞에서 무릎을 꿇었다는 이야기 등이 그러한 위의교화의 예가 될 것이다. 이는 수행자나 교육자에게는 작위적이 아닌 자연스런 인격과 품격이 갖춰져야 함을 강조하는 것이라 하겠다. 이는 오로지 진실한 수행이나 수양을 통해서만 몸에 배이게 되는 능력일 것이다.

설법교화란 언설에 의한 것으로서 가장 보편적인 방법이다. 부처님은 특히 이 방법을 다양하게 구사하여 큰 효과를 거두었다. 교사로서 부처님의 위대함은 이 방법의 탁월한 구사에 있다고 할 것이다. 비유는 그 가운데서 가장 많이 구사되는 방법으로서, 상대방의 이해를 쉽고 빠르게 하는 데에 큰 효과를 거둔다. 부처님은 이 비유의 방법을 통해 난해하게 들리기 쉬운 자신의 가르침을 누구나 쉽게 수긍하게 하고 새로운 각성을 불러일으킨다. 부처님의 독창적인 구사라 할 만한 인연담은 어떤 사실에 대한 유래와 본원을 밝힌 이야기이다. 주로 설화적 형식을 취하고 있는 인연담들은 상대로 하여금 자신의 현실적 반성과 과거의 회고 및 미래에 있어서의 좋은 결과를 거두도록 함으로써, 그 생활을 향상되게 하려는 데에 목적이 있다.

문답법이란 대화를 통해 상대방을 깨우치는 방법이다. 부처님은 다양한 방식의 문답을 통해 상대방이 스스로 올바른 견해를 갖도록 하였다. 질문의 성질에 따라서 그 답변의 방식을 달리했던 부처님의 적절한 구사는 그의 교화능력이 탁월했음을 여실히 보여 준다.

이 문답법 중에서 첫째의 일향기는 상대의 질문이 적절한 때에는 그대로 긍정하는 것이다. 경전에서 부처님이 "착하도다, 아무개야"라고 시작되는 답변을 한 것은 이 경우에 해당된다.

둘째의 분별기는 질문이 이치에 맞는가 안 맞는가를 먼저 분별하고 그에 알맞은 대답을 하는 것이다. 다음과 같은 경우가 이에 해당될 것이다.

어느 때 아난다가 "잘 생각해 보면 우리들이 좋은 벗을 갖고 좋은 동료들과 함께 있다는 것은 이미 이 성스러운 도의 절반을 성취하는 것과 같다고 생각됩니다. 이런 생각이 어떻습니까?"라고 묻는 데에 대해서 부처님은 이렇게 대답한다.

"아난다야, 그것은 그렇지 않다. 그런 생각은 옳지 못하다. 아난다야, 우리들이 좋은 벗을 갖고 좋은 동료와 함께 있다는 것은 이 성스러운 도의 절반에 해당하는 것이 아니라 그 전부인 것이다."

여기서 아난다의 생각은 우리로서도 일견 타당한 것으로 보인다. 그런데 부처님은 그렇지 않다고 분별해 주고 있는 것이다. 따라서 아난다는 의아해 하지 않을 수 없었다. 그래서 의외의 표정을 짓는 아난다에게 부처님은 그 이유를 보다 자세히 설명해 준다.

셋째의 반힐기는 질문을 받고 곧바로 대답하지 않고 오히려 반문과 따지는 것을 통해 상대방의 잘못된 이해를 깨달아 알도록 하는 것이다. 다음과 같은 예가 이에 해당될 것이다.

부유한 한 젊은이가 부부 동반의 친구들과 야유회를 가게 되었으나 그 자신은 독신이었으므로 기생을 데리고 갔다. 그러나 다들 놀이에 정신에 팔려 있는 동안 그 기생은 여러 사람의 옷과 값진 물건을 가지고 달아나 버렸다. 그래서 그들은 도망 간 기생을 찾다가 숲속의 나무 아래서 명상에 잠겨 있는 부처님을 보고서 물었다.

"한 여자가 도망가는 것을 보지 못했습니까?"

자초지종을 들은 부처님은 그들에게 말했다.

"젊은이들이여, 달아난 여인을 찾는 것과 자기 자신을 찾는 것 중에서 어느 것이 중요한가?"

이 반문에 그들은 놀이에만 정신이 팔려 자기를 잊어버렸던 자신들의 잘못을 깨닫게 되었다. 후대에 『밀린다 왕의 질문』 즉 『나선비구경(那先比丘經)』이라는 경전에서 나가세나 즉 나선(那先)이라는 비구는 이 방법을 매우 적절히 사용하여 질문자인 밀린다왕을 승복시키고 있다.

넷째의 사치기는 질문이 이치에 합당치 않고 아무런 쓸모도 없는 경우에는 대답을 하지 않고 침묵해 버리는 것이다. 그 대표적인 예가 이미 소개한 바 있는 '독화살의 비유'(제10문 참조)에서 언급한 형이상학적 문제에 대한 부처님의 태도이다.

이상의 네 가지 문답법은 부처님이 겸허하고 포용력 있는 스승으로서, 자신에게 질문하는 사람이 누구이든 그를 깨달음으로 이끌기 위해 진정으로 도와 주었음을 보여 준다.

경전에 의하면 부처님은 자신에게 물으러 오는 사람의 발전 단계, 경향, 성격, 정신적 성숙 정도, 특수한 질문을 이해하는 능력 등을 살펴보아서 가장 적합한 방법으로 가르침을 주었다고 한다.

끝으로 **전의법**은 상대의 견해를 처음부터 부정하지 않고 그 형식을 긍정하면서도, 교묘하게 그 내용을 전환하여 새로운 의의를 갖게 하는 방법이다. 예를 들면 브라만교의 이상은 천상에 태어나는 것인데, 부처님은 이러한 생천설(生天說)을 직접 부정하지 않고, 생천하기 위해서는 자(慈), 비(悲), 희(喜), 사(捨)의 사무량심(四無量心)을 닦아야 한다고 일깨움으로써 실질적으로는 생천보다 더 긴요하고 소중한 현실에 대한 충실을 기하게 하는 것이다.

이처럼 부처님의 설법은 어떤 때에는 그 핵심을 직접적으로 표현하고, 또 어떤 때에는 완곡하게 표현하여 듣는 사람의 마음속을 깊이 파고들었던 것이다. 부처님의 이와 같은 방식을 대기설법(對機說法)이라고도 하고, 응병여약(應病與藥)이라고도 한다. 즉 상대방의 정도와 경우에 맞추어서 거기에 가장 적절한 가르침으로 모두를 이익되게 하였다는 것이며, 병에 따라 적절히 약을 주는 것과 같았다는 것이다. 그 가르침이 아무리 높은 것이라 할지라도 듣는 사람의 이해가 따르지 못한다면 그것은 결국 그림의 떡에 지나지 않는다는 점에서, 부처님의 이 뛰어난 교화방법은 그의 실천적 의지의 소산이라 할 것이다.

［참고문헌］ 『불교학개론』(→ 문 1), pp. 40~43.
　　　　　　『불교성전』(→ 문 4), p. 46.
　　　　　　이도해 역, 『불타의 삶과 가르침』(→ 문 10), pp. 72~73.
　　　　　　『現代韓國佛敎論』(→ 문 10), p. 96.
　　　　　　김지견 역, 『佛陀의 世界』(→ 문 1), p. 225.

12 차제설법
부처님의 차제설법이란 무엇이며, 그 의의는?

차제설법(次第說法)이란 '순서에 따라 행한 훈화'를 뜻한다. 이러한 방식의 설법을 통하여 부처님은 야사라는 청년을 교화함으로써, 그를 일반인으로서는 최초로 부처님에게 출가하여 귀의한 제자로 삼았으며, 마찬가지의 방식으로 야사의 부모와 친구들을 교화하였다. 따라서 차제설법은 맨 처음 정립된 설법의 방식으로서 중요한 의의를 지닌다고 말할 수 있을 것이다. 팔리어로 된 율장에서는 이렇게 전하고 있다.

"좋은 집안의 출신인 야사가 한쪽에 자리잡고 앉자, 부처님은 그에게 '순서에 따른 훈화'를 설했다. 즉 보시에 대한 훈화, 계율에 대한 훈화, 생천(生天)에 대한 훈화, 여러 가지의 욕망에 대한 근심, 해악, 오염과 버리고 떠남이 지닌 뛰어난 이익을 설했다."

이것이 소위 차제설법의 내용인데, 이는 사성제라는 불교의 근본 가르침을 제시하기 위한 전 단계로서 설해진다. 이 중에서 앞의 셋은 각각 시론(施論), 계론(戒論), 생천론(生天論)이라는 3론으로 불리면서 특히 중요시된다. 그런데 이 3론은 상식적인 업보설을 믿지 않는 그릇된 사고방식의 사람들에 대해서 먼저 강설된 것이라 한다.

이 3론의 차제설법을 보다 구체적으로 설명하면, 먼저 시론은 종교가나 곤궁한 자에게 옷과 음식을 베풀라는 것이다. 계론은 생물을 죽이지 않고, 사악한 간음을 범하지 않고, 거짓말을 하지 않고, 도둑질을 하지 않고, 제멋대로의 행위에 빠지기 쉬운 음주 등을 삼가는 오계를 지키라는 것이다. 생천론은 그러한 선업(善業)의 결과로 사후에는 천계에 태어나 행복한 생활을 영위할 수 있다는 것이다. 곧, 모든 사람들에게 베풀 줄 알고 개인적으로는 윤리 규범을 준수해야 되는데, 그렇게 해야만 그 보답으로 좋은 세상에 태어날 수 있으며, 그렇지 않으면 지옥에 태어나 비참한 상황에 빠지게 된다는 가르침이다.

이 3론은 올바른 업보설을 구체적으로 서술한 것으로서 그 가르침에 따라 자신의 생활을 개선해 나아가면, 내세를 기다리지 않고도 현세의 생활이 평안하고 즐겁게 됨을 경험할 수 있다. 따라서 이로 인해 이미 세간적인 도덕이 지켜지게 되니, 사회의 일반인으로서는 일단 이것만으로도 좋은 효과를 거두게 되는 셈이다. 이는 분명히 매우 소박하고 초보적인 가르침이다. 바로 여기에 차제설법이 지닌 중요한 의의가 있다.

불교는 상식과 일반윤리를 기초로 삼고 있다는 점이다. 후대에 발전된 불교가 아무리 고차원적인 사상이나 경지를 추구한다 하더라도 그것은 결코 상식과 일반윤리에 어긋나거나 별개일 수가 없다. 이론적으로 보면 업보설은 불교의 근본교의인 무아설과 상충될 수 있음에도, 부처님은 이 업보설을 불교에 입문하는 필요조건으로 삼을 정도로 중시하였다.

부처님이 채택한 업보설이란 남에게 베풀 것을 앞세우고 있음에서 알 수 있듯이, 오로지 자신만의 행복이나 해탈을 추구하는 방편이 아니라 인륜과 도덕을 확립하기 위한 방편이다. 이러한 기초 위에서 자신의 정신적 발전을 추구할 수 있다고 보는 것이 부처님의 입장이다. 불교의 신자는 이를 기반으로 하여 자신의 심경을 고양하고 신앙을 정화할 수 있는 것이다.

부처님이 깨달은 진리는 사람들이 인과 업보의 도리조차 믿지 않는 사견(邪見)을 품고 있는 동안은, 아무리 설하더라도 결코 그들의 관심의 대상이 되지 않을 뿐만 아니라 이해될 수도 없는 것이다. 따라서 부처님은 처음부터 사성제의 도리를 말하지 않고 사람들의 마음이 인과의 도리를 진실되게 알아 그 마음의 준비가 된 후, 비로소 그것을 설명하였다. 그것은 흡사 염색하는 사람이 염색을 할 때, 먼저 염색할 천에 묻은 때나 이전에 염색된 색을 세탁하거나 표백하여 순백으로 만든 후, 비로소 자신이 원하는 색으로 물들이는 것과 같다고 할 수 있다.

신자의 마음이 더러워져 있거나 그릇된 선입견에 물들어 있으면 먼저 그 그릇된 사고를 인과 업보의 도리로 세탁하여 깨끗이 하고, 그의 마음이 순백으로 된 때에 비로소 불교적인 사제(四諦)의 도리를 가르치는 것이다. 이러한 방법에 의해 신자들은 사제의 도리를 바르게 받아들일 수 있고, 이 올바른 이해에 따라 그것을 실천할 수 있게 된다.

사후에 천계에 태어날 수 있다는 생천론은 당시 인도의 일반 민중들 사이에서 널리 신봉되고 있었던 사상이므로, 부처님은 이처럼 사람들에게 처음부터 난해한 교리를 설한 것이 아니라, 그 가르침으로 인도하는 길잡이로서 우선 일반적인 도덕론을 설했던 것이다. 그러나 이는 단순한 수단이 아니라, 다음 단계로 나아가는 바탕이요 궁극적으로는 깨달음까지 이르는 근본바탕이 된다는 점을 간과할 수 없다.

[참고문헌] 中村 元, 『ゴタマブッダ』(→ 문 1), p. 269.
　　　　　　水野弘元 저, 김현 역, 『原始佛教』(志學社, 1985), pp. 56~58.
　　　　　　『海印』(1986년 12월호), p. 23.

제2장
진리의 실천자들

13 ^불
부처란 무엇인가?

순수한 우리말인 것처럼 쓰이고 있는 **부처**의 원래 말은 불타(佛陀)이고, 이 불타라는 말은 산스크리트 원어인 붓다(Buddha)의 음을 묘사한 한자말이다. 그리고 불타를 흔히 약칭하여 불(佛)이라고도 한다. 불교에서 붓다, 즉 부처는 그 용도가 한정되어 있지 않다. 붓다는 불교의 창시자요 신앙의 대상인 고유명사로 쓰이고 있지만, 본래 그것은 '깨달은 사람' 즉 각자(覺者)를 나타내는 보통명사로서 이 용도가 불교에 아울러 적용되기도 하는 것이다.

부처는 깨달은 사람이고 우리는 깨닫지 못한 사람이다. 부처는 완전한 위치에 이른 성자이고 우리는 평범한 인간이다. 따라서 우리도 깨달음 즉 보리(菩提, bodhi)를 얻으면 부처가 된다는 입장을 불교는 취하고 있다. 이런 의미에서 부처란 깨달은 사람, 눈을 뜬 사람, 완전한 인격자, 절대적 진리를 깨달아 스스로 이치를 아는 사람, 스승이나 존경받을 사람이라는 뜻이다. 결국 불교에서는 이상적인 인격자를 부처라고 불렀던 것이다. 이처럼 불교에서는 진리를 '깨달은 사람'으로서의 부처가 얼마든지 있어도 상관없지만,

대개의 경우 '부처'라 하면 불교의 창시자를 뜻하는 것이며 불교 창시자로서의 부처는 석가모니라 존칭되는 역사적 인물을 가리키는 것이다. 이 역사적 인물로서의 부처에 대해서는 이미 앞에서 특히 제1문에서 상세히 설명한 바 있다. 이 책에서 '부처님'이라 호칭한 것은 역사적 인물로서의 석가모니를 가리킨다.

원칙적으로 불교는 석가모니와 같은 많은 부처가 존재했거나 존재할 수 있음을 인정하고 있으며, 부처는 다음과 같은 여러 의미로 정의되고 있다.

첫째, 불교의 창시자인 석가모니를 말한다.

둘째, 석가모니와 동격으로서 과거와 현재와 미래의 온갖 방면 즉 삼세시방(三世十方)에 있다고 하는 부처를 말한다. 이러한 의미에서 과거에는 유명한 일곱 분의 부처가 있었다고 하며, 미래에는 미륵불이 나타나서 인간을 구제할 것이라 한다.

셋째, 널리 신앙의 대상이 되는 부처로서 사찰에 모신 본존불 등이 이것이다. 부처님 자신은 그 스스로가 신앙의 대상이 되길 거부하였지만(제8문 참조), 후대 사람들로서는 불교의 가르침을 절실히 동감하면서 그분에 대한 흠모와 숭배의 감정을 느끼지 않을 수 없었을 것이다. 그래서 초기에는 부처님의 일화를 조각으로 묘사하면서도 부처님의 모습을 구체적으로 묘사하지 않았지만, 부처님의 실천적 구제력을 흠모하면서 싹트기 시작한 대승불교가 발흥할 무렵부터는 불상이 제작되어, 석가모니 및 이와 동격인 여러 부처들이 신앙의 대상으로서 중요한 역할을 담당하게 된다.

이전의 인도의 불교조각에서는 탄생하는 부처님은 만개한 연꽃으로, 정각을 성취한 부처님은 난간을 두른 보리수로, 초전법륜(初轉法輪)에서의 부처님은 간혹 위에 삼보(三寶)의 표식을 찍기도 한

법륜으로, 탁발하는 부처님은 발우로 묘사되고 있었을 뿐이었다. 이는 자신이 절대적 인물로서 숭배되길 거부하고 인간 각자의 자각을 촉구한 부처님의 유훈을 충실히 이행하려는 초기 불교인들의 진지한 노력이었다.

넷째, 부처님의 가르침에 따라 수행하여 깨달은 자로서, 이것이 부처의 의미상 원형이다. 불교를 따르는 이들은 이러한 부처가 되는 것을 목표로 삼는다.

다섯째, 불교교리상의 의미인데, 부처는 스스로 깨닫고 남을 깨닫게 해주어 깨달음과 실천을 두루 갖춘 자로서 진리, 즉 법을 증득하고 설하는 자이다. 여기서는 진리인 법이 신체를 갖춘 것이라고 이해된다. 이러한 생각을 바탕으로 하여 법신(法身)과 함께 보신(報身)이나 화신(化身) 등을 인정하는 다양한 불신론(佛身論)이 전개된다.

대표적 불신론인 법신, 보신, 화신의 3신설은 자각과 구제를 표방하는 불교로서는 당연히 전개될 수밖에 없는 관념이었다. 위대한 스승으로서의 부처님을 이 세상에서는 더 이상 볼 수 없다고 생각할 때, 그를 따르는 신자들은 자신들의 종교적 감정에 따라 사고의 폭을 확대하지 않을 수 없었을 것이다.

우리와 같은 신체를 지닌 인간으로서의 석가모니는 이 세상을 떠났지만, 그렇다고 하여 영원히 사라진 것은 아니다. 즉 그분이 깨달아 우리에게 설한 진리인 법 자체는 생한다거나 멸한다는 그러한 것이 아니라 항상 우리와 함께 존속하는 것이다. 그것은 비록 눈으로 볼 수 있는 것이 아니지만, 실제로는 우리가 육신을 지니고 있는 것처럼 하나의 신체로서 존속하며 현상세계를 지배하고 있다. 우리가 스스로 깨달아야 할 대상인 진리에 대한 이러한 믿음은 불교를 떠나서도 모든 인간에게 공통된 인식이다. 이러한 인식 아래 불교인은 부처님이 깨달았던 그 진리를 **법신(法身)**이라 한 것이다.

또 불변하고 영원한 이 진리는 당연히 무한한 힘을 지니고 있는 것으로 믿어진다. 비록 인간으로서의 부처님은 이제 이 세상에서 그 모습으로 감추었지만, 그가 깨달은 진리는 무한한 힘을 지녔으므로 인간을 구제하기 위해서라면 필요에 따라 적절한 모습으로 이 세상에 다시 모습을 드러낼 것이다. 이렇게 인간을 구제하기 위한 방편으로서 필요에 따라 적절한 모습을 다양하게 드러낸 부처가 **화신(化身)**이다. 비로자나불 또는 대일불(大日佛)이 대표적인 예이다.

한편 역사적으로 실존했던 석가모니부처님은 우연히 이 세상에 나타난 존재가 아니라 불교적 인과법칙의 산물이다. 즉 이 세상에 태어나기 이전의 과거에 쌓은 무수한 공덕과 열렬한 노력의 대가로서 이 세상에 석가모니의 모습으로서 태어난 것이다. 현재는 평범한 인간인 우리도 그와 같은 공덕을 쌓고 노력을 계속하면, 그 보답으로 석가모니와 같은 부처가 될 수 있을 것으로 믿어진다. 이것이 바로 **보신(報身)**이다.

교리상으로는 3신설이 난해한 듯한 이론을 전개하고 있지만, 자각과 구제를 표방하는 불교라는 종교적 감정에서 보면, 당연한 귀결로서 이해될 수 있으리라 생각한다. 따라서 부처란 스스로 진리를 깨닫는 자이며, 그 진리에 입각하여 고통받는 사람들을 구제하려고 끊임없이 노력하고 있는 자라고 결론지을 수 있다.

[참고문헌]　高楠順次郎,『佛敎の眞髓』(東京 : 第一書店, 1940), p. 215.

김지견 역,『佛陀의 世界』(→ 문 1), pp. 38~39.

高崎直道,『佛敎・インド思想辭典』(東京 : 春秋社, 1987), p. 366.

Junjirō Takakusu, The Essentials of Buddhist philosophy(3rd ; Bombay : Motilal Banarsidass, 1956), pp. 47~49.

14 보살
보살이란 어떠한 인물인가?

불교의 가르침에 의하면 인간은 누구나 부처가 될 수 있다고 하지만, 일반인으로서는 도달하기 어려운 경외의 대상인 양 여겨진다. 이러한 입장에서 보살이라는 말은 매우 친숙하게 사용되고 있다. 누군가가 나를 부처라고 부르면 부담스럽고 당황하기도 하지만, 보살이라 부르면 그다지 어색하거나 부담스럽지 않다. 그래서 사찰에서는 일을 거들어 주는 사람을 흔히 보살이라 호칭하기도 하는데, 어쨌든 이런 식의 용례가 그다지 잘못된 것은 아니고, 보살이라는 관념의 일반화라고도 할 수 있을 것이다.

시대를 거치면서 불교에서 이상적인 인간상에 대한 호칭이 약간의 굴곡은 있었지만, 전반적으로 보살이 바로 불교의 이상적 인간상을 대변하는 호칭이라 간주해도 좋을 것이다.

원래 **보살**(菩薩)이라는 말은 산스크리트어로 보디삿트바(Boddhi-sattva), 팔리어로는 보디삿타(Bodhi-satta)라는 말의 음을 모사한 것이다. 이 원어를 정확히 음사하여 보리살타(菩提薩埵)라고 쓰기도 한다. 그래서 원어에서 깨달음을 뜻하는 보리가 '보'로 축약되고,

생명체 즉 중생을 뜻하는 살타가 '살'로 축약되어 '보살'이라 통칭된 것이라고 일반적으로 설명하고 있다. 이밖에 다양한 해석이 있으나 전체적으로 보살을 한 마디로 말하면, '깨달음을 구하는 사람'으로 이해된다.

보다 자세히 말하면, 보살의 의미가 주로 '부처의 지혜를 지닌 생명체' 또는 '부처의 지혜를 계속 구하여, 그것을 반드시 얻게 되는 생명체'이므로 이를 현대적인 말로 바꾸면, '보살은 지혜와 덕성과 행동이 모두 탁월하여 현재는 아직 부처가 아니지만, 반드시 부처가 되도록 확정되어 있는 후보자'라고 정의하는 것이 적절할 것이라 한다.

불교에서 보살의 의의는 그것이 출현함으로써 대승불교가 성립하는 데에 중요한 계기가 되었다는 점에 있을 것이다. 물론 보살이라는 말의 용례는 진작부터 있었음을 볼 수 있다. 이러한 용례에 따라 보살이라는 관념이 발전해 간 과정을 살펴보면, 다음과 같은 네 단계로 분류되기도 한다.

첫째, 깨달음을 얻기 이전 수행하고 있었을 때의 석가모니를 가리키는 보살이다.

둘째, 부처님이 이 세상에 석가모니로 출현하기 이전에 있었던 본래의 상태, 즉 본생(本生)으로서의 보살이다.

셋째, 특별한 방도를 지니고 있었던 보살이다.

넷째, 대승의 보살이다.

이 중에서 불교의 보편적, 이상적 인간상으로서의 중요한 의의를 부여할 수 있는 것은 대승의 보살이다. 즉 주로 부처님의 전기에서 나타나는 그 이전의 보살이 대승불교에서는 중생의 구제를 위한 보살로 전개되어, 위로는 깨달음을 구하고 아래로는 중생을 교화하는 보살, 특히 자신을 구제하기에 앞서 남을 먼저 구제하는 이타행(利他行)으로서의 보살행이 강조되고 있는 것이다.

그리하여 무수한 중생을 완전한 열반으로 이끄는 자가 보살이라고 생각되었다. 아울러 대승불교에서는 부처님에 대한 신앙이 구제자로서의 다양한 부처를 낳게 하였고, 동시에 이미 깨달음을 얻은 보살이 모든 중생을 구제하기 위해 이 세상에 출현한다고 하는 다채로운 보살신앙을 낳기에 이르렀다.

보살관의 등장은 부처님이 취한 이타(利他)의 실천적 입장을 강조하고 중시한 데서 기인한 것이라 볼 수 있을 것이다. 그래서 이러한 보살의 큰 특징은 자신의 깨달음을 구하고 고통받는 중생을 구하겠다는 결심을 다짐하는 서원(誓願)을 발하는 데에 있다. 보살의 이 결심을 '큰 서원의 갑옷을 입는다'고 한다.

이러한 의미에서 보살이란 '깨달음을 사회에 구현하고자 노력하는 사람'이라고 이해하는 것이 타당할 것이다. 원칙적으로 보살은 자리(自利)와 이타를 추구한다는 점에서 모든 불교인은 보살이며, 또 마땅히 보살이 되어야 한다. 우리가 무엇보다도 주목해야 할 것은 그가 자신의 구제에 앞서 남의 구제를 위해 힘쓴다는 것이다. 다시 말하면 남을 구제하는 자체가 자신을 구제하는 것이다. 이타가 곧 자리라는 것이 보살의 인식이고 태도이다.

대승의 보살관은 이러한 인식을 구체적으로 표현하고 있다. 자신의 것은 남에게 아낌없이 다 주고 자신의 알몸을 땅 속에 감추고 있다는 지장보살(地藏菩薩)이나, 모든 인간에 대한 경외심을 극단적으로 보여 주는 상불경보살(常不輕菩薩)이 그러한 예이다.

자비구현 및 중생구제의 실천적 종교로서 대승불교운동을 주도한 이들은 스스로 보살임을 자처하였다. 우리가 신봉하고 있는 불교는 보살의 종교인 것이다. 보살은 단순히 신앙의 대상이 아니라 부처님의 가르침을 실천하는 우리 자신을 가리킨다. 우리 모두는 그러한 보살임을 자처하는 데에 주저하지 말아야 한다.

［참고문헌］ 中村 元, 三枝充悳, 『バウシダ佛敎』(東京 : 小學館, 1987), pp. 199~201.
정승석 역, 『大乘佛敎槪說』(김영사, 1984), pp. 33~34.
高崎直道, 『佛敎・イソド思想辭典』(→ 문 13), pp. 411~412.
田村芳朗, 『法華經』(中公新書), p. 46.

15 대승의 보살
어떠한 보살들이 있으며, 그 특징은 무엇인가?

새로운 종교운동으로서 대승불교의 독특한 면모를 이루는 것은 수많은 부처와 보살들이 출현하여 종횡무진으로 활약하는 점이다. 그러나 이러한 면모는 모두 부처님의 근본 가르침과 그 행적에 이미 예기되어 있다는 점에서 본래의 불교와 전혀 이질적이거나 이색적인 것은 아니다.

다수의 부처가 등장한다는 사실은 불교인의 사고와 실천행동이 그만큼 다양해졌음을 뜻하기도 할 것이다. 보살이란 이미 부처가 되는 것이 확정되어 있음에도 아직 부처가 되지 않은 수행자, 말하자면 성불(成佛)할 것이 결정되어 있는 후보자라는 점은 이미 제14문에서 설명한 바 있다. 따라서 다수의 부처를 인정하는 것은 그 각각에 대응하는 다수의 보살을 전제하는 것이 된다. 예를 들어 석가모니부처는 그 이전에 석가모니보살이었듯이 미륵부처에 대해서는 미륵보살이 있다고 생각하는 식이다. 이러한 측면에서 부처님의 전기에 나타나는 보살과 대승의 보살을 비교하면 다음과 같은 특징을 발견할 수 있다.

	부처님 전기의 보살	대승의 보살
수	단일(오직 석가모니보살)	복수 또는 다수
시기	과거	과거와 현재
출생	전생의 선업에 의해 태어남(업생)	서원에 의해 태어남(원생)

　여기서 대승의 보살은 일종의 이념적 존재라고도 볼 수 있을 것이다. 즉 그는 대승의 다양한 여러 부처들과 호응하면서, 스스로는 부처가 될 수 있음에도 부처가 되기를 보류하고 이상의 피안인 열반에 들지 않으며, 오히려 어디까지나 이 세상에 남아 고뇌하는 민중들과 함께 하면서 그 민중의 희구와 원망(願望)에 응하는 것이다. 그는 지혜와 자비와 구제 등 부처가 지닌 무수한 덕을 베푸는 일에 오로지 헌신한다. 실천을 포함한 그 덕을 이념화함으로써 등장한 것이 대승의 다양한 보살이다. 대승의 대표적인 보살들과 그 특징을 간단히 소개하면 다음과 같다.

　법장보살(法藏菩薩) : 대승의 여러 부처들 중에서 가장 유명한 부처인 아미타불의 본생(本生), 즉 전생이 법장보살이다. 이는 법장비구라는 표현으로써 더 잘 알려져 있다.

　『무량수경(無量壽經)』에 의하면, 그는 일찍이 먼 과거에 최상의 깨달음을 얻고자 하는 뜻을 품고 중생구제의 서원을 일으켜 오랜 수행을 거듭한 끝에, 드디어 그 서원을 성취하여 지금으로부터 10겁이라는 극히 오랜 기간 전에 아미타불이 되었는데, 그 아미타불이 지금은 서방의 극락세계에 머무르고 있다고 한다. 여기서 법장보살이 발했던 서원을 특히 본원(本願)이라 하는데, '48원'으로 유명하다. 이 중에서도 제18원이 특히 유명하여, 이에 대한 해석으로부터 정토신앙이 다양하게 전개되었다. 이 제18원을 한문번역과는 다른 산스크리트 원문으로부터 번역하여 소개하면 이러하다.

"세존이여, 만일 제가 깨달음을 얻은 후에 다른 온갖 세계에 태어난 이들이 이 최상의 깨달음을 얻고자 하는 마음을 일으켜 저의 이름을 듣고, 지극한 신심으로써 저를 생각하고 있다면, 그들이 임종의 시기에 닥칠 때 그 마음을 산란하지 않도록 하겠습니다. 수행하는 승려들이 저의 주변에 모여서 존경하는 일이 없게 되고 제 앞에 서는 일이 없게 된다면, 그 동안에는 저는 이 최상의 바른 깨달음에 바로 드는 일이 없을 것입니다."

여기서 뒤의 구절은 깨달음을 구하고자 하는 사람이 없을 때에는 그들이 깨달음을 얻을 때까지 자신도 열반에 들지 않겠다는 뜻으로 이해되고 있다. 그리고 앞의 구절은 아미타불 자신을 믿는 사람을 극락세계로 이끌겠다는 뜻으로 이해된다.

관음보살(觀音菩薩) : 가장 폭넓고 친숙하게 신봉되는 유명한 보살이다. 대승불교가 번성한 지역이면 어디에나 관음보살이 널리 보급되어 있다. 이 보살은 관세음(觀世音), 관자재(觀自在), 광세음(光世音) 등 여러 이름으로 불리고 있는데, 그러한 명칭 자체가 그의 성격을 대변한다. 그러나 이 중에서 관음보살 또는 관세음보살이라 부르는 쪽이 훨씬 더 부드럽고 친근한 감이 있다.

관음보살은 이 세상의 생명체, 즉 중생이 이 보살의 이름을 부르면, 곧바로 그 소리를 보고서 소원을 성취시켜 주는 노력을 기울인다는 것이다. 즉 중생의 소리를 보는 기능이 이 보살이 맡은 큰 역할이다. 여기서 소리를 본다는 말이 부자연스럽고 불합리하게 느껴질 것이다. 그러나 불교의 유식학(唯識學)에서는 여래의 눈, 귀, 코, 혀, 몸이라는 다섯 감각기관이 서로 그 대상을 바꾸어 작용할 수 있다고 한다. 즉 여래는 눈으로 소리를 들을 수 있으며 귀로도 볼 수 있다는 것이다. 이는 여래의 초능력을 주장하는 것이 아니라 단련된 인격력을 가리키는 것으로 이해될 수 있을 것이다. 소위 명의는 손으로 만져만 보아도 병을 알고, 탁월한 연주가는 악보를 보기만 하여도 소리가 들려 오는 것을 느낀다고 하는 이치와 마찬가지일 것이다. 따라서 중생을 구제하는 탁월한 능력을 관음이라 표현한 것은 아닐까?

부처님과 같은 분은 중생의 눈을 보기만 하여도 그 호소하는 소리를 들을 수 있었을 것이다. 관음이라는 말이 보다 심오한 다른 의미를 지니고 있을지도 모르겠지만, 우선 이상과 같은 의미로 이해하여도 무방할 것이다. 이 관음보살의 뛰어난 구제력을 여실히 보여 주는 보살로는 손과 눈이 천 개나 되는 천수천안관음(千手千眼觀音), 중생의 고통을 두루 살펴볼 수 있도록 얼굴이 11개나 있는 자비의 상징인 십일면관음 등의 보살이 있다.

문수보살(文殊菩薩) : 원래의 발음은 만주슈리(Mañjuśri)이고, 이를 한자로 바꾼 것이 문수사리(文殊師利)이며, 이를 약칭하여 문수라 한 것이다. 이 보살은 특히 최초기의 대승경전에서 설법을 행하는 부처님의 대변자로서 활약하는 예가 많다. 말하자면 대승불교를 개척했던 선구자로서 보살이라 불렸던 이가 이 문수보살일지도 모른다.

문수보살은 부처의 지혜를 대표하기 때문에 '문수의 지혜'라는 말로 잘 알려져 있다. 후대의 조상(彫像)에서는 종종 사자에 올라 탄 모습으로 표현된다. 중국 청나라를 건국한 만주족의 만주라는 명칭은 이 문수보살의 원발음을 딴 것이라고도 한다. 또 네팔과 중국의 황실에서 황제에게 인사할 때는 '슈리 슈리 슈리 만주슈리'라 했을 만큼 이 역시 유명한 보살이다.

보현보살(普賢菩薩) : 실행과 의지가 이 보살의 특징이다. 원을 세우면 반드시 실행한다고 하여, 『화엄경』에서는 중대한 역할을 맡고 있다. 하얀 코끼리를 타고 있는 모습으로 잘 알려져 있는데, 그의 10대원이 특히 유명하다.

"부처님의 공덕으로 시방세계의 부처님들이 무량겁을 두고 계속해서 말씀하실지라도 다할 수 없습니다. 그러한 공덕을 이루려면 열 가지 큰 행원(行願)을 닦아야 합니다.

첫째는 부처님께 예배하고 공경함이요, 둘째는 부처님을 찬탄함이며, 셋째는 여러 가지로 공양함이요, 넷째는 업의 장애를 참회함이며, 다섯째는 남의 공덕을 함께 기뻐함이며, 여섯째는 설법해 주기를 청함이요, 일곱째는 부처님이 이 세상에 오래 계시기를 청함이요, 여덟째는 부처님을 본받아 배움이며, 아홉째는 항상 중생의 뜻에 수순함이요, 열째는 모두 다 회향함입니다."

앞에서 말한 관음보살은 불교가 외부의 문화를 받아들인 흔적을 역력히 담고 있으나, 문수와 보현은 관음과 달리 순수하게 불교의 내부에서 탄생했다고 생각해도 좋다.

다음의 세 보살은 불교가 힌두교의 문화와 교류하거나 그 영향을 받은 소산이라고 생각된다.

세지보살(勢至菩薩) : 세지라는 말의 원어의 뜻은 '세력을 얻은'이다. 지혜 또는 자비가 뛰어나며, 중생을 구제하는 활동이 특히 유명하다. 그래서 주로 대세지보살(大勢至菩薩)이라 불리며, 아미타불을 보좌하여 관음보살상과 더불어 아미타불상의 양 옆에 모시는 예가 많다.

허공장보살(虛空藏菩薩) : 허공장이란 '허공의 모태'라는 뜻이다. 무한한 지식을 상징한다. 후기의 대승불교를 이끌었던 밀교의 만다라에서는 거의 예외 없이 등장하는데, 많은 보물을 손에 들고 중생의 기원에 대응한다.

지장보살(地藏菩薩) : 지장이란 '대지의 모태' 또는 '근원'이라는 뜻이다. 석가모니불이 입멸하고 나서 미륵보살이 성불하기 전까지 중생구제를 담당하는 보살이다. 이 보살은 대승불교의 초기에는 나타나지 않아, 인도의 불교사 후기에 등장한 것으로 보인다. 특히 말법사상(末法思想)이 풍미함과 더불어 돈독히 신봉되고 성행하였다. 말법시대에는 부처님의 진리만이 남아 있을 뿐이고, 깨달음과 실천은 완전히 사라진다고 한다. 이러한 상황에서는 구제자에 의지하는 이외에 달리 방법이 없다. 그렇게 의지해야 할 대상으로서 지장보살이 각광을 받게 된 것이다. 즉 중국과 일본의 경우, 사회적으로 불안할 때 서민들에게는 지장보살이 가장 친근한 구제자가 되어 신봉되었다. 그리하여 이에 대한 신앙은 죽은 사람의 명복을 빌거나 현세의 이익을 기원하는 사람들에게 확고한 뿌리를 내렸다.

일광보살(日光菩薩), **월광보살**(月光菩薩) : 이 두 보살은 짝을 이루어 부처님의 바른 법을 수호한다.

[참고문헌]　中村 元, 三枝充悳, 『バウシダ佛教』(→ 문 14), pp. 215~224, 232.
太田久紀 저, 정병조 역, 『불교의 심층심리』(玄音社, 1983), pp. 94~95.
Junjirō Takakusu, The Essentials of Buddhist philosophy(→ 문 13), p.113.
『불교성전』(→ 문 4), pp. 521~522.

16 아라한
아라한이란 어떠한 사람인가?

정각을 성취한 부처님이 사슴동산, 즉 녹야원이라는 곳에서 전에 함께 수행한 적이 있던 다섯 사람의 수행자에게 맨 처음 설법을 했다는 것은 소위 초전법륜(初轉法輪)이라 하여 잘 알려진 이야기이다. 이후 다섯 사람은 부처님과 함께 생활함으로써 원시적인 교단의 형태를 이루게 되었으며, 차례차례 모두가 정각을 얻게 됨으로써 부처님을 포함한 여섯 사람의 아라한이 생겼다고 전해지고 있다.

이러한 전승을 통해서 보면, 애초에 아라한은 부처님과 같은 사람을 가리켰음을 알 수 있다. 실제, 아라한은 부처님의 칭호로서, 여래의 열 가지 이름 중의 하나가 되어 있다.

나한(羅漢)이라 약칭되기도 하는 아라한이라는 말의 의미는 존경할 가치가 있는 사람, 공양을 받기에 어울리는 사람 존경할 만한 수행자, 수행을 완성한 사람 등으로 알려져 있다. 특히 공양을 받기에 어울리는 사람이라는 뜻은 응공(應供)이라 번역되어 부르기도 한다.

이 아라한은 신자들로부터 의식주 등의 공양을 받음으로써 그 자체가 신자들에게 보다 많은 공덕을 부여하는 것이 되기 때문에, 이러한 의미에서 **응공**(應供)이라 번역되는 아라한은 복전(福田)이라는 별명으로 불리기도 한다.

그러나 부파불교에 이르러서는 아라한이 부처님을 가리키는 명칭이 되지 않고 불제자가 도달할 수 있는 최고의 계위(階位)가 되었다. 다시 말하면 나중에 아라한은 소승의 수행을 완성한 사람을 가리키게 되어, 부처와는 구별되기에 이른 것이다. 즉 아라한은 소위 4향(四向) 4과(四果)라는 4단계로 된 수행의 계위 중에서 최고의 계위가 된 것이다.

아라한과라 불리는 이 계위에 도달하면, 번뇌가 모두 사라지고 다시는 미혹의 세계로 되돌아가는 일이 없게 된다. 따라서 이제 아라한은 더 이상 배우거나 닦을 것이 없는 사람이라는 의미를 지니며, 이런 의미에서 무학(無學)이라고도 불린다.

한편 이 무학의 아라한을 보다 현학적으로 연구하여, 6종 또는 7종의 아라한이 있다고 분류하기도 한다. 6종의 아라한이란, 아라한이라는 계위를 얻더라도 후퇴해 버리고 마는 자 즉 퇴법(退法) 아라한, 후퇴를 염려하여 스스로를 해침으로써 무여열반(無餘涅槃) 즉 육신을 멸해서 얻는 완전한 열반에 들어가려 생각하는 자 즉 사법(思法) 아라한, 후퇴하지 않으려고 방호하는 자 즉 호법(護法) 아라한, 후퇴도 증진도 하지 않는 자 즉 안주법(安住法) 아라한, 증진하여 속히 다음 단계에 이르려고 하는 자 감달법(堪達法) 아라한, 일단 아라한과를 얻으면 어떠한 경우를 당하더라도 후퇴함이 없는 뛰어난 자 즉 부동법(不動法) 아라한 등이다.

여기서 앞의 다섯은 성격이 느리고 둔한 아라한이라 하며, 이들이 얻는 해탈에도, 때를 기다려 명상에 들어가 얻는 해탈과 아라한의 깨달음을 애호하여 얻는 해탈의 2종이 있다고 한다.

맨 뒤의 아라한은 성격이 예리한 자로서 때를 기다리지 않고서 해탈한다. 이 마지막의 아라한을 감각기관을 단련하는 수행력에 의해 다섯째로부터 여섯째에 나아가는 아라한과, 그러한 수행력에 의하지 않고 본래의 탁월한 소양에 의해 여섯째에 이르는 아라한의 2종으로 구분함으로써 총 7종의 아라한이 있게 된다.

그러나 대승불교에서는 아라한을 이런 식으로 복잡하게 규정하는 것을 무가치하다고 본다. 사실 이러한 아라한에 대해서는, 아직 부처와 동일시할 수는 없지만 열심히 노력하여 수행자로서는 상당한 경지에 이른 자를 가리키는 이외의 특별한 의의를 부여할 필요가 없다는 것이 대승의 시각인 것 같다. 대승에서는 성문, 연각 또는 독각, 보살의 삼승(三乘)이라는 구별을 강조하고, 보살승의 우위를 설했다.

특히 『법화경』에서는 이 삼승은 모두가 부처라는 일승으로 유인하기 위한 방편이라고 간주한다. 이것이 소위 일승사상(一乘思想)이다. 이러한 입장에서는 아라한 역시 부처의 깨달음으로 이끌기 위한 임시의 한 단계가 되므로 아라한 그 자체가 배척되어야 할 대상은 아니라고 할 것이다.

따라서 우리의 관념상 아라한이라는 인간상을 뭔가 저급한 것으로 인식하는 것은 대승의 견지에서 생각할 때, 올바른 태도가 아니다. 아라한에 대한 지나친 현학적 분석은 수행의 심리적 단계 정도로 이해하는 것이 무난할 것이다.

그러나 여기에는 종교인으로서의 실천적 자세가 고려되어 있지 않음을 주목해야 할 것이다. 아라한이 바람직한 인간상으로서 경시된다면, 바로 그러한 점 때문일 것이다. 이는 결국 위로는 깨달음을 구하는 보살의 한 측면이라고 이해할 수 있다.

[참고문헌] 高崎直道, 『佛敎·イソド思想辭典』(→ 문 13), pp. 11~12.
　　　　　　宇井伯壽, 『佛敎汎論』(合本 東京 : 岩波書店, 1962), pp. 247~249.
　　　　　　中村 元, 『ゴタマブッダ』(→ 문 1), p. 506.
　　　　　　김지견 역, 『佛陀의 世界』(→ 문 1), p. 213.

17 성문과 독각

성문과 독각이란 어떠한 사람인가?

법화경의 많은 비유들 중에는 유명한 '삼거화택(三車火宅)의 비유'라는 것이 있다. 세 가지의 수레와 불타는 집을 통한 비유라는 뜻이다. 그 요지는, 집이 불길에 휩싸여 가는 줄도 모르고, 안에서 놀고 있는 아이들이 밖으로 나오려 하지 않으므로, 그들을 밖으로 유인하여 구하기 위해 소의 수레와 양의 수레, 사슴의 수레가 준비되어 있으니 빨리 나와서 가지라고 함으로써 그들을 구했다는 것이다.

여기서 말하는 세 가지의 수레는 각각 성문승과 독각승, 보살승의 **삼승**을 비유한 것이다. 승(乘)이라는 말은 '실어 나르는 것'을 뜻하므로, 실질적으로 불교를 신봉하는 이들이 취하는 '입장'을 의미하는 것으로 이해할 수 있다. 대승불교의 관점에서는 성문승과 독각승을 소승이라 간주하여 그 가치를 격하하는 것이 일반적인 경향이다. 또는 성문승은 소승, 독각승은 중승(中乘), 보살승은 대승이라고도 한다. 물론 『법화경』에서 이 삼승을 설하는 것은, 그러한 차별이 무의미하므로 그들은 모두 부처 또는 보살이라는 한 가지 입장 즉 일승(一乘)을 지향하는 방편이라고 이해해야 한다는 것이다(제42문 참조).

어쨌든 이들의 입장을 이해하기 위해서는 먼저 성문과 독각이 어떠한 인물을 가리키는지를 알아야 할 것이다(보살에 대해서는 제14, 15문 참조).

성문(聲聞)이란 말 그대로 음성을 듣는 사람이다. 따라서 제자라고 번역되기도 한다. 아함경을 비롯한 초기경전에서부터 성문에 대해서는 종종 언급된다. '성문은 음성으로 인해 깨달음을 얻는다'는 설명이 대표적인 예가 될 것이다. 이후의 대승경전과 논서들에서는 성문을 보다 구체적으로 설명하는 예가 많은데, 이들을 간추리면 대개 이러하다.

부처님이 설하는 음성을 듣고서 수행하는 사람, 자신의 깨달음만을 생각하는 성자, 자기의 완성만을 구하려 노력하는 출가인, 자기의 깨달음을 구하는 일에 전념하는 성자, 자기의 완성만을 노력하는 출가승, 가르치는 소리를 듣고서야 비로소 수행할 수 있는 제자, 부처님의 가르침을 듣고 무한히 긴 시간에 걸쳐 수행한 결과 아라한의 계위에 도달한 사람 등이다.

이와 같은 설명들을 보면, 성문은 출가한 수행자로서 이기적인 입장에서 노력하는 사람을 주로 지칭하는 듯하다. 이는 물론 대승의 입장에서 보기 때문이다.

그러나 원래 초기의 불교성전에서 성문이란 출가자이든 재가자이든 가르침을 듣는 사람을 의미했으며, 불제자를 의미했다. 즉 성문에 대한 설명을 전반적으로 살펴보면, 성문이란 주로 부처님이 살아 계실 때의 여러 제자들을 가리키는데, 사성제(四聖諦)의 **이치**를 관찰하고 37도품(三十七道品)으로 정리된 온갖 종류의 수행을 닦아, 견해와 수도에서 생기는 온갖 미혹을 끊고 차례로 네 단계의 경지(제16문 참조)를 증득함으로써 무여열반에 들기를 기다리는 사람이 된다.

그런데 이러한 노력을 기울일 수 있는 사람은 실질적으로 출가한 수행자일 수밖에 없을 것이다. 그래서 후대가 되면 불교의 교단을 구성하고 있는 출가수행승만을 가리키게 되었다.

그러나 누구라도 스스로의 노력에 의해 깨달음을 얻어 부처가 될 수 있다는 불교의 근본취의에서 보면, 뭔가에 의지해야만 하는 성문을 꼭 올바른 인간상이라고도 말할 수 없게 된다. 그래서 독각의 존재를 인정하게 되는 것이다.

독각(獨覺)이란 말 그대로 혼자서 깨달은 사람이다. 연각(緣覺)이라고도 하고 벽지불(辟支佛)이라고도 하는데, 벽지불이라는 말은 산스크리트 원어 프라티예카 붓다(pratyeka-buddha)의 발음을 딴 것이다. 이는 타인으로부터 가르침을 받지 않고 혼자의 힘으로 깨달은 자, 또는 깨달은 후에도 타인과 어울리지 않고 홀로 있는 자라는 뜻이다.

타인에게 가르침을 설하여 인도하는 일을 하지 않기 때문에, 이러한 독각에는 자리(自利)만 있고 이타(利他)가 없다고 한다. 따라서 이타를 중시하는 대승에서는 이 독각을 성문과 함께 한 단계 낮추어 보는 것이다. 물론 대승불교 이전에도 독각에 대한 언급은 있으나, 거기서는 성문과 마찬가지로 낮추어 보려는 의도가 개입되어 있지는 않다.

시대가 흐르면서 독각에 대해서는 성문의 경우와 마찬가지로 몇 가지의 구분을 두게 된다. 그런데 이 독각에 대해서는 확실한 기원이 밝혀져 있지 않다. 일찍이 실재했던 인물을 모델로 삼았다는 설도 있고, 깨달음을 얻은 이후 아직 설법을 결심하지 않고 있던 부처님의 모습을 가리킨다는 주장도 있으나, 어느 쪽도 확실하지는 않다. 어쨌든 자력으로 뭔가를 성취하고서 그것을 자기 혼자만 간직하는 사람을 뜻하는 것으로 이해해도 무방할 것이다. 그렇다면 성문이란 남에게서 가르침을 받는 목적이 오로지 자신의 이익만을 위한 것인 사람이 될 것이다.

후세에 독각은 십이인연을 관찰하여 미혹을 끊고 그것을 증득한 사람이라고 해석되었다. 이는 성문이 사성제를 관찰하여 아라한이 되고, 보살이 육바라밀을 행하여 부처가 된다고 보는 것과 같은 맥락이다. 그러나 독각을 이런 식으로 말하는 것은, 독각을 연각이라고도 번역할 때의 그 연(緣)이 십이인연을 가리킨다고 보는 데서 기인한다.

결국 『유가사지론(瑜伽師地論)』의 설명처럼, 독각은 부처님이 없는 세상에 나서 스승 없이 홀로 깨닫는 반면, 성문은 부처님이 가르치는 음성을 듣고서야 깨달음의 세계로 들어갈 수 있는 사람을 가리킨다는 것으로 그 둘을 특징지을 수 있을 것이다. 이 둘은 아무래도 이기적이라는 데에 비판의 소지가 있다.

그러나 『법화경』의 정신에 따라 이 둘의 입장을 긍정적으로 받아들일 수도 있을 것이다. 즉 성문승은 근본불교의 가르침을 일컫는 것으로서, 그 가르침은 믿음을 특징으로 한다. 부처님을 어디까지나 믿고 따라서 수행하겠다는 결심에 의해 여러 가지의 것을 알 수 있다는 입장이다. 일반적으로 이해하면, 깨달은 사람을 철저하게 믿고 그 사람을 좇아서 수행하겠다고 결심하여, 이 탐욕과 무지와 증오의 세계를 꿋꿋하게 살아가겠다는 생활방식을 가리킨다.

한편 독각승이란 천지 인연의 이법(理法), 즉 대자연의 법칙을 궁구하고, 인간의 삶의 방식을 파악해 가는 입장이다. 일반적으로 말하면, 자연이나 인생을 냉정하게 객관적으로 관찰하고 그것을 움직이는 법칙을 발견하며, 그것에 의해 이 탐욕과 증오와 무지의 세계를 헤쳐 나가려는 삶의 방식을 가리킨다. 물론 이러한 입장들이 이타적이며 대사회적(對社會的)으로 발전되어야 할 것이다.

［참고문헌］ 『望月佛敎大辭典』, vol. 3, p. 2794.
中村 元, 『佛敎語辭典』(縮刷版 ; 東京 : 東京書籍株式會社, 1981), p. 734.
高崎直道, 『佛敎・インド思想辭典』(→ 문 13), pp. 331~332.
紀野一義 저, 정승석 역, 『생명의 연꽃』(도서출판 여래, 1983), pp. 42~43.

18 전륜성왕
전륜성왕의 불교적 의의는 무엇인가?

전륜성왕(轉輪聖王)이란 가장 이상적인 통치자로서, 어느 특정한 국가가 아니라 보편적 국가의 제왕을 뜻한다. 세속의 이상적 통치자인 이 전륜성왕이 부처님과 관계된 전설을 우리는 잘 알고 있다. 즉 부처님이 태어난 후, 부친이 갓 태어난 아들을 이름난 점성가에게 보였더니, 그 점성가는 아기의 얼굴을 보고서 이렇게 예언했다는 것이다.

"태자는 뛰어난 위인의 상을 갖추고 있습니다. 왕위에 오르면 무력을 쓰지 않고 온 세상을 다스리는 전륜성왕이 될 것이고, 출가하여 수행하면 반드시 부처님이 되어 모든 중생을 구제해 줄 것입니다."

그러나 우리에게 잘 알려져 있는 이 전설은 불교 초기에는 없었던 것으로서, 부처님의 탄생에 관한 전설 중 후기에 첨가된 제2단계의 전설이라 한다. 즉 아시타라고 불리는 유명한 선인이 부처님의 탄생 소식을 듣고 궁전에 들어가서, 다음과 같이 예언한다.

"이 동자는 최고의 깨달음을 얻는 사람이 될 것이다. 최상의 청정함으로 보고, 많은 사람들을 이롭게 하며, 자비로운 마음으로 진리의 법륜을 굴리리라. 이 사람의 깨끗한 행위는 널리 세상에 퍼질 것이다.”

이것이 애초에 있었던 제1단계의 전설이다. 그러면 왜 제2단계의 전설이 생겨나게 되었을까?

첫번째의 전설은 부처님이 하나의 종교를 창시하는 위대한 종교가가 될 것이라는 요지이고, 두번째의 전설은 성장하여 출가하면 대종교가가 되든가 그렇지 않고 세속에 머무르면 온 세상을 다스리는 대제왕이 될 것이라는 요지이다.

아마도 이 다음 단계의 전설은, 수많은 소국가로 분할되어 있던 인도가 통일되어 가던 과정에서 성립된 보편적 국가의 제왕 즉 전륜성왕이라는 이상이 부처님의 전기에도 영향을 미쳤던 것이라고 추측된다. 많은 대중들이 통일된 국가의 출현을 염원하고 있었을 때, 부처님과 같은 위대한 인물이라면 그러한 기대를 충족시켜 줄 위대한 통치자가 될 수 있으리라고 상상하는 것이 무리는 아니었을 것이다.

또 한편으로 생각하면, 그러한 전설을 통해 부처님의 위대성이 더욱 부각될 수 있을 것이고, 보다 중요한 효과는 그 전설을 통해 부처님의 출가한 의의가 더욱 빛을 발할 수 있다는 점이다. 전륜성왕이라는 세속의 최고 이상을 떨쳐 버리고 근본적으로 인간의 고통을 해결할 진리를 찾아 나선 부처님의 결의는 더욱 가치있는 것으로 받아들여지는 것이다.

그러나 『**전륜왕사자후경(轉輪王獅子吼經)**』이라는 유명한 경전이 대변해 주고 있듯이, 불교에서의 전륜성왕은 부처님의 위대성을 부각하는 전설로서의 가치를 발휘하는 데 그치는 것이 아니다. 그러한 전설 자체가 불교의 사회적 시각을 반영하는 것이라는 데에 간과할 수 없는 의의가 있다. 그 전설은 부처님의 세속적 모습이 전륜성왕임을 지적하는 것으로 이해된다.

실제 경전에서 부처님은 전륜왕과 동일시되고 있기도 하다. 그래서 부처님과 전륜성왕은 우주의 한 짝을 이루는데, 부처님이 우주의 정신계 쪽을 뜻하는 반면 전륜성왕은 속계 쪽을 뜻한다고 평하기도 한다. 그 둘은 한 동전의 양면과 같다는 것이다.

이제 불교에서 전륜성왕의 의의는 『전륜왕사자후경』을 통해서 엿볼 수 있다.

이 경전에서 왕, 즉 정부의 권위를 상징하는 천륜(天輪)은, 동시에 건전한 도덕성과 부의 공평한 분배를 상징하기도 한다. 천륜이 궁전에서 사라져 버린다고 하는 것은 사회가 도덕적으로 퇴폐하고 부의 편중으로 빈곤함을 뜻한다. 곧 정부의 권위는 상실되는 것이다. 이러한 문제가 해결될 때 천륜은 다시 궁전에 나타나는 것이다.

경전에서는 천륜이 다시 나타날 수 있도록 순응해야 할 전륜왕의 높은 이상이 무엇이냐고 묻자, 전륜성왕은 항상 법, 즉 진리에 따라야 한다고 말한다. 법에 따라 행동하려면 자기 왕국에 있는 모든 생명체를 법의 파괴자로부터 보호해야 하며, 국민이 악의 길을 걷지 않도록 제지해야 한다. 또한 그들의 경제적 번영을 보장해야 한다. 이렇게 할 때 천륜은 주변 국가로 굴러가며 그들을 평화적으로 제압한다는 것이다.

아울러 국민에 대한 폭력은 폭력의 만연을 낳고 오히려 또 다른 도덕적, 사회적 악을 초래할 뿐임을 지적하고 있다. 이 경전에서 주장하는 바는 인간의 도덕적, 육체적 쇠퇴가 빈곤의 직접적인 결과라는 것이다. 따라서 빈곤의 해결이 전륜왕의 주요한 과제임을 암시하고 있다. 부처님과 전륜왕이 동일한 하나의 양면이라 할 때,

이는 부처님의 가르침인 불교의 한 과제라고 말할 수 있다.

이 경전에서 전륜왕은 경제정책이 그의 정부라는 건물에 있어서 하나의 초석이라고 알고 있다. 그의 경제정책이 당장 해결해야 할 일은 국가의 부를 개인 각자의 필요에 따라 분배하는 것이다. 더 나아가서 그는 부를 평등하게 분배함으로써 곧바로 사회의 결속과 평화 및 조화를 이룰 수 있음은 물론이고, 사회윤리와 개인윤리를 함양할 수 있다고 생각했다.

결국 도덕성의 증진과 부의 평등한 분배가 전륜왕 정부의 원칙적인 양면이다. 그래서 전륜왕의 왕국에서는 인간의 정신적 요구와 물질적 요구가 모두 조화롭게 충족되는 것이다. 정신적 충족과 물질적 충족이라는 기본원리가 불교이상국가의 기반을 이룬다고 할 수 있다.

이상과 같은 관점에서 부처님과 전륜성왕은 각각 정신적 원리와 물질적 원리를 상징적으로 표현한 인물이라 간주된다. 전륜성왕은 곧 부처님의 이상을 세속적으로 실현하는 자이다. 그의 정신적 기반은 부처님의 가르침이다. 이러한 전륜성왕의 이념이 역사적으로는 왕실불교 또는 국가불교의 형태로 나타난다. 물론 실제의 역사에서는 그 이념이 충분히 발현되지 못했다. 그 이유는 전륜성왕의 불교적 의의를 바르게 인식하지 못한 데에 있을 것이다.

〔참고문헌〕 『불교성전』(→ 문 4), p. 5.
中村 元, 『ゴタマブッダ』(→ 문 1), pp. 56~58.
정승석 역, 『불교의 정치철학』(→ 문 10), pp. 158~164, 181~182, 191~192.

19 십대제자

십대제자란 어떠한 이들이며, 그들의 특기는 무엇인가?

부처님이 살아 계실 때에 부처님을 따르던 제자들로서 당시의 불교교단 내에서 특히 중요한 역할을 담당한 열 사람을 꼽아 십대제자라 한다. 따라서 이들은 불제자들 중의 모범이라고 간주될 수 있을 것이다.

그러나 이 십대제자가 언제 어떠한 기준에 의해 선택되었는지는 분명하지 않다. 부처님의 맨 처음 제자가 된 다섯 사람들 중에서는 한 사람도 포함되어 있지 않은 대신, 후대의 불교인 대승의 사상을 이해하고 있는 것으로 나타나는 수보리가 포함되어 있는 점으로 미루어, 이 선정이 대승불교시대의 소산이라고 보는 견해도 있다.

그 사실이야 어찌 되었든 이들이 각각의 분야에서 부처님의 가르침을 가장 잘 실천한 인물로서 평가된다는 점은 부인할 수 없을 것이다. 이들이야말로 대표적인 성문(제17문 참조)이며, 자비의 실천을 중시하는 대승의 입장에서 보면 다른 가치 평가를 받을 수도 있을 것이다.

사리불(舍利弗) : 경전에서 흔히 부처님이 설법의 상대로서 '사리자(舍利子)'라고 호칭하는 사람이 바로 '지혜제일(智慧第一)'이라는 별명을 얻게 된 이 사리불이다. 원래의 발음은 샤리푸트라(Śāriputra)이다. 그는 다음에 소개할 목건련과 어렸을 때부터 친분이 두터웠던 것으로 전해진다.

이 두 사람은 소년 시절에 육사외도의 한 사람으로서 회의론을 내세워 당시 이름을 떨치고 있던 산자야(Sānjaya)의 문하에 들어가 수학하여 제자들 중의 우두머리가 되었으나, 부처님의 가르침에 대한 이야기를 듣고 감복한 나머지 250명의 제자들과 함께 부처님께 귀의한 것으로 유명하다. 이때 산자야는 분함을 이기지 못하여 입에서 피를 토했다고 전할 정도이다. 사리불은 이로부터 보름만에 아라한의 경지에 이르렀다고 한다.

목건련과 더불어 사리불의 뛰어난 자질과 재능은, 이 두 사람이 먼저 입문한 다른 제자들을 제치고 부처님으로부터 상좌(上座)의 위치를 허락받았다는 사실로써도 입증된다. 특히 사리불은 지혜제일이라 불릴 정도로 갖가지 지식에 통하고 통찰력도 빼어났으며, 더욱이 교단의 통솔에도 뛰어난 능력을 발휘했다고 한다. 그래서 부처님은 사리불을 가리켜 '나의 장자(長子)'라고 하였다.

제자들 가운데 그가 으뜸이었음은, 경전에서 그가 부처님을 대신하여 교리를 상세히 설하면 부처님이 이를 추인하는 형식이 종종 발견된다는 사실에서 알 수 있다. 그는 불교 이외의 사상에도 능통하였으므로, 외도(外道)들의 잘못된 생각을 타파하는 데 자주 노력을 쏟았다. 그는 일부러 부처님보다 앞서 입멸하였다고 전한다.

목건련(目犍連) : 원래의 발음은 마우드갈리야야나(Maudgalyāyana)인데, 이와 같은 이름의 제자들이 많아서 위대함을 뜻하는 마하

(mahā), 즉 대(大)라는 수식어를 붙여 구분한다. 즉 대목건련 또는 마하목건련이라 불린다.

그에게는 그 연유는 확실히 알 수 없지만 신통력이 뛰어났다 하여 '신통제일(神通第一)'이라는 별명이 주어졌다. 그에 대한 전설로 미루어 볼 때, 그의 신통력은 부처님과 동등한 것으로 생각되었던 것 같다.

우리에게는 백중(百衆)으로 잘 알려져 있는 우란분절이라는 불교의 유명한 행사는 이 목건련에 대한 전설에서 유래한다. 즉 목건련은 돌아가신 자기의 어머니가 아귀로부터 심한 고통을 받고 있음을 자신의 신통한 눈 즉 천안(天眼)으로 보고서, 부처님의 가르침에 따라 공양을 드려 구출하였다는 것이다.

굶주림에 고통받는 망령을 위안하기 위해 실시하는 행사인 시아귀회(施餓鬼會)도 이러한 인연설화에서 유래한다.

이 밖에도 그에게는 기적적인 탁월한 능력이 있었음을 전하는 설화들이 많이 있다. 그 역시 부처님이 열반에 들기 직전에 입멸했는데, 탁발을 나섰다가 브라만교의 한 승려 때문에 돌과 기왓장에 맞아 죽었다 한다. 또는 사리불과 마찬가지로 부처님이 열반에 드는 것을 차마 볼 수 없어서 부처님보다 먼저 입멸한 것이라고도 한다. 사리불의 죽음을 애도하는 목건련의 시가 전해지고 있는 것으로 보아, 목건련은 사리불보다 나중에 세상을 떠났으리라 생각된다.

가섭(迦葉) : 원래의 발음은 카쉬야파(Kāśyapa)인데, 역시 같은 이름의 다른 사람과 혼동을 피하기 위해 대가섭 또는 마하가섭으로 불린다. 욕심이 적고 족한 줄을 알아 항상 엄격한 규율을 행하였다 하여, 그에게는 '행법제일(行法第一)' 또는 '두타제일(頭陀第一)'이라는 별명이 붙어 있다.

그는 '염화시중(拈華示衆)의 미소'라는 일화의 주인공으로서 잘 알려져 있다. 어느 설법의 자리에서 부처님이 연꽃 한 송이를 들고 아무런 말도 없이 있을 때 거기에 모인 사람들은 아무도 그 뜻을 알지 못했으나, 가섭만이 그 뜻을 알고 미소를 지었다 한다. 그래서 부처님은 가섭에게 자신이 죽은 이후 바른 진리를 후대에 전하라고 부탁하였다.

어느 날 십대제자 중의 한 사람인 아난이 부처님께서 전하신 것이 무엇이냐고 묻자, 가섭은 "가서 깃대를 내려라."라고 대답했다. 사원 밖에 깃대를 세우는 것은 설법을 하고 있음을 가리킨다. 따라서 그 깃대를 내리라는 말은 언설을 집어치우라는 뜻이다. 그래서 문자나 언설을 내세우지 않는 선가(禪家)에서는 가섭을 그 전통의 제1조로 간주하고 있다.

실제로 가섭은 부처님이 돌아가신 후에 부처님의 말씀을 정리하여 확정하는 제1결집을 주도하였다. 전설에 의하면, 부처님의 임종 후 유해를 넣은 관은 가섭이 도착하기 전까지 아무리 해도 불이 붙지 않아 다비를 행할 수가 없었다고 한다.

수보리(須菩提) : 원래의 발음은 수부티(Subbūti)이다. 그는 공(空)의 뜻을 가장 잘 아는 제자라 하여 '해공제일(解空第一)'이라 인정받았다. 그가 공의 지혜를 잘 깨우쳤다는 유명한 일화가 있다.

어느 때 수보리가 옷을 꿰매고 있었는데, 그때 부처님이 다가왔다. 수보리는 자리에서 일어나 예배를 드리려 하다가 그만 두고서는 다시 앉아서 옷을 꿰매었다. 그는 부처님이라는 형상 자체도 공인 것이라고 생각하였던 것이다. 이를 헤아리고서 부처님은 "수보리가 제일 먼저 예배를 한다. 그보다 나은 자가 없다. 공을 알고 해탈하는 것이 바로 예불의 뜻이다.”라고 칭찬하였다 한다.

그래서 공에 대한 지혜를 강조하는 후대의 『반야경(般若經)』에서는 수보리가 항상 공의 지혜인 반야바라밀을 설한 것으로 되어 있다. 그러나 이러한 공은 후대에 성립한 대승불교의 중심사상이므로, 본래는 그가 ‘은둔생활을 하는 사람들 중의 제일인자’라고 불렸던 것 같다고 한다.

부루나(富樓那**)** : 원래의 발음은 푸르나(Pūrna)이다. 그는 부처님을 따라 다니며 교화하는 일에 뛰어난 재능을 발휘하였으므로 ‘설법제일(說法第一)’이라는 칭호를 받았다. 그가 설법에 남다른 재능을 발휘하게 된 데에는 불교에 입문하기 이전에 갖춘 풍부한 지식이 큰 역할을 하였을 것이다.

부루나는 브라만교의 많은 문헌을 섭렵했다고 한다. 그는 사리불이나 목건련보다 선배로서, 사리불에게 설법해 준 일도 있음이 전해지고 있다. 설법 때마다 그는 탁월한 언변으로써 뭇 사람들을 기쁘게 하고, 다음에는 폐부를 찌르는 고언(苦言)으로써 그들의 마음에 진실한 가책감을 느끼게 하고, 끝으로 밝은 지혜로 모든 것이 공함을 가르쳐 듣는 사람으로 하여금 예외 없이 해탈케 하여, 9만 9천 명이나 되는 사람들을 제도했다고 한다. 이는 설법에서 그만큼 뛰어난 역량을 발휘했다는 이야기일 것이다.

그에 대해서는 십대제자 중의 다른 누구보다도 더 우리를 감동시키는 이야기가 전해지고 있다. 부처님의 법을 전하는 데 목숨을 아끼지 않은 그의 열렬하고 투철한 의지를 전하는 이야기이다.

어느 날 부루나는 부처님 앞에 나와 서쪽 지방에 포교하러 가겠다고 청하였다. 부처님은 그에게 물었다.

“서쪽 지방의 사람들은 사나우니, 욕을 하면 어떻게 하겠느냐.”

이에 부루나는 이렇게 대답하였다.

"때리지 않는 것을 다행으로 알겠습니다."

"만일 때린다면?"

"몽둥이나 돌로 치지 않는 것을 다행으로 여기겠습니다."

"몽둥이나 돌로 친다면?"

"죽이지 않는 것을 다행으로 여기겠습니다."

"만일 죽인다면?"

"열반에 들게 해주는 것으로 감사하겠습니다."

부루나는 드디어 부처님의 허락을 받아 서방의 포교에 힘쓰다가 그곳에서 목숨을 마쳤다 한다. 그에 대해서는 그의 뛰어난 언변보다 이러한 적극적인 자세가 더 높이 평가되어야 할 것이다.

가전연(迦旃延) : 원래의 발음은 카티야야나(Kātyāyana)인데, 같은 이름의 사람들과 혼동을 피하기 위해 마하가전연이라고도 불린다. 그의 일생에 대해 전해지는 이야기는 많지 않으나 일부의 기록에 의하면, 그는 인도의 변방에 이르기까지 각처를 다니며 교화활동을 하였고, 특히 교의에 대한 논의를 펴는 데에 가장 뛰어난 능력을 지녔던 것으로 알려져 있다. 그래서 '논의제일(論議第一)'이라는 칭호를 받았다. 부루나와 마찬가지로 그는 서인도 출신인데, 이들은 서인도 지방에 불교를 전파하는 데에 큰 공적을 남겼다.

아나율(阿那律) : 원래의 발음은 아니룻다(Aniruddha)이다. 부처님의 사촌동생이라 하며, 심원한 통찰력에 있어서 타의 추종을 불허했으므로 '천안제일(天眼第一)'이라 불린다. 그가 천안을 얻게 된 데 대해서는 다음과 같은 일화가 전해진다.

아나율은 한때 부처님 앞에서 졸다가 부처님으로부터 책망을 받은 일이 있었다. 그로부터 그는 서원을 세워 조금도 자지 않았으므로 마침내 질병을 얻게 되었다. 부처님은 이를 보고 지나치는 일이나, 모자라는 일이나 다 좋지 않다고 타일렀다. 그러나 그는 결심을 굽히지 않았으므로, 부처님은 유명한 의사에게 그의 치료를 부탁하였다. 하지만 그가 잠을 자지 않았으므로 명의로서도 어찌할 도리가 없었다. 마침내 그의 육안은 파괴되고 말았는데, 오히려 이 때문에 그는 천안을 얻게 되었다고 한다.

이 이야기는 수행에 임하는 그의 결의가 남달리 투철했고 집중력이 강했음을 의미할 것이다. 그는 교단 내에서 화합의 모범을 보인 것으로 유명하며, 부처님이 열반한 후 제1결집에도 참여하여 중요한 역할을 수행하였다.

우파리(優波離) : 원래의 발음은 우팔리(Upāli)이다. 그는 다른 제자들과는 달리 가장 비천한 출신으로서 이발사 노릇을 하였다고 한다. 그는 교단의 규율 및 규칙에 정통했으며 계율을 지키는 데 있어서 매우 엄격했으므로 '지율제일(持律第一)'이라 불린다.

실제로 그의 가장 위대한 공적은, 부처님이 열반한 후의 제1결집에서 계율에 관한 모든 사항을 암송해 냄으로써 후대의 율장(律藏)을 확립케 한 일이다. 그가 어떠한 사적을 남겼는가에 대해서는 전해지는 바가 많지 않으나, 그의 입문은 부처님이 내세운 평등사상의 구체적인 실천이라는 점에 큰 의의가 있다. 그는 왕족의 이발사로서 왕족의 청년들이 출가하려 할 때 같이 출가하기를 원했는데, 이때 부처님은 왕족 청년들의 출가를 받아들이기에 앞서 그의 출가를 먼저 허락함으로서, 교단 내의 세속적인 계급의식을 제거하였다는 것이다.

나후라(羅睺羅) : 원래의 발음은 라훌라(Rāhula)이며, 장애물이라는 뜻이다. 부처님의 하나뿐인 아들로서, 부처님이 출가하려 했을 때

장애물이 되었다 하여 붙인 이름으로 유명하다. 그는 불교교단의 최초의 사미였는데, 최초의 예비 승려인 만큼 많은 수난과 곤욕을 당하였을 것이다. 그가 부처님의 아들이라 하여 부처님으로부터나 다른 수행자로부터 특별한 대우를 받은 흔적은 전혀 없다. 오히려 더 심한 주의를 받았을 뿐이다.

그가 많은 곤욕을 당하거나 훈계를 받았다는 이야기는, 그만큼 그가 잘 참아 내고 계율을 엄수하는 본보기가 되었음을 뜻하기도 한다. 그래서 금계(禁戒)를 깨뜨린 일이 없고 독송을 게을리함이 없기로는 나후라가 제일이라는 기록도 있다. 그러므로 그를 가리켜 '밀행제일(密行第一)'이라 한다. 여기서 밀행이란 은밀히 자기가 지킬 것을 잘 지켜 나가는 행동이라는 정도로 이해하는 것이 좋을 것이다.

아난(阿難) : 원래의 발음은 아난다(Ānanda)이며, 부처님의 사촌형제이다. 부처님이 정각을 성취한 후 20년이 지나서, 아난은 부처님을 그림자처럼 따라다니고 모시면서 가장 많은 말씀을 직접 들었으므로 '다문제일(多聞第一)'이라 불린다. 그래서 그는 제1결집에서 부처님이 직접 설한 가르침을 모두 암송해 냄으로써 후대에 경장(經藏)을 성립케 하는 중대한 역할을 담당하였다.

그는 부처님의 나이 55세 때에 시자(侍者)로 추천되었다고 한다. 그 이전까지 부처님은 시자를 두지 않았다. 이후 25년간 부처님 신변의 모든 일을 뒷바라지하고, 부처님이 병석에 누우면 계를 범하면서까지 특별한 식사를 준비했다. 또 가르침을 구하여 찾아오는 사람에게는 가능한 모든 편의를 제공하고, 고민을 지닌 동료의 상담역을 맡기도 했으며, 때로는 부처님을 대신하여 설법하기도 했다고 한다. 그의 공적으로 돌릴 만한 또 하나 유명한 사건은 부처님을 설득시켜 여성의 출가를 최초로 허락케 한 일이다(제7문 참조).

그러나 부처님을 가까이 모셨던 만큼 그에게는 여러 가지 비난도 쏟아졌다. 대표적인 예로서, 그는 부처님이 사사로운 계율은 버려도 좋다고 했다는 이야기를 전했는데, 나중에 이것이 문제가 되자 버려도 좋을 사사로운 계의 구체적인 한계를 부처님에게 물어보지 못한 잘못이 그에게 지적되었다고 한다. 사실 이것은 매우 중요한 문제임이 틀림없다.

이밖에 가섭은 그에게 다섯 가지의 죄를 지적하였는데, 그것은 여인의 출가를 청하여 정법을 500세 감축시켰다는 점, 부처님이 더 오래 살 수 있었는데 그것을 청하지 않아서 부처님이 일찍 입멸하게 되었다는 점이 주요 내용이다. 사실이야 어쨌든간에 후대 사람들로서는 잘못되었다고 생각되는 점을 가까이 모셨던 아난의 탓으로 돌릴 수밖에 없었을 것이다. 억울한 비난을 받기도 하는 그이지만, 십대제자들 중에서 가장 두드러진 역할을 하였던 것만큼은 부인할 수 없을 것이다. 그는 100세가 넘게 매우 오래 살았던 것으로도 전해진다.

［참고문헌］ 한국불교연구원, 『石窟庵』(一志社, 1974), pp. 54~73.
김지견 역, 『佛陀의 世界』(→ 문 1), pp. 216~220.
『月刊金剛』(1985년 1~2월호, 4~11월호).
Junjirõ Takakusu, The Essentials of Buddhist philosophy(→ 문 13), pp. 166~167.
고익진, 『현대한국불교의 방향』(→ 문 8), pp. 119~120.

진리의 전수

20 법

불교에서 법의 의미는 무엇인가?

학문적인 접근이 아니라 일반적인 이해를 위해서는 불교에서의 법이라는 말을 '진리'라고 받아들이는 것이 가장 무난할 것이다. 이 책에서도 진리라는 말은 그러한 입장에서 포괄적인 의미로서의 법을 지칭한 것이다.

그러나 법이라는 말의 용도는 불교 이전의 오랜 전통을 간직하고 있으며, 불교에 있어서의 그 용도도 대단히 다양하다. 따라서 이에 대한 연구 자체만으로도 불교사상사에 있어서 하나의 거대한 흐름을 형성하고 있을 만큼(제35문 참조), 그 개념에 대한 접근은 매우 난해하고 복잡한 과정을 필요로 하고 있기도 하다. 하지만 여기서는 그러한 과정은 생략하고, 상식적으로 필요한 범위 내에서 법의 포괄적인 의미를 간추리려고 한다.

법(法)이라는 말은 산스크리트어인 다르마(dharma), 팔리어인 담마(dhamma)라는 말을 번역한 것이다. 이 번역은 수많은 불교용어 중에서도 다행히 가장 적합한 번역이라고 인정받고 있다. 사실 고등의 문화가 전개된 어느 사회에서나 인간사회의 이상을 상징하는 개념이 있었다. 예를 들면 중국의 도(道)나 서양의 로고스(logos) 같은 것들이며, 이러한 단어들은 인도적 개념인 다르마, 즉 법에 비견될 만하다.

다르마라는 말은 뭔가를 지탱한다거나 지지한다는 의미의 어원에서 파생한 것으로 알려져 있다. 이로부터 그 용도가 다양하게 확대되는데, 형이상학적 측면에서는 진리, 이법(理法), 세계 질서의 의미를, 윤리적 측면에서는 정의, 의무, 법률 등의 의미를 함축하는 것으로 쓰이고 있다.

궁극의 정의와 진리인 다르마에 의해 세계가 유지되고, 이 다르마에 의해 살아가는 것이야말로 각 개인을 구원으로 이끄는 길이 될 것이다. 여기에서 다르마라는 말이 지닌 본래의 종교적 성격이 드러나 있는 것이다. 인도적 전통의 이러한 입장을 불교는 그대로 채택하면서 보다 발전적으로 전개시켰다.

근본불교의 성전에 나타난 법의 다양한 의미에 대하여 이미 5세기에 붓다고사(Buddhaghosa)라는 유명한 주석가가 그 용도를 다섯 가지로 분류한 적이 있는데, 이를 다시 재정리하여 네 종류로 구분하기도 한다. 첫째는 법칙, 정당, 규준 등, 둘째는 교설, 셋째는 진실, 최고 실재 등, 넷째는 경험적 사물이다.

이 중 첫째와 셋째는 불교 이전부터 쓰이고 있던 용법이고, 둘째와 넷째는 불교의 독자적인 용도이다. 그러나 보다 더 간명한 이해를 위해 이를 단적으로 압축하면, 다음 두 가지로 구분하는 것이 그 권위를 인정받고 있다.

첫째는 법칙 또는 이치라고 이해해도 좋을 이법(理法)으로서의 법이고, 둘째는 부처님의 가르침인 교설을 뜻하는 교법(敎法)으로서의 법이다. 앞의 네 분류와 비교하면, 첫째와 셋째와 넷째가 전자에 포함되고, 둘째는 후자와 동일하다.

먼저 **이법으로서의 법**이란 이 세상을 움직이는 법칙이나 이치를 가리킨다. 부처님이 깨달았다는 것은 이 법칙을 인식했다는 것이라고 이해할 수 있다. 이러한 의미의 법도 두 단계로 분류할 수 있다.

첫째는 우리가 살아가는 사실세계, 즉 윤회계의 법칙이다. 이 법칙을 부처님은 연기(緣起)라 하였던 것이다. 다시 말하면, 모든 현상에 관한 이법을 포괄적으로 인연 또는 연기라 칭하였다.

경전에서 "온갖 법은 인연으로부터 생겨난 것이며, 그 인연을 부처님은 설한다."고 하며, "그 연기를 보는 자는 법을 보고, 법을 보는 자는 연기를 본다."라고 말하는 것이 바로 이것이다. 연기와 법은 동일시되었던 것이다.

이법으로서의 법의 다음 단계는 이상세계, 즉 해탈계에 관한 것이다. 다시 말하면 사실세계의 법칙을 이용함으로써 그 사실세계를 정복하여 해탈하는 법칙이다.

경전에서 "처음에는 인연에 관한 지혜가 있고, 나중에 열반에 관한 지혜가 있다."라고 말하는 것이 이것을 가리킨다. 그리고 이 이상세계를 실현하는 방법이 중도(中道)이며, 그보다 더 구체적인 방법이 팔정도이다. 이러한 이법으로서의 법을 전체적으로 설명하는 부처님의 교설이 사성제이다.

사성제란 이 세상의 고통에 관한 진실로서의 고제(苦諦), 그 고통을 일으키는 진실로서의 집제(集諦), 그 고통을 소멸하여 해방된 진실로서의 멸제(滅諦), 고통의 소멸에 도달하기 위한 실천 방도인 팔정도라는 진실로서의 도제(道諦)이다.

여기서 앞의 고제와 집제는 이법 중 사실세계의 법칙, 즉 연기를 가리키며, 뒤의 멸제와 도제는 이상세계의 이치 즉 완전한 자유로서의 해탈 또는 열반이라는 궁극의 목표와 그에 이르는 방안으로서의 중도를 가리킨다. 이를 이해의 편의를 위해 다음과 같이 도식화할 수 있다.

이법(법칙 또는 이치)	교법(부처님의 교설)
(1) 사실세계 = 윤회계 : 연기	고제와 집제
(2) 이상세계 = 해탈계 : 중도	멸제와 도제

여기서 (1)을 깨닫는 지혜가 (2)의 인식을 이끈 전제 조건이 된다. 다시 말하면 현상세계가 전개되는 이치를 깨달음으로써 정신적으로 자유로운 상태에 도달할 수 있다는 취지이다.

결국 이법으로서의 법이란 주로 부처님이 체득한 깨달음의 핵심을 이루는 것들이 될 것이다(제21문 참조). 그것들을 우리는 포괄적으로 진리라거나 진실이라고 말하는 것이다. 이는 물론 불교의 신앙적 측면에서 파악한 한정된 이해이다. 이를 보다 사변적으로 파악해 들어가면 최고의 실재라든가 경험적 사물들도 이법으로서의 법이라는 개념 속에 포함되게 된다. 소위 아비달마(Abhidharma) 불교는 이러한 법에 대해 연구하고 해명한다.

다음으로 **교법으로서의 법**은 거의가 부처님의 교설을 가리킨다. 부처님이 스스로 깨달은 현상세계의 실상을 구체적으로 해명하기 위한 가르침이 교법이다. 그리고 이것들을 전하고 해석하는 것이 불교성전이다.

그 전체 내용을 극히 간단하게 한 마디로 요약하면, 이 세계는 고통이고, 그 고통의 원인은 갈애와 욕망이며, 따라서 고통을 멸하려면 팔정도를 행하여 갈애를 제거하지 않으면 안 된다는 사성제가 될 것이다.

초기의 불제자들은 부처님의 가르침을 법(法)과 율(律)이라는 두

가지로 분류하였고, 나중에 이 법은 경장(經藏)으로, 율은 율장(律藏)으로 발전하였으며, 또한 이들을 주석한 논서들이 논장(論藏)으로 분류되었다. 이것이 소위 삼장이다.

따라서 불(佛), 법(法), 승(僧)의 삼보 중에 법보는 당연히 부처님의 교설인 교법을 가리킨다. 그러나 경우에 따라서는 앞서 설명한 이법을 포함하여, 부처님이 깨달은 열반의 경지와 깨달음에 의해 형성된 부처님의 청정한 인격까지도 의미한다고 말한다.

앞에서 언급한 관점에 의하면 이법으로서의 법을 구체적으로 제시하고 해설한 것이 교법으로서의 법이라는 분류가 가능하지만, 엄격히 말해서 이런 식의 분류가 반드시 정확하거나 꼭 필요한 것은 아니다. 불교의 법이라는 개념이 너무나 포괄적이기 때문에, 이것을 이법으로서의 법이라고 이해할 수도 있는 것이다.

그러므로 불교에서의 법이란 주로 신앙적인 측면에서 볼 때, 부처님이 이 세상에 대해 깨달은 이치와 이를 이해하고 실천할 수 있도록 풀어서 설명한 가르침이라고 이해하는 것이 무난할 것이다.

〔참고문헌〕 木村泰賢, 『木村泰賢全集』, 第2卷, 「原始佛敎思想論」(東京 : 大法輪閣, 1968), pp. 95~104.

高崎直道, 『佛敎・イソド思想辭典』(→ 문 13), pp. 403~407.

中村 元, 三枝充悳, 『バウシダ佛敎』(→ 문 14), p. 208.

21 깨달음
불교에서 말하는 깨달음이란 무엇을 의미하는가?

이처럼 답변하기 어려운 질문도 흔치 않다. 흔히들 이 문제는 언설로써 대답할 성질이 아니라고 하며, 선가(禪家)의 전통으로는 이 논의 자체가 힐난의 대상이 되기도 한다. 이는 물론 답변을 회피하고자 하는 것이 아니라, 참뜻을 곡해하거나 한정시키는 결과를 초래하지나 않을지 우려하기 때문이다.

하지만 전체를 드러낼 수 없다고 하여 부분마저 가려 둘 수는 없다. 그것을 막연히 신비화하는 것보다는 부분적이나마 구체화하는 것이 우리의 자각적이고 실천적인 삶을 위해 바람직할 것이기 때문이다.

불교의 최상 목표는 보리 또는 각(覺)을 얻는 것이라고 누구나 알고 있다. 이것을 해탈이라고도 하고 열반이라고도 한다. 언어적 한계성을 인식하면서도 보리니 각이니 하는 말을 깨달음이라 표현하는 것도 불교의 지상 목표를 보다 쉽고 구체적으로 이해해 보려는 노력의 일환이다.

그러나 이 자체가 충분한 이해를 도모할 수 없을 것이기에 일찍이 여기에 여러 형태의 수식어가 붙어 그것은 정각(正覺), 등정각(等正覺), 무상등정각(無上等正覺) 등으로 표현되어 왔다. 또한 본래 발음이 '아눗다라 삼야크 삼보디'인 '아누다라삼막삼보리'라는 말은 그 또한 참뜻을 곡해할까 우려하여 원어를 그대로 음역한 것이다.

어쨌든 깨달음에 대해 언급할 때 그 말은 두 가지의 측면을 함축하고 있다. 즉 하나는 일체의 현상에 대한 인식의 태도이고, 또 하나는 그 인식의 내용이다. 물론 이 둘은 분리될 성질의 것이 아니다. 편의적인 이해를 위해 구분해 볼 따름이다.

깨달음이라는 인식의 태도는 자기 확인이다. 자기가 자기 스스로의 변화를 아는 것이다. 스스로를 확인하게 되는 것은 내부의 의식에 변화가 있을 때일 것이다. 지속된 의식에 변화가 생길 때 자기를 확인하게 된다. 그 이전에는 필요성을 느끼지 않기 때문이다.

과거 이래로 계속된 의식을 답습하는 것으로는 깨달음이라는 자기 확인이 일어날 리가 없을 것이다. 따라서 깨달음이라는 인식 태도는 의식의 전환을 의미한다. 그리고 그 의식의 전환을 확인할 수 있는 근거는 달라진 인식의 내용이다. 결국 뭔가 달라진 인식의 내용이 없을 때는 자기 확인이라는 깨달음의 태도도 있을 수 없다.

그러나 여기에는 반드시 가치의 판단이 개입되어 있다. 즉 달라진 인식의 내용이 바람직하지 못할 때는 그것을 깨달음이라고 하지 않는 것이다. 불교에 있어서 그 깨달음의 내용은 진리 또는 진실이라고 포괄적으로 표현된다.

부처님이 깨달았던 진리의 내용은 무엇일까? 이 의문을 파악할 때, 불교에서 말하는 깨달음의 구체적인 의미가 밝혀진다.

부처님이 정각을 성취했다고 할 때 그 내용은 이후의 교설 전체에 간직되어 있겠지만, 그 교설 전체가 깨달음을 얻는 그 순간에 바로 터져 나왔다고 말하는 것은 무리일 것이다. 적어도 그 교설 전체를 잉태한 종자라 할 만한 계기가 되는 깨달음이 있었을 것이다. 그것을 우리가 압축하여 연기(緣起)와 중도(中道)라 말하는 데에는 이의가 있을 수 없다.

부처님의 모든 교설은 이 연기와 중도에 대한 부연적 설명이다. 또는 그 둘의 다양한 표현이다. 연기란 현상세계의 모든 것이 서로 의존하고 영향을 주고받는 관계에 있다는 정확하고 진실한 법칙이며, 중도란 현상세계의 일부인 인간이 그 진실한 법칙에 합치하기 위해 바르게 인식하고 실천하는 태도이다.

결국 연기와 중도는 동일한 것이다. 이러한 사실은 이후 전개되는 불교의 교의가 입증한다. 이러한 깨달음의 내용을 알아듣기 쉽게 보다 구체적으로 표현한 것이 삼법인, 사성제, 팔정도, 십이인연 등의 근본교설이다.

이 깨달음을 성취하는 것이 해탈이요 열반이며, 그 성취자가 부처이다. 부처는 현상의 진실한 법칙에 합치하기 때문에 걸림이 없는 자유인이며, 그 행위에 있어 불편 부당함이 없다. 즉 완전한 인격자이다. 실로 부처님은 깨달음이라는 이 법에 의해 자신의 인격적 실현에 전력을 쏟았던 것이다.

연기와 중도라는 깨달음이 우리에게 실제 의미하는 바는 무엇인가? 엄격히 말하면 연기와 중도가 서로 다른 것은 아니다. 그러나 일반적으로 연기는 올바른 인식의 측면을 가리키고, 중도는 올바른 실천의 측면을 가리키는 것이라고 이해해도 좋을 것이다.

먼저 **연기**란 상의상관성(相依相關性), 즉 세계의 모든 존재는 결코 단독적으로 활동하는 것이 아니고, 서로 의존하고 관련을 맺어 영향을 미치는 관계 속에 있다는 것이다. 이 법칙은 또한 인간에게 있어서 인식의 논리적 근거가 된다고 본다. 다시 말해서 연기는 모든 존재가 전개되어 가는 원리를 해명하는 발생적 인과관계인 동시에, 그러한 인과관계에 대한 인간의 사유 방식이다.

연기가 상의상관의 발생적 인과관계라는 뜻을 경전에서는 "이 것이 있으므로 저것이 있고 이것이 생겨나므로 저것이 생겨나며, 이것이 없으므로 저것이 없고 이것이 멸하므로 저것이 멸한다."라고 설한다. 또 이를 보다 쉽고 구체적으로 이해시키기 위해 설한 것이 십이인연설이다.

인연(因緣)은 연기의 다른 표현이다. 인연이란 연기를 보다 실체적으로 표현한 말이라고 이해할 수 있다. 다시 말하면 인연은 불교에서 파악한 현상전개의 인과법칙을 보다 명확히 표현한 개념이다.

이를 인간의 삶이라는 주체적 입장에서 이해할 때, 인연에서 인이란 나의 존재방식을 가리키는 것으로서 나의 입장이나 견해나 주장을 뜻하는 한편, 연이란 다수의 존재방식으로서 나의 입장에 대한 타인, 즉 사회의 신용을 뜻한다. 그래서 인은 하나의 원인이요 연은 복수의 원인이라 이해되는 것이다.

이러한 인과 연의 화합에 의해 역사와 현실은 전개된다고 보는 것이 인연관이다. 그래서 부처님은 인연관을 통해, 자기라는 하나를 전환하여 타인이라는 복수를 낳는 생성의 이론을 주창한 것으로 이해되기도 한다. 이는 나와 사회가 별개일 수 없다는 불교적 인식이며, 인간 각자는 사회발전의 주체요 동력임을 뜻한다. 이런 의미에서 인은 어떤 조건을 갖추는 동력인(動力因)이요, 연은 그 동력인이 영향을 미치는 질료인(質料因)이라고도 할 수 있다. 이는 결국 인간이 자기 창조의 법칙을 지니고 있음을 의미한다.

인연 또는 연기는 곧, 중도요 공(空)이다. 근본경전에는 '중도＝연기, 연기＝공'이라는 이해가 이미 표출되어 있으며, 대승불교에 이르면 '공＝연기＝중도'라는 공식이 명확히 드러난다.

중도란 극단적인 사고를 거부하는 태도로서, 고통과 즐거움의 어느 한쪽에 치우침이 없는 입장에서, 있다거나 없다는 생각 또는 유한하다거나 무한하다는 생각의 어느 한쪽에 빠지지 않는 입장으로 나아간다. 이러한 입장을 우리의 삶 속에서 실천하는 구체적인 방법이 팔정도와 육바라밀이다.

이 중도를 설하는 경전에서 "중(中)에 의해 법을 설한다."라고 하는 그 법의 내용은 "무명(無明)을 연(緣)으로 하여 행(行)이 있다."라고 시작되는 십이인연을 가리키고 있다. 중도가 연기임을 뜻하는 것이다.

여기서 중이란 두 변에 대해 존재하는 것이다. 중은 두 변을 기반으로 하여 존재하는 것이고, 중 속에 두 변이 포함되어 있다고 말할 수 있다. 바꾸어 말하면 두 변은 전체이므로, 전체를 바르게 파악하기 위해서는 '나'라는 극단적인 생각을 잊어야 할 필요가 있다.

자기를 제외한 전체를 인정하지 않으려는 성향이 우리 인간의 현실이다. 따라서 전체의 일부분에 지나지 않은 자기에 사로잡혀서는 자기가 포함되어 있는 전체를 파악하기가 용이하지 않다. 전체를 본다 하더라도 이기심이 제거되지 않고서는 올바른 중을 파악할 수 없다는 말이다. 결국 이기심이 없는 총체적 인식, 즉 고정관념이 없는 총체적 인식이 바로 중도라고 결론을 지을 수 있다.

그래서 꽃이 진다는 사실은 이미 꽃이 핀다는 사실을 내포하고 있음을 알게 되고, 고통은 즐거움을, 삶은 열반을 내포하고 있음을 알게 된다. 이러한 중도의 인식에 따라 우리는 삶 자체 속에서 열반을 추구할 수가 있다. 그러므로 중도는 인식과 자세의 전환을 요구하게 되고, 그것은 끊임없이 자기 비판과 반성의 태도를 의미하는 것이다. 이는 곧 중도가 공이라는 인식을 통해 입증된다.

위의 관점을 확대할 때, 중도는 **공(空)**이라고 표현될 수밖에 없다. 중도는 고정된 어느 한 점이나 관념을 인정할 수 없기 때문이다. 심지어는 중(中) 자체에도 집착하지 않는 것이다. 공에는 '텅 빈'이라는 의미도 있지만, 이는 '집착이 없는'이라는 또 다른 의미로 이해되는 것이다. 다시 말하면 중도는 전체에도 집착하지 않고 중에도 집착하지 않는 데서 실현된다.

이러한 인식이 공이며, 공은 나아가 공 자체에도 집착하지 않는다. 이는 일체를 남김없이 부정한다는 말인데, 실제의 현실에 있어서는 끊임없는 비판적 인식의 태도를 강조한 것이며, 결국 일체의 긍정으로 귀착될 수밖에 없는 것이다.

요컨대 일체를 예외 없이 부정하는 절대부정의 목적이 무엇이겠는가? 한 마디로 말하면, 진실하게 있는 것을 현실로 드러나게 하여 있는 자체의 모두를 구제하는 것이다.

인간의 삶에 있어 진실을 추구하는 보다 철저하고 적극적인 태도를 지적하는 것이 공이라고 이해해도 좋을 것이다. 그래서 이 공의 가장 구체적인 실천을 자비라고 하는 것이다. 공의 인식과 자비는 서로 의존하고 보충하여 혼연된 불교정신을 이룬다.

결론적으로 말해서 불교의 **깨달음**이란 연기, 중도, 공을 인식하는 것이며, 자비의 실천으로 그 실상이 드러난다. 그것은 자기 창조와 그 사회적 실현을 위한 의식의 전환이다. 그러므로 우리의 일상생활에서 자주(自主), 자율(自律), 자유를 추구하며, 그 사회적 실현으로서 평등을 구현하려는 끊임없는 자기 비판적 인식의 과정이 곧 깨달음의 과정인 것이다.

단적으로 말하면 깨달음이란 나와 사회의 이상적인 개조라 할 수 있을 것이다. 그 실천적 태도로서 중도는 바로 자유이다. 이는 불교에서 말하는 해탈이며, 보편적 가치이다. 이해(利害)가 대립하는 나와 너의 세계인 역사적, 사회적 현실에서, 인간이 전체를 설정하여 그 속에서 중(中)을 발견하는 것은 단순한 수량적 계산에 의해서 가능한 것이 아니라, 그 현실 속에서 보편적 가치를 발견하는 것이다. 이는 곧 역사적 현실의 진상을 통찰하는 일로 귀착된다. 이 역사적 현실의 존재방식을 연기라고 보는 것이 근본불교의 입장인 것이다.

〔참고문헌〕 『木村泰賢全集』, 第2卷(→ 문 20), pp. 105~106.
中村 元, 三枝充悳, 『バウシダ佛教』(→ 문 14), pp. 208~209.
『불교학개론』(→ 문 1), pp. 66~67.
정승석, 「공의 실천적 의의」, 『海印』(1988년 5월호), pp. 57~63.
宮本正尊, 「中道思想の歷史社會性」, 『金倉古稀記念論集』(1966), p. 15.

22 결집
경전은 어떻게 편찬되고 전파되었는가?

인도의 문화를 주도해 온 종족 즉 인도 아리안족은 남달리 종교적 성향이 강한 종족이었다고 알려져 있다. 종교적 감정이 풍부한 이 종족은 기억력에 있어서 탁월한 재능을 갖추고 있었다. 종교적 영감이 산스크리트어라는 뛰어난 언어를 낳았고, 이 언어 덕분에 기록에 의존하지 않고 필요한 것이면 무엇이나 기억할 수 있는 탁월한 재능을 발휘하게 되었는지도 모른다. 어쨌든 인도에서 전통적인 성전들이 암송에 의해 근래에까지 전해져 왔다는 사실에 대해서는 누구나 놀라움을 감추지 않는다. 그래서 인도의 과거에 일어났던 역사적 사실을 규명하는 데에는 커다란 난관에 봉착한다. 고도의 문화를 지니고 있었음에도 고대의 인도는 다른 문화권에 비해 거의 역사적 기록을 남기지 않았기 때문이다. 결국 과거의 사실은 후대의 전승들을 여러 가지로 연관지음으로써 유추할 수밖에 없는 것이다. 아니면 전설적 내용 속에서 사실적 요소를 유추할 수밖에 없다. 이 점에 있어서는 불교도 마찬가지이지만, 그나마 다행히도 부처님의 생애에 대한 이야기들은 많이 전해져 있다.

우리는 불교경전이라 하면 보통 사람으로서는 판독할 수 없을 듯한 한자의 대장경을 먼저 연상한다. 그래서 부처님은 처음부터 어렵고 복잡한 방식으로 가르침을 펴신 것으로 착각하게 된다. 그러나 이러한 착각은 우수한 외래문화의 도입과정에서 비롯된 오해에 지나지 않는다. 이에 대해서는 따로 설명할 필요가 있을 것이다 (제26문 참조).

원래 처음부터 경전이 있었던 것은 아니다. 부처님 스스로는 그 자신이 가르친 내용을 저서나 기록 또는 어떤 방법으로도 보관하거나 전승시키려고 하지 않았다. 그의 가르침을 들은 제자나 신도들이 머리 속에 기억하여, 정리하고 보존, 전달해 왔을 따름이었다. 수백 년 동안은 글자로 베껴 쓰는 일도 없었다. 이는 당시의 일반적인 전통이기도 했다. 그러나 특히 불교의 입장에 있어서는 그에 대한 한 가지 이유를 찾을 수 있다. 제자들로서는 부처님의 성스런 말씀을 문자로 옮긴다는 것이 불경스럽게 생각되었을 것이라는 점이다. 이는 마치 부처님이 입멸한 후 얼마 동안은 그의 거룩한 모습을 그림이나 조각으로 묘사하지 않았던 것과 같다.

결국 부처님의 설법내용에 대해서는 제자나 신도가 실제로 들은 바에 따라 기억 속에서 파악하고, 구술에 의해 전달하는 것 이외의 다른 방법이 없었다. 따라서 그 내용을 한 마디도 어긋나지 않게 기억 속에 간직하기란 기대할 수 없을 것이며, 다만 모든 설법에 대하여 어느 정도의 줄거리만 대강 기억하였을 것이다. 더구나 그 대요의 파악에 있어서 여러 사람이 똑같을 수가 없었을 것이며, 같은 설법을 듣고도 듣는 사람에 따라 견해가 조금씩 달랐을 것이다. 그런데 막상 부처님이 입멸하고 난 후, 사소했던 이러한 견해의 차이가 보다 심각한 상황을 야기할 우려가 있었다. 그 내용이 달라지거나 자신의 견해를 부처님의 것인 양 강변하는 사태도 발생했을 것이다. 따라서 부처님에 대한 생생한 기억이 희미해지기 전에 그분의 실제 가르침을 확인하고 정리해 둘 필요성이 당연히 제기되었다. 이에 따라 부처님의 가르침을 직접 청취한 제자들이 전체 회의라 할 수 있는 모임을 갖게 된다.

이상과 같은 목적에서 가진 불제자들의 회합을 **결집**(結集)이라 한다. 비록 이 모임의 결과가 문자화되지는 않았지만, 이 모임에서 결정된 내용들이 후대에 소위 경전(經과 律을 포함)으로 결실을 맺게 되므로, 이 모임의 성격을 쉽게 표현하여 경전편찬회의라 말할 수 있을 것이다.

물론 이것이 실제 있었던 사건이냐에 대해서는 의심의 여부가 있지만, 우리가 유추할 수 있는 당시의 상황과 이에 관한 이야기의 전통을 고려할 때, 이 회합을 일단 사실로 받아들여도 좋을 것이다. 이러한 결집은 역사의 시차를 두고 여러 차례 있었다고 한다.

제1결집은 부처님 입멸 직후에, 제2결집은 입멸 후 100년에, 제3차는 입멸 후 200여 년이 지난 아쇼카왕의 시대에, 제4차는 입멸 후 400년 무렵에 각각 있었다고 한다. 그 후에도 두 차례 더 있었다고 하나, 제4차 이후의 결집에 대해서는 그 사실성을 인정하지 않기도 한다. 다만 제4차에서는 논장(論藏)이, 제5차에는 대승경전이, 제6차에는 밀교의 진언(眞言)이 각각 결집되었다고 전하는 경우도 있다.

그러나 그 신빙성이 인정되지 않기 때문에 남방불교국가인 스리랑카에서는 12세기에 제4결집을 독자적으로 집행하였고, 미얀마에서는 19세기 후반과 1954년에 각각 제5차와 제6차의 결집을 집행한 바가 있다.

　　경전의 편찬에서 무엇보다도 중요한 것은 제1결집이다. 여기서 이후의 모든 경전의 골격이 형성되었기 때문이다. 이때는 왕사성(王舍城)에 500명의 제자들이 모여, 부처님의 설법을 결집하였다. 교리에 관한 말씀과 계율에 관한 말씀을 각각 대표자가 전담하여 여러 사람들 앞에서 그 동안 들었던 대로 암송해 내면, 모인 대중들이 자기들의 기억을 더듬어 수정하거나 확인함으로써 정리된 그 내용을 공식적으로 확정짓는 과정을 거쳤다. 그래서 이 방식을 달리 **합송(合誦)**이라 표현하기도 한다. 경전이 항상 '나는 이와 같이 들었다(如是我聞)'이라는 말로써 시작되는 것은 이 때문이다.

　　여기서 교리에 대해서는 십대제자 중의 아난다[阿難]가 전담하고, 계율에 대해서는 우파리[優波離]가 전담하였으며, 그 회합의 전체는 마하카쉬야파[大迦葉]가 주관하였다. 그 결과 교리부분은 경장(經藏)이 되었고, 계율부분은 율장(律藏)이 되었다(제23, 24문 참조).

　　위와 같이 확정된 내용들은 암송에 의해 전해져 오다가 적어도 기원전 1세기 이후에서야 문자로 기록되기 시작했다고 한다. 이때 사용한 언어는 크게 두 가지였다. 하나는 인도의 방언인 팔리어이고, 다른 하나는 고급 언어인 산스크리트어이다. 전자에 의한 경전은 남방으로 전해져 남방불교의 성전이 되고, 후자에 의한 경전은 북방으로 전해져 결국 주로 한자로 번역됨으로써 북방불교의 성전이 된다.

　　그런데 후자의 경우는 당시 개발된 실크로드를 따라 2세기 이후 중국으로 전해지게 되는데, 이때 산스크리트의 경전을 한자로 번역한 이들은 주로 실크로드 주변에 위치한 국가 출신의 불교인이었다. 뿐만 아니라 이들은 아직 중국어에 능숙하지 못했기 때문에

124

초기에는 중국인의 도움을 받았다고 한다.

이렇게 다소 복잡한 과정을 거쳤으므로, 한자로 된 북방의 경전은 인도로부터 직접 전수된 남방의 경전에 비해 그 본래의 의미가 다소 변질되거나 이질적인 요소를 담고 있을 소지가 있음을 부인할 수 없다.

[참고문헌] Junjirō Takakusu, The Essentials of Buddhist philosophy(→ 문 13), p. 46.
平川 彰, 『イソド佛教史』 上卷(→ 문 3), p. 94.
前田惠學 저, 석오진 역, 『佛教要說』(김영사, 1987), pp. 42~43.
中村 元, 三枝充悳, 『バウシダ佛教』(→ 문 14), pp. 64~65.

23 삼장
삼장이란 무엇인가?

불교의 승려에 대한 호칭으로서 자주 듣게 되는 삼장법사라는 말은 학문적으로 불교의 전반을 두루 통달한 승려를 지칭한다. 쉽게 말하면 불교의 온갖 성전을 섭렵한 승려이다. 따라서 삼장(三藏)이란 불교의 성전을 가리키는데, 이를 한 마디로 표현하면 **불전(佛典)**이라 말하는 것이 옳다. 일반 사람들이 특별한 구분 없이 경전이라 말하는 것은 이를 가리킨다. 다시 말해서 일반인들이 무의식적으로 사용하는 경전이라는 말은 삼장을 포함하고 있으나, 엄격히 구분하면 이는 옳지 않으므로 불전이라고 말해야 한다는 것이다. 왜냐하면 경전은 삼장 중의 하나가 되기 때문이다.

부처님이 입멸한 직후 제자들은 회합을 갖고 부처님이 생전에 직접 말씀한 바 있는 가르침을 기억해 내어 법(法)과 율(律)을 정비하였다. 법 또는 경(經)이란 부처님이 교리 전반에 관해 설한 가르침을 정돈한 것이고, 율이란 계율에 관한 가르침을 정돈한 것이다.

시간이 흐르면서 교단 내에 여러 부파가 홍기하자, 전승되어 오던 법과 율은 각각의 부파에게 유리한 체재로 조정되고, 각 부파 특유의 경장과 율장이 확립되어 권위를 지니게 되었다. 또 부처님의 가르침에 대한 이해가 달라질 수 있었으므로, 각각의 입장에서 올바른 이해를 위한 주석서, 즉 논서가 등장하게 되었는데, 이들을 묶어 논장(論藏)이라 칭하는 것이다. 따라서 이 논장은 부처님이 직접 설한 것이 아니며, 후대 불교인들의 학문적 결실이라 할 수 있는 것이다. 이 논장 속에는 인도는 물론 중국과 우리 나라 불교인의 작품도 포함되어 있다.

한편 흔히 경전이라 칭하는 경장 속에는 부처님이 직접 설한 것이 아닌 대승불교의 경전들도 포함된다. 대승의 경전들은 분명히 후대에 부처님의 이름을 빌어 편찬된 것임이 분명하지만, 그 내용은 부처님이 직접 설한 가르침의 취의를 벗어나지 않으며, 보다 발전적인 입장을 표명한 것이기 때문에, 경장으로서의 권위를 인정받게 되는 것이다.

그런데 본래의 삼장으로서 가장 오랜 전통을 지니며 권위를 인정받는 것은 남방불교의 국가들에 전해진 팔리어의 불전들이다. 이 역시 여러 부파 중 한 부파의 입장에서 정리된 것에 지나지 않지만, 달리 전해지는 것이 없고 오늘날까지 전해지는 전통을 지니고 있는 것으로 보아, 당시의 전반적인 체제라고 믿어도 좋을 만한 것이다.

율을 비나야(vinaya)라 하고 경을 숫타(sutta)라고 하는데, 현재 완전하게 전승되어 있는 것은 스리랑카에 전해진 상좌부(上座部)의 팔리어 성전뿐이다. 그리고 한문으로 번역된 율장도 있는데, 이 경우는 부파에 따라 사분율(四分律), 오분율(五分律), 십송율(十誦律) 등 그 명칭과 체제가 다르다.

팔리어의 경장은 5니카야(nikāya)라는 명칭으로 잘 알려져 있다. 니카야란 부(部)라는 뜻이므로 5부라고 번역하며 이와 거의 유사한 것으로서 한문으로 번역된 것은 아함(阿含)이라 불린다. 그러나 한문번역의 원본이 곧 팔리어로 전해진 불전이라는 뜻은 아니다. 한문 불전은 팔리어로부터가 아니라 산스크리트어로 된 불전으로부터 번역된 것이다. 따라서 내용상 약간의 차이가 있을 수 있다.

각 부파에서 경장과 율장이 정리되고 고정되자, 다음에는 여러 가지 해석을 달아서 자기들의 사상적 입장을 밝히려고 하였다. 이렇게 해서 성립된 것이 논장인데, 논이란 아비담마 또는 아비다르마를 번역한 말로서 흔히 아비달마(阿毘達磨)라 하는 것이 이것이다. 각 부파의 독자적인 교리와 주장은 이 논장을 통해 가장 선명하게 드러나며, 부파불교의 특징은 이 아비달마의 번쇄한 철학설에 있다. 팔리어의 논장으로서는 대표적으로 일곱 가지의 논서가 전해져 있으며, 이에 상당하는 한문번역도 있다. 이상과 같은 삼장의 체제를 정리하면 다음과 같다.

율장

① 경분별(經分別) : 계율의 본문 내용이 분별되어 해설됨.

　　대(大)분별 : 남자 승려의 부문.

　　비구니 분별 : 여자 승려의 부문.

② 건도부(犍度部) : 교단의 제도 규정, 기타.

　　대품(大品) : 10편.

　　소품(小品) : 12편.

③ 부록 : 19장.

경장(5부)

① 장부(長部) : 부처님과 제자의 언행록을 모은 장편의 경전 34종 - 장아함(長阿含).

② 중부(中部) : 중편의 경전 152종 - 중아함(中阿含).

③ 상응부(相應部) : 2,872종이나 되는 개별적인 단편 - 잡아함(雜阿含).

④ 증지부(增支部) : 2,198종이나 되는 단편으로서 교법의 내용별로 1법에서 11법까지 법수별로 정리한 것 - 증일아함(增一阿含).

⑤ 소부(小部) : 위의 4부에서 빠진 15종의 불전 - 한역에서는 『법구경』 등 개별적으로 전함.

논장(교설에 관한 교의학적 논술)

이후에 진행된 불교발전의 성과들은 모두 위의 삼장 중 논장 속에 포함됨으로써 논장은 갈수록 풍부하게 된다.

[참고문헌] 前田惠學 저, 석오진 역, 『佛教要說』(→ 문 22), pp. 59~61.

『佛典解題事典』(2ed. ; 東京 : 春秋社, 1977), p. 52.

24 문학형식
불교문학의 형식으로서 9분교란 무엇인가?

불교의 경전은 심오한 사상을 품위 있으면서도 쉽게 이해할 수 있도록 꾸며 놓았기 때문에 문학작품으로서도 손색이 없다. 무엇보다도 이해의 편의를 위해 동원된 표현상의 온갖 기법들이 그 문학적 가치를 더해 준다. 시와 산문이 효과적으로 이용되고 있으며, 탁월한 비유와 우화들이 숱하게 구사된다. 이러한 문학형식, 즉 불교 특유의 문학적 표현방식을 그 성격별로 정리하여 9분교(九分敎) 또는 12분교라 부른다. 이 형식을 통해 불교의 경전들은 성전으로서의 권위를 고양함과 동시에 기억의 편리를 도모했던 것이다.

현재 우리가 보는 경전들은 어떻게 과거에 있었던 숱한 언행들을 전할 수 있게 되었을까? 애초에는 그것들이 기록에 의존하지 않고 오로지 기억에 의존했다는 데에 그러한 의심의 여지가 있다.

부처님은 35세에 성도하여 80세에 입멸하였으므로, 무려 45년 동안 수많은 설법을 하였을 것으로 짐작된다. 아마도 부처님의 설법을 들은 사람들은 처음에는 그 설법의 개요를 각자의 생각에 따라 기억 속에 간직하였을 것이다. 그런데 교단이 확립되고 그 내용도 충실해지자, 가르침의 정신을 명확히 하고 통일을 기하기 위해 설법의 정리나 교리의 체계 같은 것이 필요하게 되었을 것이다. 이러한 필요성에 따라 설법의 내용을 오랫동안 쉽게 기억할 수 있는 일종의 문학적 형식이 생겨나게 되었다. 이 형식을 9분교 또는 12분교라 한다.

9분교니 12분교니 하는 것의 본질은 부처님의 생존시에 설했던 가르침의 개요로서 이를테면 비망록과 같다. 직접 설법을 들었던 제자나 신도로서는 설법의 개요만 준비되어 있다면, 생존시의 부처님이 설법하던 당시의 모습과 자세한 말씀이 생생하게 되살아났을 것이므로, 간단한 비망록 정도의 개요만 있어도 충분했을 것이다. 이것이 후대에 완성된 경전의 뼈대가 되는 것이다. 즉 이 비망록에 부속적인 자세한 설명을 덧붙여서 전승된 것이 각기 하나의 경전을 이룬 것이라고 할 수 있다.

최초의 경전편찬회의라 할 수 있는 제1결집에서는 제자들이 각자의 비망록을 통일하여 부수적인 설명을 덧붙인 작업을 하였으리라 짐작할 수 있다.

경전의 골격을 이루는 문학형식인 **9분교**는 다음과 같다.

① 경(經) : 설법의 내용을 간결하게 엮어 놓은 산문으로서 10여 행을 넘지 않는다. 원어는 숫타(sutta)이다.

② 중송(重頌) : 간결한 산문의 양식인 경의 내용을 운문, 즉 시로써 덧붙여 반복하여 설하는 양식이다. 산문으로써 설명한 같은 내용을 시로써 반복하여 효과를 증대하고 강조하는 양식이다. 원어는 게이야(geyya)이다.

③ 기답(記答) : 간단한 문답체로서 산문과 운문이 두루 쓰인다. 원어는 베이야카라나(veyyākaraṇa)이며, 수기(授記) 또는 기설(記說)

이라고도 한다.

④ 게(偈) : 산문에 대응하는 운문을 가리킨다. 원어는 가타(gāthā)이며, 음역하여 가타(伽陀)라고도 한다.

⑤ 감흥게(感興偈) : 운문이라는 점에서는 앞의 게와 본질적으로 큰 차이가 없으나, 부처님이 어떤 기회에 술회한 감흥을 가리킨다. 그래서 이 경우에는 부처님의 감흥을 표시하는 설명구가 앞에 제시되고 있다. 원어는 우다나(udāna)이다.

⑥ 여시어(如是語) : 게가 특수하게 발달한 양식으로서, 틀에 박힌 문구 즉 정형구(定型句)가 사용되는 것이 특징이다. 원어는 이티붓타카(itivuttaka)이며, 본사(本事)라고도 한다.

⑦ 본생담(本生譚) : 부처님의 전생에 관한 이야기이다. 원어는 자타카(jātaka)이다.

⑧ 방광(方廣) : ③의 기답이 발달된 양식이다. 아랫사람이 윗사람에게 중층적으로 환희하면서 질문하는 교리문답으로서, 역시 틀에 박힌 문구를 사용하는 것이 특징이다. 원어는 베달라(vedalla)이다.

⑨ 미증유법(未曾有法) : 불가사의한 일들을 모아서 엮은 내용으로서, 원어는 압부타담마(abbhutadhamma)이다.

불교문학의 양식은 위와 같이 발달을 거듭하여 9분교를 이루었으며, 다시 여기에 다음과 같은 세 형식이 추가되어 **12분교**가 성립되었다.

⑩ 인연담(因緣譚) : 율장(律藏)에서 특히 계율의 본문이 성립된 사정에 관한 이야기이다. 원어는 니다나(nidāna)이다.

⑪ 비유(譬喩) : 과거세의 이야기로서, 여기서는 이야기가 교훈적이거나 비유적으로 이용된다. 원어는 아바다나(avadāna)이다.

⑫ 논의(論議) : ①의 경에 대한 해설이나 주해로서, 원어는 우파

데샤(upadeśa)이다.

이와 같은 9분교와 12분교 중 9분교가 먼저 성립되었고, 9분교 중에서는 앞의 5분이 먼저 성립되었다. 이상의 형식들은 초기의 경전인 아함경과 율장에 걸쳐 사용된 문학상의 장르라 할 수 있을 것이다. 결국 부처님의 가르침을 갈고 다듬은 후대 불교인들의 위대한 노력과 지혜가 오늘날의 경전을 완성했던 것이다.

［참고문헌］ 『佛典解題事典』(→ 문 23), pp. 60~61.
　　　　　　　前田惠學 저, 석오진 역, 『佛教要說』(→ 문 22), pp. 43~46.
　　　　　　　平川 彰, 『イソド佛教史』上卷(→ 문 3), p. 101.

25 아함

아함이란 어떠한 경전인가?

아함이란 불교에서 매우 흔하게 사용하며 또 자주 듣게 되는 경전의 명칭이다. 그래서 일반 사람들은 아함경이라는 것이 하나의 책으로 된 경전인 양 착각하기도 한다. 그러나 아함경이란 수천의 짧막한 경(經)으로 된 일군의 경전을 총칭하는 말이다.

이는 다시 크게 네 부류로 나뉘어져, 각기 장아함(長阿含), 중아함(中阿含), 잡아함(雜阿含), 증일아함(增一阿含)이라 불린다. 이는 부처님이 가르친 바의 원형을 담고 있는 것으로서 불교사상의 원천이라 간주된다는 점에서 매우 중요한 가치를 지닌다. 그리고 한문으로 번역된 이 4아함에 상응하는 원전으로서 팔리어의 5니카야가 있는데, 아함과 니카야의 관계에 대해서는 이미 언급한 바 있다(제23문 참조).

아함(阿含)이란 **아가마**(āgama)라는 원어를 음사한 말이다. 그리고 아가마는 '전래된 것'을 뜻하므로, 실질적으로는 '전래된 경전들'을 가리킨다. 따라서 아함경이란 최초 또는 초기의 불교에 있어서 성립된 여러 경전을 총칭하는 것이라고 이해해도 좋다.

앞에서 설명했듯이(제22문 참조) 제1결집에서 현재 말하는 경장과 율장의 원형이 정비되었을 것으로 보이는데, 이때 사용한 언어는 마가다어라고 한다. 불교경전의 언어인 소위 팔리어는 이 마가다어를 가리킨다고도 한다.

그러나 마가다어와 팔리어가 동일한 것은 아니고 서로가 매우 유사한 속어라고 한다. 팔리어가 가장 오래된 속어 중의 하나인 것만은 분명하다. 팔리어란 실제 언어학적인 정식의 명칭이 아니며, 팔리란 '성전'을 의미한다.

따라서 마가다어로 전해진 최초의 경전이 팔리의 니카야이며, 이것을 산스크리트어로 옮긴 것이 아가마이고, 이 산스크리트어로 된 원전인 아가마를 한문으로 번역한 것이 우리가 통상 말하는 아함이다. 그러나 마가다어로 된 원래의 문헌들이 언제 어떻게 산스크리트어로 바뀌었는지는 확실히 알 수가 없다.

현존하는 팔리어의 5니카야는 남방의 상좌부(上座部)에서 전승한 것이다. 그런데 한역의 4아함은 5니카야 중의 앞의 넷과 유사한 체제를 갖추고 있으면서도 내용상 상당한 차이를 보이는 경우도 있다. 이는 현존하는 4아함을 전승한 부파가 각기 다르기 때문이다.

그래서 이 4아함 속에는 중복되는 것이 허다하고, 같은 내용에 편찬형식만이 다른 것도 상당히 있다. 따라서 핵심적인 것만 추린다면 그다지 많은 양은 아니다. 현존하는 한역의 4아함의 내용은 다음과 같다.

① 장아함 : 총 22권 30경으로 이루어져 있다. 상당히 긴 문장으로 이루어져 있는 경전들을 편집한 것이다. 편찬의 방침이 확실하지는 않지만, 크게 네 부분으로 되어 있다. 제1분은 부처님을 밝히

고, 제2분은 부처님이 깨달은 내용으로서의 법을 밝히고, 제3분은 수행도를 밝히며, 제4분은 『세기경(世記經)』으로 이루어져 있다.

② 중아함 : 총 60권 222경으로 이루어져 있다. 중간 길이의 경전들을 모아서 편찬한 것이다. 초기불교의 전반에 걸친 교리가 5송(五誦)으로 편집되어 있다.

③ 잡아함 : 총 50권 1,352경으로 이루어져 있으며, 짧은 길이의 경전들을 모아서 편집한 것이다. 내용의 배열이 극히 혼란하고 이질적인 요소까지 섞여 있는데, 그 연유는 아마도 어느 때인가 뒤섞였기 때문일 것이다.

④ 증일아함 : 총 51권 471경으로 이루어져 있다. 법의 수에 따라 1법에서 11법에 이르는 경전을 모아서 엮은 것이다. 그러나 경전의 길이나 법수(法數)에 따라 기계적으로 수집해 놓은 것이 아니라, 일단 그렇게 분류한 다음 그것들을 다시 어떤 방침 아래 편찬한 것으로 생각된다. 아마도 나머지의 것들을 수에 따라 정리한 것 같으며, 거의 짧은 경전들로 이루어져 있는데, 상당히 후대의 것도 포함되어 있다.

이처럼 아함의 구분은 주로 문장의 길이에 따른 것이다. 또 아함 전체에 나타난 문학형식을 보면 운문, 즉 시의 형식으로 된 것과 산문의 형식으로 된 것이 주종을 이루는데, 보다 정확히 말하면 경의 전체가 시의 형식으로 된 것, 거의 시로 되어 있고 일부에 산문을 부가한 것, 거의 대부분이 산문인데 일부에 시를 덧붙인 것, 전체가 산문인 것 등의 4종으로 구분된다.

하지만 아함이 처음부터 현존하는 것과 같은 4종으로 구분되었던 것은 아니었을 것이다. 부처님이 돌아가신 후 시간이 흐르면서 부처님의 교설에 대해서 체계적으로 이해하고 해석하려는 움직임이 일어났을 것이고, 이러한 움직임은 교단 내에 견해차이를 발생시켰을 것이다. 또한 이것이 부파 형성의 주요한 원인 중의 하나가 되었을 것으로 보인다. 이러한 상황에서 입으로만 전래되어 오던 교설을 다시 정리하게 되었을 것이며, 그 소산이 4아함으로 나타났을 것이라고 볼 수 있다.

부파불교시대에 여러 이견의 대립 속에서 구전되어 온 교설이야말로 움직일 수 없는 권위로 내세워졌을 것이다. 아함은 그러한 권위를 상징하는 문헌으로서, 그것이 당시에 얼마나 중시되었을 것인지를 짐작할 수 있다. 경, 율, 논의 삼장 중 경장이라 하면, 아함을 가리키는 것이다.

제1결집에서는 아함 또는 니카야의 골격이 형성되었을 것이고, 그것이 부파불교시대에 4아함으로 정리되었던 것이라고 볼 수 있다. 따라서 아함에는 불교의 원초적인 형태가 적나라하게 드러나 있다.

불교교의가 난해하고 지나치게 관념적이라고 느껴질 때, 아함을 접하게 되면 머리 속의 혼돈이 일시에 사라질 것이다. 그것은 우리의 삶인 현실을 직시한 부처님의 생생한 목소리이기 때문이다.

아함 속에서 부처님은, 오만하기 이를 데 없고 사악하기 헤아릴 길 없는 중생들 속에서 처참할 정도로 고생하면서 진리를 위해 싸우는 지혜와 사랑의 인간으로 나타나 있다. 아함을 읽는 이는 누구나 부처님이라기보다는 싯다르타라는 한 인간으로서 우리를 감명시키는 너무나도 청순한 인간미에 눈시울이 뜨거워질 것이다. 이런 느낌은 다른 경전에서는 맛볼 수 없는 것이다.

아함에서는 불교가 흥기할 당시 인도의 모든 종교와 철학사상이 불교에 도전해 왔음을 보여주면서, 그런 도전에 대해 부처님이 밝

힌 진리와 인생의 의의를 여실히 보여 준다. 이후에 무성하게 발전
될 불교의 근본교리와 핵심적 사상이 아함에는 산설(散說)되어 있
는 것이다.

〔참고문헌〕 고익진, 『현대한국불교의 방향』(→ 문 8), pp. 114~118.
           中村 元, 三枝充悳, 『バウシダ佛教』(→ 문 14), pp. 43, 71~76, 93.

26 설법의 언어

부처님은 어떠한 언어로 가르침을 폈는가?

인도에는 복잡하리만큼 다양한 종족들이 공존하므로 그들이 사용하는 언어도 수백 종에 이른다. 현재 공식적으로 채택된 언어만도 16종이나 된다고 한다. 이미 부처님 당시에도 표준이라고 할 수 있는 고급 언어인 산스크리트를 비롯하여 여러 가지의 속어, 즉 방언이 사용되고 있었다고 한다.

부처님은 이들 중 어떠한 언어를 사용하여 대중을 교화하였을까? 현존하는 불전(佛典)의 언어를 **범어(梵語)**라고 한다. 범어란 산스크리트어이다. 그러나 불교문헌의 경우 그 주된 언어인 산스크리트에 약간의 속어적인 요소가 뒤섞여 있으므로 단순히 범어라 하지 않고 불교범어라 한다. 어쨌든 이러한 연유로 해서 부처님도 자신의 심오한 교설을 가르치는 데에 표준어인 산스크리트를 사용하였을 것이라고 생각하기 쉽다. 그러나 사실은 그렇지가 않다.

부처님은 젊은 시절, 상류층의 자제로서 산스크리트로 전해지는 종교, 철학의 내용을 습득하는 등 정상적인 교육을 받았으므로, 산스크리트에 통달했을 것임은 틀림없다. 그러나 그는 실제 설법을 함에 있어서는 고급 언어인 산스크리트를 완전 무시하고 대중의 언어, 즉 속어를 사용하였다고 하다.

아함경 속에는 부처님이 불교의 경전을 산스크리트의 고형(古形)인 베다어로 변경하는 일에 관하여 반대의 의향을 술회한 내용이 있다. 소위 지식인만이 독점하는 특수한 고급 언어로는 다수의 시민들이 도저히 이해할 수 없기 때문일 것이다. 부처님은 설법함에 있어 지식인보다는 일반 대중의 이해를 도모코자 하였음을 알 수 있다. 이는 원래의 불교가 취하는 근본입장을 대변하는 것이기도 하다. 불교가 일찍이 인도에서 자비, 구제, 평등, 서민의 종교로서 큰 호응을 얻으며 정착할 수 있었던 이유를 여기에서도 찾을 수 있다. 그래서 이후의 초기 불전은 속어로써 편찬되었던 것이다.

부처님이 생존시에 교화하며 유행(遊行)했던 지역에서 사용되고 있던 언어는 거의가 마가다어였다. 아마 당시 세력을 떨치던 최강국이 마가다국이었기 때문일 것이다. 따라서 부처님도 이 마가다어로써 제자나 신도들과 문답했고 가르침을 설했다는 것이 정설이다. 마가다어는 대중어, 즉 속어의 일종이다. 인도에서는 속어를 고급어인 산스크리트에 대응하여 프라크리티라 한다. 이 말은 '자연의' '풍속'이라는 뜻에서 유래한다. 그러나 부처님이 입멸한 후 그의 가르침은 실제에 있어서 **팔리어**〔巴利語〕로 전래되었다.

팔리란 언어학적인 명칭이 아니며, 그 근원지도 확실하지 않고, 문자도 없다. 이는 단지 대중어의 특수한 형태 중 불교성전의 통용어일 뿐이다. 이 언어는 불교의 영향으로 당시의 공식법령과 문서에서 사용된 흔적이 있다. 한편 부처님의 설법언어인 마가다어가 현존하는 팔리어 문헌 속에 어느 정도 잔존해 있다 하는데, 이는 그 두 속어의 차이가 서로 용인될 수 있을 정도로 거의 유사했기 때문일 것으로 보인다. 달리 생각해 보면, 부처님이 사용했던 마가다어의 형태를 어느 정도 보존함으로써 어떤 의미에서는 그 경전에 권위를 부여하려 했음인지도 모른다. 후대에 불전이 산스크리트를 사용할 때도 게송, 즉 가타(Gāthā)의 부분에서는 팔리어가 사용되는 경우가 있으므로, 팔리어는 가타어라 불리기도 한다. 팔리어로 된 원전이 성립된 시기는 부처님이 입멸한 후로부터 아쇼카왕이 생존했던 시기까지의 약 100년 또는 200년 동안이라 한다. 이 시기는 부파불교시대에 해당된다.

이후 불전은 주로 **산스크리트어**에 의해 전래되기에 이른다. 산스크리트는 불교가 사용한 대중어를 점차 잠식해 간 것이다. 당시의 비문들을 통해 살펴보면, 처음에는 거의 순전한 속어가 널리 사용되다가 여러 속어들이 뒤섞여 사용되고, 여기에 산스크리트가 섞여 산스크리트의 사용이 빈번해지며, 급기야는 오로지 산스크리트만이 사용된다.

이 산스크리트의 사용은 전문적인 논서들과 대승경전의 등장과 그 시기가 거의 일치한다. 다시 말하면 비교적 간명한 초기경전들에선 대중적인 언어가 쓰였다가, 논의와 기술(記述)이 보다 고차적인 불전에 이르러서는 산스크리트라는 고급언어가 쓰인 것이다. 이는 당시의 사회적인 분위기 탓이었을 것이다. 기원 이전의 몇 백년부터 인도에는 산스크리트를 사용하는 전통종교인 브라만교의 부흥운동이 본격적으로 시작되었다. 이러한 움직임은 응당 비정통 종교인 불교를 비판하고 우월함을 입증하고자 하였다. 종교적으로나 철학적으로나 도전에 처한 불교는 이에 적극 대응하지 않을 수 없었고, 따라서 그들이 사용하는 산스크리트로써 그들의 도전에 응답하였을 것이다. 뿐만 아니라 산스크리트의 사용은 당시의 전반적인 경향이었으므로, 불교가 이를 사용한 것은 대중에 수순하여 가르침을 전한다는 본래의 입장을 상황에 따라 적용한 것이기도 하다. 어쨌든 종교적 경쟁관계가 언어의 사용을 변경케 한 것이라고 볼 수 있다.

끝으로 한 가지 유의할 점은 언어의 사용이 곧 **문자의 사용**을 뜻하지는 않는다는 점이다. 불교에 있어서 문자로써 성전을 기록하는 일은 상당히 후대에 있었다. 앞에서(제22문) 말한 대로 인도인의 뛰어난 암기력은 굳이 문자에 의한 기록의 필요성을 요하지 않았고, 기록한다는 자체가 성전의 권위를 그만큼 감소시키는 일이었다.

전설에 의하면 불교성전이 최초로 기록된 것은, 팔리어에 기원을 둔 싱할리(스리랑카의 고유 언어)의 문자에 의한 것이며, 그 시기는 기원전 80년이라고 한다. 물론 그 정확성 **여부는** 확인할 길이 없다. 다만 현존하는 것으로서 가장 오래된 기록은 1~3세기의 것으로 추정되는 『법구경』이라 한다. 아쇼카왕의 숱한 비문이 당시의 다양한 문자를 생생히 보여 주고 있으므로, 확실한 증거는 없지만, 불교에서도 적어도 그 시대부터 문자에 의한 기록의 가능성은 있다고 하겠다.

〔참고문헌〕 中村 元, 三枝充悳, 『バウシダ佛教』(→ 문 14), pp. 66, 70~72.

Athur A. Macdonell, A History of Sanskrit Literature(2ed. ; Delhi : Motilal Banarsidass, 1971), pp. 19~22.

Junjirō Takakusu, The Essentials of Buddhist philosophy(→ 문 13), p. 46.

27 붓다의 전기

역사적 기록이 없음에도 부처님의 일생을 어떻게 알 수 있는가?

문자의 기록을 중요시하지 않았던 고대 인도에서 오늘날과 같은 식의 전기(傳記)가 작성되었을 리가 없다. 그러나 인간의 이상적인 삶을 추구함에 있어서 대표적인 모범으로서 한 인간의 생애에 대한 이야기가 회자되어 왔을 것 또한 부인할 수 없다. 특히 그가 어떻게 자신의 이상을 실현하였는지는 관심의 대상이 아닐 수 없다. 다시 말하면 부처님이 어떠한 경로를 거쳐 깨달음을 성취하였으며, 그 사이에는 어떻게 수행하였는가 하는 등의 문제가 고찰되었을 것이고, 이러한 노력이 부처님을 찬탄하는 문학으로 발전되었을 것은 쉽게 수긍할 수가 있다. 이렇게 하여 형성된 부처님의 생애에 관한 이야기들을 **불전문학**(佛傳文學)이라 한다. 물론 이 과정은 과장과 비약의 단계를 거쳤을 것이다.

아마도 부처님의 전기에 대한 최초의 시도로서 전해지고 있었던 것은, 부처님의 생애 중에서 중요한 사건을 요점식으로 열거한 목록과 같은 것이었을 것이다. 경전 속에는 이러한 추리를 가능케 하는 하나의 단서가 있다. 즉 다음과 같은 내용이 기술되어 있다.

"세존의 부친은 정반왕(淨飯王)이었다. 부친은 마야왕비였다. 왕성은 까삘라밧뚜였다. 세존이 집으로부터 이탈했던 것은 이와 같았다. 출가는 이와 같았다. 수행은 이와 같았다. 깨달음은 이와 같았다. 가르침을 설한 것은 이와 같았다."

위의 문구는 분명히 암송을 위한 요약인 것으로 생각된다. 나중에는 '이와 같았다'고 하는 부분에 수많은 내용을 보충함으로써 다양한 전설이 성립되고, 혹은 그 전체가 하나의 책으로서 기록되기에 이르렀을 것이다. 이러한 과정을 거쳐 성립되었으리라고 짐작되는 전기의 종류는 많이 남아 있다. 부처님의 전기에 관하여 서양의 학자들이 특히 근거로 삼았던 것은 팔리어로 된『자타카(本生譚)』의 서문인 〈인연담〉이다. 전기로서는 이것이 가장 완비된 모습을 갖추고 있다. 그러나 이것은 아마도 5세기의 인물인 붓다고사가 직접 쓴 것이라고 간주되기 때문에, 그 내용을 얼마만큼 역사적 사실로서 신뢰할 수 있을 것인지에 대해서는 의문시되는 바가 많다. 부처님과 붓다고사 사이에는 약 천 년이라는 시차가 있기 때문이다.

이 이전의 것으로서 가장 잘 정리된 형태의 전기는, 마명(馬鳴)이라는 이름으로 잘 알려져 있는 불교시인인 아슈바고샤가 저술한『불소행찬(佛所行讚)』(원명은 붓다짜리따로서 '부처님의 생애'라는 뜻)이다. 이 역시 부처님의 시대로부터 상당히 후대에 성립된 것이므로 그 내용의 역사적 신뢰성에 대해서는 많은 문제가 있다. 이것보다 먼저 성립된 전기는 다음과 같은 여러 종류가 있다. 불교 특유의 산스크리트어로 쓰여진『마하바스투(Mahāvastu)』는 흔히『대사(大事)』라 번역되고,『랄리따비스따라(Lalitavistara)』는 '유희(遊戲)의 전개'라는 뜻으로서 한문번역의 경우『보요경(普曜經)』

또는 『방광대장엄경(方廣大莊嚴經)』이라는 이름으로 알려져 있다. 이밖의 한역경전으로는 『불본행집경(佛本行集經)』, 『불본행경(佛本行經)』, 『과거현재인과경(過去現在因果經)』, 『태자서응본기경(太子瑞應本起經)』, 『중본기경(中本起經)』, 『수행본기경(修行本起經)』 등이 있다. 물론 이외에도 더 있다.

그러나 이상의 문헌들에 담긴 내용에는 아무래도 신화적이거나 전설적인 것이 많고, 부처님을 극도로 초인화(超人化) 또는 신격화하고 있으므로, 어디까지가 사실인지는 애매할 수밖에 없다. 그런데 부처님의 전기에 대한 관심은 역시 부처님이 어떻게 수행하였는가에 대한 궁금증에서 비롯되었을 것이므로, 후대의 발달된 전기도 결국은 수행에 관한 기록을 담고 있는 율장(律藏)에 연유하는 것으로 생각된다. 예를 들면 팔리어로 된 율장 속에는 처음으로 부처님의 전기가 서술되어 있으며, 앞의 전기들 중 『마하바스투』와 합치하는 문장도 있다. 『마하바스투』는 율장의 이 전기부분이 증광되고 독립됨으로써 이루어진 전기이다. 다시 말해서 율장 속에 있는 전기가 종종 부처님이 성불하게 된 인연을 고찰하는 사람들에 의해 주목되고 이용됨으로써 불전문학의 핵이 되었을 것으로 생각된다.

그렇다면 이상과 같은 비역사적인 문헌을 통해 역사적 인물로서의 부처님의 모습을 어떻게 알 수 있을까? 이를 위해서는 다음과 같은 방법들이 적용된다.

첫째, 일차적으로 근대학문의 성과를 동원한 원전비판의 방법이다. 종교의 성전이라 할지라도 그것은 역사적 산물임이 분명하다. 그것이 사상의 발전에 근거하여 성립된 것임을 생각하면, 시기적으로 보다 앞선 문헌이 더 사실적이고, 또 그것들 중에서도 가장 오래된 부분이 더 사실적임을 인정할 수 있다. 따라서 가장 오래된 팔리어의 경전들 중에서 전기적인 내용을 찾아 오래된 실제의 전기들과 비교함으로써 보다 사실적인 내용을 추출할 수가 있다.

둘째, 고고학적인 자료나 지리학적, 풍토학적 자료를 동원하여 전기적 내용과 비교한다. 아무리 오래된 문헌이라도 거기에는 어느 정도의 신화적 요소가 포함되어 있기 마련이다. 따라서 역사적 인물의 실상을 찾기 위해서는 그와 같은 확실한 증거가 필요한 것이다. 부처님의 유적을 직접 답사하여 얻은 지식을 성전의 문구와 대조하면 상당한 정도의 역사성에 도달할 수 있다. 특히 인도에 현존하는 유명한 불탑(佛塔)에는 부처님의 생애에 관한 여러 장면이 부조로 표현되어 있다. 이러한 장면들은 부처님의 전기를 해석하는 데에 많은 시사를 줄 뿐만 아니라, 문헌에 나타난 전설의 성립 연대나 계보에 대해서도 결정적인 단서를 제공하는 경우가 있다.

셋째, 불교 이외의 문헌들과 대조하는 것이다. 인도에는 불교 이전부터 있었던 전통 종교의 많은 문헌과, 불교와 거의 같은 시대에 형성되었으며 그 입장도 유사한 자이나교의 성전들이 있다. 또 불교 이후에 성행한 힌두교의 여러 성전들도 있다. 이들과 불전 사이에는 상당한 차이점과 유사점이 동시에 발견되는데, 이러한 대조 작업을 통해 인간으로서의 부처님이 지닌 역사적 의의를 밝힐 수 있는 것이다.

이상의 방법들 중에서 가장 기초가 되는 것은 역시 최초기의 경전들 속에 단편적으로 언급된 것으로서, 부처님의 생애와 관련된 내용들을 후대의 전기와 비교하는 것이다. 아무리 여러 방법을 동원한다 하더라도 약 2500년 전에 생존했던 인물의 실제 삶을 정확히 밝혀낼 수는 없을 것이다. 현재 우리가 부처님의 생애에 관해 사실에 가깝다고 알고 있는 것은 어느 특정한 전기에 의존한 것이 아니라, 여러 성전 중에 단편적으로 언급되고 있는 것들을 모아서 비판적으로 검토하고 적절하게 구성한 것에 불과하다. 여기에는 물론 앞에서 말한 다른 방법들도 어느 정도는 동원되어 있다. 따라서 앞으로도 전기만을 연구하는 이외의 다른 방법들이 더 강구되고 철저히 적용됨으로써 부처님의 생애는 보다 사실적으로 밝혀질 수 있을 것이다.

[참고문헌]　中村 元, 『ゴタマブツダ』(→ 문 1), pp. 56~58.
　　　　　　　平川 彰, 『イソド佛敎史』上卷(→ 문 3), p. 101.

28 위경
위경이란 어떠한 경전인가?

불교에서 경전이라 하면 원칙적으로 부처님이 직접 설파한 가르침을 담고 있는 문헌을 가리킨다. 물론 꼭 이러한 경우에만 경이라는 호칭이 뒤에 붙는 것은 아니다. 부처님의 가르침이나 그의 행적을 다루는 문헌으로서 부처님이 직접 설한 것이나 다름이 없는 권위를 인정받은 문헌도 한문으로 번역된 경우에는 경이라 불려왔던 것이 관례이다.

위경(僞經)이란 말 그대로, 명목상 부처님이 설한 것인 양 위조된 경전을 가리킨다. 이와 반대되는 경전을 진경(眞經)이라든가 정경(正經)이라 한다. 그러나 실제로는 반드시 그러한 원칙에 의해 위경과 진경이 가려지는 것은 아니다. 이미 인도에서는 부처님의 이름으로 경전을 편찬하는 풍습이 점차 성행함으로써, 부처님이 설한 순수한 교리와 혼동되는 예가 적지 않았다. 그 대표적인 예가 대승경전일 것이다. 그렇다고 하여 대승경전을 부처님의 가르침이 아니라고 보는 것은 큰 잘못이다(제29문 참조).

따라서 예로부터 위경이라 칭하는 것은 오로지 중국 등지에서 새로 제작된 경문(經文)만을 가리키고, 인도나 티베트에서 전래된 것들은 모두 진경이라 간주되어 삼장(三藏) 속에 편입되어 왔다. 그러나 티베트에서도 명백한 위경들이 상당히 제작되었다.

이상과 같은 입장에서 진경과 위경에 대해서는 다음과 같은 정의를 내릴 수 있다. 산스크리트 원본 등으로부터 번역된 경전을 진경 또는 정경이라 칭하는 데에 반하여, 그로부터 번역된 경전이라고는 보기 어려운 것들을 위경 또는 **의경**(疑經)이라 한다. 이런 의미에서 위의경(僞疑經)이라는 호칭된 사용된다.

그러나 중국에서 편찬된 경전목록, 즉 경록(經錄)에 의하면, 의경과 위경을 구별하는 경우도 있다. 한역된 경전이라 보기에는 의문의 여지가 있는 경전을 의경이라 하고, 위조된 것임이 확실한 경전을 위경이라 하는 것이다. 결국 진경과 위경을 가리는 기준은 원전이 불교의 본산지인 인도에서 제작되었느냐의 여부와, 그 원전의 언어가 산스크리트인가 아닌가의 여부에 있다. 팔리어의 경우에는 그로부터 한역된 예가 매우 드물어서 크게 문제되지 않는다.

중국에는 상당한 양의 위경이 있었던 것으로 알려져 있다. 중국에서는 여러 종의 경록들이 편찬되었는데, 이에 따르면 남북조(南北朝)시대에는 46부 56권, 수나라 시대에는 209부 490권, 당나라 초기에는 406부 1,074권의 위경들이 비약적으로 증가되었음을 볼 수 있다. 특히 『개원석교록(開元釋敎錄)』이라는 유명한 경록이 대장경에 편입된 것으로 수록하고 있는 문헌의 수가 1,076부 5,048권이라는 점을 감안하면, 얼마나 많은 위경들이 유행하였는지를 엿볼 수 있다. 중국불교의 완성기라고 하는 수(隋)와 당(唐)의 시대는 위경의 전성시대이기도 했다. 이러한 위경들은 난해한 불교교리를 이해하는 데에 소질이 없었던 많은 사람들이 어떠한 불교를 근거로 삼고 있었는지를 알 수 있게 하는 중요한 단서를 간직하고 있지만, 그 권위를 인정받지 못함으로써 극히 일부를 제외하고는 대부분이 모습을 감추었다. 비록 대장경에서는 모습을 감출 수밖에 없었지만, 민간에서는 끊임없이 이들 위경들이 진경과 마찬가지로 신봉되어 남몰래 서사(書寫)되고 널리 유포되었다. 하지만 이렇게 유행했던 위경들도 송나라 시대 이후에는 거의 사라져 버리고 그 편린이나 이름만이 남게 되었다. 그런데 다행히도 근래에 돈황에서 발견된 문헌들 속에는 적지 않은 위경들이 포함되어 있어, 그간의 면모를 어느 정도 알 수 있게 해준다.

호국의 법을 밝힌 것으로 유명한 『인왕반야경(仁王般若經)』은 잘 알려진 위경이다. 또 이를 바탕으로 하여 보살의 계위를 논하였던 『범망경(梵網經)』(초기경전 중의 『범망경』과는 다르다)은 남북조시대에 있어서 통치자의 비법(非法)과 승려의 비행을 바로 잡으려는 의도로 제작되었다. 이들과 연관있는 유명한 경전으로서 『보살영락본업경(菩薩瓔珞本業經)』도 위경이라 간주된다. 위경이라 하여 무조건 배척하는 선입관도 크게 잘못된 것이지만, 그렇다고 그것이 위경인 줄 모르고서 불교의 진면목인 양 신봉하는 것도 위험하다. 위경이 큰 영향을 끼친 예로서는 중국의 삼계교(三階敎)가 있다. 말법시대의 중생구제를 위한 강력한 실천을 내세웠던 삼계교는 『상법결의경(像法決疑經)』이라는 위경을 중요한 근거로 삼았던 것이다. 이 경전은 6세기 후반의 불교를 둘러싼 사회적 여건을 반영한 것으로서 불교계의 타락과 헛된 신행을 지적하며 반성과 개혁을 강조하였다.

위경에 있어서 특히 주의해야 할 것은 비불교적 요소의 삽입이다. 이 경우 도교의 영향을 받은 위경이 많다. 『점찰선악업보경(占

察善惡業報經)』이라는 위경에서 설명하는 점찰법이란, 나무 바퀴를 가지고 과거 세상의 선악업과 현세의 고락길흉 등을 점치고, 흉사가 나타나면 지장보살(地藏菩薩)을 예참하여 죄를 멸하고 장애를 제거하는 것이다. 이는 불교의 본래 입장이 아닐 뿐더러 결코 바람직한 것이라고는 할 수 없다. 따라서 우리는 일반적으로 당연시되고 있는 신행이 혹시 과거에 유행했던 위경에 의한 그릇된 것이 아닌 지를 항상 점검해 보는 자세를 잃지 말아야 할 것이다.

〔참고문헌〕 『望月佛教大辭典』, vol. I, p. 503.

高崎直道, 『佛敎·インド思想辭典』(→ 문 13), pp. 76~77.

鎌田茂雄 저, 정순일 역, 『中國佛敎史』(경서원, 1985), pp. 132~134.

29 대승경전

대승경전은 부처님의 가르침이 아닌가?

상식적인 차원에서는 이러한 문제제기가 매우 엉뚱하게 여겨지겠지만, 불교에 바르게 접근하기 위해서는 다시 한 번 점검하여 정리해 두어야 할 의문이다. 상식적인 문제라 할지라도 보는 입장에 따라 답은 전혀 달라진다. 일반 신도의 입장에서는 이미 오래 전부터 설해 온 것으로 보아 당연히 그것이 부처님의 교설이지만, 불교문헌의 성립과정에 대한 지식이 있는 전문인의 입장에서는 재론의 여지가 없이 그것은 후대 사람들의 작품이다. 그러나 그간의 사정이야 어떠하든 대승경전은 분명히 부처님의 교설이라는 결론에 이른다. 따라서 중요한 것은 그러한 결론에 이르지 않을 수 없는 이유를 이해하는 것이다.

일찍이 불교를 수용하였던 중국의 불교인들은 문헌학적인 무지로 인해, 경전이라면 모두가 부처님이 직접 설한 것이라 간주하였다. 대승불교가 그 근거로서 채택하고 있는 경전들도 한결같이 "나는 이와 같이 들었다."고 시작하여 그것이 부처님이 설했던 것인 양 표방하고 있기 때문이다. 그러나 부처님의 교설이라 믿은 경전들 사이에서 성격상의 차이나 내용상의 모순 같은 것을 발견함으로써 당혹감을 느끼지 않을 수 없었다. 그래서 중국불교인들은 경전들 사이의 혼란을 억지로 통일하고자 노력하여 모든 경전들의 분류를 시도하게 되었던 것이다. 소위 교판(敎判)이라는 것인데, 여기서는 오로지 내용의 성격을 기준으로 삼았다(제43문 참조). 즉 부처님이 성도(成道)한 후부터 입멸하기까지 45년의 각 연대에 주요한 경전들을 구분하여 배당했던 것이다.

그러나 근대의 불교연구는 역사적으로 보아 대승경전을 부처님의 교설이라 볼 수 없다는 점을 분명히 했다. 이러한 입장을 명확히 천명했던 대표적인 인물이 일본의 부영중기(富永仲基)이다. 그는 18세기 전반에 31세라는 젊은 나이로 마감했던 천재적 인물로서 『출정후어(出定後語)』라는 명저를 남겼다. 그는 이 저서에서, 모든 사상은 역사가 전개하는 한 과정으로서 각기 이전의 것 위에 덧붙임으로써 정통임을 자처한다는 가상(加上)의 이론을 구사하여, 불교, 유교, 신도(神道)의 세 종교를 비판하고, 아울러 중국의 교판을 비판하였다. 그는 경전의 성립과정을 나름대로 파악하고 있는데, 그의 주장은 약 1세기 후에 도달한 유럽 문헌학의 결론과 공통되는 것이 많다는 점에서 뛰어난 재능을 인정받고 있다. 그의 주장에 의하면, 부처님의 입멸 후 500년쯤에 덧붙여진 새로운 교설이 대승불교라는 것이다. 이로부터 대승은 부처님의 교설이 아니라는 소위 **대승비불설(大乘非佛說)**에 대한 논란이 가열되었다.

하지만 대승이 부처님의 교설이 아니라는 주장은 근대에서야 출현한 것이 아니다. 인도에서는 대승불교의 성립 당초부터 있었던 것 같다. 이타적 자비의 실천을 기치로 내걸었던 대승불교는 자신의 해탈을 우선으로 삼았던 이전의 불교적 입장을 소승(小乘)이라

폄칭하였다. 그러므로 비난을 당한 당시의 여러 부파들은 새로운 종교운동인 대승을 부처님의 교설이 아니라고 반박하였을 것이다. 대승에 대한 이러한 반박이나 비난이 있었음은 대승측의 자료를 통해 알 수 있다. 대승의 어떤 경전들은 악마로부터 공격이 있음을 언급하고 있고, 또 일부의 논서들은 대승비불설론을 전단에 내걸고 나서 논의를 전개하기도 했다. 뿐만 아니라 중국의 학승들 중에도 일부는 그러한 주장에 동조했다. 축법도(竺法度)와 같은 역경승은 소승만이 부처님의 진짜 교설이라 하여, 대승경전을 읽지 못하게 하였다.

이상과 같은 시비에 대해서는 불교의 근본입장에 따라 정리할 수밖에 없다. 대승의 경전들이 스스로의 권위를 세우기 위해 그 주장을 부처님에게 가탁했던 것만은 아니다. 거기에서는 보다 적극적인 이유를 찾을 수가 있다. 불교의 참뜻은 부처님이 깨달은 구극적인 진리에 있다. 따라서 그 진리를 열어 보이기 위해서는 다양하고 새로운 언어가 필요하다. 예를 들어, 유명한 대승경전인『유마경』에는 '부처는 한 가지 소리로써 설법하지만 중생은 이를 여러 가지로 듣는다'고 하는 유명한 가르침이 있는데, 이는 원래 부처님이 직접 설한 것으로 잘 알려진 아함(阿含)에 표명된 말씀이다. 대승은 이것을 근거로 삼아 자신의 입장이 부처님의 교설이라고 주장하였던 것이다. 부처님이 깨달은 진리를 열어 보이는 언어는 모두가 그의 가르침이다. 이 점에서 대승경전은 옛 아함과 동등한 자격을 지닌다. 다시 말해서 대승은 초기의 경전에 그 뿌리를 두고 있는 것이다. 또 다른 반론을 제기할 수 있다. 불교에서 말하는 부처란 역사적인 인물인 부처님만을 지칭하지는 않는다. 불교의 근본입장에서 볼 때, 부처란 다수의 개념으로서 언제, 어느 때라도

154

존재할 수 있다. 대승불교는 특히 다수의 부처를 전제로 하고 있으며(제13문 참조), 여러 종류의 부처를 영입하여 그에 호응하면서 각 경전을 형성하였다. 따라서 대승경전의 작자도 역사적인 부처님처럼 깨달은 부처라고 볼 수 있는 것이다. 즉 대승경전은 각각의 부처가 제각기 가르침을 설한 것이다.

역사적인 실존인물인 고타마 싯다르타가 직접 설했는가 아닌가는 애초부터 문제가 되지 않는다. 대승 이전의 경전들도 모두 그가 설한 바 또는 그의 취의를 타인들이 옮긴 것이기 때문이다. 대승경전들이 근본교설에 바탕을 두고 있음이 분명하고, 또 그 참뜻을 새롭게 전하고자 한 것임이 분명한 이상, 그것들은 부처님의 교설이 아니라고 보아야 할 하등의 이유가 없는 것이다. 문제가 있다면, 경전 성립의 역사에 관한 일뿐이다.

［참고문헌］　中村　元, 三枝充悳, 『バウシダ佛教』(→ 문 14), pp. 55~60.
　　　　　　　정승석 역, 『大乘佛教槪說』(→ 문 14), pp. 86~87.

30 역경

중국에서는 경전을 어떻게 번역하였는가?

예로부터 우리 민족이 불교를 접할 수 있었던 것은 오로지 한자로 번역된 경전, 즉 한역 경전의 덕분이다. 불교경전이라 하면 응당 한자로 된 문헌을 연상하게 되는 것도 이 때문이다. 실로 한역경전은 중국이 불교의 전파와 발전에 끼친 가장 큰 공헌이며, 불교문화의 형성에 있어서 가장 인상 깊은 업적 중의 하나라고 할 수 있다.

그러나 종교적 권위의 상징인 성전을 번역하는 작업이 손쉽게 이루어질 수는 없었을 것이다. 그 작업은 처음부터 거대한 난관에 둘러싸여 있었다. 당연히 언어적인 문제가 가장 심각했다. 그래서 불교의 숱한 전문어에 상당하는 중국어를 새로 조성해 내야 했고, 또는 중국의 전통적인 용어로부터 차용해야 했다. 특히 불교와 유사한 입장을 취하고 있다고 인식된 도교로부터 많은 용어들을 차용하기도 했다. 이러한 입장에서 인도의 불교를 받아들였다 하여, 중국불교를 격의불교(格義佛教)라 칭하기도 한다. 어쨌든 초기 단계에 중국에 들어온 외국의 불교인들은 중국어에 거의 익숙하지 못했고, 또 불교성전의 원어를 판독할 수 있는 중국인이 거의 없었기 때문에, 일반적으로 인도의 원전으로부터의 직접적인 번역은 불가능했다. 그래서 이 문제는 일종의 단체를 구성해서 해결했다. 즉 원어에 정통한 외국의 승려가 원전을 암송하거나 서술하면, 대개 2개 국어를 사용하는 해석가의 도움으로 조악한 형태의 번역이 완성되는데, 이것을 나중에 중국인 보조원이 다듬고 교정하여 한자로 기록하여 나갔다. 4세기 말엽까지는 외국의 전법사와 그의 제자들에 의해 신중한 사적(私的) 활동으로서 그러한 집단작업이 유지되고 있었다. 전법사의 작업을 돕는 제자들은 승려와 속인으로 구성되었다. 그러나 불교가 황실과 고급 관료들의 후원을 받게 된 5세기 초엽부터는 간혹 12명이 참여하는 대규모의 번역계획이 활성화되기도 하였다. 이 시기에 이르러서는 수 세대에 걸쳐 대를 이어 번역에 종사하는 사람들이 등장함으로써 불경번역가라는 특수한 부류가 형성되었다. 이들은 말하자면 중국인들로 구성된 단순 문필가였다. 이들의 번역에는 최초의 판본을 특징짓는 도교의 어휘들이 그대로 차용되는 등, 통속적인 요소들이 뒤섞여 있었다. 물론 초기 판본의 그러한 어휘들은 보다 정확하고 새롭게 조성한 중국어의 상당 어휘로 바뀌어 갔다. 수천에 이르는 경전과 논서들이 그런 식으로 번역되었고, 종종 재번역되었다. 이미 730년대에는 그 수가 2천 이상의 문헌으로 증가하였으며, 이들 중의 일부는 네 차례 혹은 다섯 차례나 연이어 번역되었다.

결국 본격적인 번역작업은 대개 국가사업으로서 제왕의 보호와 후원으로 이루어졌고, 개인적으로 진행된 예는 흔치 않았다. 그 번역의 장소는 궁전의 일부 건물이 사용되기도 했고, 별도로 건립된 **역경원**(譯經院) 또는 번경원(翻經院)이 이용되기도 했다. 다시 말하면 번역작업은 혼자서 하는 경우가 드물고, 몇 사람부터 몇 십 또는 몇 백의 인원이 참가하는 협동작업이었으므로, 수나라와 당나라 시대 이후에는 번역관이라는 제도적 장치가 마련되기에 이르렀던 것이다. 이러한 번역제도는 특히 송나라 시대에 역경원으로서 가장 잘 완비되었는데, 이 역경원에서는 번역작업시에 담당하는 역할이 다음과 같이 정비되었다.

① 역주(譯註) : 정면에 앉아 산스크리트 원문을 읽는다.

② 증의(證義) : 역주의 왼쪽에 앉아 역주와 원문을 검토한다.

③ 증문(證文) : 역주의 오른쪽에서 역주가 읽는 원문의 착오를 검토한다.

④ 서자(書字) : 산스크리트 음을 한자의 음으로 바꾸어 쓴다.

⑤ 필수(筆受) : 원어를 중국어로 고친다.

⑥ 철문(綴文) : 글자를 맞추어 문장을 만든다.

⑦ 참역(參譯) : 두 언어의 글자를 대조하여 오류가 없도록 한다.

⑧ 간정(刊正) : 첨가하거나 삭제하여 문장을 정한다.

⑨ 윤문(潤文) : 문장을 마지막으로 다듬는다.

실제 번역에 있어서 원래의 뜻을 왜곡하지 않도록 많은 노력을 기울였겠지만, 언어의 체계와 감각이 다름으로 인한 문제점이 완전히 해소될 수는 없었을 것이다. 이러한 문제를 최소화하기 위해 승려 도안(道安)은 올바른 번역을 보증하는 근본원칙으로서 5실본 3불역(五失本三不易)이라는 주장을 내세웠는데, 이는 이상적인 번역으로서 중국불교에 결정적인 방향을 제시하는 계기가 되었다.

5실본이란 번역함에 있어서 원본과 차이가 있더라도 허용되는 다섯 경우를 말한다. 즉 어순의 변경, 중국인의 고급스런 문투에 맞도록 배려, 반복의 생략, 주석적인 내용의 삭제, 단락마다 반복되는 내용의 삭제이다.

3불역이란 내용을 바꾸는 것을 기본적으로는 허용하지 않는 세 가지 이유를 말한다. 한편 중국으로서는 최고의 번역가로 알려진 현장(玄奘)은 5종불번(五種不翻)이라는 지침을 내세웠는데, 이는 의미로 바꾸어서는 안 되고 오로지 원어의 음으로 옮겨야 할 다섯 규준을 제시한 것이다. 이 두 사람의 예는 번역상 많은 고충이 있었음을 대변하는 것이라 하겠다.

오랜 역사를 지닌 중국의 불전번역은 흔히 **구역과 신역**으로써 그 성격이 분류된다. 이 구분의 획을 긋는 이가 현장이다. 현장은 17년에 걸쳐 인도를 여행하면서 공부하고 돌아왔으므로 중국인으로서는 어느 누구보다도 산스크리트에 정통해 있었다. 그는 귀국 후 20년 동안이나 역경에 헌신하였다. 그는 종래와는 달리 의역(意譯)을 삼가고 원문에 충실을 기했으며, 종래의 번역어도 새로운 단어로 바꾸어 내용을 일신했다. 또 번역문도 정련된 문장으로 구성했을 뿐만 아니라, 가장 읽기 쉽고 친해질 수 있도록 노력하였다. 그래서 현장 이후의 번역을 신역(新譯)이라 하고, 그 이전의 번역을 구역(舊譯)이라 구분짓게 되었다. 또 구역에 있어서는 고역(古譯)을 따로 구분하기도 한다. 고역의 시대(178~375년)란 소위 번역의 창시시대로서, 형식적으로도 미비한 점이 있고 문체나 번역어 등 모든 점에서 소박하고 생소한 상태이다. 이후의 구역(376~617년)에서는 대승의 경전이나 논서들이 대규모로 번역되었는데, 번역사업이 진보됨과 동시에 정돈되었고, 번역어도 보다 정련되었다.

한역경전에 의존해 왔던 우리 나라는 아직도 본격적인 번역시대에 돌입하지 않은 상태이다. 그간에 있었던 한글번역은 대개가 한역경전을 원본으로 한 것이므로 중국에서와 같은 번역이라고도 볼 수가 없다. 인도에서 성립된 원전으로부터 한글로 번역할 때, 진정한 번역사업이라 할 수 있을 것이다. 물론 이 작업에서는 기존의 한역경전이나 티베트의 역경들이 많은 참고가 될 것이다. 번역에는 번역자가 처한 문화적 배경이나 그 자신의 주관이 개입될 수밖에 없다. 한역경전에는 중국인의 문화와 관점이 반영되어 있다. 엄격히 말하면, 그것은 굴절된 경전이고 경전의 순수한 상태가 아니라 할 수 있다. 따라서 우리도 중국이 아닌 우리의 입장에서 원래의 경전을 이해하고 해석할 필요가 있는 것이다. 이러한 입장에서 진정한 한글번역의 필요성이 요구된다. 그러나 아직은 우리가 열악한 여건에 놓여 있다. 이 여건을 개선하기 위해서는 공동의 관심과 노력이 필요하다.

〔참고문헌〕 前田惠學 저, 석오진 역, 『佛敎要說』(→ 문 22), pp. 147~148.
高崎直道, 『佛敎·イソド思想辭典』(→ 문 13), pp. 465~466.
『佛書解說大辭典』 別卷(東京 : 大東出版社, 1936), pp. 7~9.
Heinz Bechert, Richard Gombrich ed, The World of Buddhism(New York : Fcts on File Publications, 1984), p. 197, left.

31 고려대장경

고려대장경은 어떠한 의의를 지니는가?

불교에서 말하는 포괄적인 의미로서의 경전이 어떻게 성립되었는가에 대해서는 이미 설명한 바 있다(제22문 참조). 그리고 경전의 보다 구체적 분류인 삼장에 대해서도 이미 설명하였다(제23문 참조). 즉 삼장이란 부처님의 설법 중 근간이 되는 말씀을 기록한 경의 집합인 경장(經藏), 부처님이 제자들에게 제시한 윤리조항과 공동생활상의 규범을 기록한 율의 집합인 율장(律藏), 이 경과 율에 대해 학자들이 설명하고 논의한 논의 집합인 논장(論藏)의 셋을 가리킨다. 이 셋을 한꺼번에 모아 정리한 것이 소위 대장경(大藏經)이다.

대장경이란 한 마디로 말해서 불교의 경전과 논서를 모은 총서이다. 그래서 일체경(一切經)이라고도 하고, 중경(衆經)이라고도 한다. 불교의 총서인 대장경은 크게 세 종류로 구분할 수가 있다. 2500년이라는 오랜 세월동안 발달해 오면서 경전의 내용도 복잡하게 변천하게 되나, 가장 먼저 집합된 것이 팔리삼장[巴利三藏]이다. 이는 이미 기원전에 성립되었으므로 대승경전을 포함하고 있지 않은 특징을 지닌다. 다음에 티베트어로 번역된 불전들을 모은 티베트대장경이 있다. 이는 7세기 무렵부터 번역이 시작되어 9세기에는 대부분 완성된 불전들이 주종을 이룬다. 물론 이후의 것들도 포함되어 있는데, 특히 인도 후기불교의 문헌들이 포함되어 있어서 그 가치가 높이 평가된다.

그러나 우리에게 대장경으로서 가장 친숙한 것은 역시 한역(漢譯)대장경이다. 우리의 고려대장경은 당연히 여기에 포함된다. 이 세 가지 외에도 몽고어나 만주어로 된 대장경도 있었으나, 그 내용은 밝혀져 있지 않다.

불교를 중국으로 전하는 전법사들의 최대 관심사가 인도어로 된 불전을 한문으로 번역하여 소개하는 일에 집중되었고, 이로부터 많은 한역경전들이 쏟아져 나왔다. 그러나 번역이 완성된 불전들은 일일이 손으로 베껴 쓴 사본에 의해 전파되었다. 같은 것이 두세 차례 다른 역자 또는 같은 역자에 의해 번역된 예도 많았다. 또 전란과 기타 재해로 인해 상실되는 것들도 많았고, 불교를 배척하는 세력자들에 의해 손실되는 경우도 있었다. 따라서 이러한 폐단을 없애기 위해 불전들을 돌이나 목판에 새겨 길이 간직하려는 움직임이 일어났고, 이렇게 하여 모든 불전들이 체계적으로 집대성된 것을 대장경이라 부르는 것이다. 즉 우리가 말하는 한역대장경은 인쇄술이 본격적으로 발휘되기 시작한 송나라 시대 이후에 등장한 것이다. 송나라 이후 수차에 걸쳐 여러 종류의 대장경이 조조(雕造)되었는데, 그 중에서도 가장 중요한 것이 고려대장경이라 평가된다.

고려시대에는 적어도 세 차례의 대장경 판각이 있었다. 현종(顯宗) 때에는 중국 다음으로 대장경의 판본을 만들었으나 몽고군의 침입으로 타 버렸고, 문종(文宗) 때에는 중국은 물론 일본에까지도 조사해 사라진 문헌들을 수집하여 소위 속장경을 판각하였으나, 역시 병화로 말미암아 대부분이 사라져 버렸다. 현재 해인사에 보관되어 있는 고려대장경은 부처님의 가호로 외적의 침입을 막고자 하여 고종(高宗) 때 14년에 걸쳐(1237~1251년) 조조(雕造)가 완성되었는데, 완성된 경판의 수가 81,137개에 달하므로 흔히 팔만대장경이라 한다. 현재는 그 전체를 영인하여 책으로 간행함으로써 그 전모를 쉽게 알 수 있다.

고려대장경은 내용상 다음과 같은 특징과 장점을 지닌다.

첫째, 현존하는 대장경판 중에서는 가장 오래된 것이며, 여러 차례의 교감을 거친 가장 정확한 조조판이다.

둘째, 고려대장경은 최초의 대장경판인 북송(北宋)의 관판대장경(官版大藏經)과 거란족(契丹族)이 만든 거란판대장경의 내용을 아는 데 있어 중요한 자료가 된다. 그만큼 고려대장경은 풍부하고 정확한 내용을 담고 있는 것이다.

셋째, 다른 것에는 전혀 실려 있지 않은 중요한 문헌들이 간직되어 있다. 여기에 포함되지 않았더라면 영구히 후세에 알려지지 않았을 문헌들이 상당수가 이 대장경을 통해 빛을 보게 된 것이다.

현재 가장 유명하며 자주 이용되고 있는 대장경 간행본은 일본의 대정신수대장경(大正新修大藏經)이다. 그런데 이 대정신수대장경은 고려대장경을 근간으로 하면서 독자적인 분류방식으로 경전을 배열한 것이라는 점에서도 고려대장경의 가치와 역할을 엿볼 수 있다.

〔참고문헌〕 『佛典解題事典』(→ 문 23), p. 51, 56.
『高麗大藏經』, vol. 48(고려대장경完刊추진위원회, 1976), pp. 3~16.

제4장
진리의 전개

32 육사외도

육사외도란 무엇이며, 불교와는 어떠한 관계가 있는가?

부처님 당시의 인도사회에는 각양각색의 종교가나 사상가가 등장하여 일가견을 이룸으로써, 가히 이 시대는 제자백가(諸子百家)의 시대라 불릴만 했다. 이 당시 사상계의 조류를 흔히 정통사상계와 일반사상계로 구분한다. 정통사상계란 인도의 전통종교인 브라만교의 입장을 고수하는 보수적 흐름을 지칭하고, 일반사상계란 브라만교의 권위주의적인 입장에 반대하여 혁신적이고 자유로운 견해를 피력하는 새로운 흐름을 지칭한다.

사회의 경제적 구조에 변화가 일면서 기존의 권위체계도 도전을 받게 되었다. 원래 유목민족이었던 아리안족이 인도라는 신천지에 들어와 농경생활에 정착하면서 농업의 신장으로 사회의 안정을 구축하게 되었다. 이 과정에서 농업의 신장은 가내수공업을 발전시켰고, 이로 인한 잉여생산물은 상공업을 발달시켰다. 이렇게 하여 경제력이 신장됨으로써 농경사회의 절대적 권위였던 사제(司祭), 즉 브라만 계급은 그 권위가 실추되기에 이른다. 다시 말해서 제2의 계급인 왕족과 제3의 계급인 상인들이 제휴함으로써 브라만의 권위가 실추되고, 이 두 계급의 사람들이 브라만이 독점한 정신문화의 대열에 뛰어듦으로써 자유로운 사상이 발흥하게 되었던 것이다. 이렇게 하여 등장한 신흥종교가 또는 사상가를 '노력하는 사람'이라는 의미로서 **사문(沙門)**이라 불렀다. 이들은 현실생활 속에서 인생의 의의를 찾으려는 실질적인 문제에 관심이 많았으며, 또 한편으로는 인생의 모든 향락생활에 권태를 느끼고 출가하여 수행에 전념하기도 하였다.

위와 같은 사문들은 매우 다양한 견해를 주창하였는데, 문헌에서 62견(六十二見) 또는 360종의 이설(異說)을 언급하고 있다는 사실로써 당시의 자유분방한 상황을 짐작할 수 있다. 이렇게 다양한 견해들 중 대표적인 여섯 사람의 견해를 불교경전에서는 소위 육사외도(六師外道)라 하여 간단히 소개하고 있다. 불교는 이들의 견해가 잘못된 것이라는 입장에서 외도라고 규정하였다. 그러나 이러한 규정은 불교의 주관적인 판단에 기인하는 것이고, 객관적인 입장에서 보면 그 여섯 입장이 전적으로 잘못된 것이라고는 볼 수 없다는 점을 간과해서는 안 된다. 즉 불교는 표면상 육사외도를 부정적인 측면에서 언급하고 있지만, 거기에는 긍정적인 측면도 있는 것이다. 보다 엄밀하게 파악하면 불교는 육사외도의 긍정적인 측면은 이미 수용하고서 그 부정적인 측면만을 지적하고 있다. 실제 경전에서는 육사외도를 부처님이 직접 설하는 형식으로 전해지고 있지는 않다.

장아함의 『사문과경(沙門果經)』에서는 당시 부왕을 시해한 부도덕한 왕으로 알려진 아자타삿투(阿闍世)가 "출가하여 수도하면 현세에 어떤 소득이 있는가?"라고 부처님께 묻자, 부처님이 "다른 사람에게 물은 적이 있는가?"라고 반문한 데 대하여, 왕은 육사외도를 소개하고 있다. 그러나 여기에 소개된 내용으로는 육사외도의 실상을 정확히 알 수가 없고 애매한 점도 많이 있긴 하지만, 달리 전하는 뚜렷한 자료가 없기 때문에, 이 경전을 통하여 육사외도의 면모를 어렴풋이 짐작할 수 있고 아울러 당시 사상계의 전반적 경향을 엿볼 수 있다.

① 도덕부정론 : 푸라나 캇사파(Pūraṇa Kassapa)라는 사람의 입장인데, 인과응보를 부정함으로써 윤리에 대한 독단적인 회의를 표명했다. 그는 도덕이 불필요한 것임을 역설한 것으로 소개되어 있지만, 아마도 선악(善惡)의 관념이 사회적 관습에 의한 임시적인 것이라는 입장을 표명했던 것으로 보인다.

② 숙명론 : 막칼리 고살라(Makkhali Gosāla)라는 사람의 입장인데, 극단적인 필연론으로서 흔히 **사명외도(邪命外道)**라 불린다. 그는 인간을 포함한 모든 생명체의 운명에 대하여 결정론의 입장을 취했다. 인간이 번뇌에 오염되는 과정이나 깨끗해지는 과정에는 아무런 인(因)이나 연(緣)이 작용하지 않는다는 것이다. 따라서 인간의 생활도 자연 그대로 내버려두면 되는 것이고, 그대로 자연에 맡겨서 오랜 기간의 윤회를 겪는 동안에 고통이 다 소멸되어 스스로 해탈할 수 있다고 주장하였다. 그는 의지의 자유를 부정한 최초의 사상가였다고 할 수 있다. 그러나 그는 모든 현상에는 그 특유한 생명이 있으니 이것을 존중해야 한다고 가르쳤고, 많은 사람들의 존경을 받고 있었다는 점에서 당시로서는 상당히 긍정적인 주장을 폈던 것으로 생각된다. 그래서 이 일파의 별명이 지닌 원래의 뜻은 '생활규범을 엄수하는 자'였다. 하지만 그의 숙명론적인 입장이 의지의 자유를 인정하는 불교의 근본취지에 정면으로 어긋나기 때문에 불교로부터 '그릇된 생활방법을 취하는 사람들[邪命外道]'이라

는 혹평을 받게 된 것이다.

③ 유물론 : 아지타 케사캄발린(Ajita Kesakambalin)이라는 사람의 입장인데, 철저한 유물론으로서 도덕을 부정하고 현실적 쾌락이 인생의 목적임을 주장했다. 이 일파는 순세파(順世派) 또는 사탕발림파라는 좋지 않은 별명을 얻었으나, 당시의 영향력으로 보아 퇴폐적인 도덕론으로 일관했다고는 볼 수 없다. 이 파에서 주장한 지(地), 수(水), 화(火), 풍(風)이라는 4원소, 즉 사대(四大)는 인도의 거의 모든 사상체계가 인정하는 우주의 기본요소이다.

④ 회의론 : 산자야 벨랏티풋타(Sanjaya Belaṭṭiputta)라는 사람의 입장인데, 진리를 있는 그대로 인식하고 서술하는 것은 불가능하다는 불가지론(不可知論)이다. 앞의 도덕부정론이 윤리적 회의론인데 대하여, 이 파의 입장은 형이상학적 문제에 대하여 판단 중지를 요구하는 형이상학적 회의론이다. 불교도 이러한 입장을 어느 정도는 수용하고 있다(제10문 참조). 인식의 객관적인 타당성을 부정하는 입장인데, 인식은 그때의 기분에 따라 달라진다고 주장했다 하여 기분파라고도 불렸고, 미꾸라지처럼 붙잡기 어려운 의론이라고도 하였다. 그러나 부처님의 십대제자들 중 사리불과 목건련이 이 파에 소속했었다는 점에서도 알 수 있듯이 상당한 영향력이 있었던 것으로 보인다. 긍정적으로 평가하면, 당시처럼 온갖 주장이 난무하는 상황에서 소신대로 말하는 것이 곧 진리라는 처세도를 제시했는지도 모른다. 하지만 확실한 윤리적 또는 실천적 태도를 표명하지 않은 점이 불교로서는 수긍하기 어려웠을 것이다.

⑤ 불멸론 : 파쿠다 캇차야나(Pakudha Kaccāyana)라는 사람의 입장인데, 인간의 생명이나 특질은 영속하다는 상주론(常住論)이라는 점에서 유물론과 반대되지만, 선악의 인과를 부정한다는 점에서는

168

도덕부정론과 유물론에 가깝다. 그는 생명의 불생불멸(不生不滅)을 주장하고, 따라서 죽이는 자도 죽임을 당하는 자도 없으며, 가르치는 자도 가르침을 받는 자도 없고, 아는 자도 알게 하는 자도 없다고 주장했다. 이런 점에서는 숙명론의 변종이라 간주된다. 그러나 긍정적으로 보면, 생사에 초연하는 길을 이런 식으로 표명하였으리라고도 평가된다.

⑥ **자이나교** : 니간타 나타풋타(Nigaṇṭha Nātaputta)라는 사람이 창시한 종교로서 불교와 가장 밀접한 관계를 지니며, 비록 소수이긴 하지만 현재에도 인도에 존속하면서 인도사회에 상당한 영향력을 행사하고 있다. 이 종교의 교주는 흔히 마하비라(大雄)라 불리는데, 그 출신이나 성장 및 생존시기 등이 부처님과 거의 같았던 것으로 전해지고 있다. 즉 자이나교는 교리와 용어, 전설 등에 있어 불교와 공통된 점이 적지 않다. 이의 교리는 존재론에 있어서는 이원론(二元論)을 취하고, 인식론에 있어서는 부정주의(不定主義) 또는 상대주의(相對主義)를 취한다. 그런데 이의 가장 큰 특징은 실천수행에 있어서 윤리적 엄숙주의의 입장을 취했다는 점이다. 인내를 강조하는 극단적 고행과 생명에 대한 경외와 절제를 강조하는 불살생(不殺生)을 특히 중시하였다. 이러한 윤리적 태도 때문에 자이나교도들은 생명을 해칠 수밖에 없는 농업보다는 상업에 종사하여 경제적인 힘을 갖게 되었다. 어쨌든 불교와 비교할 때, 자이나교의 사상은 영혼과 물질을 내세우는 이원론적 철학으로서 업(業)의 유입을 막기 위한 극단적인 고행을 수행방법으로 채택했다는 점이 두드러진 특징이다.

이상에서 소개한 육사외도의 전반적인 성격은 유물론과 도덕부정론으로 일관했던 것으로 보인다. 자이나교의 경우는 강한 도덕주의를 내세우고 있지만, 존재론에서 비명(非命)이라는 물질의 요소를 명(命)이라는 정신의 면보다 훨씬 중시하여 분석하고 있다. 불교가 육사외도를 그렇게 파악하고 있다는 사실은 불교가 그러한 입장을 경계하고 부정함을 뜻한다. 다시 말해서 우리는 육사외도를 통해 불교가 염려하는 바가 무엇인지를 알 수 있으며 아울러 그들이 지닌 긍정적인 면은 이미 불교가 수용했음을 짐작할 수 있다.

　실제 부처님은 성도 후, 대부분의 사상가들이 갖고 있는 공통된 경향인 극단적 유물론과 무도덕 또는 무윤리에 대해 그것이 진리에 이르는 길이 아니라는 반론을 펴 왔다. 또 외도의 무리들이 헛된 공론에 열중하고 있음을 비판하였다. 인간의 근본적 문제를 해결하기 위해 심혈을 기울여 온 부처님에게 있어서는 이들의 논쟁이 한낱 논쟁을 위한 논쟁으로 생각되었던 것이다.

　이상의 관점에서 볼 때, 육사외도를 부정적인 것으로만 평가할 수는 없다. 거기에는 불교의 입장과 자세가 깃들어 있기 때문이다. 단점이나 잘못된 것으로 보이는 요소들은 불교가 거부한다는 의지의 표명이다. 불교는 또 그것들을 올바르게 수용하였음을 뜻한다. 결국 불교는 당시 사상계의 전반적 경향들을 종합적으로 비판하여 수용한 결실이라고 볼 수 있다.

[참고문헌] 『불교학개론』(→ 문 1), pp. 13~17.
　　　　　정태혁 역, 『印度哲學』(學研社, 1984), pp. 205~208.
　　　　　김지견 역, 『佛陀의 世界』(→ 문 1), pp. 189~192.
　　　　　高崎直道, 『佛教・イソド思想辭典』(→ 문 13), pp. 189~190.

33 원시불교

원시불교는 어떠한 성격의 불교를 가리키는가?

맨 처음 시작된 불교라는 뜻에서 원시불교(原始佛教)라 하지만, 원시라는 말이 어감상 저급하다거나 미개하다는 인상을 줄 우려가 있기 때문에 이 용어의 사용을 피하는 경향이 있다. 결코 저급하거나 미개한 상태의 불교를 가리키는 것이 아님에 유의해야 한다. 오히려 이 불교는 부처님의 참뜻이 가장 순수한 상태로 보존된 불교라는 뜻에서 그 가치가 높게 평가되고 매우 중요한 의의를 지닌다. 따라서 이 입장의 불교를 **근본불교** 또는 **초기불교**라고 부르기도 한다.

시기적으로 보면 원시불교는 부처님의 생존시로부터 입멸 후 100년 내지 200년까지의 기간에 해당된다. 부처님이 교화활동에 전념한 약 50년을 포함하면 150년 내지 250년 동안 지속되었던 불교를 가리키며, 통상 아쇼카왕 시대까지를 가리킨다. 교단적으로 보면 교단 내에 확연한 분열이 없고 부처님에 대한 생생한 기억이 어느 정도 남아 있을 기간이다. 이 시기를 근본불교와 좁은 의미의 원시불교로 구분하기도 한다. 이때 근본불교는 부처님 자신과 그로부터 직접 가르침을 받은 제자들의 불교를 가리키며, 이후의 불교를 좁은 의미의 원시불교라 칭하는 것이다. 그러나 넓은 의미로서 통상 원시불교라 할 때는 이 둘을 포함하는 것이다. 어쨌든 이 시대의 불교교단은 후대와 같은 분파의 분열이 없이 아직 통일을 유지하고 있었다.

이 시대에 있었던 가장 중요한 일은 불교교설의 골격이라 할 수 있는 삼장 중에서 경장(經藏)과 율장(律藏)의 원형이 성립되었을 것이라는 사실이다. 그렇다고 현재 전해지고 있는 경전과 율장 그대로가 이 시대의 것이라는 뜻은 아니다. 이 시대의 경장과 율장은 현존하지 않고, 현존하는 것들은 이후의 각 부파에 의해 개별적으로 전해진 것이다. 그러나 현존하는 남방불교의 팔리어 문헌이나 중국에서 한역된 것들을 비교하여 공통된 것들을 추출함으로써 이 당시의 교리나 실천 내용을 고찰할 수가 있다. 또 한편 주로 운문으로 쓰여진 단독 경전들을 통해 최초기 불교의 모습을 엿볼 수가 있다. 대표적인 예가 『법구경』, 『숫타니파타(經集)』, 『장로게(長老偈)』, 『장로니게(長老尼偈)』 등이다.

원시불교의 특징은 불가사의하거나 초자연적인 신앙을 배제하고, 현실을 직시하고 실천함으로써 현실의 여러 문제를 해결하려는 현실해결주의를 기본입장으로 하였다는 점이다. 이를 보다 구체적으로 말하면, 지적인 측면에서는 합리성과 객관성, 정의적(情意的)으로는 윤리성과 인간성, 대(對)사회적으로는 세계성과 보편성, 개방성 등을 추구하였던 것이다. 이러한 입장은 원시불교의 기본교리를 통해서 여실히 알 수 있다. 원시불교의 기본교리란 바로 불교의 기본교리이기도 한데, 그 내용은 연기와 중도, 삼법인 또는 사법인, 사성제와 팔정도, 십이인연 등이며 또 비구와 비구니에 대해 각각 제정한 계율의 규정이다.

그러나 현재 전해지고 있는 경전들 속의 이러한 교리에 대한 설명이 원시불교의 본래 입장을 그대로 반영하는 것은 아니라는 점에 유의해야 한다. 왜냐하면 현존하는 경전들은 부파불교의 출가자 중심주의 입장에서 교리를 해명하고 있기 때문이다. 따라서 그러한 설명 가운데 출가승려 위주로 설명되어 있는 부분을 제외한 것이 원시불교 본래의 입장이라고 이해해야 한다. 예를 들어 불교의 가장 구체적인 실천방도인 팔정도에 대한 설명을 보면, 처음에는 분명히 일반 대중의 입장, 즉 세속적인 입장에서 설명되어 있는데, 점차 거기에 출가자를 중시하는 입장의 설명이 부가되어 가는 것이다. 원래 부처님은 전문적인 출가승려만을 대상으로 하지 않았고, 오히려 일반 대중인 재가신자에게 더 많은 설법을 하였던 것이다. 아함이나 팔리어의 니카야를 대표적인 원시경전이라 취급하는데, 이들은 사실상 부파불교시대에 성립된 것들만 남아 있으므로, 위와 같은 점을 고려하지 않고 그것들을 본다면 부처님의 참뜻을 오해할 여지가 다분히 있다.

〔참고문헌〕 水野弘元 저, 김현 역, 『原始佛敎』(→ 문 12), p. 16, 79.
高崎直道, 『佛敎·イソド思想辭典』(→ 문 13), pp. 110~111.
홍형해, 「印度哲學에서의 正에 관한 考察」(동국대학교대학원, 1983), p. 36.

34 근본교설

부처님의 근본교설이란 어떤 내용들인가?

부처님의 가르침 가운데 근간이 되는 교리체계로서 후대에 발전된 모든 사상의 근거가 되는 기본교리를 근본교리라고 할 수 있다. 이는 실제에 있어서 초기불교의 경전들 속에서 핵심을 이루는 교리를 가리킨다. 즉 연기와 중도, 삼법인, 사성제와 팔정도, 십이인연 등의 교설이 그것이다. 연기와 중도에 대해서는 제21문에서, 사성제에 대해서는 제20문에서 설명했으므로 여기서는 나머지 것을 설명하겠다.

삼법인(三法印)이란 불교인지 아닌지를 판가름하는 근본원리가 되는 것으로서 불교적 사고의 3대 원리라 할 수 있다. 그것은 곧 일체의 현상세계를 시간적, 심리적, 공간적으로 고찰하여 각각 무상(無常), 고(苦), 무아(無我)라고 파악한 현실인식이다.

① 모든 것은 덧없다 : 흔히 일체무상(一切無常)이라거나 제행무상(諸行無常)이라고 표현한다. 이 세상의 모든 모습을 시간의 추이에 따라 살펴보면, 변치않고 영속하는 것은 아무것도 없음을 알게된다. 이를 함축적으로 표현하여 제행무상이라 할 때, 행이란 좁은

의미에서 오온(五蘊, 제97문 참조) 중의 행온, 즉 의지의 작용을 가리키며 개체를 유지하려는 인간의 의지적 작용이 덧없음을 실감케 한다. 그러나 넓은 의미로서 행이란 '조성된 것'을 의미하여, 인연에 의해 조성된 것, 즉 현상으로 드러난 모든 것을 말한다. 불교에서는 현상으로 드러난 모든 것을 오온으로 설명하므로 행은 곧 오온을 가리킨다. 오온이란 간단히 말하면, 우리의 몸과 마음이 이루는 환경전체를 가리킨다. 이 환경 속에는 항상 나라는 자기가 개입되어 있다. 따라서 제행무상은 나를 중심으로 하는 모든 환경이 덧없음을 지적한 것이며, 인간이 자신을 둘러싼 현재의 환경에 집착할 필요가 없음을 가리키는 교훈이다.

②모든 것은 괴로움이다 : 흔히 일체개고(一切皆苦)라고 표현한다. 이는 앞의 '모든 것은 덧없다'는 인식에 뒤따르는 당연한 심리적 귀결이다. 우리의 모든 고통은 따지고 보면 변하지 않기를 바라는 심신(心身)의 환경이 변하고 있음을 인식하는 데서 비롯된다. 모든 것이 항상 변해간다는 것은 피할 수 없는 사실이다. 다시 말해서 무상한 것은 곧 괴로움인 것이다. 이 말의 실질적인 의미는 무상한 것을 무상한 것이 아닌 양 집착하는 데서 괴로움이 야기된다는 것이다. 변함없이 그대로 유지될 것으로 믿거나 바란 것이 실제로는 변하게 됨으로써 괴로움을 겪거나 느끼게 된다. 불교는 이러한 고통의 실상을 다양하게 분석하여 제시하고 있다.

불교의 이러한 현실인식에는 고를 제거해야 한다는 적극적인 의지가 내포되어 있음을 주목해야 한다. 현실을 고통이라고 파악한 불교의 입장이 곧 염세주의로 나아갈 것이라고 생각하는 것은 커다란 오해이다. 그러한 오해는 동양적 사고를 이해하지 못한 서구인들의 편견에 기인한다. 불교에서 현실이 고통임을 지적한 것은,

그렇기 때문에 그 고통에서 벗어나야 할 것이라는 당위적인 의지의 표명이며, 불교가 바로 그 구체적인 방법을 제시할 것임을 천명하는 것이다. 따라서 우리가 이 교훈에 따라 자신의 고통을 철저히 인식하는 것은 삶의 자세를 정립하는 계기가 되는 것이다. 우선 자신이 처한 진실, 그리고 현상세계의 진실을 알지 못하고서는 바르고 타당한 목표와 자세를 설정할 수가 없을 것이다. 고통을 소멸하는 길은 우선 진실을 깨닫는 데에 있다.

③ 오로지 그것뿐이라고 할 만한 것은 아무것도 없다 : 흔히 제법무아(諸法無我)라고 표현한다. 소위 무아설(無我說)의 근거가 되는 가르침인데, 무아라는 말 때문에 삶의 주체인 나 자신을 부정하는 것으로 오해하는 등 잘못 이해하는 경우가 많다. 여기서 아(我), 즉 나란 인도인들이 전통적으로 믿어 온 영혼과 같은 불멸하는 실체를 가리킨다. 또 변함없는 상태로 있으면서 모든 것을 통솔하고 지배하는 실체를 가리킨다. 또 인간의 통속적인 자아의식을 가리킨다. 흔히 우리 인간은 끊임없는 의식의 배후에 그 의식의 근거가 되는 실체를 상정하고 그것을 자아(自我)라고 한다. 그러나 불교는 이러한 모든 절대적 실체가 존재하지 않는다고 파악한 것이다. 이는 '모든 것이 덧없다'는 인식에 따른 당연한 철학적 반성이며, 현상세계의 공간적인 모습을 고찰할 때 얻게 되는 결론이다. 과학의 지식을 동원해 봐도 그러한 절대적이고 궁극적인 실체의 존재는 입증되지 않는다. 과거에 믿어 왔던 사물의 궁극적 실체마저도 새로운 사실의 발견으로써 계속 부정되어 왔다. 그럼에도 불구하고 인간은 그 자신에 집착하여 모든 것을 통솔하고 지배하는 불변의 자아가 자신을 지탱하는 양 착각한다. 무아란 이러한 착각을 타파하는 것이며, 삶의 주체인 나의 절대적 부정이 아니라 참다운 나를

찾기 위한 기본 인식이다. 궁극의 실체인 자아가 있다고 믿음으로써 우리는 자기중심적 세계로 빠져들고, 항상 변화하는 외부세계에 접하면서 고통을 심화시킨다. 제법무아라 할 때, 법이란 앞의 행(行)과 마찬가지로 오온을 가리킨다. 인간뿐 아니라 모든 사물과 현상이 오로지 그 자체뿐이라고 고집할 만한 것이 없음을 지적한 것이 제법무아이다. 그리고 이 가르침의 실질적인 의미는 '나'라는 관념이 인간의 사유에 의해 형성된 것일 뿐이므로 무엇보다도 먼저 아집(我執)을 타파해야 한다는 것이라고 이해된다. 윤리적 주체로서 인식하고, 나아가 이상으로서 실현되어야 할 자기를 적극적으로 추구하되, 그 자기는 진실에 합당해야 함을 설한 것이다.

이상의 삼법인에 '번뇌의 소멸' 즉 열반적정(涅槃寂靜)을 더하여 **사법인**이라고도 하고 일체개고 대신 이것을 넣어 삼법인이라 하기도 한다. 열반과 적정이란 같은 말이다. 열반이란 니르바나(nirvāṇa)라는 원어의 음을 옮긴 말이고, 적정은 의미를 옮긴 말이다. 모든 속박에서 벗어난 해탈의 결과가 열반이다. 앞의 삼법인에 입각하여 종교적 실천으로써 얻어지는 것이 곧 열반적정이다. 따라서 이는 번뇌의 불을 끄는 실천행동으로 도달될 수 있으며, 모든 것을 억제하고 이길 수 있는 상태로서 자주(自主)와 자율(自律)과 자유(自由)의 경지이다. 이 상태는 저절로 얻어지는 것이 아니라, 온갖 노력을 기울여 우리의 욕망을 진실추구의 방향으로 전환시킴으로써 도달된다. 참다운 삶을 찾고자 하는 적극적인 노력 없이는 열반을 바르게 이해할 수 없으며 구할 수도 없다. 편안하고 안온한 경지라는 선입감에 치우쳐 열반을 추구하면, 그의 실천적 의미를 망각하게 된다. 그것은 초월의 경지가 아니라 더불어 살면서 자유를 구현하는 상태이다. 따라서 그것은 초능력이 발휘되는 경지가 아니며, 불가사의하거나 초자연적인 경지가 아니다. 진실을 추구하는 끊임없는 노력의 과정을 거치면서 도달되는 인격의 완성, 이것이 바로 현실적인 의미의 열반이라 할 것이다.

불교의 목표가 앞에서 말한 것과 같은 열반이라 할 때, **팔정도(八正道)**는 이 목표를 실현하기 위한 구체적인 실천방법이다. 부처님은 설법에서 다른 기본 교리보다도 이것을 먼저 설하는 경우가 종종 있을 정도로, 이것을 매우 중시했다. 팔정도는 불교가 강조하는 중도(中道)를 보다 자세히 제시하는 것이며, 여기서 제시하는 여덟 가지는 각기 서로 협력하여 인격 완성이라는 목적의 수단과 방법이 되는 것이다.

① 바른 견해[正見] : 삼법인의 사고방식에 입각하여, 단멸(斷滅)의 견해, 즉 극단적인 생각을 일으키지 않는 것이다. 소위 흑백논리를 배제하는 것이라 할 수 있다. 인생에 있어 시각과 관점을 세우는 일은 일생 전체의 향방을 가름하는 중요한 일이다. 따라서 누구나 보편타당한 관점을 세우려고 노력한다. 정견은 이러한 태도를 강조하는 것이며, 그 보편타당한 기준은 삼법인과 같은 진실한 인식이어야 한다는 것이다. 일상생활에 있어서는 어떤 일에 대한 전반적이고 바른 지식을 먼저 확립하는 것이라 하겠다.

② 바른 사고[正思惟] : 앞의 정견에 따라 실천활동을 할 때의 마음가짐이다. 즉 바른 견해에 근거하여 모든 일에 대처하겠다는 결의(決意)이다. 이는 우리의 의식 활동에 있어서의 올바른 자세를 가리키는데, 경전에서는 탐욕과 성냄과 어리석음의 3독(三毒)에서 벗어나 바르게 사유하고 결심하는 것이라 한다.

③ 바른 말[正語] : 언어생활에 있어서의 바른 자세이다. 구체적으로는 거짓말, 욕설, 허황된 말, 중상비방을 하지 않는 것이라 한다.

④ 바른 행위[正業] : 신체적 행위에 있어서의 올바른 자세이다. 구체적으로는 기본적인 윤리덕목을 준수하는 것이다. 즉 생명을 해치는 행위, 남의 재산을 부당하게 취하는 행위, 부도덕한 성생활을 피하는 것이라 한다.

⑤ 바른 생활[正命] : 정당한 방법으로 정당한 의식주를 추구하는 것이다. 경전의 설명에 의하면, 정당한 노동의 대가로써 생계를 꾸려야 한다는 것이다. 일상생활에서 올바른 직업관을 강조하는 것이라 할 수 있다.

⑥ 바른 노력[正精進] : 끊임없이 노력하여 자신을 닦아 나가는 것이다. 경전에서는 선(善)이라는 이상을 향해 노력해야 함을 강조하는데, 우리에게 시사하는 바가 많다. 즉 이미 생긴 악을 제거하고, 아직 생겨나지 않은 악은 절대로 생겨나지 않도록 하고, 선이 생기도록 하며, 이미 생긴 선은 더욱 확대하도록 노력해야 한다는 것이다. 이에 따르면 우리가 노력해야 할 대상은 나의 인격완성과 사회 평등임을 알 수 있다.

⑦ 바른 기억[正念] : 올바른 관점을 마음 깊이 새겨서 잊지 않고 기억함으로써 실제의 상황에 직면할 때 그에 비교하여 가다듬는 자기반성의 태도이다. 즉 끊임없이 자신에 대해 반성, 자각하여 자주적으로 책임지고 행동하는 것으로서, 부주의하게 넋을 잃고 있는 것과는 반대되는 경우를 가리킨다. 따라서 우리는 자신의 일상적인 동작과 태도에 있어서 자신의 입장을 항상 의식하고 반성해야 하며, 아울러 자신의 입장을 염두에 두어 잊지 말아야 한다. 결국 이를 위해 불교적인 올바른 사고방식을 잠시도 잊지 않는 것이 이 정념이다.

⑧ 바른 집중[正定] : 선정(禪定)의 생활태도로서, 정신통일의 상

태를 지속함을 말한다. 쉽게 말하면 마음을 고요히 집중하여 참된 자기를 찾는 일이라 할 수 있다. 이것은 반드시 좌선에 의한 특별한 정신통일만을 의미하는 것이 아니고, 비록 정도가 낮을지라도 일상생활에서 정신을 집중하여 마음의 안정을 구하는 자세를 의미한다. 이는 앞의 일곱 항목을 실천하는 바탕이 되는 것이다.

불교의 연기설을 설명하는 것으로서 대표적인 예가 **십이인연**(十二因緣)이다. 즉 현상세계의 모든 것은 서로 의존하고 영향을 주고받는 관계에 의해 형성된다는 사실을 열두 항목으로써 보여 주는 것이 십이인연의 교설이다. 이는 중도의 입장에서 생사의 고통을 설명하는 것이라고도 한다. 그러나 연기설은 상대방의 지혜나 이해력에 따라 여러 가지로 설해졌기 때문에, 초기성전에서는 십이인연의 해석이나 일정한 형식이 없었다. 즉 초기성전에는 십이인연에 대한 일정하고도 명백한 설명이 없는 것이다. 이에 따라 십이인연에 대해서는 학자들에 따라 다양한 해석과 주장이 계속되어 왔다. 어쨌든 권위자의 해석에 따르면, 이는 현상세계의 제일원인과 종말을 부정하는 것으로서 모든 존재는 그 자신이 지닌 본래의 법칙에 지배된다는 순환적 개념으로 이해되어야 한다고 한다. 즉 열두 항목은 직선적인 인과관계로써 표현될 수가 없고, 끝을 맞물고 계속 순환하는 원으로써 표현될 수밖에 없다는 것이다. 십이인연은 고차적으로 전개되어 가는 연기설 중에서 가장 초보적인 단계의 것이다. 이를 설명하는 방식은 분분하지만, 여기서는 몇 가지의 방식을 채택하여 종합적으로 소개한다. 열두 항목 중 무명을 출발점으로 삼아 설명하는 것이 관례이다.

① 무명(無明) : 쉽게 말하면 어리석음이고 무지이며, 연기의 도리에 근거하는 올바른 세계관과 인생관이 없는 것을 뜻한다. 따라

서 무명은 실재성이 없는 것을 자기의 실체인 양 착각하는 망상이며, 이는 전생에 있었던 행위의 결과가 결정체로 되어 남은 것이다.

② 행(行) : 앞의 무명에 상관하여 행이 있다. 신체와 말과 생각을 통해 이루어지는 모든 행위가 행이다. 즉 자신을 형성하는 업이며, 삶을 향한 맹목적인 동기와 욕구이며, 무명이라는 어리석음에 의해 집착된 대상을 실제로 있는 것처럼 만들려는 작용이다.

③ 식(識) : 앞의 행에 상관하여 식이 있다. 분별하는 인식이요 잠재된 정신이 식이다. 즉 인간의 의식활동에 있어서 표면적인 작용과 내면의 잠재의식이다. 눈, 귀, 코, 혀, 몸, 마음(眼耳鼻舌身意)에 각각 인식기능이 있는데, 이 6식을 가리킨다.

④ 명색(名色) : 앞의 식에 상관하여 명색이 있다. 식의 대상으로 인식되는 정신과 물질이 명색이라 하는데, 비물질적인 것과 물질적인 것이 결합된 상태를 가리킨다. 쉽게 이해하여 정신과 육체의 결합이라고 할 수 있다. 그러나 색깔, 소리, 냄새, 맛, 감촉, 진실(色聲香味觸法)이라는 6경(六境)을 가리킨다고도 한다.

⑤ 6처(六處) : 명색에 상관하여 6처가 있다. 눈, 귀, 코, 혀, 몸, 마음이라는 여섯 감각기관, 즉 6근(六根)이 6처이다. 이것은 그 대상인 6경과 접촉하여 6식에 전달된다.

⑥ 촉(觸) : 6처에 상관하여 촉이 있다. 그러나 실제로는 6식과 6근과 6처가 화합한 것이 촉이다. 즉 외부의 대상세계와 감각기관과 의식이 접촉하는 것이다.

⑦ 수(受) : 촉에 상관하여 수가 있다. 촉의 결과로 생겨나는 괴로움이나 즐거움 등의 감수작용이 수이다. 접촉에 따른 필연적인 느낌으로서, 외부 현상을 의식적으로 받아들이는 것이다.

⑧ 애(愛) : 수에 상관하여 애가 있다. 갈애(渴愛)라고도 하는데,

그릇된 사고에 의해 생겨나는 맹목적인 욕심이 애이다. 쉽게 이해해서 욕구나 갈망이라고 할 수 있다.

⑨ 취(取) : 애에 상관하여 취가 있다. 취란 집착을 말한다. 앞의 애에 의해 추구된 대상을 완전히 자기 소유화하려는 집착, 또는 욕구의 대상을 끝까지 간직하려고 노력하는 집착이다.

⑩ 유(有) : 취에 상관하여 유가 있다. 유란 존재하는 것이라 하는데, 생사(生死)하는 존재 자체를 형성하는 것이라고 해석된다. 우리의 현존재를 가리키는 것으로서, 인격이라든가 성격이라는 것이 그것이다.

⑪ 생(生) : 유에 상관하여 생이 있다. 죽음 후에 오는 내세의 출생을 생이라고 한다.

⑫ 노사(老死) : 생에 상관하여 노사 등 여러 가지 고통이 생긴다. 늙음과 죽음에서 일어나는 고통을 노사라고 하는데, 이는 우리가 받는 비탄과 불행과 악 등의 모든 고뇌를 가리킨다고 할 수 있다.

이상의 십이인연은 과거, 현재, 미래가 상관하여 끊임없이 순환하면서 각각 하나의 온전한 삶을 이루고 있음을 보여 주는 것이라 한다. 이 십이인연이 원으로 이해될 수밖에 없는 이유는, 시간은 직선의 흐름이 아니라 상대적인 자기 창조의 법칙에 따라 순환하기 때문이다. 결국 이 십이인연은 우리 인간이 의존적 생성체로서 연기의 사슬에서 벗어날 수 없음을 보여 준다. 위에서 ①~②, 즉 무명과 행은 과거를 나타내고, ⑪~⑫, 즉 생과 노사는 미래를 나타낸다. 그리고 나머지 ③~⑩이 현재의 삶을 나타내는데, 이 과정의 상관관계를 보다 명확히 이해할 수 있도록 다음과 같이 비유하여 설명하기도 한다.

③의 식은 아이가 임신된 첫 순간, ④의 명색은 아이의 모습을

갖추면서 뱃속에서 성장하는 과정, ⑤의 6처는 출생하기 전 감각기관이 발전하는 단계, ⑥의 촉은 출생한 후 1~2년 사이에 아이에게 두드러지게 나타나는 접촉본능, ⑦의 수는 출생 후 3~5년 사이에 어린이가 지니는 뛰어난 지각능력, ⑧의 애는 개인적 책임의식을 느끼며 성인으로 성장하는 과정, ⑨의 취는 개인적인 욕구를 달성하는 단계, ⑩의 유는 삶의 목적을 깨달은 단계라고 각각 비유된다. 여기서 ⑧~⑩의 애, 취, 유는 성인으로 성장하여 활동하는 단계로서 자기 창조의 영역이며, 열매의 씨앗을 형성해 가듯이 미래의 생을 대비하는 단계이다. 그리고 ⑪~⑫의 생과 노사는 내세에도 현재와 같은 순서로 삶을 반복할 것임을 나타내고, ①~②의 무명과 행은 죽음 후에 남아서 그 다음 생의 원인이 되는 것임을 나타낸다고 해석한다.

이 십이인연은 윤회하는 인간의 삶을 예로 들어 불교의 근본적 사고방식인 연기를 설명하기 위한 일환이며, 이는 행위의 영향에 따른 연기(業感緣起)를 설명하는 기초가 된다.

[참고문헌] 『불교학개론』(→ 문 1), pp. 57~72.

水野弘元 저, 김현 역, 『原始佛敎』(→ 문 12), pp. 109~121, 134~139.

鎌田茂雄, 『佛陀の觀たもの』(東京 : 講談社, 1977), pp. 37~47, 124~140.

Junjirō Takakusu, The Essentials of Buddhist philosophy(→ 문 13), pp. 24~31.

35 아비달마불교

아비달마불교란 어떠한 성격의 불교인가?

부처님이 세상을 떠난 후 불교가 대중에게 각광을 받으면서 비약적인 발전을 거듭하게 된 데에는 부처님이 지시한 규율을 철저히 지키면서 그의 순수한 뜻을 실천하려는 제자들의 노력이 큰 역할을 하였을 것이다. 그러나 예상외로 지지하고 신봉하는 이들이 많아지자, 애초에 지시한 교단 내의 규율을 그대로 적용할 수 없는 일도 발생하였다. 뿐만 아니라 사람들의 수준에 따라 그때그때 설했던 부처님의 가르침을 체계적으로 정리하고 해석하는 과정에서 보다 원의에 충실하려는 노력이 견해의 차이를 야기하였다. 이러한 상황을 교단 내의 분파 또는 분열이라 하지만, 이것은 결코 교단의 와해와 같은 부정적인 의미를 내포하는 것은 아니다. 시대의 변천에 따라 불교가 점차 발전해 가는 양상이라고 볼 수 있다. 하나의 사상이 다양한 시각과 입장에서 조망될 때, 비판되고 개선되어 발전을 이루는 것이다.

부처님의 입멸 후 100년쯤에 제2결집이 있었는데, 이때에 교단 내의 의견대립이 최초로 표면화되었다고 한다. 그 대립의 원인이 되는 것은 역시 몇 가지 조율의 조목이었다. 계율을 제정할 당시에는 예기치 못했던 어떤 일들에 직면해서도 과거의 규율을 융통성 없이 고수해야 되느냐는 문제였다. 초기의 성전에 의하면 이때 제기되었던 문제가 열 가지(十事)라고도 하고 다섯 가지(五事)라고도 한다. 어쨌든 이에 대해 교단 내에서는 과거의 규율을 엄격히 고수해야 한다는 보수파와 융통성 있게 긍정적으로 받아들여야 한다는 진보파의 두 입장이 공존하게 되었다. 그리하여 전자는 전통을 고수한다 하여 상좌부(上座部)로, 후자는 수적으로 우세하다 하여 대중부(大衆部)로 분립되기에 이르렀다. 이때 제기되었다는 문제의 예를 들면, 수행하는 승려가 탁발한 후에 신도의 식사 대접에 응해도 좋으냐, 또는 금이나 은으로 보시받는 것을 허용해도 좋으냐 하는 등이었는데, 이는 물론 원칙적으로 금지되어 있었다. 위의 대립을 근본분열이라 한다.

다시 200~300년에 걸쳐 이 두 파로부터 수차에 걸쳐 지엽적인 분파가 생겨나는데, 이를 지말분열(枝末分裂)이라 하며, 기원전 100년 무렵에는 총 20부파(상좌부 9, 대중부 11)에 이르렀다 한다. 이를 흔히 소승 20부라 칭한다. 그리고 이러한 일련의 과정에 있었던 불교를 **부파불교**라 하는 것이다.

부파불교시대의 불교교단은 부처님이 설한 가르침(經)과 교단의 규칙(律)을 깊이 연구하고 정리하여 발전시킨 웅대한 논서(論)들을 작성하면서 번쇄한 논쟁에 종사하였다. 여기서 논(論)이라는 말의 원어가 아비다르마(abhidharma)이고, 이를 한역에서는 흔히 아비달마(阿毘達磨)라고 표현하므로, 이 시대의 불교를 **아비달마불교**라고도 칭하는 것이다. 다시 말해서 부파불교에 이르러서는 경, 율, 논의 삼장이 성립되었고, 이 중에서 논장이 바로 아비달마불교를 특징짓게 된 것이다.

아비달마라는 말의 원래 의미는 '법(다르마)에 관한'이므로, 이는 부처님이 설한 '법에 관한 연구'를 의미하게 된다. 이를 '뛰어난 법'이라고 해석하는 경우가 있는데, 이는 당시에 아비달마의 우위를 주장하기 위해 내세운 해석일 뿐이다. 부파불교의 초기에 있어서 아비달마는 각 부파에 공통되는 개념이었으나, 당시의 부파들 중 설일체유부(說一切有部)가 우세하였으므로, 나중에는 아비달마가 특히 설일체유부의 논서를 가리키는 명칭으로 쓰이기도 하였다. 즉 설일체유부는 스스로를 아비달마논사라고 부르고 있는 것이다. 이는 아마도 이 부파의 논서가 다른 부파에 비해 가장 잘 완비되어 있었기 때문일 것이다.

부파불교의 논장은 다음과 같은 3단계의 과정으로 성립되었다고 한다. 첫째는 경전에 대한 주석, 둘째는 부파불교 특유의 교의 창조와 그 발전, 셋째는 둘째의 내용에 대한 일관된 조직화이다. 현재 전해지고 있는 당시의 논장은 주로 설일체유부와 남방의 상좌부에 각각 소속된 일곱 가지뿐이다. 다른 부파의 논서로는 『성실론(成實論)』 등 극히 소수일 뿐이다. 그래서 이 시대에 있었던 다른 부파의 교의는 위의 두 부파의 논서들에 인용되어 있는 내용을 통하여 알 수 있을 뿐이다.

아비달마불교의 논사들이 관심을 쏟은 것은 부처님의 가르침에 충실하기 위한 교리의 해석이었다고 생각된다. 그러나 그 논의가 지나치게 학문적이어서 종교적인 생동감을 잃고 번쇄한 사변철학(思辨哲學)으로 흘렀다는 점에 문제가 있다.

예를 들어 설일체유부의 경우, 논사들은 부처님의 가르침을 정확히 이해하기 위해 근본교설인 사법인의 해석에 초점을 맞추었다. 그리하여 먼저 사법인 중 제행무상(諸行無常)에서 말하는 무상의 구조를 명확히 설명하기 위해, 세계를 구성하는 요소, 즉 존재로서 75개의 법(요소)을 상징했다. 이 중 72법은 시간과 함께 끊임없이 변화하는 유위법(有爲法, 조성된 것)으로서 제행무상의 제행에 해당하며, 나머지 3법은 시간의 경과에도 결코 변하지 않는 무위법(無爲法, 조성되지 않는 것)이라 구별함으로써 제행무상의 내용을 엄밀히 설명하고자 했던 것이다. 다시 이 75법을 세밀히 분석하고 해석한다. 또 사법인 중 일체개고(一切皆苦)에 대해서는 우리의 잘못된 행위(業)에 의해 고통이 일어난다고 보아, 소위 업감연기설(業感緣起說)로써 인간의 무한한 윤회와 업의 문제를 여러 가지로 검토하고 있다.

이러한 아비달마불교의 특징은 출가자와 승원을 중심으로 하는 학문불교라 규정할 수 있다. 그리하여 교단 자체가 대중, 즉 사회와 유리되고, 교단으로부터 멀어진 대중은 미신화되어 감으로써 불교의 순수성이 상실될 위기에 처했다. 이에 따라 아비달마불교에 반발하고 부처님에게로 복귀하려는 운동이 불탑(佛塔)을 중심으로 하여 일어났는데, 이것이 곧 대승불교이다. 이 새로운 운동은 개인의 완성보다 전체의 완성을 우선한다는 입장에서 스스로를 대승(大乘)이라 칭하고 기존의 불교를 낮추어 부르길 소승(小乘)이라 하였던 것이다. 이에 따라 부파불교, 즉 아비달마불교는 **소승불교**라 불리고 있다.

그러나 아비달마불교가 무가치하다는 것은 아니다. 불교의 교리 발전에 있어서 매우 중대한 역할을 한 것이 아비달마이다. 대승은 그 아비달마에 반발하여 일어났기 때문에 대승의 사상을 이해하는 데에는 아비달마의 연구가 중요한 가치를 지닌다. 그렇기 때문에 대승불교가 흥기한 후에도 아비달마불교는 소멸하지 않고 존속하였던 것이다. 그럼에도 그 신앙적 측면에서는 비판을 면할 수 없다.

[참고문헌] 高崎直道, 『佛敎・インド思想辭典』(→ 문 13), pp. 4∼6.
平川 彰, 『インド佛敎史』 上卷(→ 문 3), pp. 143∼146.
前田惠學 저, 석오진 역, 『佛敎要說』(→ 문 22), pp. 57∼62.
권오민 역, 『印度佛敎史』(경서원, 1985), pp. 57∼60.

36 대승불교

대승불교란 어떠한 성격의 불교인가?

기원전 100년 무렵에는 약 20부파로 분열된 불교교단이 존재해 있었다. 이때까지 이들은 풍부한 경제적 후원에 힘입어 승원에 거주하면서 출가승려들을 중심으로 일반 신도들과는 유리된 채 저마다 교리의 연구에 힘쓰고 있었다. 출가승려들로부터의 구원의 손길이 미치지 않은 재가신자들은 부처님의 유골을 모신 불탑(佛塔)을 중심으로 모여 부처님의 구제력을 흠모할 수밖에 없었다. 출가자가 부처님의 가르침을 기본으로 하여 교단을 지켜온 데 반하여, 불탑을 지켜온 이들에게는 가르침의 내용보다도 과거에 생존했던 부처님에 대한 동경이 바로 신앙의 원천이었을 것이다. 이러한 동경이나 찬양이 부처님을 점차 초인화하고 신격화하면서 새로운 종교운동을 야기하였는데, 이러한 운동으로서 성립된 것이 대승불교이다.

대승불교는 불탑을 중심으로 모여 부처님의 덕을 찬양하고 부처님의 힘으로써 안심입명(安心立命)하길 염원했던 재가신도들을 모체로 하고, 그들에게 부처님의 전기를 이야기해 주었던 법사(法師)

의 일부를 지도자로 하여 흥기했을 것으로 추정된다. 즉 부파불교의 전문화된 학문으로부터 실천적인 신앙으로 돌아선 것이 대승불교이다. 그러나 대승불교는 하나의 운동으로서 출발하였기 때문에, 교단으로서는 독자적인 율장도 없고 그 모습도 명확하지가 않다. 다만 그 운동의 주도적인 법사들이 새로운 경전을 작성하였으므로, 초기의 대승경전을 통하여 운동의 성격을 엿볼 수 있다. 즉 초기의 대승경전은 불탑의 숭배를 설하고, 부처님 앞에서 참회하고 예배하길 권하며, 보시 등의 이타행(利他行)을 설하고 있다. 그리고 운동이 더욱 전개됨에 따라 경전 자체의 공덕을 고양하면서 숭배할 것을 설하기에 이른다.

이렇게 성립된 대승불교는 북쪽의 길을 따라 전파되어 중국, 한국, 일본과 티베트의 불교를 이루게 되었다. 현재 남방불교권을 제외한 한역(漢譯) 불교권과 티베트계통의 불교권이 대승불교에 속한다. 이 대승불교의 전반적인 특징은 다음과 같다.

첫째, 자리(自利)와 이타(利他)를 겸비한다. 이전의 부파불교가 타인의 구제보다는 자신의 구제에 대해 더욱 관심을 가졌던 데에 반하여, 대승불교는 타인을 위한 활동이 바로 자리를 위한 수행의 완성이 된다는 교리를 위주로 하고 있다.

둘째, 재가와 출가를 일관한다. 부파불교가 출가주의의 불교인데 반하여, 여기서는 재가자를 배제하지 않고 그 둘 사이에 차별을 두지 않는다. 앞의 특징과 더불어 이 때문에 스스로 대승이라 칭한 것이다. 승(乘)이란 실어 나르는 것을 뜻하고, 대승이란 이것이 크다는 뜻이다. 이에 대해 출가하여 엄격히 수행하지 않으면 해탈을 얻을 수 없다는 입장을 취한 부파불교는 재가자를 해탈로부터 배제한 것이 되므로, 소승이라 칭하게 된 것이다. 따라서 출가와 재가에 관계없이 이상적인 인간상을 추구하게 되는데, 이것이 보살이다.

셋째, 믿음(信)과 실천(行)을 중시한다. 즉 쉬운 길인 이행도(易行道)를 취하여 현명한 사람이든 어리석은 사람이든, 또 선한 사람이든 악한 사람이든 모두를 구제하려는 폭넓은 입장의 불교이다.

넷째, 부처님의 구제력을 중시하여, 이의 근거가 될 초인(超人)으로서의 부처에 대한 이론이 발달했다. 이를 불신론(佛身論)이라 한다.

다섯째, 모든 사람이 보살이 될 수 있다고 설한다. 여기서 말하는 보살은 부처에 대한 신앙을 기초로 하여 자기가 보살이라는 신념을 갖는 것이다. 대승의 보살은 부처와 똑같은 깨달음을 얻을 수 있는 자이므로, 이는 곧 누구라도 부처와 같은 사람이 될 수 있다는 확신을 가리킨다. 이 보살은 중생을 구제하겠다는 서원(誓願)과 깨달음의 결과를 중생에게 돌리는 회향(廻向)과 자비에 바탕을 둔 실천덕목인 육바라밀을 중시한다.

이후 많은 대승경전들이 제작됨에 따라 대승불교는 독자적인 교리를 비약적으로 발전시켰다. 이렇게 발달한 대승교의는 다음과 같은 세 가지 측면으로 요약된다.

① 신앙의 대상이 되는 부처에 관한 이론 : 부처의 본원(本願)과 정토(淨土)를 설하며, 자비를 칭송한다. 또한 불신론으로서 진리 그 자체로서의 부처(法身)와 중생의 구제를 위해 몸을 나타낸 부처(色身)를 설하며, 구체적으로는 시방삼세(十方三世)에 온갖 부처가 존재함을 설한다.

② 실천의 주체가 되는 보살에 관한 이론 : 보살행으로서 지계, 인욕, 자비, 정진, 선정, 지혜의 육바라밀 등의 실천덕목을 설하며,

그 수행의 단계로서 십지(十地) 등을 설한다. 또한 이상적인 대보살로서 문수, 보현, 관음 등의 활약을 이야기한다.

③ 실천의 기반으로서 진리관 : 부처님의 깨달음을 원점으로 하여 이것을 모든 현상의 연기(緣起) 속에서 찾고자 하며, 이것을 진여(眞如) 또는 법계(法界)라 부른다. 또한 그의 특색을 공(空)이라 파악하고, 반야(지혜)바라밀에 의해 공을 체득하는 것이 깨달음이라 한다. 이러한 관점에 입각하여 관념적이고 매우 난해한 듯한 이론이 복잡하게 전개된다.

대승의 후기 학파들은 서로 다투어 정교한 학설을 내세우게 된다. 이 사이 대승불교는 종교로서의 새로운 생명을 필요로 하게 되고 민중의 요망에 응하고자 하였다. 이리하여 대승불교의 마지막 단계로서 7세기 후반부터 밀교가 등장하기에 이른다.

［참고문헌］ 高崎直道, 『佛敎・イソド思想辭典』(→ 문 13), pp. 283~285.
           권오민 역, 『印度佛敎史』(→ 문 35), p. 102.
           정승석 역, 『大乘佛敎槪說』(→ 문 14), pp. 20~24.

37 밀교

밀교란 어떠한 성격의 불교를 가리키는가?

흔히 말하길 밀교(密教)는 대승불교의 최종 단계라 하고, 인도에서 대승불교가 종교적 생명력을 잃게 되자 민중의 요구에 응하여 등장한 것이 밀교라고 한다. 밀교는 현교(顯教)에 반대되는 말이다. 현교란 널리 대중에게 개방되어 있는 가르침으로서 그 세계관이나 종교적 이상에 도달하는 방법을 명료한 언어로써 표현하는 불교이다. 쉽게 이해하자면 우리가 일상적으로 말하고 생각하는 불교는 대개 이 현교이다. 이에 대해 자신을 비공개적인 교단의 내부에 폐쇄하고 비밀의 교의와 의례를 사자상승(師資相承), 즉 스승과 제자 사이의 은밀한 전달을 통해 간직하고자 하는 비밀불교가 밀교이다. 이런 밀교는 상징주의적인 수행법이나 의례를 통해 종교적이거나 세속적인 목적을 달성하고자 하는 점에 특징이 있다.

따라서 불교의 실제 신앙형태에 있어서는 밀교가 불교의 독자적인 한 흐름으로서 정립되기 이전부터 밀교적 요소가 내재되어 있었다고 볼 수 있다. 그러한 요소들이 대승경전에서 이론적 근거를 찾아 고차적으로 체계화된 이론과 실천으로 발전하면서 정립된 것이 밀교라 하겠다.

밀교의 사상과 실천을 형성하는 요소는 복잡하지만, 그 근원에는 인도 본래의 토속적인 신앙형태가 자리잡고 있다. 다시 말하면 인도 고래(古來)의 제사적 의례 등 세속적 목적달성을 위한 토속신앙의 요소가 밀교의 사상적 기층을 형성했던 것이라고 간주된다. 그 대표적인 요소가 인도의 고대성전인 『아타르바베다』에 있는 주법(呪法)과 주술적인 구문이다. 이렇게 깊은 뿌리로서 복잡한 요소들을 섭취하면서 성립된 밀교를 간단히 정의하기 어렵지만, 그 특징으로서 다음의 두 가지를 들 수 있다. 즉 하나는 주술적인 의례를 조직화한 것이고, 다른 하나는 신비주의이다. 주술은 신이나 운명 혹은 자연현상 등, 우리의 행복과 불행에 대하여 큰 작용을 미친다고 생각되는 대상을 신비적인 수단에 의해 작용시켜 소원을 이루게 하려는 의도나 수단이다. 또 신비주의는 우주의 중심 또는 절대자인 신 등으로 불리는 존재와 자기와의 내면적 결합을 감지함으로써 얻는 심리상태이다. 사실 어떠한 종교라도 불가분의 관계에 있는 이러한 주술적, 신비적 요소를 갖지 않은 것이 없다. 불교에 있어서도 이들 두 요소는 이미 초기경전에서 그 흔적을 찾아볼 수 있는데, 시대가 지남에 따라 점차 그 존재가 표면화된다. 그리고 대승불교의 경전 가운데서 밀교는 대승의 근본교의와 밀접하게 연관되어 점점 본질화하게 된다. 한편 대승불교의 사상적 경향이 여러 종교적 입장에 대하여 두드러지게 관대했으므로, 각각의 대승경전은 당시의 사회적 배경을 반영했다고도 볼 수 있다. 일찍이 불교에 의해 크게 타격을 받았던 브라만교는 민간신앙과 혼합하고 또 인도의 사회 조직과 밀접하게 결부되어 힌두교로 부흥하였는데, 이 힌두교는 일신교적 신앙이면서도 범신론적 경향도 흡수하였다. 이같은 힌두교의 영향 아래서 7세기 중엽부터 대승불교는 급격히 밀교화되어 갔고, 종래의 부처와 보살 외에 새로운 예배의 대상들이 많이 유입되었다.

대승불교 내에서 밀교의 뿌리를 구체적으로 찾으면, 그것은 곧 다라니이다. 불교인들이 어떠한 법회에서나 시작할 때마다 의례적으로 암송하는 『마하반야바라밀다심경』에도 '아제아제 바라아제 바라승아제 모지 사바하'라는 주문, 즉 다라니로 끝맺고 있다. 밀교는 이런 다라니에 주술적인 힘이 있다고 중시하는 것이다. 교리에 있어서 밀교는 여래의 비밀력을 드러내 보인다고 가르친다.

밀교의 교리적 입장은 『대일경(大日經)』을 거쳐 『금강정경(金剛頂經)』에서 확립되었다. 그러나 밀교의 이론과 실천은 쉽게 이해하기 어려운 다양한 모습으로 전개되었다. 밀교의 역사적 전개 과정에서 나타나는 다양한 흐름들을 잡밀(雜密), 순밀(純密), 좌도(左道)밀교로 분류한다.

잡밀이란 잡부밀교의 약칭인데, 밀교가 대승불교적인 교리와 결부되기 이전에 조직적인 체계를 결여하고 잡다한 주문이나 의례 규범들이 집성된 것을 가리키지만, 실제로는 밀교가 전개되는 과정의 전반에 걸쳐 나타난 많은 다라니 경전 등으로서 밀교의 하부 구조를 이루는 것이다.

순밀이란 순수밀교의 약칭으로서 정통밀교라 할 수 있는 것이며, 우리가 통상 말하는 밀교이다. 대승불교, 특히 『화엄경』의 세계관을 충실히 계승하면서 광명의 부처인 비로자나불을 본존불로 삼는 『대일경』을 거쳐 『금강정경』으로써 이론적 체계를 갖춘 밀교이다. 이러한 불교는 종전의 소승이나 대승과 다르다는 견지에서 스스로를 **금강승(金剛乘)**이라 부르기도 한다.

그런데 이런 입장의 금강승은 좌파와 우파로 구분된다. 우파, 즉 우도밀교는 『대일경』에 의거하여 온건한 신비주의적 경향을 보이면서, 주술에 의한 우주정신과의 합치를 실현하고 자연과 인간의 운행을 지배할 수 있다는 신앙을 가진다. 이 계통은 우도밀교라는 말보다는 진언승(眞言乘)이라는 말로 더 알려져 있다. 이에 대하여 좌파는 『금강정경』을 중시하고, 인간의 본능을 긍정하여 거기서 진실을 찾고자 한다. 그리고 극단으로 나아가 감각적인 환희, 특히 남녀의 합체에 의한 성욕의 환희를 그 수행법에 편입시켜 최고의 이상적 경지에 도달하기를 가르쳤다. 이 좌파가 좌도밀교이며, 좁은 의미로 금강승이라 할 때는 주로 이것을 가리키게 된다. 좌도밀교란 여성과의 성적(性的)인 의례를 그 근간으로 하지만, 애초에 그 본질에 있어서는 여성의 기능을 우주적 요소로 파악한 인도 본래의 관념과, 성적 의례를 통해 부처님이 얻었던 깨달음을 체험한다는 데에 근거를 두고 있었다. 따라서 그것이 처음부터 감각적인 환희 자체를 추구한 것은 아니었지만, 실제의 형태에 있어서는 일반인으로부터 많은 오해를 불러일으킬 수밖에 없었다.

간혹 밀교를 이상스러운 것이라고 오해하는 것은 좌도밀교 때문이다. 서구인들은 밀교를 **탄트라**(Tantra)**불교**라 하는데, 이들이 말하는 탄트라불교는 7, 8세기경 힌두교와 융합된 불교를 가리키고, 우리가 통상 말하는 탄트라불교는 좌도밀교를 가리킨다. 인도에서 탄트라는 주술적이고 신비적인 의궤를 가리킨다. 이런 의미에서 밀교도 탄트라라고 할 수는 있지만, 실제에 있어서 인도의 탄트라는 여성의 에너지로서의 성력(性力) 숭배가 중심을 이루고, 남녀의 합일이 교리와 실천의 중심을 이룬다. 이러한 탄트라와 연관을 맺은 것이 좌도밀교라 할 수 있을 것이다. 밀교는 전체적으로 티베트에서

196

크게 성행하였고, 좌도밀교적 색채가 강하게 나타나기도 하였다.
우리가 상식적으로 말하는 밀교는 대일여래(大日如來, 비로자나)로
상징되는 우주와 내가 합일하는 신비적 체험을 추구하는 것이며,
이 체험을 위해 다라니나 만다라나 진언(眞言)과 같은 여러 상징을
수단으로 동원하는 것이 그 특징이다. 단적으로 말해서, 현재의 몸
그대로 성불(卽身成佛)하기를 추구하는 것이 밀교이다. 밀교는 실
재와 현상이 자기의 한 몸에서 융합하는 원리를 세운다.

[참고문헌] 정태혁, 『正統密教』(경서원, 1984), pp. 22~24.

권오민 역, 『印度佛敎史』(→ 문 35), pp. 141~142.

高崎直道, 『佛敎・イソド思想辭典』(→ 문 13), pp. 285, 440~443.

前田惠學 저, 석오진 역, 『佛敎要說』(→ 문 22), pp. 98~99.

38 반야와 공

반야는 어떠한 사상을 함축하고 있는가?

반야(般若)는 불교용어로서 가장 흔하게 듣는 말 중의 하나이다. 그러나 대개는 이 말의 정확한 의미나 이에 간직되어 있는 의미를 이해하지 못한 채 듣거나 사용한다. 굳이 일상적인 말로 바꾸면 지혜가 된다는 정도로 알고 있다. 반야를 흔히 지혜라고 옮기지만, 그럼에도 지혜라 하지 않고 반야라 하는 것은 지혜라는 말이 그 참뜻을 충분히 전달할 수 없기 때문이다. 그래서 굳이 지혜라고 옮기고 싶으면 '완전한' 또는 '진실한'이라는 수식어를 덧붙여 사용할 수밖에 없다. 반야는 대승불교를 대표하는 개념으로서, 이 개념을 중심으로 하여 반야사상이라는 하나의 사조(思潮)가 형성되었다.

반야는 프라즈냐(prajñā)라는 산스크리트의 발음을 옮긴 말이다. 이는 대상을 분석하여 판단하는 인식작용을 초월하여, 순식간에 존재 전체의 본질을 있는 그대로, 바르게 직관적으로 파악하는 진실한 지혜 또는 예지를 뜻한다. 따라서 가장 깊은 의미에서의 이성이라 할 수 있다. 이런 반야에 의해 부처가 될 수 있으므로, 부처의 모체라는 의미에서 이를 불모(佛母)라고도 한다. 초기불교에 있어서는 이러한 지혜를 획득하는 것이 열반 그 자체라고 하여 중시했다. 반야를 중시하는 초기불교의 이 입장이 초기 대승불교의 선구적인 『반야경』에 계승되어, 『반야경』의 근간이 되는 사상인 반야바라밀로 전개되었다. 그리하여 부처의 깨달음을 구하는 동시에 중생의 구제를 맹세하는 보살의 수행덕목인 육바라밀 중 반야바라밀을 가장 중요한 덕목으로 삼게 된 것이다. 진실한 지혜인 이 반야를 획득한다는 것은, 나를 버리고 모든 생명체에 대한 자비심의 발휘로 전화(轉化)함을 뜻한다. 반야를 얻는다는 것은 모든 집착으로부터 해방된 부처의 깨달음과 다름이 없으므로, 거기에서는 당연히 부처의 자비심이 발현되어야 하는 것이다.

다시 말해서 반야란 구별이나 분석을 초월한 전일적(全一的)이고 총합적인 인식으로서, 실천적 입장에서는 나와 너, 주관과 객관이라는 대립을 초월한 고차원의 주체적 입장을 드러내는 것이다. 『반야경』에 전개된 반야바라밀의 특징은 아무것에도 집착하지 않는 것이다. 이러한 의미에서 반야사상은 초기불교 이래의 공사상(空思想)과 깊은 연관이 있다고 할 수 있다.

공이라는 말이 아무것도 없는 상태를 뜻하므로 어감상 소극적인 인상을 갖기 쉽지만, 대승불교에서는 반야라는 진실한 지혜의 가장 적극적인 표현으로 쓰이고 있다. 공사상의 원류는 이미 원시불교에서도 나타나 있다. 즉 초기의 경전에서는 모든 것을 무상(無常), 고(苦), 무아(無我)라고 볼 것을 권하면서 아울러 "모든 것은 공인 것"으로 관찰하라고 한다. 그러나 원시불교에는 공을 허무적인 공으로 이해하는 경향이 있었다. 그런데 초기의 대승불교에서 중심적인 철학이 된 공사상은 75법 등이 실재함을 주장하는 아비달마불교의 실재론을 강하게 부정하는 입장에서 형성되었다. 또 한편으로 공은 무집착을 강조하는 개념이다. 이런 의미에서 반야바라밀과 상통한다고 앞에서 언급한 바 있지만, 여기서 더 나아가 반야바라밀 그 자체도 존재하지 않으며 인식되지 않는 공이라고 한다. 반면에 이러한 공의 지혜를 완성하는 것이 반야바라밀이라고 보기도 한다.

『반야경』에서 대승불교의 차원을 한 단계 높인 유명한 철학자 용수(龍樹, 나가르주나)는 부처님의 깨달음의 정수가 곧 공임을 천명하였다. 그는 『반야경』에서 지혜를 중시하는 사상이 부처님이 자신이 깨달은 연기와 중도의 사상을 직접 계승한 것이라고 생각하여, 자신의 저서인 『중론(中論)』 등을 통해 모든 것이 공인 것(空性)임을 정교한 논리로써 명확히 하고자 하였다. 그가 논리적으로 전개한 공사상은, 『반야경』에서는 그다지 중요한 역할을 담당하지 않았던 원시불교 이래의 연기와 중도라는 사상을 활성화하고, 공 또는 공성이라는 개념으로써 그 내용을 풍부하게 하였다. ‘연기 = 중도 = 공’이라는 해석에 대해서는 앞에서 설명한 바 있다(제21, 39문 참조).

공사상이란 결국 부처님의 인식방법을 가장 실천적으로 재현코자 하는 사고방식으로서 철저한 부정을 통해 있는 그대로의 실상을 다시 드러내는 것이다. 그리하여 눈앞에 있는 사물이나 사건을 부정하여 파기하는 것이 아니라, 집착함이 없는 부정과 비판의 연속 끝에 그대로 긍정함으로써 해결의 대상이 되는 것이다. 이것은 곧 자비의 발현이며, 공은 결국 자비로써 실천된다고 하는 것도 이러한 의미에서이다. 반야란 이러한 공의 인식태도가 전일적, 직관적으로 이루어지는 지혜를 가리키는 것이다.

　공은 연기와 중도, 인식을 투철히 함으로써 허무가 아닌 실상, 부정이 아닌 긍정, 소극이 아닌 적극, 그리고 자비 실천의 모습으로 귀결되는 것이다.

〔참고문헌〕　高崎直道,『佛教·イソド思想辭典』(→ 문 13), pp. 89~92, 355~356.
　　　　　　『講座大乘佛教』, vol. 2, 「般若思想」(東京 : 春秋社, 1983), pp. 59~61.
　　　　　　정승석, 「공의 실천적 의의」, 『海印』(→ 문 21), p. 60.

39 중관

중관사상이 견지하는 기본입장은 무엇인가?

신앙성을 중시하며 출범하였던 대승불교는 교의에 있어서도 일신된 이론을 전개하였다. 학문불교로 치달은 기존의 교단을 비판하며 출범한 것이 대승불교이지만, 기본의 흐름을 뒤바꾸기 위해서는 역시 자신의 입장에 걸맞는 참신한 교의가 필요하였다. 이에 따라 대승의 학자들은 전보다 더욱 치열하게 교학을 연구해 나간다. 어쩌면 대승불교에 이르러서야 본격적인 교학시대 또는 학문불교시대가 열렸다고 평할 수 있을지도 모른다. 여전히 존속한 아비달마불교의 입장과의 공방, 뿐만 아니라 같은 대승 내에서도 각축을 벌였던 학문적 경쟁 등이 수많은 논서들을 낳게 하였고 종교적 생명력을 약화시키도록 하였던 것이다. 급기야는 인도에서 불교가 소멸하게 된 하나의 이유를 여기서도 찾을 수 있을지 모르겠다.

인도의 대승불교를 지탱해 온 교학체계에 있어서 우뚝 선 봉우리가 있다면, 그것은 중관파(中觀派)와 유가행파(瑜伽行派)이다. 그리고 이 두 계통이 발전할 기반을 구축한 이가 **용수(龍樹)**라는 이름

으로 우리에게 친숙해 있는 나가르주나(Nāgārjuna, 150~250년 무렵)
이다. 그의 영향은 실로 그 이후의 불교 전 분야에 미쳤다고 평가
된다. 그를 '8종의 조사(祖師)'라고 칭하는 것은 이 때문이다. 그의
특징적인 사상이 공사상이며, 이 공사상에 근거하여 중관파가 형성
되었다. 또한 그 공을 현실에 비추어 인식론적이고 실천적으로 해
명하고자 함으로써 유가행파가 확립되어, 다른 학파와도 접촉하면
서 논리학적인 정확성과 체계화를 모색하였다. 유가행파는 불교의
심층심리학이라 할 수 있는 유식설(唯識說)을 내세운 학파이다.

용수의 공사상은 앞에서 설명한 바와 같이(제38문 참조) 완전한
지혜인 반야바라밀을 어떻게 획득할 수 있는가에 대하여, 모든 것
은 공임을 자각하는 데서 그 방법을 구하고, 이것을 논리적인 동시
에 실천적으로 전개하는 데에 주안점을 둔 것이다. 용수가 취한 이
공사상의 입장이 나중에 하나의 학파로 성립되면서 중관이라 불리
게 되었다.

그의 주장에 의하면, 이 세상의 모든 존재는 어떤 것을 막론하고
먼저 자기에게 부정적으로 대립하는 것을 전제하고 다시 그런 부
정적 대립자를 부정하는 데서 확인될 수 있다. 예를 들어 말하자
면, 지금 내가 여기 있다는 사실은 내가 없다는 사실이 먼저 전제
되고, 그 없다는 사실이 부정됨으로써 확인되는 것이다. 이러한 입
장에서 보면, 내가 있다는 사실을 바르게 알 수 있는 것은 먼저 있
다는 그 사실이 부정됨으로써 가능하게 된다. 모든 사물과 현상이
다 그렇다. 그래서 그것은 공이며, 사물의 본질 자체는 구할 수 없
는 불가득한 것이다. 공임을 확인하는 부정과 부정의 인식을 통해
사물은 있는 그대로 다시 드러난다. 이렇게 모두가 공이라야만 실
천이 가능한 것이며, 만약 공이 아니라면 우리가 목표를 향하여 노

력하는 것도 불가능하다는 것이 용수의 주장이다. 그는 이 공의 이치를 또한 연기(緣起)라고 한다. 이 이치는 상대적으로 대립하고 있는 여러 개념의 어느 한쪽에만 집착하지 않기 때문에 이를 또한 중도(中道)라고 한다. 용수의 가장 유명한 저서가 『중송(中頌)』이라는 명칭을 갖는 것도 여기서 유래하며, 용수의 입장을 따르는 학파의 명칭이 중관(中觀)인 것도 여기서 유래한다. 다시 말해서 중관이란 엄밀히 말하면 중도이다.

용수의 공사상을 해명하고 발전시킨 중관은 다시 다양한 견해들을 내세우면서 전개되어 나갔다. 여기서 그 다양한 견해들을 일일이 소개할 수는 없지만, 전반적으로 말하면 중관사상은 분별심을 세척하여 올바른 진리관을 정립해 주는 사상이다. 분별심은 곧 대상을 인식할 때 집착하는 마음을 가리키며, 편견과 사견(邪見)을 말한다. 중관은 이러한 마음을 정화하는 것이다. 이는 사견을 시정하고 중도적인 진리를 올바로 관찰하는 지혜이다. 따라서 이는 파사현정(破邪顯正)과도 통하는 말이다. 파사는 사견을 없애 구제함을 뜻하고, 현정은 대승적인 중도의 진리를 널리 홍포한다는 뜻이다.

중관의 공은 그 이론의 전개과정에서 허무주의라고 비난받기도 하였지만, 이는 그 본의를 이해하지 못한 소치이다. 중관에서 말하는 공은 일반적으로 말하는 허무가 아님을 유의하여야 한다. 공은 보편적 상대성을 나타내는 것이다. 우리는 살아가면서 부닥치는 여러 상황들에 대해서 항상 진실은 이것이 아닐 것이라고 안다. 마찬가지로 중관이 현상세계를 공이라고 말하는 것은 분명히 있는 절대적 진실에 비교하여 그렇다는 것이다. 그 절대적 진실을 밝히는 길은 지금의 현실을 계속 부정해 가는 것뿐이다. 부정을 통해 보다 나은 가치가 발견되고, 이에 대한 부정이 다시 더 나은 가치를 제시한다. 이러한 과정을 통해 절대적 진실에 접근할 수 있게 된다. 물론 이에 대해서 반박이 있다. 절대적 진리는 그 자체가 공인 형상적인 것에 의존하는 경험적 인식으로는 접근하기가 어려우므로, 초월적인 인식에 의해서 도달될 수 있다는 것이 그런 반박이다. 그래서 명상, 즉 요가의 수행이 중요하다는 것이다.

중관은 나중에 티베트불교의 형성에도 영향을 주었으며, 중국에서는 초기의 사상이 소개되어 독자적인 발전을 이루었다. 삼론종(三論宗)이 그것이다.

[참고문헌]　高崎直道, 『佛敎・イソド思想辭典』(→ 문 13), pp. 285~313.
　　　　　　『불교학개론』(→ 문 1), p. 150.
　　　　　　前田惠學 저, 석오진 역, 『佛敎要說』(→ 문 22), p. 92.
　　　　　　山本智敎 역, 『イソド學大事典』, 第3卷(東京 : 金花舍, 1981), p. 225.

40 유식

유식사상은 어떠한 이론을 내세우는 사상인가?

중관과 유가행파가 대승불교의 두 봉우리를 이루는 배경은 앞에서 언급한 바 있다(제39문 참조). **유가행파(瑜伽行派)**란 유식설을 주장하는 사람들을 가리킨다. 그래서 흔히 유가유식이라는 표현을 사용한다. 중관과 유식은 대승불교의 기반이며, 실로 이를 이해하지 못하면 대승불교를 이해하지 못한다고 할만큼 중요한 사상들이다.

유가행이란 요가차라(Yogācāra)라는 산스크리트를 옮긴 말이다. 요가라는 원어의 발음을 한자로는 유가라고 표현한다. 그러므로 유가행, 즉 요가차라는 요가의 실천을 뜻한다. 말 그대로라면 유가행파는 요가를 실천하는 사람들의 집단을 가리키겠지만, 실제로는 우리가 보통 생각하는 요가에 전념하는 입장을 취하는 것이 유가행파인 것은 아니다. 유가행파는 요가의 실천에 기반을 두면서, 이론적으로는 유식설이라는 독자적인 교의를 확립하고서, 중관파와 함께 인도에서 쌍봉을 이루었던 대승불교의 학파를 가리킨다. 그런데 이를 굳이 유가행파라는 명칭으로 표현하는 이유는, 인도의 유명한 육파철학 중의 하나인 요가학파와 구별하기 위함이다.

용수(龍樹)에 의해 이론적 기반을 구축했던 공사상(空思想)은 필연적으로 절대적 진리인 실상을 어떻게 인식하느냐 하는 인식의 문제를 쟁점으로 부각시키게 되었다(제39문 참조). 유식설은 이러한 인식의 문제를 해명하면서 고도의 심리학적 이론을 전개해 나갔던 것이다. 이러한 유식의 사상은 인간 존재의 유한성과 인간 인식의 한계성 및 심층심리와 거기에 잠겨 있는 이기성의 실태를 속이거나 타협하지 않고 정면에서 진지하게 추구하고, 자기를 구하며 진실한 자기의 모습, 마음의 성찰을 바탕으로 하면서 탐색한다.

중관사상은 공의 논리를 전개했으나 체계적인 학설을 세우지 않았다. 이에 대해 우리의 현실 존재가 어째서 이같은 질서 위에 성립되어 있는가 하는 까닭을 체계적으로 고찰한 것이 유식사상이다. 삼라만상의 모든 것은 오로지 식(識, 인식작용)일 뿐이다. 외부 세계에 실재한다고 생각되는 것일지라도 사실은 인식작용을 떠난 별개의 실재가 아니라고 한다. 그러므로 이 사상의 요점은, 상식적으로는 인식작용으로부터 독립된 실재라고 믿어지는 물질적인 것일지라도 그것은 모두 인식작용이 아닐 수 없다는 것이다. 인식작용이 보는 것이라면, 그 대상 즉 경계(境界)는 보여지는 현상세계이다.

인식작용과 경계와의 관계, 즉 주체와 객체의 관계는 두 가지 입장을 취한다. 한편으로는 보여지는 경계는 보는 인식작용에 지나지 않는다고 하여, 경계를 부정하는 동시에 인식작용을 긍정한다. 다른 한편으로는 이와 반대로, 보여지는 경계를 떠나서 따로 보는 인식작용이 있을 수 없고, 보여지는 것으로서의 인식작용을 떠난 인식작용은 없다. 그리고 그 인식작용은 지금 현상계로서 보여지고 있다. 그렇다면 거기에는 보여지는 것만 있을 뿐, 그 외에 보는 것은 없다. 곧 인식작용을 부정하면서 경계를 긍정하고 있다. 유식설의 용어로써 표현하면, 여기서 보는 인식작용이란 '능변(能變)의 식(識)'이며, 보여지는 경계란 '소변(所變)의 경(境)'이다. 능변이란 능동적으로 변해 간다는 뜻이며, 소변이란 마음에 의해 변화된다는 뜻이다. 능변의 입장은 우리들의 마음이 능동적으로 세계를 변화시키고 있다는 것이며, 자기 존재의 모습에 의해 객관세계가 결정되고 있다는 것이다.

위의 두 입장이 뜻하는 바는 무엇인가? 주관과 객관, 주체와 객체는 통일될 수밖에 없고, 통일되어야만 진실을 인식할 수 있다는 뜻일 것이다. 다시 말하면, 경계는 인식작용을 떠나서는 존재할 수 없고, 또 인식작용은 대상인 경계를 떠나서 있을 수 없다는 두 가지 관계가 아울러 성립된다. 인식작용은 그 자체가 무(無)이면서 현상계를 보고, 현상계는 보여지면서 무라는 사상이 그 밑바닥에 깔려 있는 것이다. 따라서 이 유식설은 정신통일의 수행, 곧 요가의 실천과 결합될 수밖에 없었다. 유식설을 주장하는 사람들이 유가행파라 불린 이유도 여기에 있다.

불교는 원래부터 유심론적(唯心論的)인 경향이 강한 사상이었다. 그런 경향이 첨예화되어 하나의 특별한 학파를 이룬 것이 유가행파라 할 수 있다. 유식설을 주장하는 유가행파가 독립된 학파로 등장하게 된 데에는 공사상을 바르게 이해하고자 하는 요구가 있었다고 생각된다. 즉 중관파의 공사상을 허무주의로 해석하려는 사고방식을 시정할 필요가 대두되었던 것이다. 또 교리상 항상 문제가 되어 왔던 윤회의 주체를 해결함에 있어 인간의 의식을 탐구함으로써 **알라야식**이라는 근본식을 발견하였다. 그리하여 이 학파의 가장 큰 특징은 모든 존재를 산출해 내는 근본식(인식작용)으로서 알라야식이라는 것을 설정하고, 이것을 근본바탕으로 하여 그 위에 말나식(末那識)과 6식을 배치한 8식설을 주창한 것이다.

한자로는 아뢰야식(阿賴耶識)이라고 쓰는 알라야(ālaya)식은 제8식이라고도 하며, 그 의미를 옮겨 장식(藏識)이라고도 한다. 모든 존재의 종자와 같다는 뜻으로 일체종자식이라 칭함에서 알 수 있듯이, 과거에 지은 업의 영향이 종자로서 그 속에 축적되는 동시에, 현재와 미래에 걸쳐 자기의 심신은 물론 자연계를 산출해 내는 근원체가 되는 것이 알라야식이다. 6식이란 외부세계와 직접 접촉하면서 판별하는 눈, 귀, 코, 혀, 몸, 마음의 여섯 의식이다. 제7식인 말나식은 6식을 통해 들어오는 것들을 자기 것으로 집착하는 이기적인 자기중심의 의식이다. 앞에서 능변과 소변을 소개했듯이 이 8식은 제8식으로부터 6식을 거쳐 대상을 적극적으로 판별하기도 하지만, 반대로 대상이 6식을 거쳐 제8식으로 들어와 수동적으로 인식되기도 한다. 이를 능취(能取, 주관)와 소취(所取, 객관)라 한다. 이러한 기본구조를 바탕으로 하여 유식설은 심오한 인식구조설을 펼쳐 나간다. 이를 이해하기 위해선 상당한 전문지식이 필요할 수밖에 없다.

어쨌든 유식사상에서 가장 중요한 위치에 있는 알라야식은 '오직 식뿐이다'고 하는 유식의 식을 가리키며, 모든 것이 이로부터 파생된다는 의미에서 관념형성이라 할 수 있으며, 또한 윤회의 주체이다. 물론 윤회의 주체 문제는 이로써 해결되는 것이 아니지만, 유식설은 오염된 상태로 있는 알라야식을 수행에 의해 청정한 상태로 개혁함으로써 해탈할 수 있다고 믿는다. 그러므로 오염된 종자들이 있는 알라야식을 청정한 종자만으로 가득하게 하는 것이 바로 유식설의 구극적인 목표인 것이다. 이러한 의미에서 유식사상은 부처님이 보여준 무상(無常), 무아(無我)의 존재론 위에 인식의 구조를 올려놓으며 실천론을 전개한 것이라 할 수 있다. 곧 인간학으로서의 불교가 유식사상이라 할 수 있을 것이다.

[참고문헌]   前田惠學 저, 석오진 역, 『佛敎要說』(→ 문 22), pp. 93~94.
　　　　　　高崎直道, 『佛敎・イソド思想辭典』(→ 문 13), pp. 469~470, 472.
　　　　　　太田久紀 저, 정병조 역, 『불교의 심층심리』(→ 문 15), p. 13, 17, 32, 145.
　　　　　　Junjirō Takakusu, The Essentials of Buddhist philosophy(→ 문 13), p. 32.

41 여래장

여래장이란 어떠한 의의를 지닌 개념인가?

부처란 이상적인 인격자이고 인간으로서는 가장 완벽한 능력의 소유자라고 생각된다. 이 때문에 부처는 특수한 존재라고 생각되고, 범인으로서는 도저히 부처가 될 수 없다고 생각하는 것이 보통이다. 그러나 불교가 사회적으로 큰 호감을 얻을 수 있었던 것은, 모든 인간의 평등함을 주장하는 동시에 더 나아가 누구라도 그러한 부처가 될 가능성을 지니고 있음을 천명한 것이 크게 작용했을 것으로 보인다. 이는 지금도 마찬가지이다. 불교의 특징을 단적으로 소개하는 호재로서 불교의 이런 기본입장이 이용되고 있다. 그러나 이를 어떻게 논리적으로 입증할 것인가? 더욱이 과거에는 결코 부처가 될 수 없는 종류의 사람이 있다고 하지 않았던가. 소위 일천제(一闡提)라는 것이 그러한 부류의 사람이며, 그 대표적인 인물이 부처님을 해치려고 기도했던 데바닷타(제6문 참조)라고 하였다. 결국 대승불교에서는 그런 일천제도 구제될 수 있다고 하지만, 앞에서 제기했던 문제를 해결하는 데 큰 역할을 한 것은 여래장사상(如來藏思想)이다.

중생에게는 부처가 될 가능성이 있음을 주장하여, 이것을 '여래가 될 태아'라는 의미로서 여래장이라 하고, 또는 '부처의 원인'이라는 의미로서 **불성(佛性)**이라고도 한다. 우리는 이 여래장의 전조를 유식설(唯識說)에서 말하는 알라야식(제40문 참조)에서 발견할 수 있다. 과거에 지은 온갖 업의 영향으로 오염되어 있으면서 외부 세계와의 접촉에서 생긴 관념을 축적하는 마음의 창고로서 알라야식은 이로부터 다시 일체의 현상을 산출하길 반복하는 윤회의 주체이지만, 이 알라야식이 오염의 상태를 씻고 청정하게 되면 곧 해탈이 이루어진다. 이 알라야식을 통하여 우리가 처한 생사의 세계가 열반의 세계로, 중생이 부처로 전환되는 것을 볼 수 있다.

그러나 엄밀히 말하면 생사와 열반, 중생과 부처는 근원적으로 분리되어 있는가? 혹은 그 근원은 동질적인 것이 다만 우리의 일상적인 인식에 있어서 다른 것인 양 분별되고 있는 것은 아닐까. 이와 같은 긍정적인 답변을 우리는 불성 또는 여래장사상에서 발견할 수 있다. 이는 성불(成佛)의 근거가 중생 속에 내재되어 있다고 주장하기 때문이다. 그 근거가 곧 여래장이다.

위와 같은 맥락에서 여래장은 **진여(眞如)**라고도 표현된다. 진여란 정의를 내릴 수도 없고 이름을 붙일 수도 없는 궁극적인 진실을 표현하는 데 쓰이는 유일한 용어이다. 즉 '있는 그대로의 모습'이라는 뜻에서 진여라고 한다. 그것을 달리 말해서 여래장이라 한다. 진여와 여래장은 우주의 모든 사물이 지닌 참된 상태이며, 부처의 원천이며, 깨달음의 근거이다. 그것이 움직이지 않고 있을 때는 시간이나 공간과 관계없는 깨달음 자체이지만, 움직일 때는 인간의 형상으로 삶의 일상적인 방식과 양상을 취한다. 그러나 이론의 전개과정에서 여래장은 두 가지 측면으로 구별되기도 한다. 우선 여래장을 깨달음 자체인 법신(法身)과 구별하여, 깨달음을 얻기 이전의 상태를 여래장이라 하고, 깨달으면 법신이라고 부른다. 이러한 입장에서 전자를 유구진여(有垢眞如), 즉 더러움에 싸여 있는 진여라 하고, 후자를 더러움이 없는 진여, 즉 무구진여(無垢眞如)라 한다. 또 여래장의 의미에 대해서도 몇 가지로 구분하기도 한다.

다른 사상과의 관계를 살펴보면 여래장은 유가행파와 관련이 깊다. 즉 여래장사상은 유가행파 속에서 그 체계가 조직되었으며, 공사상(空思想)의 방편설이라 간주된다. 그래서 여래장사상이 독립된 학파를 이룬 것은 아니지만, 중관(中觀)을 잇는 하나의 독립된 제3의 학파라고 주장하기도 하는 것이다. 이 입장에 따르면, 여래장사상은 대승의 궁극적 진리인 공의 철학을 계승하면서 공의 긍정적인 측면을 강조하는 사상체계라고 할 수 있다. 사실 중관에 있어서도 공사상은 긍정과 부정의 두 측면을 모두 포괄하고 있었지만, 실제에 있어서는 긍정보다는 부정의 측면에서 이해되는 경향이 있었다. 이에 대해 여래장사상은 공사상이 지닌 무(無)의 측면보다는 유(有)의 측면을 적극적으로 주장하는 근본적인 개혁이었다고 이해된다. 여래장은 현실적으로 번뇌에 싸여 있는 중생도 그 본질에 있어서는 부처와 동질적이라는 점이 강조되었으며, 이러한 점에서 우리는 여래장사상이 기본적으로 부처님의 자비의 측면을 계승하는 사상체계라는 점을 지적할 수 있다. 이런 여래장사상은 종교로서 불교의 전통 가운데 보편적인 저류를 이루는 것이다. 이 때문에 이 사상은 굳이 하나의 독립된 학파를 이룸으로써 특별한 입장을 내세울 필요가 없었을 것이다.

여래장이 교의상 지닌 또 하나의 중요한 의의는 새로운 연기설(緣起說)의 근거가 된 점이다. 윤회의 주체가 무엇이냐 하는 문제에 있어서 이미 알라야식으로써 해명한 바가 있지만(제40문 참조), 이 알라야식이 어디서 연유하느냐는 문제가 당연히 제기된다. 이를 여래장으로써 해명하게 된 것이다. 그리하여 앞에서 말한 여래장사상의 기본적인 입장을 전제로 하여, 여래장이 번뇌 또는 미혹의 세계 전체와 갖는 관계를 적극적으로 해석하고자 하는 여래장 연기설이 전개된다. 여래장 연기설에서는 중생의 마음속에 있는 여래장의 존재 또는 존재의 근거를 주장하기보다는, 오히려 그러한 여래장이라는 관념을 전제로 하여, 그 여래장에 바탕을 두고서 어리석음과 오염 속에 싸여 있는 중생의 세계, 또 미혹한 마음의 영역을 어떻게 설명하느냐 하는 점에 주안점을 두고 있다.

〔참고문헌〕 高崎直道, 『佛教·イソド思想辭典』(→ 문 13), pp. 342～343.

정호영, 「如來藏의 존재와 그 存在根據의 問題」, 『佛教研究』 3(한국불교연구원, 1987), pp. 2～15.

Junjirō Takakusu, The Essentials of Buddhist philosophy(→ 문 13), pp. 32～34.

42 일승
일승사상이란 무엇인가?

대승경전인 『법화경』에 의하면, 인간은 선으로 향하든 악으로 향하든 무한한 가능성을 지니기 때문에, 하나에 집착하는 입장을 고집하여 고정적으로 생각하는 것은 잘못이다. 또한 어리석음과 깨달음, 생사와 열반이라는 모순개념은 관념적으로 생각하면 별개이지만, 구체적인 사실로서는 한 가지 것의 양면이다. 이렇기 때문에 번뇌가 바로 보리(菩提)요, 생사가 바로 열반이라는 것이 살아가는 현실이라고 말할 수 있다. 이렇게 말할 수 있는 근거가 바로 일승사상(一乘思想)이다.

일승사상이란 단적으로 말하면 성불을 실현하는 유일하고 구극적인 가르침을 표방하는 사상이다. 이 사상은 『법화경』을 통해 표출된 것으로 성문, 독각, 보살이라는 세 가지 입장은(제17문 참조) 보살 또는 부처라는 한 가지 입장으로 귀일되어야 한다는 것이다. 보다 정확히 말하면, 불교를 실천하는 데에는 성문승, 독각승, 보살승이라는 3종의 수행방식이 있지만, 구극적으로는 유일한 부처의 입장인 일불승(一佛乘)으로 돌아가야 한다고 설하는 것이다.

그런데 큰 문제라고 생각되지는 않지만, 일승과 삼승의 관계를 해석하는 데에 애매한 면이 있다. 일승이라는 것이 보살승을 가리키는 것이냐, 아니면 부처의 입장인 불승(佛乘)을 가리키느냐 하는 점이다. 물론 종교적 실천에 있어서 보살과 부처를 굳이 구별할 필요는 없다고 본다. 그래서인지 일반적으로 일승이란 불승이라 하면서, 삼승 중의 보살승과 일승을 동일한 것이라고 주장한다. 그러나 엄밀히 말하면 삼승 중의 하나인 보살승과 불승을 구별함으로써 일승을 강조하는 취의가 확대된다. 역으로 말해서 부처의 입장인 불승을 실현하는 데에는 삼승이라는 다양한 입장이 나름대로의 가치를 지니는 것으로 해석된다.

사실 『법화경』에서는 일승에 대하여 구체적으로 설명하고 있지 않다. 그러나 경전에서 이를 언급한 의도를 파악하면, 일승이란 가르침은 하나라는 의미로서, 그 근저에는 중생은 모두 부처가 될 수 있다는 인식이 있다. 이 인식에 입각하여 '자신도 부처의 아들〔佛子〕'임을 자각하여 수행하라는 것이 일승을 설한 가르침의 의도라고 파악된다. 또 일승은 '모든 사람은 성불할 수 있다'는 가르침이므로, 인간의 본질은 평등하다는 인식에 서 있는 것이다. 따라서 성문, 연각, 보살이라는 삼승의 차별은 이러한 인식을 강조하기 위한 하나의 수단으로서 결국은 일승으로 통일되어야 할 입장이다. 일승을 이해하기만 하면 통일은 저절로 이루어져 조화롭게 된다. 삼승이란 일승의 입장에 있는 부처님의 교화를 대비적으로 중요시하기 위해 신앙적 입장에서 상정된 가정적 존재에 불과하다고 생각할 수도 있다. 『법화경』에 의하면 삼승은 사실상 일승 속에 포함되어 있다.

이러한 일승사상은 사회에 대한 현실적 적용이 가능하다. 일승사상이 간직한 사회적 의의는 보편성에 입각한 평등과 조화를 중시한 것이라고 해석될 수 있기 때문이다. 이는 일승사상의 형성과정을 통해서도 입증된다. 『법화경』에서 부처님은 성문이나 독각의 수행자들도 미래에는 성불할 것이라고 보증한다. 이는 모든 사람에게 부처가 될 가능성(佛性)이 있음을 의미한다. 그 자신도 평범한 인간이었던 부처님이 깨달음을 얻은 것은, 인간이면 누구나 그것이 가능하다는 보편성의 실현이며, 이 가능성을 설명하고 제시한 것이 일승사상이다.

한편 이 깨달음을 혼자서만 간직하지 않고 인류에게 설하여 누구에게나 그 길을 연 것은, 부처님의 자비심의 발현으로서 모든 중생의 성불이라는 인간의 평등성을 제창한 것이다. 그가 깨달은 진리의 보편성과 인간 평등에 대한 신념이 일승과 일체중생 성불의 사상으로 표출되었다고 간주된다. 그러나 모든 중생이 성불할 수 있다는 사상은 일승사상과 별개의 것이 아니라, 일승사상 자체 속에 이미 내포되어 있다. 일승이란, 곧 불성(佛性)의 또다른 표현이라고 보는 것이다.

『법화경』을 통해 표현된 일승사상의 저의는 대승과 소승, 또는 삼승으로 상징되는 사회의 분열, 반목, 대립을 해소하여 조화와 평등의 통일된 사회를 실현하는 데 있다고 하겠다. 삼승으로서 상징되는 각계각층은 버려야 할 대상이 아니라, 일승이라는 이상의 실현을 위해 귀일되어야 할 능력과 가치를 지닌 존재인 것이다.

[참고문헌]　高崎直道, 『佛敎・イソド思想辭典』(→ 문 13), p. 17.

　　　　　　　『講座大乘佛敎』, vol. 4, 「法華思想」(→ 문 38), pp. 4~9.

　　　　　　　坂本幸男 編, 『法華經の思想と文化』(京都 : 平樂寺書店, 1965), p. 431.

　　　　　　　横超慧日, 『法華思想の硏究』(京都 : 平樂寺書店, 1975), p. 5.

43 고판
교상판석이란 무엇인가?

교판이란 교상판석(敎相判釋)을 약칭하여 일반적으로 일컫는 말이다. 이는 부처님이 일생동안 설한 가르침을 분석하여 그 성격에 따라 시기적으로 분류한 방법론을 말한다. 그런데 이는 요즘과 같은 문헌학적인 연구가 전무했던 중국에서 불교의 모든 경전을 부처님이 직접 설한 것이라고 간주하고, 오로지 그 가르침에 나타난 성격의 차이와 혼란을 납득할 수 있게 정리하기 위해 문헌학적인 비판 없이 이루어졌다는 점에서, 중국 독자의 문헌조작이라고 혹평되기도 한다. 이는 이미 18세기 전반기의 사람이었던 일본의 부영중기(富永仲基)에 의해 잘못된 것이라고 비판되었고, 이로 인해 새삼스럽게 대승불교가 부처님의 가르침이냐, 아니냐 하는 문제가 쟁점화되었음을 제29문에서 소개한 바 있다.

부처님의 설법으로 표출된 불교의 교설은 원시불교의 성전을 시초로 하여 부파불교를 거쳐 대승불교로 이어지면서 다양하게 전개되었다. 그 결과 서로 간에 다른 양상을 노출시키기도 하고, 때로는 객관적으로 봐도 거의 모순되는 듯한 교설이 같은 부처님의 설법인 양 주장되기도 하였다. 그러나 이러한 경우에도 거기에는 부처님의 교설이라는 권위가 부여되어 있기 때문에 그것을 함부로 해석할 수 없다는 제약이 뒤따랐다.

본래 부처님의 설법은 깨달음의 내용을 정형화해서 설하고자 하는 의도에서 이루어진 것이 아니라, 상대방의 수준이나 입장에 따라 그때그때 다른 방식으로 설명했던 것이다. 그래서 부처님의 설법을 소위 대기설법(對機說法)이라 하고, 바로 이 점이 높이 평가되고 있다(제11문 참조).

다양한 방식을 구사한 대기설법은 가르침의 내용을 신자들의 체험이나 관습에서 벗어나지 않도록 하여, 일상적으로 이해가 가능한 면에서부터 설명하고자 하는 입장을 취한 것이었다. 바로 이러한 면이 후대에 성립된 불교성전의 일반적인 특징을 이루는데, 특히 대승불교에 있어서는 교설을 어떻게 받아들여야 할 것이냐 하는 문제를 야기하여, 진실과 방편 또는 진제(眞諦)와 속제(俗諦)라는 입장으로 정리되었다. 즉 부처님의 깨달음이라는 진실 또는 참된 진리가 대기설법과 같은 방편 또는 일상적 진리로 표현된 것이라고 이해한 것이다. 일반적으로 이렇듯 다양한 부처님의 가르침을 자가(自家)의 입장에서 통일하려는 노력이 교판이라는 방법론을 낳았다. 다시 말하면 다양하고 혼란스러운 듯한 교설들을 정리하기 위해, 부처님이 의도한 바나 주장하는 바, 설법을 하게 된 동기, 또는 설법의 때와 장소를 설정하고, 여러 경전들이 각각의 순서에 따라 어떻게 부처님에 의해 설해졌는지를 체계화함으로써 분석자가 지향하는 특수한 입장으로부터 문제를 해석학적으로 처리하고자 한 것이 교판이다. 따라서 이 교판은 분석자가 처한 사상적, 교학적, 실천적 입장의 존재 의의와 깊은 연관을 맺고 있는 것이다.

실제 중국에 있어서의 교판은 한문으로 번역된 경전 전체를 대상으로 하여, 부처님이 성도한 후로부터 입멸하기까지 45년의 각 연대에 주요 경전들을 분류하여 배당하였다. 그리고 이 경전들에 대해 다시 가치 판단을 내린다. 오늘날에는 교판의 대명사격으로 중국 천태종의 소위 '5시 8교(五時八敎)'라는 것이 유명하지만, 중국에서의 교판의 역사는 상당히 뿌리가 깊다. 이는 인도와는 달리 역사적 전통을 중시하는 중국인들의 현실주의적 발상에서 기인한 것이라고 생각된다. 이미 남북조시대(南北朝時代)부터 교판은 시작되었는데, 법운(法雲)이라는 승려가 『법화경의기(法華經義記)』에서 천명한 5시설(五時說)이 대표적인 것이다. 그는 먼저 불교의 모든 교설을 점교(漸敎)와 돈교(頓敎)로 구분하고, 점교를 다시 유상교(有相敎, 阿含), 무상교(無相敎, 般若), 억양교(抑揚敎, 維摩), 동귀교(同歸敎, 法華), 상주교(常住敎, 涅槃)의 5시로 구분하였다[( )안은 대표적인 경전을 예시한 것이다]. 그의 교판은 모든 교설을 초보적인 것에서 고차적인 것으로 파악해 나가는 입장을 취했다. 이를 중국 천태종의 창시자인 지의(智顗)가 채용하여 발전시켰다. 그래서 중국의 교판이라 하면 흔히 지의를 먼저 떠올리지만, 이를 실제 오늘의 모습으로 완성시킨 이는 중국에서 천태학을 공부한 고려의 제관(諦觀)이다. 그는 불후의 저작인 『천태사교의(天台四敎儀)』에서 다음과 같은 **5시교판설**을 완결하였다.

① 화엄시(華嚴時) : 성도 후의 21일 동안 설함 -『화엄경』

② 녹원시(鹿苑時) : 이후 12년 동안 설함 - 아함(阿含)

③ 방등시(方等時) : 이후 8년 동안 설함 -『유마경』, 『사익경(思益經)』, 『승만경』 등.

④ 반야시(般若時) : 이후 22년 동안 설함 - 반야계통의 경전들.

⑤ 법화열반시(法華涅槃時) : 이후 8년 동안 설함 - 『법화경』, 『열반경』(이는 부처님이 입멸 직전 하루와 한 밤 동안 설했다 한다).

그런데 천태종의 이 교판설을 『법화경』〈신해품〉에 나오는 ‘가난한 아들의 비유(窮子喩)’에서 착상한 것이라고도 한다. 즉 그 비유는 다음과 같은 요지로 전개된다.

① 부호의 아들이 유년시에 가출.

② 아들은 50년 동안 빈궁에 빠짐.

③ 아버지를 만났으나 알아보지 못함.

④ 아버지 밑에서 20년 동안 하인으로 일함.

⑤ 아버지는 아들에게 자식임을 밝히고 재물을 넘겨 줌.

부처님의 교설을 다섯 가지로 분류한 것은 반드시 중국인의 착상만은 아니라고 볼 수 있다. 내용은 전혀 다르지만 나가르주나(龍樹)의 『대지도론(大智度論)』에서도 다섯 가지의 분류 방식을 발견할 수가 있다.

이밖에 중국의 화엄종에서도 나름대로의 교판을 시도하고 있는 등, 중국불교에 있어서는 자파의 입장에서 경전의 가치를 평가하는 방법으로서 교판이 성행했음을 알 수 있다. 교판은 위의 5시설로 그치지 않고, 경전들에 대해 다시 그 가치에 비판을 가함으로써 완성된다. 즉 부처님이 설법한 방법에 따라 분류하여 화의사교(化儀四敎)라 하고, 가르친 내용을 분류하여 화법사교(化法四敎)라고 한다. 그리하여 전체적으로 5시 8교가 되는 것이다(제59문 참조).

어쨌든 하나의 체계를 세워 부처님의 일대 교설을 나름대로 정리한 것은 중국인이 세운 교판이 공로이다. 그런데 이는 앞의 5시 교판에서 엿볼 수 있듯이, 『법화경』을 중시하는 천태종이라는 자기의 입장에서 자파의 입장이 우월함을 입증하려는 의도가 담김으

로써 다른 교설들이 상대적으로 열등시되는 결과를 초래할 우려가
있다는 점에 문제가 있다. 실제로 중국의 교판은 부처님의 근본 가
르침이라 할 수 있는 아함경의 가치를 절하시켰고, 그 영향은 이후
로도 계속되어 근래에까지 이르렀다. 따라서 중국교판의 커다란
폐단은 부처님의 가르침 중 아함의 교설을 가장 저급한 것으로 간
주함으로써, 아함경을 경시하고 그 내용에 대한 무관심을 초래케
한 점이라 할 수 있다. 그러므로 교판을 접할 때는 이 점에 대한
특별한 주의가 필요하다.

[참고문헌]　高崎直道, 『佛敎·イソド思想辭典』(→ 문 13), p. 82.
　　　　　　中村 元, 三枝充悳, 『バウシダ佛敎』(→ 문 14), pp. 51~55.
　　　　　　『불교학개론』(→ 문 1), pp. 168~169.

44 격의불교

격의불교란 어떠한 의미와 의의를 지니는가?

중국 불교의 성격을 논할 때만 특별하게 사용되는 용어인 격의(格義)라는 말은 중국인에게는 쉽게 이해되지 않은 불교교리를 널리 이해하기 쉽도록 하기 위해, 유교나 도교 등 중국 고유의 사상으로부터 유사한 개념이나 용어를 차용하여 설명하는 편법을 가리킨다. 이러한 방식에 의거하여 전개된 불교의 총칭이 격의불교이다. 유교보다도 도교의 영향이 특히 두드러진다. 아주 간단하게 말하면 주로 도교의 사고방식을 이용하여 불교의 이해를 도모한 것이 격의불교의 특징이라 할 수 있다. 이러한 방식을 사용하여 인도에서 성립된 이질적인 불교를 중국화하는 데 성공했다는 것에 격의불교의 의의가 있다.

중국에 소개된 불교는 신앙성을 특히 강조한 대승불교이다(제36문 참조). 이 종교를 처음 접했던 중국인들은 부처님의 무한한 능력과 구제력을 찬탄하는 불교가 도교의 신앙과 매우 유사하다고 인식했던 것 같다. 즉 도교에서는 육신을 불멸케 한다는 도술을 연구하고 실천하며, 그런 불멸성을 획득한 사람들이 거주하는 천국과 같은 장소에서 신자들의 운명을 인도한다고 믿어지는 어떤 신적 존재들에 대해서 종교적 의식을 집행하는데, 이러한 점들이 불교와 유사하다고 본 것이다. 도교는 영감을 강조한 것으로 보이는데, 이에 의존하는 다양한 의식은 한편으로 불교의 영향을 받은 것으로 간주된다. 한(漢)나라 시대의 부조물에는 불상과 함께 도교의 신들이 새겨져 있는데, 이들은 우주론적인 상징물이나 여섯 개의 엄니를 지닌 코끼리에 둘러싸여 있다. 잘 알다시피 코끼리는 불교의 대중적인 상징이다.

그런데 이들 속에는 중국의 신화에서 유래한 다른 초자연적인 생물들도 있다. 불교의 몇몇 관념들이 중국에 맨 처음 출현하게 된 데에는 도교의 종교적 입장이 분명히 매개체로서 작용하였다.

중국인의 시각으로 볼 때, 관념과 실천에 있어서 불교와 도교 사이에는 표면상 많은 유사점이 있다는 점에서 그러한 결합이 결코 부자연스러운 것은 아니었다. 중국에서 초기에 성립된 불교문헌들은 불교의 관념을 표현하는 데 있어서 흔히 도교의 용어를 사용하였는데, 이는 불교에 대한 오해를 깊게 할 뿐이었다. 한(漢)나라 때의 문헌에서는 노자화호설(老子化胡說)이라는 놀라운 이론을 최초로 언급하고 있다. 즉 노자가 서역으로 떠나 인도로 가서는 그곳 노예들의 낮은 지적 수준에 맞도록 스스로 부처님의 모습으로 그들 사이에 화현하여, 그 자신이 만든 원래의 교의로 그들을 개종시켰다는 것이다.

불교를 이해하는 데 있어서 중국에서 격의라는 방식이 성행하게 된 데에는 위와 같은 배경이 있었던 것이다. 이런 배경에서 격의불교를 본격적으로 제창했던 사람은 축법아(竺法雅)라고 한다. 처음에는 숫자로써 교리를 정리하는 법수(法數)에 관해서 격의라는 해석방법이 특히 유효했던 것 같다. 예를 들면, 오계(五戒)를 설명함에 있어 유교의 오상(五常 : 仁, 義, 禮, 智, 信)이라는 윤리개념을 차용하여 이해케 하려 함 등이다.

정작 격의가 실질적인 효용을 발휘한 것은 불전의 번역단계에서였다. 즉 열반을 무위(無爲)라고 옮기고 진여(眞如)를 본무(本無)라고 옮기는 식인데, 본래의 의미에서 벗어난 번역어가 제시되었던 것이다. 이러한 격의불교는 원래는 불교를 중국으로 이식하기 위한 편법으로써 발생되었던 것이며, 실제 이로써 당시의 귀족사회에서 많은 지지를 받을 수 있었다. 그러나 한편으로는 이런 식의 연구방법이 보급됨으로써 원의를 정확히 이해하려는 일에 등한히 하고, 오히려 격의의 방법으로 누가 더 정교하게 해석하는가 하는 경쟁의 풍조를 야기하였다. 이를 통해 당시의 총아로 군림한 사람도 등장했다. 그리하여 중국의 사상을 매개로 하여 불교를 이해하고자 한 격의의 방법 자체가 불교와 중국사상과의 혼합 및 융합을 촉진하고, 각각이 지닌 본래의 내용을 서서히 변질시키기도 하는 폐단을 낳기에 이르렀다. 따라서 후에는 불전으로서 바르게 이해해야 한다고 하여 격의를 배척하기도 하였지만, 도교의 노장사상(老莊思想)으로써 불교를 이해하는 방법은 당시의 사회에서 널리 유행했던 것이다.

그렇다고 하여 격의라는 이해의 방법이 부정적인 의의만을 지니는 것은 아니다. 중국불교를 포괄적인 의미에 있어서 격의불교라고 단언하는 학자도 있다. 중국불교의 정통성을 주장하는 사람들에게 있어서는 그런 단언이 내키지 않을 것이다. 그들은 격의라는 말을 불교의 수용과정에 있어서 초기에 나타난 매우 유치한 이행방식이라고 생각하며, 따라서 격의는 결코 긍정적일 수 없는 의의를 함축하기 때문이다. 바꾸어 말하면, 생소하고 이질적인 타문화의 언어를 본격적으로 이해하기 이전에 자문화(自文化)의 기존 언어를 빌어 방편적으로 이해하는 방식을 격의라고 규정하고, 따라서 이 격의는 타문화의 언어가 본격적으로 이해됨에 따라 사라져 가는 일시적이고 초기적인 현상으로 보는 것이다.

그런데 '중국불교 = 격의불교'라고 보는 것은 그러한 통념에 대하여, 격의를 중국불교 전개과정의 전체 역사에 내재하는 가장 근원적인 수용방식으로 규정하여 그 개념의 적용 폭을 확대시킬 뿐만 아니라, 격의야말로 중국불교의 본질을 이루고 있다는 적극적 의미를 부여한다. 격의야말로 중국의 대승불교를 대승불교답게 만든 본질적 원천이라는 것이다.

그러나 이는 격의불교가 나름대로의 의의가 있었음을 강조한 것이라고 이해해야 한다. 격의불교가 중국불교의 한 특징을 이루고, 그 발전의 계기가 되었음은 충분히 납득이 되지만, 중국불교 전체를 격의불교라고 규정짓는 데에는 오해의 소지가 있다. 실제 격의불교의 폐단이 노출된 이후, 중국의 학승들은 격의불교에 대한 비판과 초극을 축으로 삼아 강설과 활동을 추진하면서 중국불교 발전의 기초를 구축하였던 것이다.

근대에 이르러 불교가 서구 세계에 소개될 때, 서구인들은 유사한 철학적 개념과의 비교를 통해 불교교리를 해명하고자 하였는데, 이것도 일종의 격의불교라고 말할 수 있을 것이다. 문화적 주체성을 강조한다면 격의불교는 피할 수 없는 수용방식이다. 이런 의미에서 격의라는 문화의 수용방식이 권장할 만하다고도 할 것이다. 그러나 이것이 그 대상 전체를 왜곡하거나 거기에 담긴 보다 진정한 의미를 축소시키는 결과를 초래한다면, 당연히 극복되어야

할 것이다. 불교에 있어서 격의불교의 폐단은 불교 본래의 현실해
결주의의 실천적 입장이 도외시되고, 무위적, 도피적 성격의 종교
인 양 불교가 오해되었다는 점에 있다.

[참고문헌]　高崎直道, 『佛敎・イソド思想辭典』(→ 문 13), p. 55.
　　　　　　Heinz Bechert, Richard Gombrich ed., The World of Buddhism(→ 문 30), pp. 196
　　　　　　right ～ 197.
　　　　　　鎌田茂雄 저, 정순일 역, 『中國佛敎史』(→ 문 28), p. 65.
　　　　　　김용옥, 『東洋學 어떻게 할 것인가』(民音社, 1985), p. 139.

45 화쟁

원효의 화쟁사상이란 무엇인가?

원효(元曉)는 한국의 대표적인 승려이다. 실로 그는 이론과 실천의 양면에서 타의 추종을 불허하는 위대한 불교인이었다. 그의 방대한 저작과 독창적인 저술은 국내에서만 그의 위대함을 입증하는 것이 아니라, 국제적으로도 그가 어느 누구에 못지 않은 뛰어난 학승이었음을 입증하고 있다. 한국불교를 빛낸 많은 승려들이 대개의 경우 중국에 유학하였음에 비추어, 그의 업적은 오로지 국내에서 이루어졌다는 점에서 그의 위대함은 더욱 돋보인다. 바로 그가 주창한 사상이 화쟁사상(和諍思想)이다.

일반적으로 화쟁사상이란 원효의 사상적 근본을 구성하는 화회(和會)와 회통(會通)의 논리체계를 말한다. 그러나 보다 의미의 폭을 넓히면, 원효(617~686년) 이후 전통적으로 계승되어 끊임없이 이어져 내려온 화회와 회통의 사상을 화쟁이라 한다. 불교의 이론은 대체로 연기론과 실상론(實相論)의 둘을 바탕으로 해서 무궁무진하게 전개되어 왔다. 모든 존재의 진실된 모습을 시간적인 현상에 입각하여 파악해 가는 것이 연기론인 반면, 공간적인 형상에 입각하여 파악하여 가는 것이 실상론이다. 그런데 원효는 그 어느 교설이나 학설을 고집하지도 아니하였으며 또 버리지도 않았다. 그는 매양 비판하고 분석하며 긍정과 부정의 두 가지 논리를 융합해서 보다 높은 차원에서 새로운 가치를 찾아냈다. 모순과 대립을 한 체계 속에 하나로 묶어 담는 이 기본구조를 가리켜 그는 화쟁이라 했다. 통일, 화합, 총화, 평화는 바로 이같은 정리와 종합에서 온다는 것이 그의 신념이기도 했다.

화쟁은 그의 모든 저서 가운데서 줄기차게 뚫고 나가는 기본적인 논리이다. 그는 화쟁의 원리를 제시하길, 마치 바람 때문에 고요한 바다에 파도가 일어나지만 그 파도와 바닷물이 따로 둘이 아닌 것처럼, 우리의 한 마음(一心)에도 깨달음의 경지인 진여(眞如)와 그렇지 못한 무명(無明)으로 분열되고는 있으나 그 진여와 무명이 따로 둘인 것이 아니라고 하였다(『大乘起信論疏』).

그의 저서 전반에 걸쳐 불교의 온갖 문제들이 화쟁의 관점에서 체계적으로 논해지고 있다. 삼승과 일승의 문제를 비롯하여 대승불교의 거대한 두 흐름인 중관과 유식, 도저히 성불할 수 없는 존재라고 하는 일천제(一闡提)에게 불성(佛性)이 있느냐 없느냐 하는 문제, 또 불신(佛身)의 다양한 의미 등이 그러한 화쟁의 대상이다.

그는 나열했다가 합하고(開合), 주었다가 빼앗고(與奪), 세웠다가 무너뜨리고(立破) 하는 논리를 이용하여 불교사상에서 나타나는 온갖 쟁론을 분석하고 총합하여 결국에는 조화롭게 어우러지도록 한다. 분석과 통일 또는 긍정과 부정의 어느 한 측면에서 정의하길 지양하고, 객관적인 논리에 근거하여 총합과 회통을 추구하는 논법이 화쟁의 특질이다. 그가 이런 화쟁의 논리를 펴게 된 사상적 배경으로는 당시의 중국불교에 많은 이념적 또는 학문적 대립이 있었다. 여러 종파들은 각기 자파의 정당성을 주장하고 있었던 것이다. 이에 대해 원효는 "한 가지 설에 편협되면 부처님의 참뜻을 잃고, 두 가지 설이 각기 자기 것만을 고집하지 않으면 서로가 방해되지 않는다"고 하는 조화의 논법을 이용하여 모든 쟁론을 회통하고 있다.

원효의 화쟁사상의 압권은 그의 『십문화쟁론(十門和諍論)』이었을 것이지만, 불행하게도 이 저서의 내용을 확인할 길이 없다. 그러나 그의 모든 저술과 언행 및 전기를 통하여 그 중심사상을 알 수 있는 것이다. 그는 한 종파나 문헌에 치우침이 없었고, 어느 하나의 특정한 교학을 주장하지도 않았다. 그의 화쟁사상은 불교 안의 모든 사상을 조화시키고 통일함으로써 부처님의 참 정신을 구현하려 한 것이었다. 그리하여 부처님의 살아 있는 교훈을 이 땅에서 실현코자 하였던 것이다. 그의 이러한 정신은 한국에서 계승되어 갔음은 물론, 중국에도 영향을 끼친 바가 있었으며, 일본의 학승들은 그의 저서를 널리 애독하고 인용한 바가 많았다.

흔히 한국불교의 특징을 대변하길, 불교의 모든 성격들이 융합되었다 하여 통불교(通佛敎)라 하는데, 이는 한국불교가 원효의 이러한 정신을 이어받았음을 뜻하기도 할 것이다. 그러나 그의 정신이 오늘날에 이르기까지 얼마나 구체적으로 실현되고 있느냐 하는 점에선 반성의 여지가 있다.

어쨌든 수많은 종파나 주의가 저마다의 목소리를 높이고 있었던 것은 불교가 교의적으로 발전해 가는 과정이라고 할 수는 있겠지만, 극단과 아집의 타파를 제일의 신조로 삼았던 부처님의 근본취의가 자칫 흐트러질 우려를 낳았다는 것은 부인할 수 없다.

이런 상황에서 일체의 주장을 버리지 않고 비판적으로 수용함으로써 조화와 통일을 이루고자 했던 화쟁사상은 부처님의 진의를 되살리고자 했던 실천적 노력의 일환이었다고 평가해도 좋을 것이다.

[참고문헌] 高崎直道, 『佛敎・イソド思想辭典』(→ 문 13), p. 497.
안계현, 『韓國佛敎史硏究』(同和出版社, 1982), pp. 77~78.
김영태, 『韓國佛敎史槪說』(경서원, 1988), p. 77.

제5장

교단과 종파

46 승

삼보 중의 승이 뜻하는 바는 무엇인가?

우리는 상식적으로 승(僧)이라는 말이 승려, 즉 스님을 가리킨다고 이해하고 있다. 그래서 불교인이라면 당연히 귀의해야 할 대상인 삼보(佛, 法, 僧) 중에서 승보에 대해서는 "스님들께 귀의합니다."라고 맹서한다. 그러나 원래 승이란 부처님의 가르침을 배우고 따르는 제자들의 집단인 교단을 의미했는데, 후에는 개개인의 승려도 가리키게 된 것이다.

승이란 승가(僧伽)의 약칭이다. 그리고 승가라는 말은 원래의 발음인 **상가**(Saṅgha)의 음을 모사한 것이다. 상가의 의미는 무리, 모임, 집단 등이다. 흔히 승려를 비하하는 말로서 쓰이고 있는 중(衆)은 상가의 원래 의미를 바르게 번역한 말이다. 모임이나 집단은 무엇보다도 화합을 중시한다. 그래서 이를 다수인의 집합체를 의미하는 동시에 또 화합승이라고 말하는 것이다. 이러한 상가, 즉 승가는 단순히 불제자의 집단인 교단이라는 의미를 떠나서 매우 중요한 의의를 지니고 있다.

원래 불교가 출현하기 이전 북동인도에서 상가라는 말은 공화주의이거나 아니면 부족제도라는 일종의 정치조직을 가리키고 있었음이 분명하다고 한다. 따라서 부처님 당시의 여러 지방에 존재했던 공화국도 상가였으며, 부처님이 속한 석가왕국도 상가였다는 것이다. 훗날 부처님은 자신의 교단을 운영하는 방법으로서 석가족의 상가를 도입하고, 이리하여 불교교단도 상가라고 불리게 되었으며, 부처님의 입멸 후 어느 정도의 세월이 지나서는 상가라고 하면 불교교단을 지칭하는 것으로까지 되었다.

그렇다면 부처님이 일종의 정치조직을 도입한 이유가 어디에 있었을까? 이에 대해서는 매우 시사적인 해석이 있다. 부처님의 깨달음에 나타난 근본인식에 의하면, 나에 대한 집착 즉 아집이 인간 자신에게 불행을 불러일으킨다. 따라서 이러한 아집의 파기야말로 모든 인류에게 행복을 가져올 것이라는 결론에 이른다. 이러한 입장에서 사회 속에서 아집을 파기하려면 인간의 사회적 의식과 행동이 근본적으로 변혁되지 않으면 안 된다는 것이 부처님의 결론이었다. 그러한 사회개혁운동에는 정치지도자의 적극적인 지지는 물론 일반 대중의 폭넓은 참여가 필요했을 것임이 틀림없다. 그러나 부처님은 그러한 지지와 참여를 구하는 데 있어 중요한 문제가 가로막고 있음을 알았다. 즉 한편으로는 당시 북동인도의 강력하고도 굳건한 군주들이 권력과 영향력을 행사하여 그러한 시도를 좌절시키고자 하였으며, 다른 한편으로는 정통적이고 보수적인 브라만교가 수세기에 걸쳐 틀을 지어온 생활방식과 사회적 태도 때문에 대중들이 그러한 운동에 참여할 준비가 갖추어지지 않았다는 사실이다. 이러한 상황을 고려할 때, 부처님이 취할 수 있는 최선은 하나의 잠정적인 수단으로서 자신의 철학을 바탕으로 한 모범적인 사회조직체를 설립하여, 자신의 철학이 궁극적으로는 사회

전역에 널리 이행되도록 공헌할 사회적 정치적 분위기를 조성하는 데 도움이 되고자 하는 것이었다. 이 문제에 정통한 한 학자는 이 상황을 다음과 같이 지적하고 있다.

"당시의 분위기에서 그러한 제안은 여러 가지 이유에서 완전히 실현 가능성이 희박하였을 것이다. 적어도 불교에 관한 초기의 전설에서는 붓다가 그러한 이유들을 충분히 알아차리고 있었다는 증거가 있다. 또한 기존의 상황을 될 수 있는 대로 이용하여, 불교의 자세와 원리들을 널리 채택하는 데에 보다 유리할 정치적 사회적 분위기의 발전을 고취코자 하여 잠정적인 계획이 구상되었다는 증거가 있다"

이상의 고찰에 의하면, 한 마디로 말해서 미래 지향의 모범적인 사회조직체로서 구상된 것이 상가, 즉 불교교단이라는 간명한 결론에 이른다. 더 요약하면, 이상적인 사회공동체가 불교의 상가라는 말이다. 이는 부처님의 교단에 대한 염원이 그렇다는 의미이고, 불교교단이 지닌 의의가 그렇다는 뜻이다.

이렇게 이상적 공동체로서의 불교교단을 흔히 **사부대중**이라 한다. 불교의 가르침을 따르는 이들로서 먼저 출가자와 재가자의 집단으로 구분되고, 그 각각은 다시 남성과 여성의 집단으로 구분된다. 그리하여 출가자의 경우 남성과 여성을 각각 비구와 비구니라 하고, 재가자의 경우 남성과 여성을 각각 우바새(優婆塞)와 우바이(優婆夷)라 한다. 이 명칭은 물론 인도의 원래 발음을 모사한 한자말이다. 앞서 말한 대로 불교에서 승이란 일상적으로 개개인의 승려를 지칭하는 말로서 쓰이고 있지만, 그 포괄적인 의미는 일반사회에 모범이 되어야 할 이상적 공동체로서의 불교교단을 가리킨다. 그리고 그 구성은 불도(佛道)를 전문적으로 수행하면서 속인의 귀감이 되어야 할 출가집단과, 세속적인 직업에 종사하면서 불교를 신봉하여 사회의 발전에 노력해야 할 재가집단이다. 나중에 출가자측에 세 집단을 더 구분하여 칠부대중이라고도 한다. 그러나 통상 승가 또는 상가라 할 때는 출가집단인 승단(僧團)을 뜻하는 말로서 쓰이고 있다.

사부대중의 형성은 이미 부처님 당시에 이루어졌다. 그러나 그것이 일시에 조직적으로 구성되었던 것은 아니다. 이중 여성출가자의 집단이 맨 나중에 이루어졌음과 그 배경에 대해서는 제7문에서 설명한 바 있다. 부처님이 처음부터 어떤 조직체를 계획했던 것은 아니었겠지만, 추종자들이 늘어남에 따라 부처님은 이들을 통해 앞서 말한 것처럼 자신의 사회적 이상을 실현할 수 있길 기대하였을 것이다. 따라서 불교교단은 불교인들끼리의 우애와 보호를 확인하고 다짐하는 단순한 신앙체가 아니다. 그것은 의식의 변혁으로써 전체적 화합을 추구해 나가는 사회적 운동체로서의 사명도 지니고 있는 집단이라고 이해된다.

[참고문헌] 김지견 역, 『佛陀의 世界』(→ 문 1), p. 221.
        김동화, 『佛敎學槪論』(寶蓮閣, 1954), pp. 446~447.
        정승석 역, 『불교의 정치철학』(→ 문 10), pp. 71~72.

47 출가교단

처음의 출가교단은 어떻게 유지되고 기능하였는가?

출가교단이란 불제자로서 출가한 전문 수행자의 집단인 **승단**(僧團)을 가리킨다. 즉 승려들의 집단이라는 뜻이다. 이는 물론 남성인 비구와 여성인 비구니의 집단으로 구분된다. 따라서 승단은 남녀의 구별이 없는 통칭이지만, 이를 설명함에 있어서는 보통 비구교단의 예로써 대변한다. 본래의 포괄적인 의미가 아닌 일반적인 의미로서 승가(僧伽) 또는 상가는 이 승단을 가리킨다.

불교가 성립할 당시 인도에서 소위 사문(沙門)이라 불린 일반 수행자들은 전통적으로 은둔과 유행의 생활로 일관하면서, 비를 피할 수 있는 동굴이나 오두막에서 살았다고 알려져 있다. 이러한 생활방식이 처음에는 불교에 있어서도 마찬가지였을 것으로 생각된다. 초기의 불전에도 이러한 흔적은 남아 있으며, 이는 엄격한 수행의 수칙이기도 했을 것으로 보인다. 제6문에서 설명한 '데바닷타의 반역'이라는 것도 사실은 그런 엄격한 수행으로의 복귀를 주장한 데서 비롯되었다고도 한다. 그러나 중도(中道)를 기치로 내걸었던 부처님은 그러한 극단적 생활방식에 대한 수정을 허락하였고,

이에 따라 불교의 수행자들은 재가신도의 후원으로 정착생활을 하게 된다. 이렇게 하여 형성된 출가교단, 즉 승단이 전반적으로 어떠한 성격을 지니게 되었을 것인지는 수행자들에 대한 부처님의 가르침을 통해서 엿볼 수 있다.

부처님 자신은 "세상에 대한 연민으로 다수의 선을 위해, 다수의 행복을 위해" 스스로 깨달은 진리를 설했던 것으로 이해된다. 따라서 수행자들의 은둔생활을 엄격히 고수한다면 그들은 사회에 대한 의무를 다하지 못하는 것이 된다. 그래서 팔리어로 된 율장(律藏)에서 부처님은 비구들에게 특별히 요구하길, "다수의 선을 위해, 다수의 행복을 위해, 신과 인간의 복지와 선을 위해, 사람들이 자리잡고 사는 곳을 돌아다니라."고 한다. 또 『선생자경(善生子經)』에서는 사회생활에 있어서 바람직한 관계에 대한 일반적인 문제를 언급하면서, 승려들은 자신들의 삶을 지탱해 주는 속인들에게 다해야 할 다음과 같은 네 종류의 책임과 의무가 있다고 말한다.

"그(승려)는 그대(속인)가 잘못을 저지르지 않도록 하고, 그는 그대가 바른 일을 하도록 하고, 그는 그대가 아직 들어본 적이 없는 것을 알려주며, 그는 그대에게 천계(天界)에 이르는 길을 알려준다."

이러한 의무를 이행하려는 승려는 끊임없이 세속사회와 접촉해야만 한다. 따라서 승려들에게 있어서는 자신들의 사회적 책임이 관련되어 있는 한, 은자풍의 생활보다는 제도적인 수도생활의 방식이 더 적절했을 것임이 분명하다. 이는 사회일반의 행복을 추구하는 데에 많은 부분을 헌신하였던 부처님의 생애가 입증하는 것이다.

불교의 승단이 지향해야 할 위와 같은 입장은 승단 자체의 운영과 밀접한 관계를 지닌다. 한 개인으로서가 아닌 집단으로서의 승단이 유지되기 위해선 재력가의 경제적 후원이 절실히 필요할 수밖에 없었던 것이다. 실제 부처님 당시부터 승단이 정착하게 된 데에는 부호나 왕족의 후원이 큰 역할을 하였다. 부처님께 출가한 제자들 중 상당수가 왕족이나 장자(長者)라고 불리는 부호 가문의 출신이었다. 출가한다는 것은 일단 세속생활과 절연하는 것이므로 일반적인 경제행위나 생산활동에 관여할 수 없다. 이는 계율이 금지하는 사항이기도 했다. 그러나 승려들도 수행을 계속하기 위해선 생명을 보존해야 했으므로 자신들에게 걸맞는 방법을 이용할 수밖에 없었는데, 이것이 바로 탁발(托鉢)이다. 즉 걸식에 의하여 자신 및 승단에 속하는 사람들의 최저생활을 유지하였던 것이다. 더구나 단순히 일상의 음식만이 필요한 것은 아니었다. 의복, 침구, 의약품 등 생활필수품 모두를 신자들의 희사에 의지하지 않으면 안 되었다. 이런 의미에서 왕족이나 부호와 같은 생활에 여유가 있는 사람들을 신자로 삼는 것은, 승단의 유지를 위해 절실하게 필요한 일이었다.

 이상과 같은 필요성이 곧 재가신자의 한계를 긋는 것은 결코 아니다. 다시 말해서 자신의 수행과 보다 많은 사람들의 교화를 위해서 여유있는 사람들의 후원을 필요로 하였다는 의미이다. 그래서 승단에 희사하는 행위는 자신의 공덕을 쌓는 일이라 간주되었다. 이런 의미에서 승단은 **복전(福田)**의 기능을 발휘한다. 복전이란 복덕과 공덕을 산출하는 밭이라는 뜻이다. 이 공덕의 관념은 업과 윤회의 사상과 밀접하게 관련되어 있는 것으로서, 신자들은 선행을 하며 수행자에게 보시를 하고 공덕을 쌓아서 그로 말미암아 죽은 다음에 천계(天界)에 태어나 안락한 삶을 누릴 수 있길 염원했던 것이다. 이것은 인도인의 전통적인 관념으로서, 일반불교도의 일상 생활에 깊이 뿌리내린 가치관이다. 즉 승단에 대한 보시는 공덕을 낳는 것으로 믿어져 왔다. 따라서 보시나 희사는 승단운영의 근본적 기반이 된다. 이러한 기반을 제공하는 신자들에 대하여 승단은 복전으로서의 기능을 하고, 더 나아가 많은 사람들을 깨우쳐 구제받도록 하는 교화의 기능을 지닌다. 이와 아울러 승단의 보다 기본적인 기능은 부처님의 가르침을 전수하는 기능이다. 승려의 일차적인 목적은 교법을 배우고 수행을 닦아 해탈을 구하는 것이다.

승단의 이러한 기능을 통하여 불교교단 전체는 보다 많은 후원으로 지지를 받고 발전하게 되었을 것으로 생각된다. 이렇게 거듭된 발전으로 승단은 재산의 축적으로 경제적 풍요를 누리게 되었을 것으로 보인다. 승원의 시설이나 설비도 보다 완벽해졌을 것임은 물론이다. 더욱이 승원의 재산에 대해서는 정부의 세금이 면제되었다. 아울러 승원에는 재산을 관리하는 제도적 책임자가 등장하게 된다(제48문 참조). 또 이러한 전통은 불교가 전래된 다른 나라에서도 유지되었다. 축적된 사원의 재산은 사회복지를 위해 활용되었지만, 그것이 비대해짐에 따라 사회적 폐단도 없지 않았음을 역사가 증명하고 있기도 하다.

그러나 위와 같은 현상은 처음부터 두드러졌던 것은 아니다. 초기에는 승단 내에 보시를 받아들이는 데 대한 엄격한 제한이 있었다. 계율의 규정에는 화폐나 보석 종류를 받아서는 안 된다거나, 음식이나 의복을 저장해서는 안 된다거나, 고급스런 의약품을 일정기간 이상 저장해서는 안 된다는 금지조항들이 있다. 하지만 공덕을 쌓고자 하는 신자가 갈수록 늘어나고 아울러 교단이 비대해짐에 따라 그러한 금지사항들이 그대로 엄수될 수는 없었을 것이다. 전설에 의하면 바로 이런 문제가 교단분열의 근본원인이 되었고, 또한 부파불교시대를 여는 계기가 되었다고 한다(제35문 참조).

이상의 상황을 종합할 때, 애초에 불교의 승려들은 출가자로서 세속세계를 초월하고 있기는 하지만, 세속을 완전히 벗어난 것은 아니다. 속세를 초월한 데서 오는 성스러움을 계기로 세속세계와 밀접한 관련을 가지며, 구체적으로는 공덕을 쌓게 하는 매개체로서의 승단의 기능은 한없이 큰 것이었다. 부처님이 정사(精舍)를 세우는 위치로서 도시나 촌락에서 멀지도 않고 가깝지도 않은 곳을 지정한 것은, 출가자로서의 수행과 재가신자와의 교섭을 위해서 양자의 절충을 염두에 둔 것이었다.

[참고문헌] 정승석 역, 『불교의 정치철학』(→ 문 10), pp. 80~82.
　　　　　　김지견 역, 『佛陀의 世界』(→ 문 1), pp. 260~261.
　　　　　　岩本 裕, 『佛敎入門』(→ 문 7), pp. 138~140.

48　승원
승원은 어떻게 제도적으로 확립되어 갔는가?

우리는 승려들이 공동생활을 하면서 일반신도의 의지처가 되는 곳을 보통 절이라든가 사찰이라고 한다. 그리고 이를 보다 포괄적으로 일컬어 사원(寺院)이라 칭하는 것이 보통이다. 교단이 발전하게 됨에 따라 불상을 안치하여 예배하는 법당과 승려들이 생활하는 요사채 등 필요한 건물과 시설들이 갖추어진 수행과 신앙의 전당이 사원이다. 이러한 사원을 가람이라고도 하는데, 이는 승가람(僧伽藍)의 약칭이다. 승가람의 원래 발음은 상가라마(Saṅghārāma)이고, 상가라마는 승려들이 사는 정원이라는 의미에서 승원(僧院)이라 번역된다.

사원이니 승원이니 하는 말은 교단의 발전에 따라 후대에 성립된 말이고, 원래는 **정사**(精舍)라고 불렸다. 정사란 부처님 당시에 수행자들이 거주하며 생활했던 단출하고 소박한 건물을 가리킨다. 당시에 부처님을 비롯한 수행자들은 전통에 따라 비나 더위를 피할 수 있는 숲을 생활의 근거지로 삼고 있었다. 따라서 일정한 거처가 없었다. 그러나 재가신자들이 늘어나면서 그들은 부처님과 그 제자들의 처지를 딱하게 생각하였을 것이고, 그 중에서 재력이 있는 신도는 우선 그들이 굳이 돌아다니지 않고도 수행할 수 있는 거처를 마련해 주고 싶었을 것이다. 그런 신자들은 수행하기에 적절한 정원이나 숲 같은 곳을 희사하게 되었는데, 이렇게 하여 마련된 승단 고유의 거처를 원림(園林)이라 하였다. 하지만 불제자들에 대한 신자들의 존경심은 이로써 만족하지 않고 거기에 건물까지 지어서 수행자들의 편의를 도모하였는데, 이것을 정사라고 하는 것이다.

부처님 생존시의 유명한 정사로는 기원정사(祇園精舍), 죽림정사(竹林精舍) 등이 있었다. 특히 기원정사의 성립에 얽힌 전설은 당시의 사회에서 어떻게 호응을 받았는가를 엿보게 한다. 즉 급고독(給孤獨)이라는 별명이 붙을 정도로 헌신적인 수닷따라는 부호와 기타(祇陀, Jeta)라는 왕자가 협력하여 마련한 것이 기원정사(급고독장자의 재력으로 기타왕자의 원림에 세운 정사)라는 이야기이다. 이렇게 성립된 정사가 한 장소에 많이 건립된 것을 승원이라고 불렀다.

그러나 인도에는 처음에 이러한 승원과는 별도로 탑원(塔院)이라는 것이 있었다. 부처님 입멸 후, 그의 유골을 안치한 탑이 건립되었는데, 이런 탑을 중심으로 하여 출가 및 재가신도가 예배하고 행사를 진행한 곳이 탑원이다.

불교가 인도에서 널리 확산되어 기원전 2세기 무렵부터는 유명한 석굴사원들이 조성되기 시작하는데, 이런 석굴사원에는 불탑을 모신 탑원과 승려들이 거주하는 승원의 2종이 있었다. 그리고 서기 1세기 말엽 내지 2세기 초엽부터는 불상이 제작되기 시작했을 것으로 짐작된다. 따라서 탑과 불상이 함께 갖추어진, 우리가 보통 생각하는 것과 같은 승원이 처음부터 있었던 것은 아니다.

불교가 확산되자 각 지방에 승원이 건립되었을 것임은 물론이다. 이렇게 승원이 형성되면, 이 승원을 중심으로 하여 산, 숲, 도로, 시내, 연못 등의 자연지형에 따라 사방의 경계를 정한 지역이 자연스럽게 형성되어 간다. 이 경계의 내부에 있는 승려들은 여기서 행해지는 각종 의례에 반드시 참가해야 한다. 여행하다가 우연히 이곳에 들어온 승려들도 마찬가지였다. 바로 이러한 승단을 **현전승가**(現前僧伽)라고 한다. 즉 현전승가란 각 지방의 승원을 중심으로 하는 승단(출가교단)이며, 전체 교단의 단위가 된다는 의미에서 단위승가라고 할 수 있을 것이다.

이 현전승가에 대립되는 총칭적인 개념이 **사방승가**(四方僧伽)이다. 이는 실체가 아니라 불교교단 전체를 가리키는 하나의 이념이라 할 수 있다. 원칙적으로는 한 경계 안에 네 명의 승려가 거주하면 현전승가가 형성될 수 있었다고 한다.

승가, 즉 승단의 개념을 이렇게 구분하는 것은 승원의 경제적인 문제를 해결함에 있어 매우 중요한 의의를 지닌다. 하나의 승원이 형성되면 승원과 그 지역의 신도 사이에는 가르침과 믿음을 주고받는 호혜관계가 성립되며, 신도는 승원의 재정을 뒷받침하는 시주(施主)가 된다. 이때 승원에 기증된 시주물들은 소속된 전원에게 균등하게 분배되어야 한다. 이것은 율장에 규정되어 있는 철칙이다. 그러나 신자의 기부에 의해 건립된 건물이나 이밖에 분배할 수 없는 것들은 사방승가에 대한 기부로 간주된다. 그러므로 사방승가는 경제적인 의미도 포함한다. 원칙적으로 옷이나 음식물 같은 일상생활의 용품들도 전체 교단, 즉 사방승가에 대한 기증이므로 그 구성원 전체에게 균등하게 분배되는 것이다.

그러나 실제로는 어떤 특정한 승원에 물건이 기부되며, 거기서 분배가 이루어진다. 이곳이 바로 현전승가인데, 이와 관련하여 승단의 토착화가 이루어진다. 훗날 특정한 지역의 이름을 붙인 교단도 등장하게 되는데, 부파불교시대에 지명으로 표시된 부파가 적지 않았던 것도 바로 그러한 토착화 현상을 반영하는 것이라고 볼 수 있다. 인도에서 불교교단은 이런 토착화의 과정을 거쳐 전역으로 퍼져 나가게 된 것이다.

한편 승원 내에서는 여러 가지 시설이 갖추어지게 된다. 이들은 물론 승려들 전체에 의해 공유되었고, 아무것도 사유가 될 수 없었다. 수행생활상의 필수품만이 사유화가 되었다. 어쨌든 승원의 재산이 늘어남에 따라 각각에 대한 관리자가 필요하게 되었다. 이 관리자의 지명은 율장의 규정에 따른 일상의 민주적 방법에 의해 결정되었다.

종신적이든 임시적이든 문헌에 언급된 직위들을 총망라하면 중요한 역할을 담당했으리라고 생각되는 관리자들로서는 창고 관리인, 금전과 보시물의 수납과 지출을 맡았던 출납인, 음식 분배자, 각자가 거처할 방이나 건물을 배치하는 일을 맡은 관리인, 의복 분배자, 발우 분배자, 일상용품의 분배자, 승원 감독 등이 있었다.

이들은 전체의 집회에서 결정되었으며, 이 직책은 장기적으로 보유되는 것이 아니라, 그때그때 사람이 바뀌었다. 이들은 맡은 책임은 매우 막중하였으므로 승원 내의 존경받는 승려들 중에서 담당자를 지명하였다.

이상은 모두 인도에서 교단이 발전해 가는 과정의 상황이다. 초기의 교단에서 나타난 승원의 이러한 인적 조직은 이후 교단의 발

전과 불교를 수용한 사회에 따라 보다 정비되고 제도화되었을 것
이다. 이렇게 하여 각 교구마다 독자적인 사원제도를 확립하게 되
었던 것이다.

［참고문헌］　高崎直道, 『佛敎·イソド思想辭典』(→ 문 13), p. 152.
　　　　　　　김지견 역, 『佛陀의 世界』(→ 문 1), pp. 258~260.
　　　　　　　정승석 역, 『불교의 정치철학』(→ 문 10), pp. 107~108.

49 남방불교

남방불교와 북방불교는 서로 어떻게 구별되는가?

남방불교(南方佛敎)라는 개념은 가장 간단하게 말하면, 현재 동남아시아에 있는 여러 국가들 중에서 베트남을 제외한 불교국가의 불교를 가리킨다. 보다 구체적으로 말하면 스리랑카, 미얀마, 캄푸치아, 타이, 라오스 등의 불교를 가리키는 개념이다. 이에 대해 북방불교(北方佛敎)란 인도로부터 흔히 서역(西域)이라고 칭하는 실크로드의 주변을 거쳐 티베트, 중국, 한국, 일본 등 북쪽으로 전해진 불교를 가리킨다. 이는 물론 지역적인 차이에 따른 구별이지만, 그 성격은 여러 면에서 상당히 다르다.

이미 제22문의 말미에서 밝혔듯이 인도불교는 크게 두 가지의 언어로 전파되었다. 부처님 자신은 일반 민중을 위하여 당시의 유력한 방언으로 설법을 하였던 것으로 알려져 있다. 이의 전통을 따라 처음에 불전은 팔리어라는 방언으로 전수되었다. 그러다가 인도철학의 융성 등 사회적 추세에 발맞추어 전통적 고급 언어인 산스크리트어에 의해 불전이 전수된다. 인도 대륙을 벗어나 불교가 맨 처음 해외로 전파된 것이 현재의 스리랑카인데, 이 불교는 팔리

불전으로써 전수되었다. 그래서 팔리어의 불전을 소위 남방불전이라 한다.

또 남방으로 일부 대승불교나 밀교가 전해지기도 하였지만 그 주류를 이루는 것은 보수적인 상좌부불교(上座部佛敎)였기 때문에, 남방불교를 **상좌불교**라고도 한다. 스리랑카에 불교가 전해질 당시에는 부파불교시대였고, 나중에 부파불교는 소승이라고 비난되었으므로, 남방불교의 특징을 소승이라고 간주하게 되었다. 그러나 그 당사자들은 이에 동조하지 않고 자신들의 입장이 정통임을 자처하고 있다. 그 역사가 길다는 점에서는 그런 주장이 무리라고 볼 수는 없다.

남방불교가 정통임을 자처하는 데에는 그럴만한 이유가 있다. 전설에 의하면 스리랑카에 불교가 최초로 전래된 시기는 기원전 3세기이다. 당시 인도는 역사상 최고의 군주라고 평가되는 아쇼카왕의 치세에 있었는데, 이때 교단에서는 제3결집이 있었고, 이 결집 이후 국내외로 전법사들이 파견되었다. 그 전법사들 중에서 마힌다(Mahinda)라는 장로는 4명의 비구와 1명의 사미를 데리고 남쪽에 있는 스리랑카로 건너갔다. 이들이 스리랑카에 교단을 세웠고 상좌불교로서의 전통을 확립하였다. 이로부터 전개된 스리랑카의 불교는 나중에 미얀마와 타이로 전수되어 기존의 혼합된 불교를 누르고, 11세기에는 미얀마에서 14세기에는 타이에서 정통으로서의 위치를 확보하게 된다. 다시 말하면 스리랑카는 남방 상좌불교의 종주국이 된다. 아쇼카왕의 시대에 마힌다라는 승려가 불교를 스리랑카에 전파했다는 전설 자체는 의문의 여지가 남아 있지만, 그 전파의 역사가 빠르다는 것은 사실이고, 이 불교가 남방불교의 모체라는 점은 부인할 수 없다. 또 이미 기원전 1세기 무렵에 팔리어의 불전이 기록되기 시작하였다고 알려져 있다.

스리랑카의 불교는 적어도 3파로 분열되었는데, 보수적인 대사파(大寺派)가 정통의 위치를 차지하였다. 이 불교의 특징은 특히 계율을 중시하면서 3의 1발(三衣一鉢)이라는 검소한 전통적 생활 방식을 존중하며, 명상의 실천으로 해탈을 성취하는 것을 목표로 삼는 것이다. 이 때문에 승려의 사회적, 현실적 활동은 적극적이지 않고 진보적 교육이 불가능하다고 혹평되었지만, 근래에 이르러서는 반드시 그렇다고 평가되지 않는다. 스리랑카에서는 사회 문제에 적극적인 관심을 표명하는 소위 정치승이 등장했고, 미얀마에서 승려들은 영국으로부터의 독립운동에 핵심적인 연합을 하였을 뿐만 아니라 최근에 독재의 타도에 상당한 역할을 하고 있는 것으로 알려져 있다. 또 해방 이후 미얀마에서 주창된 불교사회주의도 그간의 보수적 성격이 바뀌고 있음을 보여 주는 것이라 하겠다.

반면에 **북방불교**는 산스크리트 불전에 의해 전파된 불교를 말한다. 바로 우리가 처하고 있는 이 불교는 부파불교, 즉 소승불교도 취하고 있지만, 대승불교나 밀교가 주류를 이룬다. 따라서 이 불교의 성격은 제36문에서 설명한 대승불교의 특징을 통해 잘 알 수 있다. 산스크리트의 불전으로 전래되었다 하지만 사실은 번역불교라 할 수 있다. 티베트어나 한자로 번역된 불전에 의해 이해된 불교인 것이다. 번역과정에서 자국의 문화나 사고방식이 개입되었을 가능성이 많으므로 본래의 인도불교와는 그 성격이 다를 수밖에 없는 것이다. 그러나 더 뚜렷한 성격의 차이는 남방불교와 북방불교의 사이에서 나타난다. 이는 곧 소승과 대승의 차이라고 이해되기도 한다. 신앙의 형태상으로 보면, 유신론적 경향이 짙었던 대승

불교와, 부파불교의 전통을 직접적으로 이어받은 남방의 상좌불교
는 현대에 이르러서도 상호이해를 결하고 있는 경우가 많다. 남방
불교는 북방의 대승불교를 깨달음의 차원을 전승하지 않은 주술적
복합체라고 비난하여, 심지어는 불교가 아니라고까지 한다. 한편
대승불교측에서는 남방의 상좌불교에 대하여 계율에만 맹종하는
형식화된 불교라고 비판한다. 이러한 비판은 사실상 모두 스스로
가 전승한 고차원의 출세간적 입장에 입각해서 상대편의 세속화된
부분만을 지적한 발언이라고 이해된다. 양자를 긍정적인 측면에서
보면 북방은 깨달음 자체보다는 신봉자들의 구원을 중시하였고,
남방은 불교인으로서의 진실한 수행을 중시하였다고 말할 수 있
다. 이렇게 양측의 장단점을 긍정적으로 평가하여 취하는 것이 현
대 불교인의 바람직한 자세일 것이다.

［참고문헌］　高崎直道, 『佛敎・イソド思想辭典』(→ 문 13), pp. 333~334.
　　　　　　김지견 역, 『佛陀의 世界』(→ 문 1), p. 382, 513.
　　　　　　龍山章眞, 『南方佛敎の樣態』(東京 : 弘文堂書房, 1942), pp. 36~56, 161.

50 인도불교

인도에서 불교는 왜 쇠멸하였는가?

인도불교란 현재 인도에서 진행되고 있는 불교의 양상을 포함하는 개념이 아니라, 부처님 이후 이슬람교의 침입 이전까지 인도에 있었던 불교를 가리키는 개념으로 쓰이는 것이 보통이다. 이슬람교도의 침입을 받은 이후 인도에서는 불교가 이미 종교로서의 독립성을 상실했고 실제로 신봉자가 없다고 확인되기 때문이다.

20세기에 들어서서 인도에 있었던 일부의 불교부흥운동은 별개의 문제이다. 이 부흥운동은 스리랑카의 유명한 종교인인 다르마팔라와 독립 이후 인도의 초대 법무장관을 지낸 암베드카르에 의해 각각 주도되었으나, 그 성격은 판이하다.

다르마팔라는 19세기 말엽에서 20세기 초엽에 걸쳐 스리랑카와 인도에서 불교부흥운동을 전개하였으나, 이 운동은 문화운동으로서의 성격을 크게 탈피하지 못했다. 그의 업적은 현재 대보리회(大菩提會, The Maha Bodhi Society)라는 조직과 여기서 설립하고 발행한 사원 및 기관지로서 남아 있다.

한편 1953년 이후 짧은 기간 진행된 암베드카르의 부흥운동은 불교 자체의 부흥이라기보다는 불교를 통해 천민들의 사회적 지위를 개혁하고자 했던 사회운동의 일환이었다는 한계점을 지닌다. 어쨌든 우리가 통상 말하는 인도불교는 이러한 근래의 움직임까지는 포함하지 않는다. 따라서 인도불교는 인도에 남아 있는 유적이나 현재까지 전해지고 있는 문헌을 통해 알 수 있을 뿐이다. 그 전모는 인도에서 작성된 문헌을 통해 드러나는 것이다.

불교가 그 발생지인 인도에서는 종적을 감추고 외국에서는 찬란한 발전을 이루었다는 사실이 불가사의로 느껴지지 않을 수 없다. 더욱이 1500년 가까운 세월 동안 온갖 기틀을 마련해 왔던 것이다. 인도에서 불교가 쇠멸한 이유를 한결같이 이슬람교도의 침입이라고 들고 있다. 그러나 그것이 불교를 멸망시킨 결정적인 외적요인인 것은 분명하지만, 이미 불교 자체 내에 자기 붕괴를 초래할 내적요인이 있었을 것이라는 것이 일치된 견해이다. 즉 학문연구를 핵심으로 한 불교의 전통은 그 학문을 뒷받침하는 광장으로서의 사원과 인재를 잃을 때 이미 그 존재의 실체를 상실해 버린 것이라고 하며, 대략 12, 13세기를 정점으로 하는 이슬람교도의 불교박해가 드디어 인도불교의 종말을 분명한 형태로 매듭짓고 말았다는 것이다. 따라서 내적요인은 불교가 그 존재의 실체를 상실하게 된 배경에서 찾아야 할 것이다.

먼저 **외적요인**인 이슬람교의 침입에 의해서 인도불교는 10세기 무렵에 사라졌을 것이라고 일반적으로 믿어져 왔다. 그런데 다행히 이슬람교 침입 당시의 불교상황을 어느 정도 구체적으로 알 수 있는 자료가 티베트의 한 사원에서 발견됨으로써, 적어도 13세기까지는 인도에 불교가 존속하고 있었음이 밝혀지게 되었다. 인도 이름으로 다르마스와민(Dharmasvāmin)이라고 불린 티베트의 순례승이

1224년에서 1246년까지 인도에서 체재하였는데, 그의 전기가 발견된 것이다. 그는 유명한 날란다(Nalanda)대학과 같은 인도불교의 중심지를 여행하였다. 그의 전기에는 이슬람교도의 박해에 떠는 승려들의 모습을 상세히 기록하고 있다. 예를 들면, 보드가야의 마하보디사원에서는 비구들이 모두 도망쳐 버리고, 최후로 남은 4인의 비구가 불상을 안치한 예불당 입구를 벽돌로 막아 출입문도 없앤 채그 안에 피신하여, 이슬람병사가 떠난 다음인 17일 후에야 비로소 정상을 되찾았다고 전한다. 또 한때 2만 명 가량의 승려들이 수학했던 곳으로 유명한 날란다승원에는 당시 약 70명의 승려가 승원장 밑에서 공부하고 있었음도 전하고 있다.

인도에 침입한 이슬람교도는 아프가니스탄의 투르크 계통으로서, 통치자인 마흐무드는 1001년에서 1027년까지 17회에 걸쳐 북인도에 원정하였다고 한다. 그의 원정은 이슬람교도의 개종과 노예 물자의 약탈이 주된 목적이었으므로 점령지를 오랫동안 지배하지는 않았지만, 불교나 힌두교의 사원과 성지를 파괴하고 보물을 약탈했으며 승려를 학살하는 등 세계 역사상 유래가 없을 정도의 참극을 자행했던 것으로 알려져 있다. 그의 후계자들은 침입을 계속하여, 1206년에는 델리에 소위 노예왕조라는 최초의 이슬람교 왕조가 성립되었다.

그러나 인도불교의 멸망은 단순히 이같은 외적요인에 의한 것만은 아니다. 심각한 **내적요인**도 있었다. 같은 박해를 받았던 힌두교는 살아 남았던 점을 예로 들 수 있다. 그래서 오히려 그 근본적인 원인은 불교 자체의 내부에서 찾아야 할 것이라고 본다. 사실 불교는 부처님 이래 항상 정통종교인 브라만교에 대한 비판자였다.

그러나 불교의 세력이 가장 왕성했을 때에도 불교는 정통임을 자처하는 브라만교를 완전히 압도하지는 못했으며, 브라만교가 힌두교로 부흥함에 따라 불교는 점차 힌두화되어 마침내는 본질적으로 구분하기가 불가능할 정도로 융합한 탄트라불교(제37문 참조)의 성립을 보기에 이른다. 다시 말해서 불교가 멸망하는데 결정적인 타격을 준 것은 이슬람교이지만, 그 이전에 이미 불교는 힌두교 속으로 사라져 버렸다고 할 수 있다.

제37문에서도 설명했듯이 힌두교와 불교의 융합은 밀교로 나타났지만, 그 이전에 조성된 석굴사원의 많은 조각품에서도 불교가 힌두세계로 흡수되어 가는 흔적을 발견할 수 있다. 불교는 처음부터 인도의 뿌리깊은 계급제도인 사성(四姓)의 차별에 반대하는 입장을 취하였지만, 그 스스로는 당시의 사회를 개혁코자 하는 실천운동으로까지는 나아가지 못했으며, 결국 그 사회체제 속으로 편입될 수밖에 없었다.

3세기만 하더라도 계급제도를 통렬히 비판하고 인간의 평등을 논리적으로 입증한 『금강침론(金剛針論)』이라는 문헌이 불교측으로부터 작성되었지만, 이후에는 그러한 문헌마저도 다시 등장하지 않는다. 그 문헌 자체가 불교에 대한 당시 사회의 도전이 거셌음을 입증하는 것이라고 하겠다. 학문에 치중하여 실천성을 상실해 가고 있던 불교는 그러한 도전에 적절히 대처하지 못했던 것으로 간주된다. 그리하여 아잔타의 석굴사원에 있는 보살상처럼 7세기 이후의 많은 보살상들이 제1계급인 브라만임을 표시하고 있다. 즉 보살에 브라만의 권위를 부여하려 했던 것이다. 또 이 시대의 대승불전은 "부처님은 고귀한 가문의 출신이다."라고 단언하였고, 계급제도가 오히려 당연한 것으로서 수용되기에 이른다. 실로 불교는 애매한 입장에 처하게 되었다. 이론적으로는 대승을 표방했음에도 여전히 출세간적 입장에서 관념화되어 가고, 실천적으로 유신론적 경향의 신앙을 강조했던 대승의 입장이 갈수록 세속화되어 힌두교의 색채를 띠기에 이른다.

인도불교 후기의 상황을 보면, 불교는 힌두세계 속의 한 분파인 양 존재하고 있다. 따라서 불교는 힌두세계 속에서 이단시될 필요가 없었고, 나중에 힌두교측에서는 부처님이 자신들이 신봉하는 비슈누신의 권화(權化)라고 믿기에 이르렀다. 8~12세기의 불교측 자료에 의하면 계급화된 불교인의 집단은 없었던 것으로 보인다. 또 그렇다고 하여 힌두교 사회 밖에서 독자적으로 존재한 불교인의 집단도 없었던 것 같다. 그런데 이전의 상황에서도 불교인은 응집력있는 단일한 사회집단을 구성한 것 같지는 않다. 이런 점에서 불교는 당시의 자이나교와는 현저한 차이를 보여 주고 있다. 이 시대에는 자이나교도 힌두교의 신들을 받아들이고 있었다. 그럼에도 불구하고 자이나교교단의 응집력은 매우 견고해서, 재가신자들은 독자적인 계율의 의무사항을 지키고 의례도 확립하고 있었다. 따라서 사회적으로도 실체가 확실한 단일 집단으로서의 응집력을 유지할 수 있었다. 곧 자이나교 집단은 힌두세계 속에서 독립성을 간직하여 정착한 것이다. 이에 반해 불교측은 "불교란 승원에 국한되어 있었다."고 할 정도로 사회에 적응할 수 있는 확고한 자세가 결여되어 있었다. 소승과 대승의 구별도 희박했으며, 날란다대학 같은 곳에서도 불교 이외의 힌두교 계통의 학문도 연구되고 있었다. 이러한 상황에서 그나마 마지막 보루였던 승원들이 이슬람교의 세력에 의해 파괴되자, 불교는 더 이상 재생할 수 있는 힘마저 완전히 상실하고 말았던 것이다. 이후 인도불교는 힌두교의 세계 속으로 흡수되어 그 모습을 감추기에 이른다. 현재 인도에서 부처님은 힌두교의 한 신에 지나지 않는다.

　결국 이 같은 결과를 초래하게 된 원인은 무엇인가? 이에 대해서는 확실한 해명이 이루어지고 있지 않다. 그러나 분명한 것은 인도 대승불교의 사회성의 결여일 것이다. 승려들은 풍부한 재정적 후원에 힘입어 승원에 안주하면서 학문에만 전념했다. 뿐만 아니라 철저한 수행의 자세도 보여 주지 않았던 것 같다. 대승불교의 이타적(利他的) 이념이 구호에 그쳤던 것이다. 아무리 좋은 이념도 행동으로 실천되지 않을 때, 그것은 공허할 수밖에 없다. 관념이나 말로만의 실천, 그것이 인도불교를 쇠멸케 한 근본원인이라 결론지을 수 있을 것이다.

[참고문헌]　水野弘元 저, 김현 역, 『原始佛敎』(→ 문 12), pp. 38~42.
　　　　　　김지견 역, 『佛陀의 世界』(→ 문 1), pp. 512~513.
　　　　　　藤吉慈海, 「現代インドの佛敎復興運動」, 『東方學報』, vol. 33(京都 : 京都大學文科大學研究所, 1963), pp. 219~252.
　　　　　　『講座大乘佛敎』, vol. 10, 「大乘佛敎とその周邊」(東京 : 春秋社, 1985), pp. 73~75.
　　　　　　권오민 역, 『印度佛敎史』(→ 문 35), pp. 150~152.

51 서역불교

서역불교란 어떤 개념이며 어떤 의의를 지니는가?

세계적으로 명성을 떨친 중국의 여행가요 뛰어난 학승(學僧)인 현장법사(玄奘法師)는 『대당서역기(大唐西域記)』라는 불후의 여행기를 남겼다. 이 여행기가 워낙 유명한 만큼 서역이라는 말이 우리에겐 낯설지가 않다. 그런데 서역이라는 말은 경우에 따라 매우 포괄적인 의미를 지닌다. 예를 들어 중국의 사서(史書)에서는 중국의 서쪽 관문인 옥문관(玉門關)과 양관(陽關)을 넘어선 방대한 지역을 가리키며, 경우에 따라서는 이란은 물론이고 그 밖의 유럽과 러시아까지도 포함하는 경우가 있고, 현장의 경우만 하더라도 인도대륙의 북부지방까지 포함해서 일컫고 있다.

그러나 여기서 말하는 서역이란 그러한 광의의 서역이 아니고, 파미르고원의 동쪽지역으로서, 타클라마칸사막의 주변지역을 가리킨다. 보다 쉽게 말하면 중국에서 시리아로 이어지는 실크로드 중 파미르고원을 기점으로 한 동쪽의 주변지역을 가리킨다. 이런 협의의 서역은 그 대부분의 영토가 현재는 중국이지만, 소련, 인도, 아프가니스탄, 파키스탄의 영토 일부를 포함하는 광활한 지역이다.

물론 그 대부분은 사막과 같은 불모지로 되어 있다. 바로 이 지역에서 한때 꽃피운 불교를 서역불교라 하는 것이다. 이 중 문화의 중심지로서 주요한 지역은 관문격인 돈황(敦煌)을 출발하여 북도(北道)인 천산남로(天山南路)에 있는 투르판(高唱)과 쿠차(庫車 또는 龜玆), 남도에 있는 코탄(于闐)과 누란(樓蘭) 등이었다.

서역이 불교사에 있어서 관심의 대상이 된 것은 중국에 불교가 전래된 통로였기 때문이다. 또 초기에 중국에 들어와 불교를 전한 사람들도 대개 이 지역 출신이었다. 서역과 중국 사이의 불교문화 교류는 대개 육조시대(六朝時代)까지는 일방통행이었다. 서역이 중국에 대하여 영향을 미쳤음은 분명하나, 그 반대의 현상은 그다지 보이지 않는다. 사실 이 통로는 기원전 한(漢)나라 시대에 이미 뚫려 있었다. 한무제(漢武帝)는 서쪽 변방을 괴롭히는 흉노족을 퇴치키 위해 장건(長騫)을 이 지역에 파견하였고, 장건은 아프가니스탄 북부까지 진출했다가 우여곡절 끝에 13년만인 기원전 126년에 귀국함으로써 동서교류의 통로를 개설하였던 것이다. 이 통로가 소위 비단길이라고 하는 실크로드의 원형이 되는 것이다. 이 통로가 개설된 이후 불교는 서역을 거쳐 중국으로 전해졌다. 나중에는 인도에서 해로를 통해 직접 중국으로 전해지기도 하였으나, 북방의 육로와는 비교도 안 되었다. 북방불교라는 개념도 여기서 파생한 것이다. 그만큼 서역불교가 중국에 끼친 영향이 컸음을 알 수 있다.

인도와 중국 사이의 해로로 불교가 직접 전래된 것은 법현(法顯)이 399년에 중국을 떠나 인도에 유학한 뒤부터이다. 그러므로 300년 이상 되는 오랜 세월동안 중국은 오직 서역을 통해서만 인도불교를 받아들인 셈이며, 그 영향은 후세에까지 미쳤다. 즉 중국은 초기에 서역이라는 특수한 문화감염을 받은 불교를 받아들였다는 셈이 되므로 서역불교는 중국불교를 이해하는 데 있어 필수적인 연구대상이 된다고 할 수 있다.

서역의 문화란 중앙아시아의 문화이다. 그리고 중국불교에 끼친 영향은 교리나 교학보다는 신앙형태였다. 즉 예배의 형식이나 대상, 수행방법, 생활규범, 전도방법 등이다. 19세기 말엽부터 유행처럼 다투어 나선 이 지역에 대한 유럽 각국의 학술탐험 결과로 서역문화의 면모가 어느 정도 밝혀져 있으나, 사막의 열악한 조건 때문에 대체로 10세기 이후에는 이 지역의 문화들이 사라져 갔으므로 그 전모는 아직도 사막 속에 감추어져 있다.

서역에는 언제부터 불교가 전해졌는지 결정지을 만한 확실한 자료는 없다. 인도에서 작성된 단편적인 불교문헌들이 발견되어 귀중한 가치를 발하기도 한다. 그 연대의 상한을 짐작한다면, 기원전 3세기 아쇼카왕 시대에는 서북인도에 처음으로 불교가 전래되었다 하므로, 서역불교가 그 이후란 것은 분명하다. 또 그 하한을 짐작하면, 중국에 불교가 전래된 시기는 기원 전후임이 확실하기 때문에 그 이전부터 이 지역에 불교가 있었음을 알 수 있다. 그러나 본격적으로 이 지역에서 불교가 성행한 것은 서기 1~2세기 무렵부터일 것으로 짐작된다. 1~2세기에는 간다라를 중심으로 한 서북인도에서 처음으로 불상이 제작되어 급속하게 보급되었고, 불상과 보살상을 갖추게 된 불교는 종전까지는 볼 수 없었던 강한 전파력으로 퍼져 나갔던 것이다. 이 당시 중국은 황하 서쪽의 국경지대를 전진기지로 삼아 서역 경영에 착수하고 있었으므로 불교가 중국에 전래되는 것은 자연스런 추세였다.

불교를 포함한 서역의 문화를 연구하는 것은 몇 가지의 중요한 의의를 지닌다. 첫째, 문화 전파의 매개를 알기 위해선 불가결하다는 점이다. 특히 인도의 불교가 전혀 다른 풍토인 중국에서 정착하기까지의 변용과 과정을 규명할 수 있다. 둘째, 이 지역은 학문연구의 처녀지라는 점이다. 이 지역에는 아직까지 해명되지 못한 문화의 단편들이 남아 있다. 셋째, 이 지역의 연구를 통해 동아시아(중국), 남아시아(인도), 서아시아(이란이나 시리아 등)라는 각 문화권의 특질을 밝힐 수 있다. 아시아의 각 문화가 교류되었던 통로로서 그 다양한 문화가 여기서 어우러졌었기 때문이다. 따라서 서역불교는 원래의 불교와는 그 양상이 상당히 달랐을 것이며, 그렇게 달라진 불교가 또 중국으로, 그리고 한국으로 전래된 것임을 주목해야 한다. 이는 물론 앞에서 언급한 대로 신앙형태라는 외형의 면에서이다.

〔참고문헌〕 前田惠學 저, 석오진 역, 『佛敎要說』(→ 문 22), pp. 101~104.
「シルクロードの宗敎」, 『アジア佛敎史』, 中國編 V(東京 : 佼成出版社, 1975), pp. 97~102.

52 중국불교
중국에는 불교가 어떻게 전래되었는가?

앞의 제51문에서 불교가 중국에 전래된 통로에 대하여 설명하였으므로, 여기서는 주로 전래의 시기에 대해서 설명하기로 한다. 중국에서 불교가 정착했다는 가장 확실한 사실은 경전이 번역되었다는 점일 것이다.

최초의 한역경전은 『사십이장경(四十二章經)』이라고 알려져 있으며, 이는 1세기 무렵에 번역되었다 한다. 그런데 고려대장경에서는 이 『사십이장경』을 수록하면서 작자미상의 서문을 통해 희한한 사실을 전하고 있다. 즉 후한(後漢)의 명제(明帝, 58∼75년 재위)가 꿈에 금인(金人)을 보고서 서역의 월지국(月支國)에 사신을 보냈는데, 그는 경전을 베껴서 두 사람의 인도 승려와 함께 돌아왔고, 이들에게 번역케 한 그 경전이 『사십이장경』이라는 것이다. 이 전설은 다른 여러 문헌들 속에서 보다 그럴 듯하게 각색되었다. 대표적인 각색으로는 그때의 사신이 경전만을 가져온 것이 아니라, 불상 하나를 백마에 싣고 왔는데, 이 불상을 안치하기 위해 절을 짓고 백마사(白馬寺)라고 명명했다는 것이다. 그래서 중국에 건립된 최초의 절은 백마사가 된다. 백마사가 실재했음은 사실이지만, 위와 같은 전설은 여러 가지 정황으로 보아 사실이 아님은 거의 분명하다.

중국에 불교가 전래된 시기에 대해서는 여러 문헌에서 서력기원을 훨씬 거슬러 올라가는 많은 전설들을 전하고 있으나, 대부분은 신빙성이 없다. 가장 신빙성 있는 기록(『魏略』의 西戎傳)에 의하면 불교가 최초로 전해진 것은 기원전 2년이었으므로, 실제로는 그 이전에 불교가 전파되었을 것으로 짐작된다. 이 전설은 전한시대(前漢時代) 말엽인 애제(哀帝)의 궁정에서 월지국으로부터 온 사신이 불경을 구술했다는 것인데, 이는 자료적으로도 비교적 신빙성 있는 기록이라 한다. 그리고 앞에서 소개한 명제의 이복동생인 초왕(楚王) 영(英)이 불교를 신봉했다는 사실은 거의 확실하므로, 당시의 상류층에는 이미 소수일망정 신도가 있었던 것으로 추측된다. 어쨌든 서기 1세기 무렵부터는 낙양이나 장안 등지에 서역에서 온 불교승려들이 활동하고 있었음으로 보아, 이 무렵에는 불교가 중국에 전래되었음이 확실하다고 하겠다.

중국에 불교를 보급한 주역은 주로 상류층 사람들이었을 것이다. 이미 불교가 유포되어 있던 서역과 중국 사이를 오가던 관리나 상인들을 통해 불교는 자연적으로 중국사회에 알려졌을 것이며, 승려나 사신과 같은 특수한 인물들이 간혹 중국에 들어올 경우, 당시의 황실은 이들을 통해 불교를 공식적으로 소개받았을 것이다. 따라서 불교는 처음에는 정치적, 경제적인 힘이 있는 지배층과 상류층에게 먼저 수용되었다. 이와 같은 실정은 중국뿐 아니라 한국과 일본의 경우도 마찬가지였으며, 스리랑카를 비롯한 동남아시아의 불교국에서도 유사한 경향이었다. 일반 민중은 외국의 문화를 접촉할 기회가 상대적으로 적었으므로, 지배층이나 상류층이 먼저 불교를 수용한 다음, 뒤이어 일반 대중에게도 불교가 보급되었다는 것이다. 따라서 불교가 중국에 수용되기 위해서는 먼저 상류층과 지배층에 수용되기 쉬운 것이라야 했다. 이런 사정이 많건 적건 간에 중국불교에 영향을 주고, 불교의 성격을 제약했으리라고 본다. 소위 왕실불교라는 속성도 이로부터 연유한 것이라 할 수 있다. 그리하여 불교가 일반 대중 속에 뿌리내릴 단계가 되면, 새로운 개혁자가 나와서 불교를 민족화하고 토착화해 가는 것이다.

이후 중국불교는 대략 4단계를 거치면서 발전해 나갔다고 본다. 먼저 제1단계는 준비단계로서, 불교가 처음 전래된 이후 구마라집(鳩摩羅什)이라는 유명한 번역가가 중국에 들어오기(401년) 이전까지의 기간이다. 이 시기의 주된 사업은 산스크리트의 원전을 한문으로 번역하는 일이었으며, 번역자들은 거의 외국의 승려들이었다. 소위 격의불교(제44문 참조)가 이 시기의 특징이었다. 제2단계는 연구단계로서 남북조시대(南北朝時代)까지이다. 번역은 더욱 왕성해지면서 본격적인 연구에 있어서 많은 진전이 이루어졌고, 강의도 성행하여 연구집단인 학파도 성립되었다. 제3단계는 건설단계로서 수(隋)와 당(唐)의 시대이다. 번역과 연구는 계속되면서 그간의 불전에 대한 가치 비판이 성행하였다. 소위 교판(제43문 참조)이 이 시기의 특징을 이룬다. 또 처음으로 종파가 성립됨으로써 다양한 종파들이 어깨를 겨룬 종파불교시대로 접어들었다. 제4단계는 계승단계로서, 이후의 시대이다. 하지만 그 계승이 성공했다고는 볼 수 없다. 온갖 영고성쇠를 거듭하였으나, 전체적으로 쇠퇴하여 갔다. 이상과 같은 중국불교의 발자취는 외래문화를 수용함에 있어 큰 교훈을 제시한다. 황실의 후원이 있을 때 불교는 번창하였고,

황실의 후원이 끊긴 송(宋)나라 이후 중국불교는 쇠락의 길을 걷게 되었다. 전제국가시대에서는 어쩔 수 없는 상황이라 할 수도 있겠지만, 황실에 대한 의존성을 탈피하고 사회와 민중 속에 강한 뿌리를 심으려는 자생력이 부족했음을 탓하지 않을 수 없다.

[참고문헌] 前田惠學 저, 석오진 역, 『佛教要説』(→ 문 22), pp. 106~109.
          鎌田茂雄 저, 정순일 역, 『中國佛教史』(→ 문 28), pp. 27~36.
          『佛典解題事典』(→ 문 23), pp. 73~74.

53 한국불교

한국에는 불교가 어떻게 전래되었으며, 그 특징은 무엇
인가?

우리 나라에 맨 처음으로 불교가 전래된 시기는 고구려의 제17
대 왕인 소수림왕(小獸林王) 2년(372년)이다. 이 해 6월, 중국 북부
에 자리잡은 전진(前秦)의 왕인 부견(符堅)이 사신과 순도(順道)라
는 승려에게 불상과 경문(經文)을 보내 왔고, 또 소수림왕 4년(374
년)에는 아도(阿道)라는 승려가 왔으며, 이듬해에 소수림왕은 초문
사(肖門寺)를 세워 순도를 머물게 하고 이불란사(伊弗蘭寺)를 세워
아도를 머물게 하였다고 한다.

그러나 실제로는 이보다 먼저 불교가 전해져 있었을 것으로 짐
작된다. 중국과 한국은 같은 한자문화권으로서 그 접촉이 빈번하였
음은 주지의 사실이다. 소수림왕의 시절이라면 중국에 불교가 전래
된 지 무려 400년 가까이 되는 시기이다. 따라서 왕실간의 공식적
인 교류가 있기 전에 민간에서는 이미 불교를 알고 있었으리라고
짐작하는 것이 무리는 아닐 것이다.

실제 불교의 전래시기를 앞당길 만한 문헌상의 기록도 있다. 전
진 남쪽에 위치했던 동진(東晉)의 고승 지도림(支道林, 314~366년)

이 당시의 고구려 승려에게 글을 보냈다는 기록이 있다. 이 글의 내용은 동진의 고승인 축법심(竺法深)이라는 승려를 소개하는 것이므로, 그 글을 받는 고구려의 승려도 동진의 승려들과 버금하는 경륜을 쌓았을 것으로 추측된다. 그렇다면 고구려에는 이미 불교가 전파되어 있었음이 분명하다. 지도림이라는 승려가 글을 보낸 연대는 확실치 않지만, 소수림왕 이전이라는 것은 확실하다. 이러저러한 면을 고려하면 4세기 초쯤에는 고구려에 불교가 전래되었을 것으로 생각된다.

해상을 통해 중국과의 직접교류가 용이한 위치에 있던 백제는 중국의 동진으로부터 불교를 수용했다. 그러나 이 전래는 국가적인 교류의 차원에서 이루어진 것이 아니라, 동진에 있던 인도출신의 한 승려 마라난타(摩羅難陀)가 개인적인 자격으로 백제에 건너옴으로써 이루어진 것이다. 이때가 제15대 침류왕(枕流王) 원년(384년)인데, 왕은 친히 교외에까지 나가 맞이하였다고 한다. 이로 보아 백제에서도 마라난타가 오기 이전에 간접적이나마 불교가 국가에 유익함을 알고 있었던 것이라는 추측이 가능하다. 왕은 그 해에 절을 짓고 10명의 승려를 배출케 하였다고 하니, 백제불교는 그 출발부터가 매우 적극적이었음을 알 수 있다.

지리적으로 중국과는 직접교류가 가장 곤란한 위치에 있었던 신라는 결국 같은 민족의 다른 왕국으로부터 불교를 전해 받았고, 그 시기도 상당히 늦었다. 신라에서 불교가 공인된 것은 제23대 법흥왕(法興王) 14년(527년)에 이차돈(李次頓)이 순교한 이후이지만, 이차돈의 순교라는 사건 자체가 그 훨씬 이전부터 불교가 신라에 전파되었음을 입증한다. 공인되기 이전에 고구려의 승려가 신라에 들어왔음을 문헌의 기록들은 전하고 있다. 문헌마다 그 시기가 서로 다르고 승려의 이름도 다른데, 그럼에도 한결같이 언급되는 사실은 승려들이 일선군(一善郡)의 모례(毛禮)라는 사람의 집에 머물거나 피신하였다는 점이다. 특히 주목할 만한 기록은 신빙성이 약하기는 하지만, 미추왕 2년(263년)에 고구려의 승려인 아도가 왔다는 것이다. 이것이 사실일 경우 우리 나라의 불교전래는 그 시기를 1세기쯤 거슬러 올려 3세기 초로 잡아야 할 것이다. 이외에 눌지왕(417~458년) 때의 묵호자(墨胡子)가 언급된다. 또 비천왕(479~500년) 시절과 다시 법흥왕 14년에 각각 아도가 왔음을 언급하고 있으니, 대체로 보아 신라에 불교가 전래된 시기는 5세기였을 것이다.

위와 같이 전래되어 발전하게 된 한국불교의 특징을 크게 두 가지로 든다면, 호국성과 종합성이라 할 수 있겠다. 이 때문에 한국불교를 흔히 **호국불교** 또는 통불교(通佛敎)라고 규정하는 것이다.

신라와 고려와 조선의 세 시대를 거치면서 불교가 국가의 안전에 앞장섰던 전통은 시종일관 이어져 내려왔다. 특히 불교가 멸시되고 푸대접받던 조선시대에도 임진왜란 등 국가적 위기에 처해, 승려들이 계율에 구애되지 않고 승병을 조직하여 왜적의 퇴치에 앞장섰던 것은 호국의 진정한 뜻을 실천적으로 보여준 것이라 할 수 있다.

한편 한국불교는 원효의 화쟁사상(제45문 참조) 이래로, 갈라진 입장과 종파를 종합하려는 노력으로 일관해 왔다. 이런 특성을 일컬어 **통불교**라 한다. 더욱이 신앙의 면에서 한국불교는 중국불교와는 다른 복합성도 지니고 있다. 이는 한국의 독자적인 불교문화가 창출되었음을 의미한다. 우리의 전통적인 민간신앙과 도교의 신앙도 불교 속에 깊숙이 스며들어 있다. 이의 대표적인 예가 사찰에 있는 삼신각이다. 삼신이란 독성(獨聖, 불교의 독각), 산신(山神, 단군이 산신이 되었다는 전설에서 유래), 칠성(七星, 북두칠성에 축원하는 도교의 신앙)으로, 이들을 각각 모시고 독성각, 산신각, 칠성각이라 하는 것이다. 이밖에 한국불교는 특히 고려시대에 티베트계통의 영향도 어느 정도는 받았던 것으로 나타난다.

한국불교의 불교사적 의의는, 무엇보다도 일본의 고대불교사를 연구함에 있어 한국불교에 대한 지식이 필수적이라는 점에서 찾을 수 있다. 한국불교는 중국불교의 단순한 모방도 아니며, 중국불교를 일본에 전하기 위한 가교적 역할만을 한 것도 아니기 때문이다. 한국은 불교를 나름대로 이해하여 수용했고, 또 그렇게 이해한 불교를 일본에 전함으로써 역시 독특한 일본불교의 창출에 기여한 것이다. 한국불교의 독창적 수용은 원효에 의해 두드러졌고 고려시대에 이르러 한국불교는 중국불교권에서 이탈하여 독자적인 불교를 창조한 것으로 평가된다. 특히 고려의 의천(義天)은 중국의 송(宋)나라에 한국불교의 전적(典籍)을 보냄으로써 당시의 중국에 화엄학을 흥성케 하기도 하였다.

종합과 조화를 목표로 하였던 한국불교의 전통은 원효로부터 출범하여 고려시대 지눌(知訥)의 선혜쌍수론(禪慧雙修論)을 거쳐, 조선시대 휴정(休靜)의 교선일치(敎禪一致)로 맥을 잇는다. 결국 선(禪)이라는 실천과 교(敎)라는 이론의 조화를 꾀했던 것이 한국불교의 교의적인 전통이다.

이론과 실천, 즉 교와 선은 전체 불교를 이끌어 온 양대 원동력이다. 한국불교가 추구했던 종합, 통일이라는 전통은 이 양자의 조화이지 어느 한쪽으로의 편향은 아니었다. 따라서 당면한 사회와 미래의 문제해결을 위한 교의해석과 실천을 겸비할 때, 한국불교

는 과거의 전통을 창조적으로 계승하면서 시대마다 인간의 정신을
위무하고 선도할 수 있을 것이다.

〔참고문헌〕 김영태, 『韓國佛敎史槪說』(→ 문 45), pp. 23~42.
鎌田茂雄 저, 신현숙 역, 『한국불교사』(민족사, 1988), pp. 15~19.
前田惠學 저, 석오진 역, 『佛敎要說』(→ 문 22), pp. 162~169.

54 일본불교

일본에는 불교가 어떻게 전래되었으며, 그 특징은 무엇
인가?

아시아에는 전통을 자랑하는 많은 불교국이 있지만, 비교적 늦
게 수용하였음에도 불구하고 현재 질과 양에 있어서 세계에서 불
교가 가장 번성한 나라가 일본이다. 일본불교가 이렇게 발전했다
면, 그 발전의 공로는 당연히 일본에 불교를 전해준 한국임이 분명
한데, 이 점을 빌미로 한국인은 일본에 대해 지나치게 자부심과 우
월감을 앞세워 온 것 같다. 문화적 수혜라는 엄연한 역사적 사실을
당사자인 일본이 무시하려 든다면 배은망덕이라 탓할 일이지만,
오늘날의 일본불교는 주체적으로 수용하면서 연마해 나간 진지하
고 열렬한 노력의 결실임을 겸허하게 인정해야 한다.

일본의 왕실에 불교를 전해준 나라는 한국의 백제이며, 그 연대
는 서기 538년 또는 522년이라는 것이 공식적인 기록이다. 당시에
는 백제로부터 도래인이 많았을 것이라 하므로, 민간에서는 이미
그 전에 불교가 전파되어 있었을 것으로 추정된다. 그래서 5세기
무렵의 도래인들과 아울러 불교가 전래되었을 것이라고도 한다.
물론 이 점에 대해서는 다른 견해가 있을 수 있다. 어쨌든 불교가

백제로부터 공식적으로 전래된 이야기는 720년에 편찬되었다고 하는 『일본서기(日本書紀)』에 자세하게 소개되어 있다. 일본의 흠명천황(欽明天皇) 시절에 백제의 성명왕(聖明王)은 적대관계에 있던 다른 국가들에 대항하여 동맹을 맺고자 일본에 사신을 파견하였는데, 석가모니불 금동상 하나와 약간의 불경 및 불구(佛具)를 함께 보냈다고 한다. 성명왕은 불교를 전파하는 공덕을 칭송하는 편지에서, 불교의 교의가 너무 어려우므로 "주공(周公)이나 공자라도 완전히 이해하지 못할 것"이지만 최상의 깨달음에 이르는 길임을 지적하면서, "법은 동방으로 퍼져 나갈 것"이라는 부처님의 말씀을 인용하는 것으로 끝을 맺었다.

일본 조정에서는 불교를 받아들일 것인지에 대해 두 파로 나뉘었다고 기록하고 있다. 나카토미(中臣)와 모노노베(物部)로 대표되는 보수파의 두 가문은 부처라는 외국의 신을 숭배하면 국가에 강림한 고유한 신의 노여움을 살 것이라고 반대하였고, 한국과의 외교관계를 맡고 있던 소가(蘇我) 가문은 적극적으로 찬성하였다. 이에 왕은 잠정적으로 허락하고 불상을 소가에게 맡겼는데, 소가는 자기 집을 사찰로 개조하고서는 불상을 안치하여 숭배하였다 한다.

이후 국가에 질병이 창궐하여 사찰이 방화되고 불상이 내던져지는 등의 우여곡절이 있었으나, 반세기가 채 지나지 않아서 불교는 왕실에 의해 공인되고 적극적으로 지지받는 종교로서 확고한 위치를 차지하게 되었다. 국가종교로서의 불교의 위치를 확고히 한 이는 소가 가문과 혈연관계에 있던 쇼오토쿠(聖德, 574~622년)태자이다. 쇼오토쿠는 594년에 불교를 국가종교로서 공인하였다. 그는 일본에서는 최초로 불교관계 문헌을 저술하였을 정도로 불교를 깊이 이해하고 있었다. 이후 불교가 일본에 정착하게 된 것은 오로지 그의 공로로 인정되고 있다. 인도에서 불교가 생겨난 지 1000여 년 후의 일이었다.

이후 불교는 일본에서 전개되고 정착되는 과정을 겪으면서 독특한 일본불교로 성장하게 된다. 이렇게 일본불교를 특징짓게 한 데에는 숱한 국면들이 작용하였을 것이지만, 그 중에서도 다음과 같은 세 가지 양상이 특히 두드러진다.

첫째, 불교는 처음부터 민중적 차원에서 일본에 도래한 것은 아니었으나, 왕실로부터 민중 속으로 보급되었다. 이같은 위로부터 아래로의 보급은 통치자나 지도자에 대한 절대적 헌신과 결부된다. 이후 형성된 다양한 종파는 설립자에 대한 존경이 특히 강조되고, 대다수의 종파는 당 시대의 중앙정부와 밀착된 관계를 유지한다. 일본불교가 다른 불교에 대해 지역적인 색깔이 적은 이유를 여기에서 찾을 수 있을 것이다.

둘째, 일본불교는 주술적인 힘과 강하게 결부되어 있다. 그래서 불교는 왕실에 의해 질병을 예방하거나 치료하고, 평화를 보전하고, 비를 내려 풍작을 기원하는 등의 수단으로서 이용되었다. 후대의 불교가 보다 발전된 단계에 이르자, 이러한 양상은 불교가 국가를 보호하고 진정시킨다는 **진호국가**(鎭護國家)라는 표현으로 정착되었다. 이는 언뜻 한국의 호국불교와 유사해 보이는데, 진호국가라는 일본의 입장은 불교와는 전혀 다른 일본 고유의 신도(神道)나 주술신앙까지 동원한다는 점에 큰 차이가 있을 것이다. 이 진호국가라는 관념은 일본불교의 커다란 특징을 이룬다.

셋째, 불교는 일본인이 신봉하고 있던 토착신을 완전히 압도하지 못하고 토착신의 존재와 위력을 인정하였다. 이로 인해 일본의 전통적 종교인 신도와 외래종교인 불교가 합병하여 온갖 다양성을 낳았다. 그러나 대개는 고유의 신인 가미(神)가 부처의 화신이라 간주되었다. 하지만 14세기부터는 이에 대한 반동으로서 토착의 신이 곧 부처이기도 했다. 부처가 가미의 화신이라는 지위로 전락하였던 것이다.

독자적인 일본불교를 형성하는 데에는 위와 같은 국면들이 내적 요인으로서 크게 작용하였을 것이다. 이와 아울러 일본불교는 이제까지의 불교가 보여준 온갖 다양성을 표출하여 왔다. 이 때문에 일본불교의 특징을 **종파불교**라고 일컫는다. 한국의 경우에는 화쟁사상에 따라(제45문 참조) 다른 종파들을 하나로 통일하려는 움직임이 끊이질 않았고 종합과 통일을 이룩한 사람이 존경을 받았지만, 일본의 경우에는 종파의 독립을 달성한 사람이 존경을 받았다. 실제 일본에서는 대승과 소승의 온갖 교의, 즉 불교의 모든 것이 보존되어 왔다. 또 중국에서 발생한 여러 종파들 중 대부분이 일본에서는 한때 성행한 적이 있음을 알 수 있다. 뿐만 아니라 일련종(日蓮宗)과 같은 일본 독자의 종파들도 성행하여 현재에는 더욱 다양한 분파를 형성한 채 맹위를 떨치고 있다. 종파불교라는 다양성을 낳게 된 데에는 일본불교인의 진지한 구도열과 실천적 노력이 있었다. 그들은 한국으로부터 불교를 전해 받은 이후, 중국과의 직접 교류를 통해 불교의 폭을 넓히고 질을 높이고자 노력하였다. 20세기를 전후하여 서양의 연구방법을 도입함으로써 불교학의 새로운 장을 열었던 것은 결코 우연이 아니다. 그들은 불교의 정신을 활용하여 독특한 민족정신을 형성하였고, 이것이 오늘날의 일본이 있게 한 밑거름이 되었음을 자신있게 말하고 있다.

일본 제국주의 치하에서는 일본불교도 암흑기를 맞았다. 그러나 제2차 세계대전 이후, 보다 오랜 종파들은 공동체 속에서 재가신도의 종교생활을 다시 활성화하기 위한 운동을 조직함으로써 새 종파들의 도전에 대응하여 왔다. 그 주된 활동은 온갖 연령과 사회 계층의 집단을 위한 모임, 토의, 강의를 주선하고 각 종파의 성지를 순례하는 일이었고, 목적은 신도의 가정을 진정한 불교가정으로 만들기 위해 그들이 직접적으로 불교를 실천하도록 유도하는 것이었다.

다른 불교국들과 비교하여, 일본은 놀라운 다양성과 풍족한 물질생활로써 보는 이들을 인상깊게 한다. 새 종파들은 옛 종파들을 쫓아내어 그 자리를 차지하는 것이 아니라, 단지 그들 곁에 자리잡을 뿐이다. 소위 종파불교의 전통은 이런 공존을 가능케 한다. 이리하여 전통은 보다 더 풍성해지고, 일본불교의 세계는 그 자신의 과거가 당장에 살아 숨쉬는 박물관인 양 보일 수 있게 한다. 물론 여기에는 모순처럼 느껴지는 것들이 내포되어 있다. 고도의 정신성과 저급한 주술, 깊은 종교적 감정과 피상적인 수행이 그런 모순이다. 수행과 계율에 엄격하지 못한 것이 일본불교의 결점이라고 지적하는 사람들도 있다. 이러한 결점과 앞서 말한 모순들을 놀라운 적용력으로써 다른 차원으로 극복하고 발전시킨 데에서 일본불교의 가치를 찾을 수 있다고 하겠다.

［참고문헌］　平川 彰, 『佛敎通史』(東京 : 春秋社, 1977), pp. 173~175.

　　　　　　　Heinz Bechert, Richard Gombrich ed., The World of Buddhism(→ 문 30), pp. 212 ~213, 230 right.

　　　　　　　Junjirō Takakusu, The Essentials of Buddhist philosophy(→ 문 13), pp. 1~2.

　　　　　　　前田惠學 저, 석오진 역, 『佛敎要說』(→ 문 22), p. 169.

55 티베트불교

티베트에는 불교가 어떻게 전래되었으며, 특기할 만한
사항은 무엇인가?

한자 문화권에서 티베트는 서장(西藏)이라는 말로서 더 잘 알
려져 있다. 티베트불교란 곧 **서장불교**이다. 불교사에서 티베트불교
가 차지하는 비중이 결코 적지 않음에도 티베트 역사의 시발은 상
당히 후대일 뿐만 아니라 명확하지도 않다. 불교사에서 등장하기
시작하는 인물은 손첸감포(581~649년)인데, 그 연대는 일치하고
있지 않다. 바로 이 왕에 의해 공식적으로 전래된 것으로 기록되어
있다. 티베트 자체의 역사서에 의하면 이 왕 이전부터 5대에 걸쳐
왕통이 이어지고 있었다고 하는데, 기록마다 인명이 거의 일치하
고 있는 점으로 보아, 사실일 것으로 추측된다. 또 그 기록들은 손
첸감포왕 이전에 불교가 전래되었음을 알리는 적어도 두 가지의
전설을 언급하고 있는데, 이의 신빙성을 어느 정도 인정한다면 티
베트에 실제로 불교가 전래된 것은 4세기에서 5세기 사이일 것으
로 짐작된다.

티베트는 한때 당나라의 수도를 위협할 정도로 위력을 떨친 적
이 있었다. 티베트의 국위가 강대했던 시절은 바로 손첸감포왕의

치세였다. 이에 당나라는 문성공주(文成公主)를 티베트 왕실로 시집보내 화해를 도모하게 되는데, 바로 문성공주가 중국의 대승불교를 전래하였다고 한다. 또 이웃의 네팔에서도 마찬가지로 왕비를 맞이함으로써 인도불교가 전래되었다는 것이다. 이 두 사건이 티베트에 공식적으로 불교가 전래된 단서가 되었다고 보고 있다. 따라서 티베트는 인도계와 중국계의 대승불교를 받아들였던 셈이다.

문성공주는 불교를 독실하게 신봉하여 친정국인 당나라로부터 법사와 불전을 받아들이고 사원을 건립하였다 하는데, 이와 동시에 네팔로부터 인도계의 불교가 유입되었을 것으로 보인다. 왕 역시 흔쾌히 불교에 귀의한 동시에 티베트문화의 향상에 노력하였다. 그의 가장 위대한 공적은 불전의 번역어로서 유명한 서장어, 즉 티베트어를 완성한 일이다. 그는 톤미삼보타라는 청년을 인도에 파견하여 산스크리트의 문자와 문법을 배우게 하고, 그가 귀국하자 산스크리트어의 체계와 문자를 모방한 티베트문자와 문법서를 제정케 하였다. 이로써 불전을 티베트어로 번역하는 일이 가능하게 되었던 것이다. 산스크리트와의 유사성 때문에 티베트의 불전번역은 가장 정확한 것으로서 정평이 나 있을 뿐만 아니라 그 중요성과 가치를 크게 인정받게 되었다. 그 결실이 바로 서장대장경이다. 티베트어는 오로지 불전의 정확한 번역을 위해 창조된 언어라고 할 수 있으니, 그 번역의 가치 또한 짐작하고 남음이 있을 것이다. 심지어 산스크리트의 원전이 사라진 경우 그 원전의 재생이 가능한 것은 오로지 티베트번역본이 있기 때문이라 한다.

그러나 이후 8세기 무렵까지는 불교가 그다지 성행하지 않았다. 약 100년쯤 지나서 치손데첸왕(742~797년)은 불교를 국교로서 본격적으로 도입할 것을 결심하고, 761년에 인도에서 대승불교의 학자로서 유명한 샨타라크쉬타(寂護)를 초청하였다. 이때 파드마 삼바바(蓮華生)도 와서 밀교를 전했다. 이들은 비밀법으로써 악마를 조복하고 많은 기적을 행하여 인심을 사로잡았다고 한다. 이러한 기도나 기적이 티베트인의 주술적 성격에 합치하여 밀교가 티베트에 뿌리를 내리게 되었다. 한편 755년부터는 삼예사라는 대상원을 건립하고 불전번역사업을 일으키는 등 인도불교의 홍보에 힘썼다. 그러나 당시에는 인도계 불교와 중국계 불교가 공존하며 우열을 다투고 있었는데, 이 경쟁은 삼예사에서 있었던 논쟁에서 판가름이 났다. 중국측은 선종(禪宗)의 돈오(頓悟)를 주장했는데, 왕이 보는 앞에서 인도측에 의해 논파당했다고 한다. 이로써 인도계 불교가 티베트불교의 정통이라고 선언되었다. 다시 말하면 이로써 인도계 밀교가 티베트불교의 기반을 형성하게 된 것이다. 앞서 말한 대로 밀교의 신비적인 면이나, 특히 좌도밀교(左道密敎, 제37문 참조)에서 성적 쾌락을 신성시하는 점 등이 티베트인의 성격에 합치하였을 것이다. 이후 인도로부터 번역가들이 다투어 티베트에 들어오고, 많은 경전과 논서들이 번역되었다.

불교가 전래되기 전 티베트에는 예로부터 본교라는 민족종교가 있었다. 이는 천상계에서 인간의 길흉화복을 결정하는 본이라는 신을 섬기며, 주술을 중시하는 샤머니즘적인 종교였다. 그런데 불교는 본래 관용성이 풍부한 종교였으므로, 불교가 전래된 후에도 본교는 사라지지 않고 불교와 습합되었다. 이렇게 하여 **라마교**라는 티베트 특유의 불교가 되었던 것이다. 본교와 혼합된 불교란 물론 밀교이다. 밀교의 신비적 성격이 무속적인 본교와 어우러짐으로써 다른 나라의 불교에서는 좀처럼 볼 수 없는 특이한 양상을 드러내게 되었다. 티베트불교의 성격을 규정짓는 라마교가 좌도밀교를 도입했기 때문에 이를 오해하는 경우가 있지만, 사실은 성윤리를 저해할 현상으로 표출되지는 않았다고 한다. 인도의 탄트라에서 연유한 **탄트라불교**는, 남녀의 성적 결합에 의한 황홀경을 곧 깨달음인 줄 곡해하고 있을 것이라는 일반인의 잘못된 추측 때문에 좌도밀교라는 이름으로 업신여겨져 왔으나, 실제 티베트에서는 사회적, 도덕적 혼란을 야기하는 일은 별로 없었다. 이는 티베트의 밀교가 라마의 정화의식(淨化儀式)을 절대적 조건으로 삼고 공개하지 않았을 뿐더러, 고도의 정신훈련을 거치기 때문이다.

라마는 본래 각자의 스승을 뜻했는데, 나중에는 이를 절대세계에까지 끌어올려 최고의 이상을 표현하는 자라고 믿게 되었다. 라마는 죽은 뒤에도 되돌아와서 신봉자를 이끌어 줄뿐만 아니라, 변치 않는 자비를 베풀며, 실제로 사람의 몸을 빌어 다시 태어난다고 믿는다. 이 라마는 수행의 결과로 영혼을 육체에서 떼어놓을 수 있으며, 혼백으로 하여금 마음대로 천지에 떠돌아다니게 하다가 그 혼백을 태어나려고 하는 신생아의 육체에 옮겨 놓을 수도 있다. 그러므로 라마는 자신의 생명을 다른 육체에다 옮긴다. 그래서 라마가 절명한 똑같은 시간에 태어난 신생아 중에서 신동을 찾아 화신(化身) 라마로 맞이하고 최대의 경의로서 받든다. 티베트불교에 여러 교파가 생기면서 이러한 화신 라마제도가 채택되고, 라마교는 티베트불교를 대표하게 되었다. 티베트불교에서는 라마를 둘러싼 교파들 사이의 세력 다툼이 정치적인 문제로 비화되기도 했다. 여러 우여곡절 끝에 16세기 후반에는 몽고인들 사이에서 '달라이라마'라는 칭호가 생겨났고, 달라이라마 5세 때에는 달라이라마 정권이 탄생했다.

이상에서 짐작할 수 있듯이 밀교와 라마교로서 연상되는 티베트불교는 우리가 통상 생각하는 불교의 색다른 변용이다. 따라서 일상적인 불교관으로써는 티베트불교를 바르게 이해하기가 어렵다. 그렇다면 티베트불교에 대한 섣부른 판단은 오해를 낳기 쉽다는 점도 인정할 것이다. 그의 변용이 우리의 가치관에는 이질적인 것으로 보일 수밖에 없을지 모르지만, 이미 10세기 무렵에 그의 전모를 드러낸 서장대장경 속의 불교는 갈수록 귀중한 가치로서 빛을 발하고 있다.

[참고문헌] 『佛典解題事典』(→ 문 23), pp. 22~23.
　　　　　「シルクロードの宗教」, 『アジア佛敎史』, 中國編 Ⅴ(→ 문 51), pp. 277~282.
　　　　　高崎直道, 『佛敎・インド思想辭典』(→ 문 13), pp. 308~309.
　　　　　前田惠學 저, 석오진 역, 『佛敎要說』(→ 문 22), pp. 163~164.

56 돈황불교

돈황이 간직한 불교적 가치는 무엇인가?

돈황(敦煌)이라 하면 누구나 그곳에서 번성했던 불교 자체보다는, 사막의 거친 모래바람 속에 과거의 영화를 파묻힌 채 신비로 버티어 온, 소위 천불동(千佛洞)이라 통칭되는 숱한 석굴사원을 연상할 것이다. 실크로드와 중국을 잇는 요충이며, 중국불교를 출범시킨 서역의 무수한 불교인들이 맨 처음 들어섰던 곳이 돈황이다. 인도불교를 받아들인 전초기지였던 만큼, 돈황에서 성행했던 불교는 불교사 전체에서 보면 비록 그 규모는 작고 미미했을지라도 다양함과 특이함을 지녔을 것이다. 그러나 다른 무엇에도 비길 수 없는 돈황의 가치는 그 주변의 석굴사원에서 발견된 두루말이 사본(寫本)들에 있다.

1900년대를 전후해서 돈황의 **막고굴(莫高窟)**을 지키고 있던 왕(王)도사라는 사람은 16호 굴을 수리하다가 17호 굴에서 우연히 무수한 고문서들을 발견하였다. 이 소문이 퍼지자 당시 서역탐사에 열을 올리고 있던 영국과 러시아의 탐사대는 제일 먼저 달려와 훔치듯 한 보따리씩 안고 가고, 너도나도 돈황으로 몰려들었다. 비교적 늦게 도착한 프랑스의 펠리오(Pelliot)는 남들이 내팽개친 일부의 한자 문서들을 차지하게 되었는데, 한문에 정통한 그는 문서들을 점검하다가 제목만이 전해져 오던 혜초(慧超)의 『왕오천축국전(往五天竺國傳)』을 발견하였다. 이후 혜초는 한국의 신라 승려라는 것도 밝혀졌다. 이 사건으로 인해 돈황의 사본들은 귀중한 문헌으로서 주목을 끌게 되었다.

돈황 주변에 널리 있는 석굴들은 현존하는 것만도 500여 굴에 이른다. 4세기에서 11세기에 걸쳐 조성되거나 보수된 것으로 보이는데, 이 중의 막고굴에서 발견된 고사본(古寫本)은 10,000권에 달한다. 대개가 손으로 씌어진 이 문서들은 5세기 초에서 11세기에 작성된 것으로 추정되며, 이것들이 왜 한 군데에 보관되었는지는 알 수 없다. 다만 사용되지 않은 고문서들이 손상되지 않도록 보관했을 것으로 짐작할 뿐이다.

이 사본들 속에는 중국에서 거의 자취를 감춘 삼계교(三階敎)의 전적(典籍)들이 포함되어 있는 등, 그 동안 실체를 알 수 없었던 많은 문헌들이 포함되어 있다. 이 사본들의 성격은 크게 두 가지 측면에서 주시된다. 첫째는 희귀본이다. 중국 본토의 중앙에서 사용되었고, 현재까지 전해졌어야 당연한 것들이 어떤 사정으로 분실되었다가 여기서 발견된 것이다. 둘째는 독자적인 번역본이다. 돈황을 포함한 변경지방에서 독자적으로 번역되어 이 지역에서만 유포됨으로써 중앙에는 전해지지 않은 것들이다. 따라서 이미 번역되어 널리 알려진 것들과 비교함으로써 새로운 사실도 밝혀질 수 있을 것이다. 4만여 점에 이르는 자료들 중에는 1,000여 점이 연대를 밝히고 있다. 그러므로 여기에 기재된 단편적인 기사의 내용들을 조합하면 잊혀졌거나 불확실한 사건들을 복원해 낼 수 있는 가치를 지닌다. 어쨌든 이 자료에 대한 앞으로의 다각적인 연구는 돈황 고유의 불교를 새롭게 밝히게 될 것이다.

　돈황불교는 그 지리적 여건으로 인해 중국불교에서 가장 오래된 역사를 지닌다. 그러나 실제로는 돈황이 중시되던 1000여 년 동안 불교가 번성했으며, 또 중국 속의 별천지였던 만큼 독자적인 양상으로 문화가 전개되었다. 중국적인 문화가 기조를 이루고 있었지만, 여기서는 각종의 언어가 혼습되었다는 특성을 지닌다. 1000여 년에 걸친 돈황불교는 여명기, 흥륭기, 전성기, 쇠퇴기, 소생기, 말기라는 다양한 면모로 전개되었다. 초기에는 소승과 대승이 병행하였다가 재가신도를 위주로 하는 대승불교로 전환하였던 것으로 보이며, 선(禪)과 밀교가 병행하였다가 나중에는 중앙불교의 영향을 받았던 것 같다. 그러나 중국의 정세가 어지러울 땐 일부 승려들이 이곳으로 피신함으로써, 중국과의 대항의식도 싹텄을 것으로 짐작된다. 돈황불교의 특성은 다음과 같은 몇 가지 성격에서 잘 드러난다.

　첫째, 독특한 설법의 형식을 구사하고 있었다. 설법에서는 변문(變文)과 강경문(講經文)이 사용되었다. 변문이란 경전의 이해를 도모하기 위해 그림으로 표현한 변상도(變相圖)의 인물이나 장면을 참배자에게 해설하는 것을 가리킨다. 여기서는 산문과 운문을 되풀이하여 사용하였다. 강경문이란 실제 설법의 원고를 가리키는데, 먼저 운문으로 분위기를 조성한다. 예를 들면, "사부대중이여, 법을 듣고자 하면 마음의 문을 열라. 법을 듣길 원하는 자는 합장하고, 도강(都講)이여, 경(經)의 제목을 창하시오."하는 식이다. 도강이란 경전의 본문을 창하는 사람이다. 도강이 경의 본문을 창하고 나면, 강사는 경전의 제목부터 시작하여 본문을 해석한다. 이것이 끝나면 도강은 강사가 설명한 바를 운문으로 반복한다.

둘째, 돈황불교는 서민화된 불교였다. 현세의 이익을 추구하는 재가신자를 상대로 하는 신앙이 유행했다. 그래서 경전의 서사(書寫)를 강조하고, 중국에서 제작된 위경(僞經)의 통속적인 교훈이 널리 퍼졌다. 또 일반 신자들은 모임(社)을 조직하여 불교활동을 하였으며, 연등회나 우란분회와 같은 불교행사가 유행하였고, 1, 5, 9일의 삼재일을 지켰다.

셋째, 후기에는 선종 계통의 밀교적 색채가 강한 불교가 성행하였다. 티베트의 영향을 강하게 받았던 것으로 보이는데, 중국에는 알려지지 않은 다라니경전도 유포되었음을 알 수 있다.

이 밖에도 돈황불교는 중국과는 다른 교단조직을 갖추고 있었던 것으로 알려져 있다. 현재의 중국불교가 그렇듯이 돈황불교는 역사의 자료로서 남아 있을 뿐이다. 그러나 역사는 그 자체로서 교훈과 가치를 우리에게 제공하므로, 앞으로 돈황불교의 실상이 밝혀지면 불교발전의 하나의 전기가 마련될지도 모른다.

[참고문헌] 「シルクロードの宗教」, 『アジア佛教史』, 中國編 V(→ 문 51), pp. 277~282.
이석호 역, 『往五天竺國傳』(乙酉文庫 46, 1970), pp. 17~29.

57 종파

불교에서 종(宗)이라는 말이 지니는 의의는 무엇인가?

특정한 인물이 천명한 가르침이 체계적인 이론을 갖추고, 집단을 이루어 이를 실천하고 신봉하는 신앙으로 발전한 것을 우리는 흔히 종교라 한다. 물론 종교를 이렇게 간단히 정의할 수는 없다. 중요한 것은 종교(宗敎)라는 말이 중국불교의 내부에서 불교를 나름대로 이해하는 과정에서 생겨났다는 사실이다. 종교라는 말을 한자 의미만으로 해석하면, 으뜸(宗)이 되는 가르침(敎)을 뜻한다.

중국불교는 수(隋)나라가 중국을 통일한 이후 당(唐)나라의 현장(玄奘)이라는 뛰어난 학승이 타계하고 난 얼마간까지, 즉 수나라 때부터 당나라 전기에 걸쳐 불교의 황금시대를 누린다. 어떤 의미에서는 이 시대에 인도불교로부터는 독립된 중국불교의 성립을 보게 되는 것이다. 소위 명승, 고승, 학승이 숱하게 등장했으며, 혼자서 불교의 온갖 분야에 통달한 만능 승려도 출현하였다. 이들은 방대한 불전들 중에서 제각기 특히 의거할 만한 문헌을 독자적으로 선택하고, 그것을 기초로 하여 새로운 논서를 저술함으로써 나름대로의 교학을 확립했다. 그리하여 이들의 각각을 조사(祖師)로 삼는 학파와, 더 나아가서는 종파가 형성된다. 이들은 각기 자신들이 추구하는 입장을 표시하고 뒤에 종(宗)이라는 말을 붙여, 자신들의 입장이 으뜸의 가르침임을 표방했다. 예를 들면 삼론종, 천태종, 화엄종, 법상종, 율종, 진언종 등이다. 이로써 비로소 종교라는 말이 불교 내부에서 생겨나게 되었는데, 말하자면 종교라는 개념은 불교의 하위개념으로서만 사용되었다.

종(宗)이라는 개념이 본래 어디서 연유했느냐 하는 문제에 대해서는 여러 가지 설명이 있을 수 있다. 이 역시 인도의 산스크리트 중에서 몇 가지 상당하는 개념을 들어서 그 본래의 뜻을 해명하기도 하지만, 중국의 종파불교가 낳은 보편적 개념으로 통용되어 왔다는 점에서 그 원어를 꼭 밝혀야 한다는 것이 그다지 중요한 것은 아니라고 생각된다. 그의 실질적 의미는 그것이 주의(主義)나 주장을 표방하는 개념으로 쓰이고 있다는 데서 찾을 수 있다.

중국에 전래된 불교의 여러 사상들은, 그것이 발생하게 된 역사적 필연성을 감추고 일시에 모두 동일한 자격으로 전래되어 왔다. 이 때문에 그 순서와 역사성을 밝히고자 하는 교판(敎判)의 문제가 제기되었는데, 특히 "무엇이 불교 본래의 사상인가"하는 의문이 종이라는 의식으로 응결되었고, 이것이 중국불교의 특색을 이루게 되었다고 본다. 이러한 배경에서 문제시된 종의 관념을 자신이 신봉하는 경전이나 교의에 맞추기 시작한 최초의 불교인은 천태종의 창시자인 지의(智顗)였다. 중국 교판의 대명사이기도 한 그로서는 당연하다 하겠다.

중국 수나라와 당나라의 불교는 종이라는 관념하에서 과거에는 볼 수 없었던 특색을 드러내는데, 그러한 특색을 일컬어 **종파불교**라 한다. 그리하여 동일한 교의와 신앙을 함께 하는 불교인들이 대개는 동일한 도량에서 수도하는 새로운 형태를 취하게 되었던 것이다. 그 과정에서는 종이라는 개념 자체에 대한 논의도 다양하였다.

어쨌든 개념 자체는 원래 언어로써는 표현할 수 없는 구극의 진리를 의미하며, 이것이 바뀌어 일반적으로는 근본적인 입장이나 견해, 나아가서는 그것을 따르는 문류(門流)나 지파를 의미하는 말로서 사용되었다. 학문적으로는 각 학파가 주장하는 교의라는 의미로부터 학파 그 자체를 통칭하는 의미도 지닌다. 그래서 **종단**이라 할 때는, 동일한 입장이나 견해를 지지하고 실천하는 사람들의 집단과 조직을 뜻하게 된다.

따라서 불교 내부에 여러 종파가 있다는 사실을 불교의 분열상이나 혼란상이라고 볼 수는 없는 것이다. 부처님 자신이 다양한 방식을 구사하여 가르침을 전달하였고, 그의 깨달음 내용도 하나의 접근방식으로는 결코 이해할 수 없는 것이다. 종파란 불교의 참뜻을 바르게 이해하고자 하는 다양한 접근방식이라고 이해해야 할 것이다. 각 종파 스스로가 이러한 인식을 바탕에 깔고 있다면, 입장이 다르다는 이유로 반목과 대립을 야기할 이유가 없다.

실제 불교역사에 있어서 교의적 입장의 차이가 종파간의 극심한 마찰을 불교계 밖으로 드러낸 적은 별로 없다. 있었다면 그것은 거의가 정치적인 개입 때문이었다. 해방 이후의 우리 나라에서도 그랬고, 과거의 일본에서도 그랬다. 일본에서는 사원들끼리 전투를 불사할 정도로 극심한 예가 있었지만, 그것은 교의적인 문제 때문이라기 보다는 당시의 막부(幕府)라는 무사정권의 영향 때문이었

다. 불교 이외의 종교가 종파간의 극렬한 대립을 보이는 것과 비교
하면, 불교의 종파가 지닌 근본적 성격을 어느 정도 짐작할 수 있
을 것이다.

[참고문헌] 中村 元, 三枝充悳, 『バウツダ佛敎』(→ 문 14), p. 50.
　　　　　　高崎直道, 『佛敎・インド思想辭典』(→ 문 13), pp. 191~192.
　　　　　　「漢民族の佛敎」, 『アジア佛敎史』, 中國編 I(→ 문 51), pp. 248~251.

58 삼론종

삼론종은 어떠한 교의를 특징으로 하는 종파인가?

제39문에서 설명한 바 있는 인도의 중관사상(中觀思想)은 부정주의(否定主義)라는 입장을 특징으로 한다. 이 중관사상을 중국에서 이해한 종파가 삼론종(三論宗)이다. 중관파의 주요한 세 논서를 채택하여 이해의 근간으로 삼았기 때문에 삼론종이라 칭한다. 그 셋은 『중론(中論)』, 『십이문론(十二門論)』, 『백론(百論)』인데, 이들을 한역하여 중국에 전했던 인물은 서역의 쿠차 출신인 구마라집(鳩摩羅什, 원래의 발음은 쿠마라지바)이었으므로, 이 삼론종의 창시자는 구마라집이라 간주된다. 그러나 실제로 이 종파의 이론을 대성(大成)한 이는 길장(吉藏)이라 인정되고 있다.

여기서 이 종파를 계승해 온 계보를 굳이 언급할 필요는 없겠지만, 그 계보에는 주요한 인물로서 승랑(僧郎)이라는 고구려 출신의 승려가 있다. 앞서 말한 길장은 승랑을 특히 중시하였다 하므로, 승랑은 삼론종을 전개시키는 데에 상당한 역할을 하였을 것으로 짐작된다. 길장은 삼론종의 종지를 정립함에 있어서 크게 공헌했지만, 그는 학문에만 뛰어났을 뿐, 대중을 교화하는 데 있어서는 그다지 능력을 발휘하지 못하였다고 전해진다.

삼론종의 교설은 크게 세 가지 입장에서 전개되었다. 첫째는 잘못을 깨뜨리고 바름을 드러낸다는 파사현정(破邪顯正), 둘째는 진리는 참된 것과 속된 것의 둘이 있다는 진속이제(眞俗二諦), 셋째는 여덟 가지의 부정을 통해 중도를 밝힌다는 팔부중도(八不中道)이다. 삼론종은 중관사상의 이해인 만큼 중도(中道)의 해석에 전념하는데, 중도란 아무런 걸림없이 바르게 관찰하는 것(無礙正觀)이라고 한다. 그리고 이의 이해를 위해 파사현정을 설하는 것이다. 즉 파사 이외에 따로 현정을 인정하지 않고 파사가 그대로 현정이라고 한다. 잘못을 깨뜨리는 자체가 바로 바름을 드러내는 것이라는 뜻이다. 파사란 일체의 분별하는 생각이나 말을 버리는 것이다. 그렇게 함으로써 언변으로도 표현할 수 없고 생각으로도 미칠 수 없는 진리를 체득할 수 있다는 것이다. 현정이란 중도를 깨우치는 것으로서 걸림이 없는 바른 관찰이라 한다.

그러나 세속적인 진리에 의하지 않고서는 궁극의 진리가 드러나지 않고 이 궁극의 진리에 의하지 않고서는 열반을 증득할 수 없다 하여 진속이제를 설한다. 그러므로 여기서 의미하는 두 가지 진리, 즉 이제(二諦)는 일상적인 말과 부처님의 가르침인 교리이다.

『중론』에서는 "모든 부처는 이제에 의하여 법을 설하는데, 첫째는 세속제(世俗諦)로써 설하고, 둘째는 제일의제(第一義諦)로써 설한다."고 하며, 『열반경』에서는 "중생에 수순하기 위해 이제로써 설한다."고 말하는데, 삼론종은 이러한 입장을 받아들인 것이다. 그래서 여기서 말하는 이제란 설법의 형식에 지나지 않는다고도 한다. 보다 구체적인 방법으로서, 공(空)에 집착하는 자에게는 세

속의 진리를 설하여 유(有)를 밝히고, 유에 집착하는 자에게는 참
된 진리를 설하여 공을 제시한다. 따라서 공이 곧 유이며 유가 곧
공이다. 이것이 모든 진리의 실제 모습이라는 것이다.

그런 진리의 실상을 보다 확실히 인식시키기 위해 팔부중도를
설한다. 팔부중도란 나가르주나의 유명한 『중송(中頌)』의 서두에
나오는 게송으로서 연기(緣起)의 진리를 밝히기 위한 여덟 가지 사
항의 부정이다. 그 내용은 이러하다.

불생불멸(不生不滅) : 생겨남도 없고, 사라짐도 없다.

불상부단(不常不斷) : 지속됨도 없고, 단절됨도 없다.

불일불이(不一不異) : 통일됨도 없고, 다양함도 없다.

불래불출(不來不出) : 들어오는 것도 없고, 나가는 것도 없다.

이 팔부중도는 여덟 가지의 미혹을 타파하여 일체의 집착심을
정화하기 위해 설해진 것이라고 해석한다. 그리고 이는 곧 파사현
정과 동일하다고 한다.

한편 불성(佛性)에 대해서도 예리한 고찰을 하였는데, 불성이란
곧 중도라고 보았다. 중도가 보편적인 진리이듯이 불성도 보편적
인 진리이기 때문이라는 것이다. 이 점은 용수(龍樹), 즉 나가르주
나의 중관이 천명된 『중론』보다도 진일보한 생각이라고 간주된
다. 이상과 같은 견해가 주로 길장에 의해 대표되는 삼론종의 입
장이다.

삼론종의 실천은 공관(空觀)에 입각하여 선(禪)을 닦는 것이다.
선이라는 집착 없는 명상의 실천을 통하여 공관과 불성이 상통함
을 실현코자 하였던 것이다. 길장의 제자 중에는 혜관(慧灌)이라는
승려가 있었다. 그는 고려 출신이었는데, 중국에 유학하여 길장의
제자가 되었다가 일본으로 건너가 삼론종을 전함으로써, 일본 삼

론종의 제1조가 되었다. 중국에서의 삼론종은 당나라 이후에는 더 이상 진작되지 않았으나, 공관에 따른 그의 열렬한 수선(修禪)은 선종에 발전적으로 흡수되었던 것으로 간주되고 있다.

[참고문헌] Junjirō Takakusu, The Essentials of Buddhist philosophy(→ 문 13), pp. 1~2.
鎌田茂雄 저, 정순일 역, 『中國佛敎史』(→ 문 28), pp. 165~169.
平川 彰, 『佛敎通史』(→ 문 54), pp. 173~175.

59 천태종
중국의 천태종은 어떠한 교의를 특징으로 하는 종파인가?

흔히 평하기를 천태종(天台宗)은 화엄종과 더불어 중국불교의 정수라고 한다. 중국불교의 대표적인 종파로서 우리 나라에 크게 영향을 미쳐 불교의 대명사인 양 인식되고 있는 선종(禪宗)이 있지만, 이는 교의의 연구보다는 곧바로 깨달음을 성취하려는 실천수행의 측면을 대표하는 종파일 뿐만 아니라 그 자체 내에서도 취하는 입장이 크게 갈리고 있다. 천태종을 중국불교의 대표적인 종파로서 간주하는 것은 교의의 연구라는 교학의 입장에서이다. 현재 우리 나라에도 천태종이라는 종단이 있지만, 이는 1960년대에 성립된 신흥종단으로서 과거 중국에 있었던 천태종의 전통이 그대로 이식된 것은 아니다.

고려시대에 의천(義天)에 의해 천태종이 본격적으로 이식된 것이 있었다. 그러나 교의적 입장에서 그 뿌리를 중국의 천태종에 두고 있지만, 중국 천태종의 전통이 독립된 종단으로서 면면히 이어져 오늘날의 천태종이 되었다는 것은 아니라는 뜻이다.

천태종 하면 곧바로 떠오르는 인물은 지자대사(智者大師) 지의

(智顗, 538~597년)이다. 그는 천태대사라는 호칭으로 더 알려져 있다. 그는 천태산에 들어가 수선사(修禪寺)라는 절을 세워 교의를 크게 정립하고 종지를 선양했기 때문에 천태대사라는 호칭을 얻었다. 따라서 그는 천태종의 실질적인 창시자가 되는 셈이다. 그러나 계보상 천태종의 개조는 혜문(慧文)이고, 지의는 제3조라 한다. 이 혜문은 나가르주나, 즉 용수(龍樹)의 『중론』과 『대지도론(大智度論)』을 읽고 크게 감명을 받은 바 있어, 이때 깨우친 바를 제자들에게 설했다고 한다. 그래서 천태종의 제1조는 바로 용수라고 주장하는 경우도 있다. 어쨌든 혜문에게 새로운 시각의 지평을 열어준 대목은 『중론』에서 "공(空)은 가설(假說)에 불과하며 중도(中道)의 목적"이라고 설한 부분과, 『대지도론』에서 이에 대해 설명하기를 "여기서 문제가 된 지식의 온갖 양상은 동시에 얻어진 것이다. 그러나 지혜의 완성, 즉 반야바라밀의 이해를 촉진하기 위해 그것들이 별개인 양 따로 따로 설해진 것이다."라고 한 부분이다. 이로부터 깨우친 내용을 일심삼관(一心三觀)이라고 표현한다. 근본은 한 마음이지만 세 가지의 관점이 있다는 입장이다. 이러한 기조에서 천태종이 출범하지만 실질적인 교의의 완성은 『법화경』을 주목함으로써 이루어졌다.

천태대사 지의는 『법화경』의 연구를 통하여 다양한 방식으로 표출된 모든 불교가 그 나름의 존재의의를 지니고 있다고 이해했다. 즉 28장으로 구성된 한역본 『법화경』을 두 부분으로 나누어, 앞부분 14장은 적문(迹門)이라 하고 뒷부분 14장은 본문(本門)이라고 구별하였다. 적문이란 삼승이라는 다양한 입장을 열어 결국에는 일승으로 귀입시키고자 한(제42문 참조) 것이고, 본문이란 역사적 실존인물인 부처님을 통하여 구원(久遠)의 부처가 현현함을 보

인 것이라고 해석한다. 『법화경』이 이 두 가지 방식을 구비하고
있는 것은 결국 본문과 적문이라는 것이 별개의 것이 아니라는 입
장으로서, 법(法)이라는 진리의 보편성과 부처의 영원성을 융합시
킴으로써 방편이 곧 진실임을 깨닫게 하기 위함이라고 해석한 것
이다. 중국불교의 여러 교판(敎判) 중에서 가장 뛰어난 것이라고
평가되는 천태종의 교판은 이상과 같은 견지에서 불교 전체에서
차지하는 『법화경』과 일승사상의 위치를 부여하기 위함이다.

　천태종의 교학은 소위 교관이문(敎觀二門)이라 하여 이론과 실
천으로 조직되어 있다. 교는 교판과 교리를 포함하며 관은 소위 지
관(止觀)이라고 하는 실천 방법이다. 교의 대표적인 것으로는 **5시
8교(五時八敎)**라는 교판, 앞에서 말한 일심삼관이라는 진리관, 그리
고 일념삼천(一念三千)이라는 세계관을 들 수 있다. 5시 8교 중에
서 5시에 대해서는 제43문에서 설명한 바 있다. 8교란 부처님의 모
든 교설에 대해 가치 비판을 가한 것인데, 설법의 방법에 따라 분
류한 것을 화의사교(化儀四敎)라 하고 설법의 내용에 따라 분류한
것을 화법사교(化法四敎)라 한다.

화의사교

　① 돈교(頓敎) : 아무런 방편을 사용함이 없이 곧바로 인식한 것
을 부처님이 설한 것. 이는 5시 중의 화엄시에 해당된다.

　② 점교(漸敎) : 온갖 종류의 수단을 이용하여 부처님이 사람들
을 보다 더 깊은 생각으로 점진적으로 이끌어 가는 것. 이는 5시
중의 녹원시와 방등시에 해당된다.

　③ 비밀교(秘密敎) : 이는 신비적 교의를 가리키는데, 사실상 신
비적 부정교(不定敎)라 할 수 있다. 많은 사람들이 함께 부처님의

가르침을 듣고 있더라도, 부처님의 초자연적인 힘 때문에 듣는 사람들 각자는 부처님이 자기 혼자에게만 설하고 있는 것인 양 생각한다. 이처럼 모두는 개별적으로 다양하게 듣게 됨으로 가르침이 확정되지 않는다. 이런 불확정성은 화엄시로부터 방등시까지 내재되어 있다.

④ 부정교(不定敎) : 앞의 비밀교와 비교하여 비신비적 부정교라 할 수 있다. 듣는 사람들 모두는 자기들이 함께 듣고 있음을 알지만, 그럼에도 그들은 다르게 듣고 다양하게 이해한다.

화법사교

① 장교(藏敎) : 아함경을 비롯한 소승의 모든 교의를 가리킨다.

② 통교(通敎) : 모두에게 공통되는 가르침이라는 뜻이다. 삼승에 통하는 것으로서 대승의 기본교의이다.

③ 별교(別敎) : 순전한 대승의 가르침이며, 특히 보살에 대한 가르침이다. 앞의 장교와 통교에서는 공(空)의 한 측면만을 단순히 가르치지만, 여기서는 중도의 교의를 가르친다.

④ 원교(圓敎) : 원이란 완성, 충족, 편재, 편만 등을 의미한다. 앞의 별교는 독립적이고 개별적인 중도를 설하는 반면, 여기서는 완전히 융통되고 상호 동일화된 중도를 설한다. 말하자면 이론적으로나 실천적으로나 완전히 조화를 이루는 중도이다. 그러므로 원은 하나의 요소가 모든 요소를 내포함을 의미하고, 결국 "하나가 곧 전체요 전체가 곧 하나(一卽多 多卽一)"라는 원리를 뜻한다.

천태종의 특징적인 교의로서 **일심삼관**이란 **삼제원융(三諦圓融)**이라고도 한다. 즉 세 가지의 진리가 서로 통하여 조화를 이룬다는 것이다. 그 셋이란 앞에서 언급하였듯이 『중론』에서 말하는 공과 가설과 중도이다. 천태종에서는 이를 공(空), 가(假), 중(中)이라고 표현한다. 이 셋을 공관에 의해 자각한다는 것이 삼제원융의 입장이다.

공의 입장은 모든 것의 존재를 부정하고, 이런 입장에서 모든 것을 동일한 것으로 본다. 가란 공에 의해 일단 부정되어 존재하는 것을 다시 가라고 하여 긍정하는 것이다. 그런데 이 가에 집착하게 되면 다시 현실의 전면적인 긍정이 생겨나게 된다. 따라서 앞의 공과 이 가는 상호부정함으로써 한쪽으로 치우치는 것을 스스로 경계해야 할 필요가 있게 된다. 다시 말해서 가에 의해 공을 부정하듯이 공에 의해 가를 부정할 필요가 있는 것이다. 바로 이러한 상호부정을 중이라 한다. 그러나 이 중은 공과 가를 아주 떠나 있는 것을 말하는 것은 아니다. 그 둘을 내포하고 있는 것이다. 이런 입장은 나머지 둘에 대해서도 마찬가지이다. 즉 가와 중에 대한 공의 입장이, 또 공과 중에 대한 가의 입장이, 중의 입장과 같은 것이다. 그래서 세 가지 존재의 자각이 혼연하여 일체가 된 곳에 삼제원융의 경지가 전개된다.

일념삼천이란 한 순간 혹은 한 찰나의 한 마음 가운데 3천의 세계가 갖춰진다는 세계관이다. 우선 3천이라는 것이 어떻게 이루어지는가를 이해해야 한다. 불교에서는 세계를 흔히 육도(六道)라고 한다. 즉 지옥, 아귀, 축생, 아수라, 인간, 하늘의 여섯 세계이다. 이 여섯 세계를 떠난 곳에 깨달음의 세계가 열린다고 생각하는데, 대승불교에서는 여기에 다시 성문승, 독각승, 보살승이라는 삼승(제42문 참조)을 인정한다. 그런데 천태종에서는 여기에 또 불승(佛乘)이라는 부처의 세계를 인정한다. 이 모두를 합하면 10계가 된다. 그런데 이 열 가지 세계, 즉 10계는 완전히 별개가 아니라 서로 내포하므로, 하나의 세계에는 나머지 아홉 세계도 갖춰져 있다. 이렇게 보면 총 100계가 된다. 그런데 천태종은 그의 이론적 배경이 되는 『법화경』에서 십여시(十如是)라는 범주를 찾아내어 중요시한다. 십여시란 모든 형상이 열 가지 범주 안에 있다는 것인데, 그 열이란 외면의 형상, 내면의 본성, 사물의 주체, 잠재적 힘과 작용, 구조, 직접적인 원인, 직접적 결과, 간접적 원인의 결과, 그리고 궁극의 경지이다. 앞에서 말한 100계는 모두 이 열 가지 범주를 지니므로 세계는 총 1,000계가 된다. 이 1,000계는 각기 3종의 세간에 소속된다. 3세간이란 오음세간(五音世間), 중생세간, 국토세간이다. 말하자면 세계를 구성하는 기본요소인 오음, 세계 속에서 주체적으로 살아가는 인간, 그 인간이 살고 있는 환경인 국토의 세 가지이다. 그래서 1,000계에 각기 3세간이 있음을 인정하면 이 우주는 총 삼천세계가 된다. 결국 삼천세계란 일체의 생명체와 사물이 존재하는 우주이며, 역동적인 생성이 이루어지는 세계 전체를 가리킨다. 이 모든 세계가 한 순간의 우리 마음에 갖추어져 있다는 것이 일념삼천이다. 이는 천태종의 독특한 견해이다. 이 가능성은 우리의 삶 속에서 부처의 세계가 실현될 수 있음을 뜻하기도 한다. 이런 가능성을 실현하기 위해서는 실천 방법이 있어야 할 것이다. 이 방법을 **지관**(止觀)이라고 하였다.

천태종의 교학이 교와 관이라는 두 조직으로 이루어짐을 앞에서 언급하였는데, 여기서 관은 실천이고 구체적으로는 선(禪)의 수행이다. 천태종의 제1조 혜문은 선사로 알려져 있으며, 천태대사인 지의도 초기에는 실천방법을 선이라고 하였다가 나중에는 지관이라 표현하였다고 한다. 지관이란 마음을 관찰하는 것이다. 굳이 구별하자면 지는 정신집중 또는 적정이고, 관은 지혜 또는 비춤이라

한다. 지관은 마음의 모든 생각들을 멈추고 참지혜가 나타나서 모든 존재의 참모습을 관찰하는 것이다. 말로는 이렇게 구별하지만 그 둘은 필경 하나일 수밖에 없다. 이런 지관을 통해 앞에서 설명하였던 일심삼관의 진리와 일념삼천의 경지를 깨달을 수가 있는 것이다. 천태종은 이러한 지관의 보다 구체적인 실천방법을 여러 가지로 제시하고 있다.

　이상과 같이 개괄적인 소개만으로도 엿볼 수 있듯이 이론의 면에서 탁월함을 보이고 있는 천태종이었기에 불교인의 많은 관심을 불러 일으켰고 우수한 학승들을 배출하였다. 그 중에 천태종의 교판을 정립하는 데에 크게 공헌한 승려로서 우리 나라 고려 출신의 제관(諦觀)이 있다. 그의 『천태사교의(天台四敎儀)』는 천태종의 교학을 단적으로 보여주는 압권이라고 평가되고 있다. 그러나 이러한 천태종도 소위 법난(法亂)이라고 하는 불교박해를 겪으면서 쇠퇴일로를 걷게 되었다. 천태종의 교학 자체가 이론과 실천의 양면을 중시하고 있다 하지만 그 실천이란 수행을 뜻하는 것이고, 중생에 대한 종교적 사명감의 실천을 의미하는 것만은 아니다. 종교적 사명감의 실천이라는 면에서는 이론의 완벽성에 미치지 못하였던 것 같다.

〔참고문헌〕　鎌田茂雄 저, 정순일 역, 『中國佛敎史』(→ 문 28), pp. 170~175.
　　　　　　高崎直道, 『佛敎・インド思想辭典』(→ 문 13), p. 329.
　　　　　　Junjirō Takakusu, The Essentials of Buddhist philosophy(→ 문 13), pp. 134~146.
　　　　　　『불교학개론』(→ 문 1), pp. 169~172.

60 삼계교

중국에서 일어났던 삼계교는 어떤 가르침을 내건 종파인가?

사회가 불안정하고 어지러울 때마다 소위 말법사상(末法思想)이 유행했던 것은 동양문화권 전반에 걸친 일반적인 경향이었다. 그러한 경향이 종교운동으로 발흥하여 체계화된 교리까지 갖추게 된 예는 중국과 일본에서 특히 두드러졌다. 중국에서는 말법시대라는 위기의식이 강하게 표출되면서 새로운 불교가 탄생하였는데, 하나는 정토교(淨土敎)이고 다른 하나는 삼계교(三階敎)이다. 삼계교는 수(隋)나라의 신행(信行, 540~594년)에 의해서 창시되었는데, 말법의 악세(惡世)가 되었으므로 모든 사람들은 두루 공경하고 진실한 보편적인 가르침에 의지해야 한다고 주장했다.

삼계교란 불교 전체를 때와 장소와 사람에 따라 3종류, 3단계로 분류하는 데서 붙여진 이름이다. 부처님 입멸 후 각 시대에 있어서 부처님의 가르침이 실행된 방향, 중생세계의 양상, 거기에 사는 사람들의 능력과 자질 등에 3종의 단계가 있음을 지적하고서 각각의 중생에 부응하는 가르침이 있음을 설하고자 한 것이 삼계교였다. 부처님의 가르침이 진행되는 시기에 대해서는 예로부터 정법(正

法), 상법(像法), 말법(末法)이라는 세 시대가 있다고 믿어져 왔다. 각 시대의 기간에 대해서는 견해가 일치되지 않았으므로 불멸 후의 1000년까지를 제1, 2단계로 보고, 1000~1500년 이후를 제3단계라고 정하여, 이 제3단계가 현재의 말법시대라고 생각하였다. 장소에 대한 3단계는 이상적 세계인 정토(淨土)를 제1단계로 보고, 현실의 사바세계인 예토(穢土)를 제2단계와 제3단계로 구분한 것이다. 사람에 대한 3단계는 인간의 능력을 상, 중, 하로 구분한 것이다. 이상의 구분에 따라 현재를 시기에 있어서는 말법시대, 장소에 있어서는 다섯 가지의 더러움(五濁)으로 물든 예토, 사람에 있어서는 극악함과 삿된 견해가 판을 치는 세상이라고 규정한다. 즉 모든 측면에서 제3단계에 속해 있는 것이 현재라는 것이다. 그래서 이 제3단계의 때, 장소, 사람에 걸맞는 교리로서는 모든 부처와 가르침을 구별없이 받들어 모시는 보편성의 입장이 아니면 안 된다고 주장한다.

결국 삼계교는 제1단계를 일승(一乘), 제2단계를 삼승(三乘), 제3단계를 보법(普法)이라 특징짓는다. 제1, 2단계의 사람들은 일승이나 삼승의 특별한 가르침에 의하여 깨달음을 얻게 되나, 이제는 보편성을 지닌 가르침인 보법에 의지하지 않으면 안 된다고 주장하는 것이다. 삼계교의 창시자인 신행은 이를 몸소 실천하는 데에 노력하였다. 그는 걸식으로 하루 한 끼의 생활을 하면서 거리에서는 남녀를 불문하고 예배하였으며, 일체의 중생을 위해 신명과 재산을 버릴 것을 맹세하였다 한다. 그는 『법화경』이나 아미타불 등의 특정한 경전이나 부처에게 귀의하는 신앙형태를 예리하게 비판하였다.

그가 교의적으로 주장하는 바는, 제3단계인 말법시대에 사는 사람들은 보법에 의하지 않고서는 그들이 지은 죄를 끊을 수 없으므로, 각자의 기질과 능력에 따라 일체의 불, 법, 승에 귀의하여 모든 악을 끊고 선을 닦아 훌륭한 지도자를 구하라는 것이었다. 이러한 입장을 보경보불(普敬普佛)이라 한다. 모든 진리는 여래장(如來藏)에서 전개된 것이고 모든 사람은 불성(佛性)을 갖추고 있기 때문에, 모든 사람들에 대하여 차별을 인정하지 않고 부처로서 받들어야만 한다는 것이다. 이런 사상은 필연적으로 모든 사람들에 대하여 애증과 경중(輕重)의 차별을 두지 않는 보경사상(普敬思想)으로 전개된다. 삼계교에서는 이 가르침이야말로 말법탁세에 태어난 죄악이 많은 범부가 구제받을 수 있는 실천불교라고 설하고, 같이 믿고 실천할 것을 승려와 속인 모두에게 권했다. 이러한 노력이 사회적으로 표출된 것이 **무진장원(無盡藏院)**의 활동이다. 이는 다른 종파에서는 볼 수 없는 삼계교만의 특색이 되었지만, 한편으로는 삼계교가 탄압을 받게 된 원인도 되었다.

신행의 삼계교는 589년 무렵에는 수도인 장안(長安)에까지 진출하여 화도사(化度寺)를 중심으로 교세가 확장되어 갔다. 창시자인 신행이 입적하자 이후 그의 입적날이 되면, 그의 유지를 따르는 신도들이 화도사에 모여 자신들의 재산을 보시하였다고 한다. 이것이 무진장원의 기본재산이 되었다.

삼계교의 교리에 따르면, 사람들은 영겁의 옛날부터 쌓이고 쌓인 빚더미를 짊어지고 있다. 관리는 지위를 이용하여 사리사욕을 채우고, 장사치는 남의 허점을 찔러 이익만 꾀하고, 농민은 논밭을 갈면서 벌레집을 파괴하거나 그 생명을 해치는가 하면, 사람들끼리도 서로 해치고 모략, 중상, 시기, 질투하면서 부끄러움도 모르고 참회도 없다. 이같이 과거세로부터 헤아릴 수 없이 많이 저지른 죄악의 채무를 도대체 어떻게 보상할 수 있을까. 그것은 오직 무진장으로 보시하는 길밖에 없다. 그 보시로 말미암아 자신의 죄업을 소멸시키고 부모와 조상에 대한 효행도 할 수 있다. 이러한 생각이 신도의 신념이었으며, 그들은 실지로 눈물을 흘려 보시하기를 기뻐했다. 이름도 알리지 않은 채 수레에 가득 실은 돈이나 포목 같은 것을 그냥 버리듯이 보시하고 가는 실정이었다 한다. 이렇게 하여 형성된 것이 무진장원이다. 무진장원은 원래 사원의 유지와 경영을 위한 중요한 기초재원을 뒷받침하는 것으로서 화도사만의 독점적인 제도는 아니었지만, 화도사에서는 모인 재물을 빈민구제의 사업으로 돌린 점에 화도사 무진장원의 특징이 있다. 처음에는 무이자로 빌려주고 차용증서도 받지 않았을 뿐더러, 기한이 되어 갚으면 된다는 복지 위주의 자선사업이었다. 이 제도는 화도사의 인근 지방에만 국한되지 않고 멀리 퍼져 나가 활성화되었다.

위와 같은 실천적 노력으로 인해 삼계교는 급속히 발전하였으나, 그 발전이 또한 다른 종파들로부터 배척받는 이유가 되었다. 삼계교 자체에도 독선적인 데가 있었다. 다른 종파들을 몰 밀어 사이비로 비난하고 화합공존하는 기풍이 없었으며, 극단적인 인신공격은 정치에 대한 비판으로도 나타나게 되어 위정자들의 장애가 되었다. 그리하여 600년에는 삼계교에 대한 금지령까지 나왔다가, 다행히 수나라 대신 당나라 세상이 되면서 더욱 성황을 맞게 되었다. 그러나 무진장원의 금융제도에는 역시 부정이 따르지 않을 수 없었던 듯하며, 이것이 직접적인 원인이 되어 713년에는 무진장원을 폐지하려는 칙령이 있었고, 725년에는 삼계교의 해산명령까지 맞게 됨으로써 중국땅에서는 그 종적을 감추기에 이르렀다.

삼계교는 이단으로 규정되었을 뿐만 아니라, 그 전적(典籍)의 유통까지도 금지되어, 대장경 속에서도 삼계교의 문헌을 볼 수가 없게 되었다. 그러나 다행히 제56문에서 잠시 언급하였듯이 돈황에서 그의 문헌 일부가 발견됨으로써, 삼계교의 교리가 밝혀지게 된 것이다. 삼계교가 현대의 소위 실천불교에 시사하는 바는 많다. 불교의 이념을 실천적 행동으로 실현코자 노력하였음에도 불구하고, 극단을 배제하는 불교의 중도적 자세가 결여됨으로써 그 생명력을 잃고 말았다는 점은 하나의 큰 교훈으로 남는다. 그러나 그의 적극적인 입장은 오늘의 불교가 되새겨야 할 중요한 교훈임이 분명하다.

[참고문헌]　前田惠學 저, 석오진 역, 『佛敎要說』(→ 문 22), pp. 136~139.
　　　　　　鎌田茂雄 저, 정순일 역, 『中國佛敎史』(→ 문 28), pp. 176~178.
　　　　　　高崎直道, 『佛敎・インド思想辭典』(→ 문 13), pp. 142~143.

61 법상종

법상종은 어떠한 입장을 특징으로 하는 종파인가?

법상종(法相宗)이란 사물의 성질을 밝혀 냈다는 데서 붙여진 이름이다. 성(性)이란 불변의 본체를 말하며, 상(相)이란 변화하고 차별로 나타난 현상계의 모습을 말한다. 법상의 법은 본체적이며 정신적인 사물, 즉 물질과 마음을 포함한 모든 존재를 가리킨다. 따라서 법상종의 주요 목적은 모든 존재의 성질과 모습을 탐구하는 것이다.

법상종에서는 사물의 본성을 우리의 마음과 의식, 즉 심식(心識)이라 보고 이 심식이 외부로 드러난 모습이 모든 현상이라고 보기 때문에, 유식종(唯識宗)이라고도 일컬어진다. 따라서 이것은 제40문에서 설명한 인도의 유가 유식의 교학을 이어받은 것이다.

중국의 법상종은 현장(玄奘)이 인도에서 유학하고 귀국한 후 유식 관계의 경전과 논서를 번역한 데서 비롯하며, 정식의 개창은 현장의 많은 제자들 중 자은대사(慈恩大師) 기(基, 632~682년)에 의한다. 기는 흔히 규기(窺基)라고도 불리는데, 그가 법상종의 실질적인 창시자가 된다. 그리고 이 종파의 뿌리를 인도에까지 거슬러 가면, 유식학의 문을 연 아상가(無著)와 바수반두(世親)에 이른다.

인도에서 돌아온 현장의 번역사업은 각 분야에 걸쳤지만 그가 역점을 둔 것은 유식학이었다. 그는 인도에서 직접 배운 유식학을 중국에 소개했는데, 수많은 제자들 가운데서 그 진가를 발휘한 이가 규기였다. 695년에 현장은 『성유식론(成唯識論)』을 번역함에 있어 다른 제자들은 물리치고 유독 규기만을 데리고 했다고 한다. 따라서 법상종의 교의는 『성유식론』에 근거한다.

일체의 현상이 공(空)이라는 입장과 견해를 달리했던 실재론적 입장의 불교에서는 현상세계를 구성하는 일체의 요소에 대해서 연구하였다. 이는 소위 아비달마불교(제35문 참조)를 대표하는 『구사론(俱舍論)』에서 비롯된다. 『구사론』에서는 그것을 75법(七十五法)으로 정리하였다. 이에 대해 무아(無我)와 무상(無常)이라는 부처님의 근본교설을 중시했던 성실종(成實宗)에서는 80법을 주장했다. 그런데 법상종에서는 이 둘을 망라하여 일체의 요소들을 5위 100법(五位百法)으로 정리한다. 다시 말해서 개인과 환경의 모든 것은 5위 100법의 범주에 포함되어 있다는 것이다. 100가지 요소들을 다섯 범주로 분류한 것이 5위이다. 즉 마음의 요소(心法), 정신적 기능의 요소(心所法), 물질의 요소(色法), 마음과 결합되지 않은 요소(不相應行法), 생성되지 않는 요소(無爲法)이다. 마음의 요소인 심법에는 여덟 가지의 인식작용, 즉 8식(八識)을 세워 이 종파의 기본입장을 밝히고 있다(제40문 참조). 결국 5위의 법은 식을 떠난 것이 아니고 오로지 식(唯識)이라고 설한다. 이를 구체적으로 설명하길 제1위인 심은 식의 본래 모습이고, 제2위인 심소는 식의 작용이며, 제3위인 색은 식의 변화된 모습이고, 제4위인 불상응은 식의 분별된 모습이며, 제5위인 무위는 식의 진짜 성질이니, 100법의 하나하나가 모두 인식작용에 지나지 않는다는 것이다. 따라서 모든 존재는 인식작용을 떠나서는 성립할 수 없다. 이 인식작용의 주체인 8식 중 제7식인 말나식(末那識)은 아집의 근본이 되며, 제8식인 알라야식은 모든 현상의 종자로서 윤회의 주체가 된다.

법상종은 인도에서 성립된 유식학의 전통에 따라 유식에 관한 여러 가지 이론을 전개하는데, 그 중에서 중요한 것은 유식의 **3성설(三性說)**이다. 즉 유식에 세 가지의 성질이 있다는 것이다. 첫째는 변계소집성(遍計所執性)으로서 인식작용이 잘못된 분별에 의해 붙잡히는 것을 말한다. 여기서 생기는 것은 본래의 바탕이 없는 거짓 존재로서, 상상으로만 존재하고 실제로는 없는 귀신과 같은 것들이다. 둘째는 의타기성(依他起性)으로서 다른 것에 의존하여 생겨난 것이다. 여기서 생기는 것은 지속적인 성질을 갖지 않는 일시적이고 무상한 존재이며, 여러 가지 자재로 지은 건물과 같은 것이다. 스스로 존재하는 것이 아니라 여러 요인들의 결합에 의해서만 존재하므로 영속적인 실재성이 없다. 셋째는 원성실성(圓成實性)으로서 모든 것이 원만히 성취되는 있는 그대로의 참된 성질이다. 거짓되거나 일시적인 성질이 전혀 없는 진실한 존재로서 굳이 말로써 표현한다면 비실재(非實在)이고 진여(眞如)이다. 단적으로 말하면 변계소집성은 상상으로만 있는 것을 가리키고, 의타기성은 인과적 결합으로만 있는 것을 가리키며, 원성실성은 말하자면 근본바탕으로서 최상의 지혜를 얻은 자만이 알 수 있는 것을 가리킨다.

법상종이 실천수도에 있어서 취하는 특이한 입장은 모든 중생이 불성(佛性)을 지닌다는 점을 인정하지 않는 것이다. 이 때문에 천태종 등의 다른 종파들과 교의적인 논쟁을 하게 된다. 이러한 입장은 대승불교의 기본이념에 배치되는 것으로서 교세를 펴는 데에 약점으로 작용하였을 것이다. 그래서인지 법상종은 규기 이후로 3대에 걸쳐 70년간 융성하다가 그 뒤로는 화엄종에 밀려났다.

한국의 승려로서 법상종을 언급할 때 빠뜨릴 수 없는 중요한 인물은 신라 출신의 원측(圓測)이다. 그의 여러 저서 중『해심밀경소(解深密經疏)』만이 전해지고 있는데, 이는 티베트어로 번역되어 티베트대장경 속에 편입되었을 정도로 유명하다. 특히 그는 법상종의 창시자인 자은대사 규기와는 다른 유식설을 주장했다고 한다. 법상종이 독립 종파로서 오랫동안 지속되지 못하였던 것은 학문적인 종파로서 종교성이 결여되어 지지기반을 상실한 때문이 아닌가 생각된다. 그러나 이 종파가 주로 한 유식연구는 그 뒤로도 중국에서 계속되었다.

〔참고문헌〕 Junjirō Takakusu, The Essentials of Buddhist philosophy(→ 문 13), p. 81, 96.
　　　　　鎌田茂雄 저, 정순일 역, 『中國佛敎史』(→ 문 28), pp. 206~210.
　　　　　平川 彰, 『佛敎通史』(→ 문 54), p. 109.
　　　　　前田惠學 저, 석오진 역, 『佛敎要說』(→ 문 22), pp. 146~149.

화엄종

화엄종은 어떠한 교의를 특징으로 하는 종파인가?

중국의 수, 당시대에 성립된 여러 종파 중에서 가장 깊은 철학적 교리를 전개한 종파가 화엄종(華嚴宗)과 천태종이다. 다시 말해서 화엄종은 천태종과 더불어 중국불교 중 가장 원숙한 불교라고 평가된다. 화엄종은 북쪽지방에서 발달한 지론종(地論宗)이나 섭론종(攝論宗)의 학설을 받아들이고, 다시 당나라 초기에 현장(玄奘)이 전한 유식불교의 자극을 받아 성립되었다. 화엄종의 초대 조사(祖師)는 법순(法順)이라고도 불리는 두순(杜順, 557~640년)이고 그의 대를 이은 사람이 지엄(智儼)이라는 게 일반적이나, 근대에 이르러서는 지엄의 스승인 지정(智正)이 개창자라는 주장도 대두되었다. 어쨌든 화엄종을 대성한 사람은 제3대인 법장(法藏, 643~712년)으로서 실질적인 창시자라고 인정받고 있다.

화엄종은 『화엄경』이 불교의 최고 진리를 교시한 것이라고 간주한다. 종파로서는 천태, 삼론, 법상 등보다 나중에 출발한 만큼 각 종파를 종합하는 의도가 엿보이기도 한다. 그래서 종래의 여러 사상들을 소위 5교 10종(五敎十宗)의 체계로 분류함으로써 결국 화엄종이 최고임을 주장하는 것이다. 화엄종의 교판인 **5교 10종**이란 다음과 같은 요지이다.

5교

① 소승교 : 성문(聲聞) 독각(獨覺)이라는 이승의 입장. 설일체유부(說一切有部) 등 부파불교의 사상.

② 대승시교(大乘始敎) : 본성이 이승인 사람은 성불하지 못한다고 설한다. 삼론종의 공사상과 법상종의 유식사상.

③ 대승종교(大乘終敎) : 본성이 이승인 사람을 포함한 모두가 성불한다고 설한다. 『대승기신론』이나 『능가경』의 교설 및 천태종의 사상.

④ 돈교(頓敎) : 단계적인 수행을 내세우지 않고, 잡념이 없는 한 생각 그대로가 부처라고 한다. 『유마경』의 교설.

⑤ 원교(圓敎) : 일승을 강조하고, 믿음으로 충만한 바가 구극적인 부처의 깨달음이라고 설한다. 『화엄경』의 교설이며, 이에 의거하는 화엄종의 사상. 앞의 넷을 내포하면서 초월한 구극의 가르침.

10종

① 법아구유종(法我俱有宗) : 법(法)이든 아(我)이든 모두 실재함을 설한다. 독자부(犢子部) 등의 사상.

② 법유아무종(法有我無宗) : 법(法)은 영원하고 실재하나 아(我)는 없음을 설한다. 설일체유부(說一切有部) 등의 사상.

③ 법무거래종(法無去來宗) : 현재의 법만이 실재함을 주장. 대중부(大衆部) 등의 사상.

④ 현통가실종(現通假實宗) : 현재의 법 속에 오온은 실재하지만, 십이처, 십팔계는 실재하지 않음을 설함. 설가부(說假部) 등의 사상.

⑤ 속망진실종(俗妄眞實宗) : 세속의 법은 헛된 것이고, 출세간의 법이 진실이라고 설함. 설출세부(說出世部) 등의 사상.

⑥ 제법단명종(諸法但名宗) : 아든 법이든 이름지어진 것으로서 모든 실체는 없다고 함. 일설부(一說部) 등의 사상.

⑦ 일체개공종(一切皆空宗) : 일체의 법은 모두가 본래는 공임을 설함. 앞의 5교 중의 대승시교.

⑧ 진덕불공종(眞德不空宗) : 일체의 법은 진여 또는 여래장의 활동으로서 나타난 것임. 5교 중의 대승종교.

⑨ 상상구절종(相想俱絶宗) : 말을 떠난 구극의 경지를 선양함. 5교 중의 돈교.

⑩ 원명구덕종(圓明具德宗) : 법의 걸림없고 자유자재한 존재방식을 설함. 화엄종.

이상과 같은 화엄종의 교판은 중국의 여러 교판 중 가장 완비된 것으로 간주되는데, 이것도 결국 다른 종파나 학파의 교학에 대해 화엄의 교학이 절대적으로 우월함을 주장하기 위함이다. 화엄종의 교의적 특징은 유심연기(唯心緣起)와 법계연기(法界緣起)이다. 이에 대해 천태종은 제법실상(諸法實相)을 주장했다.

제법실상의 입장이란 서로 의존하고 관계되는 연결성만으로써 모든 현상세계를 파악하고 이해하는 것이다. 이에 대해 **유심연기**의 입장은 서로 의존하고 관계되는 연기의 세계에 있어서 그 통일적 중심을 관찰하고 터득하여, 그것을 진심(眞心) 또는 견실심(堅實心)이라 부르고, 이에 의해 모든 것을 설명하는 것이다. 따라서 여기서는 연기라 하지만, 시간은 별로 고려되지 않고 논리적인 의존관계를 중시한다. 시간에는 실체가 없기 때문에, 지나간 과거를 생각하면 오랜 시간도 한 순간과 구별되지 않게 된다. 오랜 시간의 세계가 그대로 한 순간 속에 담겨 있는 것이다.

따라서 『화엄경』에서는 "처음 마음을 일으킬(初發心) 때에 곧바로 정각을 성취한다."고 말하는 것이다. 이에 따라 한 생각으로 성불한다는 일념성불(一念成佛)이라는 주장이 성립된다. 무시간적인 입장에서 관찰하기 때문에, 그 연기는 서로가 걸림없이 통하여(相卽相入) 이어지고 또 이어지는(重重無盡) 성격을 지닌다. 이 사사무애(事事無碍)의 세계를 법계(法界)라 한다. 따라서 이 연기를 **법계연기**라 하는 것이다.

이 중중무진의 법계연기를 깨우쳐 주기 위해 법장은 다음과 같은 시험을 하였다고 한다. 캄캄한 암실에 불상 다섯을 안치해 두고 각각의 불상 앞에 등불을 하나씩 밝히고, 둥근 거울 열 개를 열 방향에 배치함으로써 거울과 거울, 영상과 영상을 서로 맞비춰 보였다는 것이다. 결국 화엄종의 법계연기는 깨달은 부처님의 순수하고 청정한 마음에 비친 만상의 세계라고 한다.

법계연기를 이해하기 위해 다시 법계의 의미를 되새길 필요가 있다. 화엄종에서의 법계란 상즉상입(相卽相入)의 존재방식을 지닌다. 상즉이란 온갖 것이 서로 자기를 버리고 남에게 동화하는 것이다. 남이 있으므로 자기가 성립하기 때문이다. 하나를 주인으로 삼는다면 연결되어 있는 다른 많은 것들은 동반자가 되어 그 하나를 돕는다. 상입이란 온갖 것이 서로 드나듦을 말한다. 즉 하나 속에 여럿이 들어가 걸림없이 자재함을 말한다. 나는 너에게 모든 힘을 다 쏟아 아무런 힘이 남지 않게 되고, 너는 나에게 모든 힘을 다 쏟아 아무런 힘이 남지 않게 되는 것과 같은 관계이다. 따라서 상즉상입이란 '하나가 곧 전체요, 전체가 곧 하나', 즉 '일즉다 다즉일(一即多多即一)'의 이치를 나타내는 것이다. 어리석은 사람에게는 너와 내가 대립하는 잡다한 현상계인 양 비치는 세계가, 깨달은 사람에게는 법계로서 비친다. 마음에 번뇌가 사라져 있기 때문이다. 화엄종은 십현문(十玄門)이라는 것을 제시하여 법계의 상즉상입을 보다 자세히 밝히고 있다.

나중에 화엄종에는 종밀(宗密, 780~841년)이 등장하여 교선일치(敎禪一致)의 입장을 대성했다고 한다. 교리 연구라는 이론적 측면과 선이라는 실천수행의 측면을 겸비할 것을 주장한 것이다. 이는 당시에 선종이 날로 번성했기 때문인 것으로 보인다. 화엄종에서는 많은 학승들이 배출되었지만 그 중에서도 우리의 관심을 끄는 인물은 신라의 의상(義湘)과 원효(元曉)이다. 의상은 당나라에 유학하여 화엄종의 제2조인 지엄에게 사사하여 7년 동안 공부하고 귀국함으로써 한국에 화엄종을 전했다. 화엄종을 대성한 법장이 그에게 보낸 편지가 지금까지 전해지고 있는 것으로 보아 그의 학문을 짐작할 수 있다. 원효는 의상과 함께 당나라로 가다가 중도에 포기하였지만, 화엄에 관계된 많은 저서를 남겼고 강의하였다. 특히 『대승기신론』에 관한 법장의 저서는 많은 부분을 원효의 저서에 의존하였다고 한다.

[참고문헌] 鎌田茂雄 저, 정순일 역, 『中國佛敎史』(→ 문 28), pp. 210~215.
         前田惠學 저, 석오진 역, 『佛敎要說』(→ 문 22), pp. 150~152.
         平川 彰, 『佛敎通史』(→ 문 54), pp. 115~119.
         高崎直道, 『佛敎・インド思想辭典』(→ 문 13), pp. 95~96.

63 율종

율종이란 어떠한 입장을 중시하는 종파인가?

율종(律宗)이란 계율의 연구와 실천에 의해 성립된 종파이다. 중국에서는 5세기 전반에 부파불교시대의 많은 계율성전들이 번역되었다. 따라서 이에 대한 연구도 성행하게 되었다. 그중 법총(法聰)이라는 승려가 『사분율(四分律)』을 연구하여 사분율종을 열었다. 이후 여러 계율성전을 연구하면서 여러 율종이 흥성하게 되었는데, 그 중에서도 율종으로서의 한 종파를 세운 사람은 도선(道宣, 596~667년)이 으뜸이었다. 그는 사분율종의 교리를 확립하였는데, 그의 율종은 그가 거처했던 종남산(終南山)의 이름을 빌어 **남산율종(南山律宗)**이라 불리게 되었다.

남산율종의 특징은 『사분율』이 본래 소승부파의 계율이란 점에서 대승의 불교도가 그 계율을 어떻게 실천하느냐를 중시한 데에 있다. 도선은 유식(唯識)의 교의를 좇아, 부처님이 정한 계율을 지킴으로써 악을 물리치고, 더욱 나아가서 선을 행하고, 중생을 교화하여 그 이익을 위해 진력하는 세 가지 입장을 근본으로 삼아 율종의 교리를 정립했다. 이 교리는 널리 환영받고 오래 유행하여 율종의 다른 파들을 압도하였다. 따라서 다른 율종들은 쇠퇴하고 오직 남산율종만이 번영하여 송나라 때까지 면면히 전해졌으며, 흔히 율종이라 하면 이 남산율종을 뜻하게 되었다.

율종의 교리를 확립함에 있어서 도선은 먼저 모든 불교를 화교(化敎)와 제교(制敎)로 분류하였다. 화교란 교리적인 불교를 말하며, 제교란 율종을 가리킨다. 그리고 계(界)를 금지하는 계(止持戒)와 권장하는 계(作持戒)로 나누고, 그 교리를 계법(戒法), 계체(戒體), 계행(戒行), 계상(戒相)이라는 네 가지 측면(四科)으로 나누어 설명하였다. 계법이란 부처님이 제정한 계율을 말한다. 계체란 계율의 본질이라 할 수 있는 것으로서 수계자가 계를 받아들임으로써 마음속에 간직하게 되는 것을 말한다. 계행이란 계율의 실천을 뜻한다. 계상이란 5계, 10계, 250계 등이 포함하고 있는 계율 하나하나의 내용을 가리킨다. 이중에서 가장 중요한 것은 계체이다. 이것이 없으면 결코 완전하게 계율을 받아들일 수가 없기 때문이다. 계체는 경건하게 계율을 받을 때 새겨지는 확고한 인상으로서 끊임없이 활동하는 의식의 힘이다. 사실상 이것은 엄숙한 수계시에 마음으로부터 우러나오는 맹세의 결과이다. 이렇게 하여 생긴 힘은 필요할 때마다 생각과 말과 행동으로 저절로 드러날 수밖에 없으며, 따라서 수계자는 계율에 부합하도록 적절히 활동하게 될 것이다. 계체는 이처럼 우리의 의식과 마찬가지로 마음속에서 작용하는 도덕적 힘이다.

대승불교에서는 『범망경(梵網經)』에서 설하는 대승계가 있으나 이것은 출가자나 재가자에게 일관되는 계였다. 따라서 출가자가 출가와 재가를 구별하고자 하면, 아무래도 5계(재가의 계), 10계(사미의 계), 250계(비구의 계) 등으로 규정된 율장의 지시에 따르지 않

314

으면 안 된다. 율장의 계를 받음으로써 출가하여 사원에 거주하며 가사를 입고, 계율에 따라 일상생활을 규제함으로써 재가자와는 다른 입장을 확립할 수 있다.

그러나 『범망경』에 있는 대승계에 의해서는 그럴 수가 없었다. 이 문제를 해결하기 위해 도선은, 계율이라는 점에 있어서는 대승과 소승의 구별이 없다고 주장했다. 이렇게 주장할 수 있는 근거로서, 그는 『사분율』 속에 대승불교의 정신과 통하는 교리가 다섯 군데나 있음을 지적했다. 전통적 계율을 고수하는 사분율종이 부분적으로는 대승과 통한다고 주장한 것이다. 이 때문에 남산율종은 대승불교를 견지하는 중국불교에서 환영을 받았을 것이다.

이후 남산율종은 일본에 전래되어 큰 영향을 끼쳤다. 중국의 율사를 모셔 가려는 일본 승려들의 열렬한 노력은 온갖 고초를 겪으면서 여섯 차례의 시도 끝에 감진(鑑眞, 687~763년)을 모셔 가는 데에 성공한다.

당나라의 율에 관해서는 인도를 여행했던 의정(義淨)을 주목하지 않을 수 없다. 그는 해로로 귀국하면서 계율을 중시하는 남방불교의 당시 상황을 『남해기귀내법전(南海奇歸內法傳)』이라는 여행기 속에 남겼다. 그는 『근본설일체유부율(根本說一切有部律)』을 가지고 들어와 가장 진정한 율이라 믿고 번역하였으나, 그다지 영향을 주지는 못했다. 그러나 그의 여행기는 7세기 후반의 인도불교를 아는 데에 귀중한 자료가 된다.

[참고문헌]　鎌田茂雄 저, 정순일 역, 『中國佛敎史』(→ 문 28), pp. 216~218.
　　　　　　前田惠學 저, 석오진 역, 『佛敎要說』(→ 문 22), pp. 149~150.
　　　　　　平川 彰, 『佛敎通史』(→ 문 54), pp. 110~114.
　　　　　　Junjirō Takakusu, The Essentials of Buddhist philosophy(→ 문 13), p. 196.

64 선종

선종이란 어떠한 입장을 중시하여 전개된 종파인가?

우리는 대개 선(禪)이라는 말에 대해서는 그것이 불교의 대명사라고 인식할 정도로 친숙해져 있다. 경우에 따라서는 이런 일반화된 인식이 불교의 바른 이해를 저해하기도 한다. 지금 피상적으로 알고 있는 선이 불교 본래의 또는 전체의 입장이라고 생각한다면, 특히 그러하다.

선이라는 말은 인도의 속어인 자나(jhāna)에서 끝의 모음이 탈락하여 잔(jhān)이라 발음되는 것을 그대로 한자로 옮긴 것이라 한다. 이에 상당하는 산스크리트어는 디야나(dhyāna)이다. 이에 상당하는 원어는 이 밖에도 더 있다. 그러나 대표적인 원어인 자나 또는 디야나가 쉽게 말하면 명상이나 정신집중을 뜻하기 때문에 이러한 의미를 한자로 번역하여 정(定)이라 하고, 보다 더 그 의미를 분명히 하기 위해 선정(禪定)이라고도 한다.

따라서 선의 전통은 인도에서 비롯되고 더 나아가서는 불교 이전까지 거슬러 올라간다. 인도에서는 일찍이 흔히 요가라고 하는 명상법이 종교, 철학계에서 일상화되어 있었다. 간단히 말해서 이러한 요가의 불교적 변용을 선이라 표현했다고 이해하면 되겠다. 명상이라는 수행법은 절실히 필요한 것이었고, 당시의 전통에서 요가는 특수한 고행과 결부되어 있었으므로, 부처님은 그것을 누구나 행할 수 있도록 간략화해서 선이라 했던 것이라고 이해할 수 있다. 물론 이것을 실제로 행함에 있어서는 사람의 능력이나 근기에 따라 단계와 수준의 차이가 있었을 것이다. 그래서 불교에서는 여러 종류의 선이 있게 된다.

그러나 이제 여기서 문제삼고 있는 선종의 선은 불교에 있었던 종래의 선과 구별할 필요가 있다. 선종은 중국에서 전개된 불교의 특수한 한 종파이기 때문이다. 선에 관한 중국의 한 문헌(『禪源諸詮集都序』)에서는 불교 내에 있는 선을 다섯 종류로 구분하고 있는데, 그중 가장 발전된 선으로서 최상승선(最上乘禪)을 든다. 이를 여래선(如來禪)이라고도 한다. 이 최상승 또는 여래선이 선종에서 개발한 선이라고 간주된다. 따라서 다른 종파인 천태종이나 삼론종에서도 실천법으로서 행했다고 하는 선은 선종에서 말하는 선이 아님을 알 수 있다.

중국의 선을 말할 때면 의례 달마대사를 연상한다. 중국의 선은 달마대사, 즉 보리달마(菩提達磨, 원어로는 보디다르마)로부터 비롯된다. 그는 중국 선종의 개조(開祖)가 되는 것이다. 그런데 앞서 말했듯이 선이라는 수행법은 이미 부처님 자신이 제시했기 때문에 선종의 역사적 계보를 부처님으로부터 서술하기도 하는데, 그렇게 추구해 들어가면 보리달마는 제28대 조사가 된다고 한다. 이는 물론 전통을 숭상하는 중국인의 억지스러운 발상이라고도 생각된다.

어쨌든 보리달마는 실존 인물로서 남인도에서 해로를 통해 520년에 중국에 도착했다고 전해진다. 잘 알려진 그는 소림사(少林寺)

에서 9년 동안 절 뒤의 가파른 벽만을 대하고 수도했는데, 혜가(慧可)에게 법을 전수하고서는 그곳을 떠나 홀연히 종적을 감추어, 이후의 행적이 전해지지 않는다. 후대의 전설에서는 서역으로 가는 길목에서 누군가가 달마대사를 만났다는 이야기도 전해진다.

선종에 있어서 보리달마로부터 비롯된 전승의 계보는 숱한 선사(禪師)들이 배출됨에 따라 복잡하게 얽히고, 다양한 입장이 개진됨에 따라 따로 독립해 나간 여러 지파들이 난립하여, 중국불교는 가히 선종의 시대를 맞았다고 할 수 있게 되었다. 이리하여 **선불교**라는 특수한 입장이 성립되었다. 이것이 한국불교에 큰 영향을 미쳤음은 더 말할 나위가 없다. 이러한 선종에 분파가 생기게 된 것은 제6조 때부터이다.

달마가 중국으로 건너온 뒤로부터 중국에서는 기존의 선정에 대한 관념과 수행이 변했다. 달마는 그의 전기가 확실치는 않지만 완전한 지혜, 즉 반야(般若)로서의 공(空)을 근간으로 하는 대승의 선을 좌선(坐禪)의 한 방법으로 전했던 것 같다. 따라서 달마를 비롯한 초기의 선은 논리적 경향이 강한 선이었다.

그러나 이는 곧 비논리적 경향의 선으로 바뀌었다. 이 경향은 제6조인 혜능(慧能)에 이르러 두드러지게 나타났다. 그리하여 선사상의 비논리성을 명백히 드러내는 "**불립문자(不立文字)**, 교외별전(教外別傳), 직지인심(直指人心), 견성성불(見性成佛)"이라는 명제가 등장하였는데, 이는 선종이 내거는 근본기치가 되었다. 불립문자란 문자를 빌지 않고 문자에 의존하지 않는다는 의미이지만, 문자를 사용하지 않는다는 것은 아니다. 문자에 집착하지 않으며, 보편적인 명제의 형식을 취하여 확언하지 않는다는 것이다. 따라서 경전의 내용에 대해서는 형식에 구애되지 않는 자유로운 태도를 취하게 된다. 또 경전(敎)에 기술되어 있지 않은 곳에 불교의 진리가 있다고 한다. 교외별전이란 경전에 절대적 가치나 의의를 부여하지 않음을 말한다. 이 때문에 선의 생활에서는 사람과 사람의 관계를 중시한다. 선종에서는 개인이 체험하는 선의 깊이와 높이를 직관하는 일을 수행의 기본으로 삼는다. 그 개인이 체험한 선의 경지를 기(機)라고 한다. 스승은 제자의 기를, 제자는 스승의 기를 곧바로 파악하여 그것을 여실히 표현해야 하는 것이다. 이것을 직지인심이라 한다. 직지인심이란 자신이 본래 지니고 있는 성품, 즉 불성(佛性)을 알아보는 것으로서, 이때 부처가 되는 것이다. 견성성불이란 바로 이것을 가리킨다.

이상과 같은 기치 아래 깨달음을 얻는 것을 개오(開悟)라 한다. 깨달음을 연다는 뜻이고, 목적을 성취한다는 뜻이다. 선종에서는 이 개오에 돈오(頓悟)와 점오(漸悟)의 두 입장을 인정한다. 달마로부터 내려오던 선종은 여기서 두 파로 갈리게 되었다. 혜능의 선을 돈오라 하고, 혜능에 버금가는 신수(神秀)의 선을 점오라 한다. 혜능과 신수는 모두 제5조인 홍인(弘忍)의 문하에서 쌍벽을 이루는 제자였다. 그러나 두 사람의 입장은 모든 면에서 대조적이었다고 한다. 신수는 불교 전반에 통달했고, 홍인과 작별한 이래 독자적으로 정진했으며, 만년에는 궁중으로 초청되어 당시의 측천무후(則天武后)와 중종(中宗)의 두터운 예우를 받았을 뿐 아니라 많은 제자들을 배출하면서 교화활동에 힘썼다고 한다. 이에 비해 혜능은 가난한 집안의 출신으로서 홍인의 문하에서 주로 노동에 종사하면서 정진했다고 한다. 이런 배경부터가 선에 대한 두 사람의 입장을 달리하게 했을 것이다. 사실성이 의심스러운 몇 가지 일화가 있기는 하지만, 어쨌든 스승인 홍인은 전승의 법통을 학문적으로도 뛰어난 신수에게 물려주지 않고 혜능에게 물려주었다. 그래서 혜능은 선종의 제6조가 되었다. 신수를 따르는 사람들은 북부에서 교화활동을 폈기 때문에 북종(北宗)이라 불렸고, 혜능의 계통은 남부에서 활동하였기 때문에 남종(南宗)이라 불렸다. 또 북종은 단계를 밟아 점진적으로 수학하여 성불한다는 점오를 주장하므로 북점(北漸)이라 불리고, 남종은 불립문자 등의 기치 아래 곧바로 성불한다는 돈오를 주장하므로 남돈(南頓)이라 불린다. 처음에는 북종이 번성하였으나, 나중에는 남종 계통에서 뛰어난 후계자들이 많이 배출되었을 뿐만 아니라 남종의 선풍을 적극적으로 북부에까지 선포하게 되면서 남종이 단연 우세를 보이게 되었다. 그래서 당나라 중기 이후에는 선종이라 하면 남종을 가리키게 되었다. 남종에서는 다시 분파가 일어나면서 선의 양상을 달리하게 된다.

이상에서 알 수 있듯이 선종이라 하면 곧 남종을 가리키는 것이고, 그 사상도 남종의 총수격인 혜능에게서 비롯된다. 다시 말하면 돈오가 중국 선종의 중심사상이 된다. 혜능은 수행자가 각기 지니고 있는 불성을 깨달을 때, 그대로 부처가 된다는 **돈오선**을 주창했던 것이다. 이러한 선에서는 장기간의 수행단계를 세울 필요가 없으며 경전도 필요 없다. 자기가 본래 지니고 있는 불성을 드러내는 데에는 좌선만으로 충분하며, 혹은 좌선을 하지 않더라도 일상의 생활 그대로가 바로 부처의 행동이라고 가르쳤다. 이것이 **여래선**(**如來禪**)이다. 사실 이러한 입장에서의 여래선은 굳이 종파를 구별할 필요가 없이 소승과 대승을 막론하고 불교 전체의 일반적인 명상법이라 할 수 있다.

그래서 불교의 모든 종파에 공통되는 명상법으로서 다음과 같은 좌선법이 보편화되어 있는데, 이를 통해 여래선의 면모를 짐작할 수 있다.

　자리를 정돈한 다음, 가부좌를 틀고 곧바로 앉아, 눈은 완전히 감지도 않고 뜨지도 않은 채로 5~6미터쯤의 전방을 본다. 몸을 곧추 세우고 있지만 호흡 때문에 움직일 것이다. 이러한 동요를 가다듬기 위해 호흡을 헤아린다. 즉 들숨과 날숨을 하나로 하여 열까지 천천히 세어 나가되 절대 그 이상으로 나아가서는 안 된다. 숫자에 집착할 우려가 있기 때문이다. 몸이 바로 잡히고 평온을 찾게 되면, 이번에는 생각이 산란해질 것이다. 이럴 때는 병이라든가 죽음과 같은 인간의 부정(不淨)함에 대해서 명상한다. 이렇게 하여 정신집중의 준비가 잘 갖추어지면, 우주의 열 가지 현상에 대한 집중의 훈련을 시작한다. 즉 파랑, 노랑, 빨강, 하양, 땅, 물, 불, 바람, 허공, 의식이다. 이는 명상을 통해 우주의 다양한 현상을 동일화하는 것이다. 이 열 가지 중의 하나로 우주가 가득 채워져 있는 것처럼 보이게 될 때까지 집중을 계속한다. 예를 들어 물에 대해 명상한다면 주변의 세계는 온통 물로 넘쳐흐르게 될 것이다.

　그러나 혜능의 여래선, 즉 돈오선은 이후 **조사선(祖師禪)**이라 불리게 된다. 돈오선의 입장에서는 조사의 언행을 실마리로 삼아 선을 실수(實修)하게 된다. 그래서 인도로부터 전래된 경전보다는 가까운 조사의 언행을 중시하고, 그것이 일종의 공식과 같은 것이 됨으로써 공안(公案)이라는 것이 생겨났다. 이러한 공안에는 의미상, 과거의 조사들이 남긴 언행을 내용으로 하는 고칙공안(古則公案)과, 현재 생성되어 있는 것은 모두 움직일 수 없는 진리라고 보는 입장에서 생긴 현성공안(現成公案)이 있다. 중국에 선종을 일으킨 보리달마를 제28조라고 간주하는 것은 조사선의 입장이다. 조사선에서는 여러 분파가 난립하였는데, 그 난립상을 소위 5가 7종(五家

七宗)이라 분류한다. 5가 중에서도 임제종(臨濟宗)과 조동종(曹洞宗)이 가장 유명했는데, 송나라 시대에 이르러서는 임제종 중에서 분파된 양기파(楊岐派)가 조동종과 더불어 융성하면서 서로 대치했다.

일반적으로 전자를 간화선(看話禪) 또는 공안선이라 하고, 후자를 묵조선(默照禪)이라 한다. 묵조선은 침묵으로 앉아서, 움직이고 머물고 앉고 눕는(行住坐臥) 일상의 생활을 선의 체현으로 삼는 좌선을 가르쳤다. 그러나 이는 논리성과 지성을 결여한 것으로서, 오직 앉아 있는 것만을 좌선으로 삼는다는 비난을 받았다. 한편 간화선은 고칙공안을 중심으로 하여 본래 지닌 불성을 자각케 하려 했고, 지혜에 의한 깨달음을 얻고자 하는 선이었지만, 좌선을 경시한 선으로서 선 본래의 존재방식으로부터 벗어났다는 비난을 받았다.

이상과 같은 선의 폐단은 불교의 근본취지를 잘못 인식케 하는 면도 없지 않았다. 현학에 치우친 면이 많았던 중국불교의 종파적 상황에서, 이론보다 실천을 중시한 선불교는 나름대로의 참신성을 확보할 수 있었을 것이다. 이런 면에서 선을 통해 걸림과 집착이 없는 정신의 자유자재를 얻는 것은 좋지만, 그것이 타인의 고통을 해결하려는 중생구제의 노력으로 활용되지 않는다면 종교로서의 불교의 존재가치를 상실할 수밖에 없을 것이다.

［참고문헌］　高崎直道, 『佛敎・インド思想辭典』(→ 문 13), pp. 268~269.
　　　　　　　Junjirō Takakusu, The Essentials of Buddhist philosophy(→ 문 13), pp. 106~107.
　　　　　　　鎌田茂雄 저, 정순일 역, 『中國佛敎史』(→ 문 28), pp. 227~228.
　　　　　　　前田惠學 저, 석오진 역, 『佛敎要說』(→ 문 22), pp. 152~156.

65 정토교

정토교란 어떠한 교의를 특징으로 하는 종파인가?

불교는 원래 자력(自力)의 종교로서 출발했다. 인간이라면 누구나 자신의 힘으로 이상을 성취할 수 있다는 것이 불교의 기본입장이다. 그리고 스스로 문제를 해결해 가는 시각과 관점, 방향, 방법을 구체적으로 제시하는 것이 불교의 가르침이다. 그러나 자신의 능력을 믿지 못하거나, 믿는다 해도 그것을 개발할 정신적 여유가 없는 사람들도 있다. 또 대개의 사람들은 어려운 길을 피하려는 심성도 지니고 있다. 이런 사람들은 먼저 목적을 성취하거나 힘있는 자에게 의지하여 목적을 달성하던가 행복을 구하고자 한다. 그래서 종교인을 찾게 되며, 종교라면 당연히 이들의 소망을 들어주어야 한다. 불교도 이러한 욕구를 충족해 주어야 한다는 인식은 진즉부터 싹텄다. 제36문에서 설명한 바 있듯이 대승불교는 이런 인식에 출범하였다.

그런 대승불교에서도 특히 믿음이라는 신앙적 측면을 중시하고 믿음을 통한 구원을 약속한 것이 정토사상(淨土思想)이다. 또 그러한 입장을 천명하여 교의를 전개하고 대중으로부터의 지지를 확보한 것이 정토교 또는 정토신앙이다. 중국에서 이 정토교가 유행하기 시작한 것은, 삼계교와 마찬가지로 사회가 불안정함으로써 위기감이 고조될 때였다.

자력신앙의 대표적인 예가 선종이라면, 타력신앙의 대표적인 예가 정토교이다. 그러나 앞서 말한대로 이 전통의 뿌리깊음은 약 650여 부에 달하는 대승경전의 약 3분의 1이 정토사상을 설하는 경전이라는 점에서 알 수 있다.

정토란 '아미타바'라는 이름으로 불리는 부처, 즉 아미타불(阿彌陀佛)이 과거의 무수한 공덕으로 인해 현재 거주하고 있다는 서방의 극락세계를 말한다. 아미타불만이 정토에 살고 있는 것은 아니다. 미래에 도래할 부처로서 유명한 미륵불(彌勒佛)도 정토에 살고 있다. 그래서 중국에 있었던 초기의 정토신앙은 정토에 왕생하길 원하면서도 어느 부처의 정토에 왕생할 것인지가 명확하지 않았다. 그러다가 점차 유명한 미륵불의 정토와 아미타불의 정토가 우세하게 되었다. 좀더 시간이 지나자, 미륵불의 상을 조성해 두고서도 아미타불의 정토를 염원하는 등 양자의 신앙이 분명히 분화되지 않았다. 그러나 점차 아미타불의 신앙이 교리적인 기초를 구축함과 더불어 우세하게 되었고, 당나라 시대에는 정토교라고 하면 아미타불의 신앙을 의미하게 되었다. 그래서 정토교를 **아미타신앙**이라고도 한다.

중국 정토교의 창시자는 북위(北魏)의 담란(曇鸞), 그의 가르침을 계승한 인물은 도작(道綽)이라고 하나, 실제 정토교를 대성한 인물은 선도(善導, 613~681년)이다. 그는 부처의 이름을 입으로 부르는 염불(念佛)을 중시하였으며, 그러한 염불을 얼마나 많이 하느냐 하는 숫자를 중시하지 않고, 염불할 때의 마음가짐인 신심을 중시하였다는 점에 특색이 있다. 정토교의 이론적 배경이 되는 경전을 소위 정토삼부경이라 하는데, 곧『아미타경』,『무량수경(無量壽經)』,『관무량수경(觀無量壽經)』이다. 이 셋은 각각 소경(小經), 대경(大經), 관경(觀經)이라 약칭된다. 이들 중에서도 특히 정토교의 이론적 근거를 마련하는 것은,『무량수경』에 나오는 법장보살의 48원(四十八願) 중 제18원(제15문 참조)이다. 그 요지는 아미타불이 있는 극락세계로 중생을 이끌겠다는 것이며, 모든 사람이 극락에 도달하지 않으면 그 자신도 열반에 들지 않겠다는 것이다. 이것이 바로 아미타불이 본래부터 세웠던 맹세, 즉 본원(本願)이고, 이 본원의 힘에 의해 중생이 정토에 왕생할 수 있다고 해석한 것이다. 본원이란 부처님이 맨 처음 깨달음을 성취코자 하는 마음을 일으킬 때에 세운 서원을 가리킨다. 그러한 서원 속에는 자신의 깨달음을 기어이 실현하겠다는 자리적인 것이 주가 되겠지만, 그에 못지않게 남에게도 깨달음을 얻게 하려는 이타적인 것도 동시에 세워진다. 경우에 따라서는 이타적인 것이 보다 중요시되는데, 아미타불의 경우가 그 대표적인 예이다. 특히 대승불교에서는 부처나 보살들의 그러한 본원에 주목하게 되고, 그 중에서도『무량수경』의 48원에 특히 주목하면서 정토신앙의 이론적 근거를 마련하였던 것이다.

아미타신앙이란 소위 **이행도(易行道)**로서 누구나 쉽게 들어설 수 있는 구원의 문을 연 포용과 자비의 불교이다. 원래 한역된『무량수경』의 제18원에는 구제의 조건으로서 아미타불을 열 번 생각하라 하고, 다섯 가지의 큰 죄를 저지른 자나 불교를 비방하는 자는 제외된다고 하였다. 그러나『관무량수경』에서는 한 걸음 더 나아가 죄인도 구제하려는 방향으로 진전되었다. 소위 오역죄(五逆罪)

를 저지른 자일지라도 '나무아미타불'을 열 번 외우는 정도로 구제될 수 있음을 허용한 것이다. 이렇듯 정토교는 대중의 큰 호응을 얻을 소지를 안고 있었다. 그러나 이의 취의를 망각할 때 지나친 기복종교로 전락할 우려도 없지 않다. 앞서 말한 도작은 부처님 이름을 부르는 칭명염불(稱名念佛)을 날마다 7만 번이나 했다 하고, 선도는 『아미타경』을 사경하길 10만 권에 이르렀다고 하는데, 특히 선도를 따르는 이들은 염세주의적이거나 현실도피적인 경향을 취하는 폐단도 낳았다 한다. 과장된 이야기이긴 하겠지만, 정토를 그리워하는 어떤 이들은 급한 나머지 산봉우리에서 투신자살하기도 하고, 우물에 빠져 죽기도 하고, 나무에서 떨어져 죽기도 하고, 분신하여 죽기도 하는 등 정토신앙을 잘못 이해한 경우가 적지 않았다.

정토에 왕생하는 길은 적어도 다섯 가지가 있음을 선도는 제시하였다. 즉 정토계통의 경전을 읽는 독경, 정토의 모습을 상상하는 관찰, 아미타불에 대한 예배, 아미타불의 공덕을 찬탄하고 공양하는 찬탄, 입으로 아미타불을 부르는 칭명이다. 이 중에서 칭명이 가장 중요하며 나머지는 부수적인 것이라 한다. 그래서 우리 나라에서도 '나무아미타불'은 승려의 상투적인 인사인 양 인식되어 왔다. 나무아미타불이란 '아미타불을 부릅니다'라는 뜻이다.

정토교는 일본에서 크게 성행하여 여러 분파로 갈리면서 현재 일본불교의 주종을 이루고 있다. 우리 나라에서는 정토교가 독립된 종파로서 발전해 있지는 않지만, 불교인의 기본의식을 이루고 있다. 실제 선과 정토의 사상은 한국에 있어서 계속적인 연구와 발전을 가져왔으며, 이는 오늘날까지 존재하는 많은 선원과 염불당이 입증하고 있다. 그러나 일반 신도에 대한 교의적 이해를 도모하지 않음으로써 부정적인 측면이 기복불교라는 비판도 야기하고 있다.

　정토사상은 그 근본취의에서 보면 지극히 현실 참여의 실천적인 성격을 지닌다고 할 수 있다. 그럼에도 정반대의 현상으로 나타난 데에는 불교인의 이타적 자각이 결여된 데에서 기인한다. 정토란 염불을 통해 자기만이 도달할 수 있는 피안의 낙원이 아니다. 한 생각을 잘 깨치면 부처가 될 수 있다고 하듯이 그것은 누구에게나 열려 있는 현실로서 이해되어야 한다. 그리고 자신의 이익이 사회화된 곳에 정토의 세계가 열린다. 개인적인 해탈 또는 구원의 사회화가 바로 정토일 것이다. 내가 쉽게 구원받았다면 남도 쉽게 구원받을 수 있게 해주는 것이 아미타불의 본원력을 믿는 진정한 뜻이다.

［참고문헌］　『불교학개론』(→ 문 1), pp. 183~189.
　　　　　　　前田惠學 저, 석오진 역, 『佛敎要說』(→ 문 22), pp. 143~145.
　　　　　　　平川 彰, 『佛敎通史』(→ 문 54), pp. 137~138.
　　　　　　　鎌田茂雄 저, 정순일 역, 『中國佛敎史』(→ 문 28), pp. 231~232.

66 조계종

조계종의 성립에 따른 한국선종의 배경은 어떠한가?

조계종(曹溪宗)은 현재 한국불교를 대표하는 종단이다. 고려시대까지 불교가 국교로서 숭상되던 상황에서 우리 나라에는 중국에서 성립된 거의 모든 불교 종파가 유입되어 한때 꽃을 피웠으며, 또 독자적인 발전도 이루었다. 그러나 조선시대의 억불정책으로 인하여 과거의 전통은 단절되고 말았다. 우리의 불교사를 더듬어 보면 숱한 종파들이 성립했었음을 알 수 있고, 그 중에는 중국에서는 볼 수 없었던 독창적인 명칭들도 있다. 조계종도 그 중의 하나라는 점에서 일단은 우리의 전통불교라고 할 수 있다. 그러나 한국불교사 연구자에게는 조계종의 연원과 종지(宗旨)가 쟁점으로 대두되기도 한다. 여기에는 그럴 만한 배경이 있다.

한국불교가 현재의 조계종이라는 종명을 되찾은 것은 일제치하인 1941년의 일이다. 현재의 조계사인 태고사를 세워 총본산으로 삼고, 1911년 일본총독부의 사찰령(寺刹令)으로 인해 조선불교선교양종이라는 애매 모호한 명칭으로 바꿨던 것이다.

다시 거슬러 올라가면, 한국의 모든 종파는 1424년에 선종(禪宗)

과 교종(教宗)이라는 두 종파로 통폐합되었다. 조선조의 태종은 억불정책의 일환으로 종래에 있었던 11종을 7종으로 정리하였고, 세종은 다시 이 중 3종을 묶어 선종이라 하고, 4종을 묶어 교종이라 하였다. 이때 선종 속에 조계종이 포함되어 있었다. 그러나 선종으로 폐합됨으로 인해 그 이름을 잃고 말았던 것이다.

문제는 여기서 그치는 것이 아니라 더 거슬러 올라가면, 조계종이 고려시대에 성립된 종파인 것은 분명하나 언제 누구에 의해 어떻게 이루어진 종파인지, 자세한 것을 알 수 없다는 데에 있다. 중국의 선종은 일찍이 한국에 전래되었고, 신라에서는 흔히 구산선문(九山禪門)이라 하는 아홉 지파로 성행하고 있었다. 따라서 조계종이 선종인 것은 분명한 만큼, 추측컨대 그 연원은 선문구산이 될 것이고, 그 아홉 파의 선종이 하나의 종파로 묶여 조계종이 되었을 것이다. 또 그 내용에 대해서는 중국 선종의 혜능(慧能, 제64문 참조)의 선을 이어받은 것이라고 추측한다. 신라 말 혜능의 돈오선이 전래된 이래 선사들에 관한 기록에서 조계라는 말이 자주 등장하는데, 그 경우 조계는 모두 혜능을 가리키고 있기 때문이다.

그런데 고려시대에는 보조국사(普照國師) 지눌(知訥, 1158~1210년)이 6조 혜능의 가르침에 의거하면서 독자적인 선풍을 크게 떨쳐 선을 중흥하였고, 보우국사(普愚國師) 태고(太古, 1301~1382년)는 중국의 원(元)나라에 가서 인가를 받고 명성을 날린 후 돌아와 과거의 구산선문을 통합하였다 하니, 현재의 조계종은 그 연원을 이 두 사람에게서 찾고 있다.

이에 대해 학문적인 입장에서는 조계종의 연원을 보조와 태고의 둘 중 어느 한 사람으로 분명히 하고 싶어한다. 그래서 조계종이 보조의 선을 계승했다는 입장과 태고의 선을 계승했다는 입장이 대립해 있다. 조계종 자체 내에서는 보조국사의 선을 정통으로 삼는 입장이 지배적인 것 같다. 이는 아무래도 그의 선이 한국 고유의 전통을 계승한 것이라는 인식 때문일 것이다. 그의 독창적인 활동과 사상으로는 정혜사(定慧社) 또는 수선사(修禪社)라는 결사를 조직하여 정진하였으며, 돈오점수(頓悟漸修), 정혜쌍수(定慧雙修)를 주장한 것이다. 돈오와 점오란 제64문에서 설명하였듯이 애초에 중국 선종의 상반된 기본입장이었다. 그러나 보조는 양쪽의 가치를 다 인정하여, 돈오로써 마음이 곧 부처임을 깨닫고 나면 이전의 나쁜 버릇들이 일시에 제거되기 어려우므로 점수로써 점차적으로 닦아 나가 온전한 경지에 이르러야 한다고 주장했다. 즉 돈오로써 깨달음을 얻고 나서 모든 사람을 위한 이타행을 실천해야 한다는 입장이 **돈오점수**이다.

그는 "돈오 이후 점수의 문은 더러움을 닦는 것만이 아니요, 다시 온갖 행을 겸해 닦아 나가 남을 아울러 구제하는 것"이라고 말하였다. 이러한 점수의 성격과 내용을 구체적으로 밝히기 위한 것이 **정혜쌍수**이다.

정과 혜를 함께 닦아야 한다는 것인데, 정이란 산란한 마음을 한 곳에 집중하여 고요하게 하는 것이며, 혜란 사물을 있는 그대로 진실하게 보는 지혜이다. 이런 입장은 결국 실천인 선과 이론인 교(敎)를 조화시키는 정신으로 이어진다. 정신통일을 꾀하는 선정의 수행과 학문적인 교리연구로써 지혜를 닦아야 한다는 것은 정혜쌍수의 귀결이라 할 수 있다. 이는 원효 이래의 화쟁사상의 맥을 잇는 것이기도 하다. 조계종이 이러한 보조의 사상을 뿌리로 삼고자 한 것은 한국불교로서의 당연한 소망이라고도 하겠다.

그러나 조선시대 이래로 한국의 선종은 중국 임제종 계통인 간화선(看話禪)을 주류로 삼아 왔다는 사실을 무시할 수 없다. 이런 사실을 주목하여 조계종은 태고가 일찍이 중국에서 전해 온 임제 계통의 중국선을 잇고 있으며, 그 연원도 태고에 있다는 주장이 나름대로의 근거를 갖고 대두되는 것이다. 일제치하에서 선명종단을 표방하여 태고사를 짓고서 조계종을 재출범시켰던 것도 그러한 맥락에서 이해된다. 그러나 실질적으로는 한국의 선종을 포괄하는 조계종의 성격을 획일적으로 규정할 필요는 없다고 본다. 임제종도 6조 혜능 이래의 조사선(祖師禪)으로부터 분파된 것이다. 따라서 조계종의 성격을 좁게 국한시키면 불립문자(不立文字), 교외별전(敎外別傳) 등의 기치(제64문 참조) 아래 성립된 돈오선이며, 실제에 있어서는 신라의 구산선문 이래 한국 내에 전개되었던 선사상을 모두 포괄한다고 이해하는 것이 무난하리라고 생각한다.

이렇듯 종지와 종통의 문제가 얽히게 된 것은 조선시대의 억불정책과 일제의 말살적인 불교정책에 기인한다. 단절과 와해를 기도한 당국의 정책이 그 전통과 뿌리를 망각케 하였던 것이다. 특히 일제치하에서 일본은 자기 나라의 불교를 한국에 심으려는 시도를 노골화함으로써 한국불교의 순수성은 상당히 상실되었다.

일제 말기에 조계종을 출범시켜 종단의 쇄신을 기하였지만, 종권 구성의 대부분을 대처승이 장악하고 있었다. 이러한 상황이 해방 이후의 이승만 정권하에서는 불교정화라는 미명하에 대처승과 비구승과의 종단분규를 야기하였다. 1960년대 극심했던 분규 와중에서 조계종 이외의 군소 종단들이 난립하였고, 조계종 자체 내에서는 내실있는 종지를 선양하는 일에 주력하지 못했다. 비구측과 대립하던 대처측은 1972년에 이르러 급기야 조계종으로부터 독립을 선포하고 정식으로 태고종을 출범시켰다. 그럼에도 양측의 분규는 완전히 종식되지 않았고, 더 심각한 문제로서 조계종 내에서의 분규가 첨예화되었다. 1970년대를 점철한 조계종 내의 분규는 주로 종권다툼으로 일관하여 역시 불교발전의 저해요소가 되었다. 이런 양상은 1980년대 초까지도 가시지 않았다.

종권을 둘러싸고 일어났던 크고 작은 불교계의 분규들은 그 가까운 원인을 따지자면, 일본 제국주의의 종교정책에서 비롯된 것이다. 해방 이후 한국불교의 순수성을 회복하기 위한 정화운동 또한 분규로 비화되면서 조계종에 일종의 후유증을 남겼으며, 이 후유증은 일반인에게 종권다툼의 악습으로 비춰져 왔다.

근대에 이르러 불교에 대한 관심과 가치인식은 서양으로부터 고조되어 가고 있다. 이 같은 추세는 한국불교에 각성과 변신의 노력을 요구한다. 특히 선정수행(禪定修行)의 전통을 계승하는 조계종이 그러한 악습으로부터 벗어나지 못한다면, 시대의 흐름에 부합하려는 불교계의 온갖 노력은 결실을 기대하기 어려울 것이다.

［참고문헌］ 김영태, 『韓國佛教史概說』(→ 문 45), pp. 146~147, 152~153, 155~156, 294~297.

안계현, 『韓國佛教史研究』(→ 문 45), pp. 280~282.

고익진, 『현대한국불교의 방향』(→ 문 8), pp. 35~36.

강건기, 「보조사상의 현대적 의미」, 『普照思想』, vol. 2(普照思想研究院, 1988), pp. 12~17.

67 일련종

일본의 일련종은 어떠한 성격을 지닌 종파인가?

과거 한국과 일본에서 성립되었던 불교의 종파들은 대개가 중국의 것을 유입하여 나름대로 전개한 것들이었다. 특히 일본에서는 중국의 종파들이 그대로 전래된 예가 많았는데, 그 중에서도 현재 일본에서 가장 많은 신도를 확보하고 있는 정토진종(淨土眞宗)은 중국 정토종의 일본적 변용이다. 그러나 일본 자체 내에서 독자적으로 형성되어 크게 번성한 종파도 있다. 그래서 이 종파의 명칭도 창시자의 이름으로 불린다. 일본 발음으로 니치렌이라 불리는 일련(一連, 1222~1282년)이 창시한 일련종이 바로 그것이다. 이 종파는 일제시대 이래 끊임없이 우리 나라에 침투하길 시도하고 있을 만큼 적극성을 지니고 있는데, 창시자인 니치렌의 사상과 행적 속에 이미 일련종의 성격이 담겨 있다.

가마쿠라(鎌蒼)시대를 마감하는 위대한 개혁가요 종교인이었던 그는 가난한 어부의 아들로 태어났다. 일본 천태종의 성지로 유명한 히에이산(比叡山)에서 10년 동안 천태교의와 수행을 닦은 후, 그는 다음과 같은 결론에 이르렀다 한다. 즉 일체를 포용하는 최상의 진리는 천태종의 근본경전인 『법화경』에 있으나, 특히 말법시대의 단순한 일반인에게 있어서는 천태종의 교의와 『법화경』의 독송이 너무 어렵다는 것이다. 그래서 그는 『법화경』의 본래 명칭인 '묘법연화경'이라는 이름 자체가 모든 경전의 본질이며, 그것은 사실상 석가모니부처님이 성취한 깨달음의 경지와 동일함은 물론이고, 모든 것이 총체적으로 드러나는 참된 경지인 진여(眞如)와도 동일하다고 선언하였다. 계속해서 그는 주장하길, 따라서 누구나 부처님이 성취한 최상의 경지 속에 처해 있음을 발견하려면, 『법화경』의 제목을 '나무묘법연화경(불가사의한 법인 『법화경』을 부릅니다)'이라는 형식으로 입 밖에 발하는 것으로 충분하다고 하였다. 그는 이처럼 간단한 개인적 신앙에 국가적 의의를 부여하였다. 국가와 사회를 위해서는 모든 사람들이 '나무묘법연화경'의 염송이라는 수행을 따라야 할 필요가 있다는 것이었다. 수계의식을 집행하는 계단(戒壇)이 따로 있는 게 아니라, 그러한 이념이 실현된 국가가 바로 계단이라고 하였다. 그는 자신이 주창하는 신앙을 확고히 하기 위해 만다라를 만들었는데, 이 만다라에서 숭배의 대상이 되는 것은 '나무묘법연화경'이라는 글씨였다. 이 글씨를 중심으로 하여 부처와 보살들의 이름, 유명한 불교인의 이름, 그리고 일본 고유의 종교인 신도(神道)의 신들의 이름이 둘러 싸여 있다. 신앙의 구심점이 된 이 만다라는 묘법연화경이라는 제목에 담겨 있는 진리가 모두를 포용함을 상징한다.

　『법화경』의 내용을 근거로 하여 니치렌은 자신의 확신을 그려 나갔다. 그 확신이란 일본을 통하여 『법화경』의 교의가 세계 전역으로 전파될 것이며, 자신은 『법화경』에 등장하는 보살의 화신이고 『법화경』을 보급하는 데에 적합한 인물이라는 것이다. 그는 자신의 관심을 현상세계로부터 초월세계로 돌리지 않았고, 『법화경』의 종교적 진술을 자신이 처한 당 시대와 국가에 결부시켰다. 그의 이러한 확신과 적극성은 당연히 당시의 정부와 다른 종파들로부터 불신과 반발을 야기하였다. 1260년 『입정안국론(入正安國論)』을 비롯한 몇몇의 소론에서 그는 거짓된 교의, 특히 정토교의 교의가 확산되고 있음과 도덕적으로 타락하고 있음을 사람들에게 경고하였으며, 몽고족의 침입을 예언하였다. 오로지 자신의 가르침을 준수하고 '나무묘법연화경'을 외움으로써 국가를 대이변으로부터 구할 수 있다고 주장하였다. 그는 자신의 『입정안국론』을 황실에 보내 바른 교의를 확립해야만 국가가 안정될 수 있음을 주장했고, 수도인 가마쿠라의 거리에서 자신의 교의를 설파했다. 이에 정토교 추종자들은 그의 집에 불을 질렀고, 1261년 정부는 그를 유배시켰다. 사면되자 그는 더욱 열을 올려 다른 종파들을 공격하였고, 정부를 비판하는 비망록을 저술하였다. 굽힐 줄 모르는 그의 태도는 결국 다른 종파와 실권을 장악하고 있던 군사정부를 자극하여, 사형을 선고받았다. 그러나 그는 극적으로 사형집행으로부터 벗어나 사도라는 섬으로 유배되었다. 이 유배시절에 그는 여러 저서를 통하여 자신의 교설을 발전시켰다. 유배에서 풀려나자 미노부산(身廷山)에 기거하면서 전교활동과 추종자들을 수련하는 일에 전념하였다.

그의 재가신도에는 지방의 무사계급이 많았다. 특히 여성신도가 많았던 점이 특색이다. 이에 따라 가족도덕과 주종(主從)의 도덕을 중시하고, 특히 조상과 부모에 대한 보은, 군주의 은혜, 아랫사람에 대한 보은을 강조했다. 이는 무사계급을 주체로 하는 당시의 사회질서를 반영한 것이었다. 그러나 군주나 부모와 신앙이 다를 경우에는, 그들을 법을 그르치는 무리라고 비난하여 관계를 끊더라도 『법화경』에 의지하는 신앙에 충실해야 한다고 주장했다. 그가 생각한 것은 국왕을 포함한 모든 국민이 『법화경』의 신자가 될 때, 신들도 선신(善神)이 되어 국가를 수호할 것이라는 이상이었다.

그렇게 하여 일련종은 세력을 확장하여 갔다. 그의 강한 국가의식은 결국 추종자들을 확대시킬 수밖에 없었다. 다른 종파의 지도자들은 주로 개인의 해탈을 강조한 반면, 니치렌은 국가적 차원에서 사회적, 종교적 개혁을 위해 노력하였던 것이다. 이후 일련종 내에서도 몇 개의 분파가 형성되었는데, 그중 어떤 지파들은 민족주의적 성향과 밀접한 관련을 맺어 왔고, 지나친 경우에는 국가를 위한 창시자의 종교적 감정을 곡해하기도 하였다. 그러나 이런 현상의 원인은 바로 니치렌 자신의 행적에 있다고 할 것이다.

후대에 생긴 일련종의 지파로서 가장 유명한 것이 **창가학회(創價學會)**이다. 1937년에 중국을 침략하고 이어서 제2차 세계대전에 참여한 이후, 일본정부는 불교의 여러 기구들을 단단히 옭아매었다. 불교가 국가나 천황 위에 있다는 내용의 저작을 지닌 종파들에 대해서는 그러한 내용을 바꾸던가 삭제하도록 강요하였다. 이에 대해 공공연한 반대는 거의 없었으나 유일한 예외가 창가학회였다. 이는 1937년에 도쿄에서 창가교육학회라는 교사들의 비종교적인 모임으로서 정식 발족되었으나, 이내 일련종 계통의 재가신도인 조직이 되었다. 이 단체는 공권에 의한 박해를 용감하게 견뎌 냈는데, 설립자는 옥사하기도 하였다. 전쟁이 끝나자 특유의 적극적인 활동으로 대중을 사로잡았다. 1964년에는 불교종파로서는 최초로 공명당(公明黨)이라는 정당도 창설하여 직접 정치에 뛰어들었다. 6년 뒤에 창가학회로부터 독립하여 종교와 정치의 분리를 선언하였으나, 공명당은 여전히 신앙심으로 고취된 정당으로서 존속하여 창가학회와 밀접한 관련을 유지하고 있다.

일련종은 대표적인 대승경전인 『법화경』의 신앙을 일본이라는 사회적 상황에 맞게 적극적으로 실천한 불교라 할 수 있다. 일련종이 성립될 당시의 일본은 몽고족의 침입에 직면하고 무사들이 실권을 장악하는 등 정치적으로나 사회적으로나 매우 불안정한 상황에 처해 있었다. 이러한 상황이 불교를 새롭게 적용하려는 노력과 의식을 야기하였을 것이다. 외형상의 편협성과 교의적 깊이의 빈약함을 안고 있긴 하지만, 불교의 사회적 대응이라는 면에 있어서는 시사하는 바가 적지 않은 일본 특유의 종파가 일련종이다. 창시자인 니치렌의 확신대로 일련종은 현재 세계를 향해 도전하고 있다.

[참고문헌] Heinz Bechert, Richard Gombrich ed., The World of Buddhism(→ 문 30), pp. 225 ~226, 230.

　　　　　　平川 彰, 『佛敎通史』(→ 문 54), pp. 227~283.

68 법난

법난이란 무엇이며, 어떠한 예가 있는가?

종교와 정치가 동등한 지위를 누리는 정교일치의 국가에서는 종교가 오히려 정치의 우위에 있는 경향이 강하므로 종교에 대한 박해나 탄압이 있을 수 없다. 또는 정교일치의 정책을 채택하지 않더라도 한 국가 내에 대응할 만한 다른 종파가 없이 한 가지의 종교만 있을 때에도, 종교가 박해받는 일은 없을 것이다. 그러나 둘 이상의 종교의 가치체계가 공존하게 될 때는 종교간의 경쟁이나 위정자들의 취향에 따라 어느 하나를 선호하게 되고, 경우에 따라서는 어느 하나를 핍박하게 된다. 그 핍박이 정치권력에 의해 강도가 심해질 때, 이를 흔히 종교탄압이라든가 종교박해라고 한다.

법난(法難)이란 불교가 그러한 경우에 처했을 때를 가리킨다. 즉 국왕이나 정치권력에 의해 불교가 박해받거나 탄압되는 것을 불교의 입장에서 일컬을 때 법난이라 한다. 그러나 박해나 탄압도 지속적인 상태보다는 하나의 사건을 가리키는 것이 보통이다. 따라서 법난이 불교 자체의 말살을 뜻하는 것은 아니고, 불교의 역사 가운데서 불교가 심하게 핍박되게 된 사건들을 가리킨다. 이 법난을 가

해자의 입장에서 말할 때는 파불(破佛), 폐불(廢佛), 훼석(毀釋) 등으로 표현한다.

불교의 역사에는 숱한 법난들이 기록되어 있다. 인도에서는 기원전 180년 무렵에 마우랴왕조를 멸망시키고 슝가왕조를 창시한 푸쉬야미트라가 브라만교를 깊이 신봉하여 불교를 박해했다고 한다. 그러나 보다 심각한 법난은 굽타왕조 치하의 6세기 초에 있었다. 간다라로부터 북인도를 침입한 훈족은 불교를 적대시하여 많은 불상과 사원을 파괴하고 승려들을 학살했다고 전해진다. 티베트의 역사에서도 유명한 법난이 전해지고 있다. 841년에 살해된 티쭉데쩬왕의 뒤를 이은 다르마위둠텐왕(809~843년)은 승단에 대한 국가의 원조를 철폐하고 승려를 권좌로부터 완전히 추방했다고 한다. 이러한 법난이 있게 된 배경에는 국가적 사업으로 불교를 옹호하면서 막대하게 지출한 경비에 따른 재정적 파탄이 있었다. 산스크리트 원전을 티베트어로 번역하는 역경사업, 대사원의 건립 등 승단에 대한 경제적 원조가 국가경제를 피폐케 함으로써 빚어진 반응이었다. 또한 권신들의 특권을 간섭하고 있었던 승려들에 대한 반발이 고조되었던 사실도 법난의 한 요인이 되었다. 이와 유사한 예는 중국에서 보다 현저하게 나타난다.

흔히 법난을 말할 때면 중국에서 있었던 3무 1종(三武一宗)의 법난을 대표로 든다. **3무 1종의 법난**이란 중국에서 있었던 네 차례의 대표적인 불교박해를 통칭하는 말이다. 3무란 북위(北魏)의 태무제(太武帝), 북주(北周)의 무제(武帝), 당(唐)의 무종(武宗)이다. 1종은 당나라 이후의 오대시대(五代時代)에 있었던 후주(後周)의 세종(世宗)을 가리킨다. 먼저, 화북지방의 통일사업을 완성하고 불교를 옹호했던 북위의 제3대 태무제(423~452년 재위)는 나중에 황제의 스승인 학자 최호(崔浩)와 도사(道士)인 구겸지(寇謙之)의 책동에 의해 도교의 신자가 되어, 스스로 태평진군(太平眞君)이라 칭했다. 440년에는 공식적으로 불교를 배척하는 명령을 내려 많은 승려들을 살해하고, 사원, 불상, 경전 등을 불살라 버렸다. 다음으로 북주의 무제(560~578년 재위)는 유교를 신봉하여 불교와 도교를 폐지하고 많은 승려를 환속시켰다. 무제에 의해 자행된 이 법난은 경쟁 국가인 북제(北齊)를 타파한다는 국가적 목표하에 부국강병책을 수행하기 위한 비상수단의 하나였다고 한다. 세번째의 법난은 당의 무종(840~846년)에 의한 것인데 회창(會昌) 원년으로부터 5년 사이에(841~845년) 순차적으로 진행되었다. 여기에는 여러 가지 요인이 작용하였다. 먼저 무종 자신은 도교를 신봉했다. 그런데다가 북쪽 국경으로부터는 위구르족의 침입이 있었고, 한창 국위를 떨치던 티베트족이 중국 서부의 일부를 지배하고 있었다. 뿐만 아니라 황제 자신은 서방의 호족(胡族)을 몹시 증오하였으므로, 서방의 외래종교인 불교에 대해 호감을 가질 수가 없었던 것이다. 끝으로 후주의 세종(954~956년 재위)은 국가의 재정난과 승려들의 풍기문란에 대처하기 위해 교단의 숙청을 요망하고 국력의 충실을 기했다. 따라서 이 세종에 의한 법난, 즉 1종의 법난은 불교탄압이라 말할 정도까지는 아니고, 당나라 이후 이미 법제적으로 정해져 있었던 불교관리정책을 재확인하고 이의 철저한 시행을 기도했던 것이라고 할 수 있다.

네 차례 있었던 위의 법난 가운데 가장 심각했던 것은 세번째인 무종에 의한 법난으로, 무종의 연호가 회창이었으므로 이를 **회창의 폐불**이라고도 한다. 앞에서 여러 요인을 지적했지만 이의 근본적 동기는 불교에 대한 도교의 배격이었다. 황제의 신임을 얻고 있던

340

도사 조귀진(趙歸眞)이 도교신앙이 두터운 무종을 끌어들여 폐불을 사주하였던 것이다. 또 불교 자체 내에도 잠재된 요인이 있었다. 당시 사원이 소유하고 있던 장원이 증가함에 따라 국가의 경제적 문제가 제기되었고, 승려의 부패와 타락이 극심한 지경에 이르렀을 뿐만 아니라, 승려의 입문절차가 해이해져 가짜 승려가 속출하였다. 단계적으로 진행된 이 회창의 폐불은 먼저, 승려 중의 범죄자와 계행을 닦지 아니한 자를 환속시키고 그 재산을 몰수하였다. 탄압을 계속하다가 마지막 해에는 4,600여 사찰을 폐지하고, 260,500인의 승려를 환속시켰으며, 사원에 소속된 전답의 대부분을 몰수하였다. 그러나 사원을 전부 없앤 것은 아니고, 장안과 낙양에는 네 개의 각각 30여 승려를 남겼다. 또 주마다 하나씩의 사찰을 남기고 세 등급으로 나누어 각기 20인, 10인, 5인씩의 승려를 남게 하였다. 회창의 폐불은 불교교단을 완전히 없애려 한 것은 아니고, 교단의 정리와 개혁을 목표로 한 것이었지만, 그 정도가 지나쳤음을 부인할 수 없다. 그래서 이를 기점으로 하여 그 전에 번성했던 많은 종파들이 쇠락의 길을 걷게 되었던 것이다.

　우리 나라에서는 조선시대 이전까지 법난이라 할 만한 특별한 사건이 두드러지진 않는다. 다만 조선시대 이후 전개과정은 법난이라기보다는 장기적으로 지속된 억불정책의 일환이었다. 물론 그 폐해는 일시적인 법난보다 훨씬 심각했다. 이는 불교 자체에 대한 불신감이나 비하감을 낳았다는 데에 더 심각한 문제가 있고, 그 영향은 현재까지도 지속되고 있다. 한국불교사에서 대표적인 법난이라면 근래에 있었던 **10·27법난**을 들 수 있다. 우리의 역사에 있어서 국가 권력이 자행한 가장 노골적이고 무력적인 만행이라고 지적되는 것이 10·27법난이다. 모든 법난이 그렇듯이 여기에도 그

럴듯한 명분은 있었다. 1980년 5월 18일에 시작되었던 광주민주화운동을 결정적인 계기로 삼아 실권을 장악한 신군부 세력은 사회정화라는 미명하에 여러 가지 탄압적인 개혁 조치를 단행하였다. 같은 해 10월 27일에는 당시 내부의 분규로 진통을 겪고 있던 조계종단을 빌미로 삼아, 불교교단은 더 이상 자체정화의 능력이 없으므로 부득이 타력으로나마 정화하지 않을 수 없다고 하여, 무장한 군인들을 전국의 주요 사찰에 침투시켜 승려들을 강제 연행했다. 이 결과 18명의 승려가 구속되고 32명의 승려가 승적을 박탈당하였다. 당시의 교단 내부에 문제가 없었던 것은 아니었으나, 당시로서는 분명히 자체 수습의 노력과 기미가 엿보이고 있었으며, 특히 불교 전체가 정화대상이 되었다는 점에서 여러 가지 의혹을 낳게 하였다. 이 사건은 불교교단 내부에 자성을 촉발하기도 하였지만 불교의 승단 자체가 비리의 온상인 듯한 오해를 불러일으킴으로써 불교계에 큰 상처와 후유증을 남겼다. 그러나 이 사건에 대한 역사적 평가는 정치집단의 의도를 파악하는 것으로만 한정될 수 없다. 신군부가 정화의 명분으로 내세웠던 비리나 분규가 불교계에서 더 이상 발생하지 않음으로써, 이 사건의 부당성은 저절로 입증될 것이다.

〔참고문헌〕　高崎直道, 『佛敎・インド思想辭典』(→ 문 13), pp. 351~352.
　　　　　　鎌田茂雄 저, 정순일 역, 『中國佛敎史』(→ 문 28), p. 186.

69 불교정화

우리 나라에 있었던 불교정화의 과정은 어떠하며, 그 교훈은 무엇인가?

해방 이후 한국불교교단사의 외양만을 조명하면, 1950년대 이후 불교정화라는 돌풍에 휩쓸려 통합종단이 조계종과 태고종으로 양분되고, 다시 1970년대는 조계종 내부에서 종권을 놓고서 대립이 그치지 않았던 분규의 연속이었다. 조계종 내의 규모도 따지고 보면 불교정화운동의 부산물이고, 정화운동의 원인은 일제치하의 불교에 있었다. 일제치하에서 한국불교는 소위 왜색화된 면이 있음을 일부에서는 지적하였다. 따라서 정화(淨化)의 일차적인 목표는 왜색화된 측면을 일소하여 한국불교의 면모를 쇄신하는 데에 있었다고 볼 수 있다. 결코 자의적인 것은 아니었겠지만, 일제 말기에 친일적인 성향이나 색채를 드러낸 집단이나 개인이 불교 내에만 있었던 것은 아니었으나, 일부의 불교인이 노골적인 친일성을 드러냈던 사실에 대해서는 반성하지 않을 수 없었다. 그 폐해가 다음과 같이 지적되고 있다.

본존불 옆에 일본 천황의 만수무강을 비는 축원사를 봉안케 하는가 하면, 이에 부화뇌동하는 일부 주지들은 자진해서 일제의 앞잡이가 되어 승려 중에서 지원병을 내보내고, 범종을 녹여 군대에 헌납하였고, 포교사 수련대회 같은 것을 열어 일본의 황민이 되라고 강요하기도 하였다.

이러한 비민족성을 척결하고 불교의 순수성을 되찾고자 한 것은 당연한 시대적 사명이었다. 사실 정화운동의 태동은 일제하에서도 일고 있었으며 해방 직후에는 민족적 각성과 종교적 양심을 촉구하면서 과거의 잔재를 청산하고 불교를 혁신해야 한다는 움직임이 불교계에서 끊이질 않았다. 그러나 당시의 정치적 혼란과 6·25의 비극으로 인해 그러한 움직임은 가시적인 결실을 거두지 못했다.

본격적인 정화운동의 불을 당기게 한 것은 1954년 5월 21일에 당시의 대통령인 이승만이 발표한 유시였다. 이승만 대통령은 이후로도 세 번이나 더 유시를 발표하여 불교정화를 부추기게 된다. 정화의 당위성은 이미 공감대를 형성하고 있었지만, 막상 정화운동 자체가 권력자의 유시를 통해 진행되었다는 사실이 이후 전개될 정화운동의 순수성을 상실할 요인을 안고 있었다. 이후의 한국불교가 국가 권력에 대한 의뢰성을 탈피하지 못하였던 것도 사실은 여기에 유래한다고 보는 견해가 지배적이다. 이승만이 맨 처음 발표한 유시의 요지는, 대처승제도는 일제의 잔재로서 한국불교의 전통을 말살코자 한 의도가 있는 것이므로 대처승은 사찰에서 떠나야 하며, 사찰의 주도권은 비구승이 차지해야 한다는 것이었다. 이에 따라 정화운동은 화합을 통한 불교개혁이라는 차원보다는 비구승과 대처승 사이의 분규라는 양상으로 급전하게 되었던 것이다. 이에 따라 정화운동의 주도측은 비구승이 되었다. 주도측은 일제하에서 한국불교가 타락한 원인을 대처승이 불교계를 장악한 데

344

에서 찾았다. 사실 독신인 비구가 일반적으로 주도하여 왔던 한국불교에 대처승이 공공연히 등장하게 된 것은 한일합방 이후의 일이며, 일제의 총독부는 식민통치의 방편으로서 한국불교를 타락시키기 위해 대처승제도를 방관하거나 조장했다는 주장이 설득력 있게 받아들여지고 있었다. 그러나 수적으로 불리했던 비구측은 대처승과의 분규과정에서 그 열세를 만회하기 위해 무자격 승려들을 급조함으로써, 이후 불교발전을 저해하는 새로운 요인을 잉태하기도 하였다. 어쨌든 이승만 대통령의 유시가 발표된 이래 진행된 정화과정의 특징을 요약하면 다음과 같다.

첫째, 정부수뇌(이승만 대통령과 박정희 의장)의 유시와 담화로 시작되어 문교부가 개입하여 적극 중재를 시도.

둘째, 양측 대표가 일단 화합해서 통합 문제를 의논한다. 승려의 자격문제와 이에 따른 이해관계로 옥신각신.

셋째, 결국 문교부는 대처승측의 완전한 동의 없이 비구승측의 통합종단 구성을 인정.

넷째, 대처승측은 다시 이탈해서 법정에 통합종단의 불법성을 호소.

다섯째, 1차에서 대처측 승소, 2차에서 비구측 승소 등 반복을 계속.

여섯째, 그 방법에 있어서 단식, 데모, 할복, 법원난입, 유혈난투 등의 수단을 동원.

일곱째, 문교당국은 물론 법원마저도 이 문제를 정치적으로 다루려 함.

이상의 과정은 그간에 있었던 정화운동의 양상을 잘 요약하고 있다. 이 운동의 특징은 양측이 할복이라는 극단적인 방법과 폭력까지 동원하는 등 수단과 방법을 가리지 않았다는 점, 사찰을 뺏고 뺏기는 재산싸움의 양상으로 전개되었다는 점, 승단 내부의 문제는 승단 내의 규율과 합의로써 해결하는 전통을 깨뜨리고 법정싸움으로 비화시킴으로써 재판비용의 충당을 위해 사원의 재산을 팔아 치우는 등 불교재산의 막대한 손실을 초래하였다는 점이다. 결국 1970년 5월 8일에는 대처승 종단인 한국불교 태고종이 정식으로 출범하고, 비구측과 싸우고 있던 기존의 대처측도 1972년 5월 26일 태고종과 통합하여 일원화함으로써 1941년 이래 조계종(제66문 참조)은 대한불교 조계종과 한국불교 태고종으로 정식 분리되었다. 그러나 이로써 분규가 종식되었던 것은 아니고, 사찰의 귀속을 둘러싼 재산싸움은 법정을 오가고 또 폭력에 의지하면서 당분간 계속되었다. 현재는 분규의 양상이 거의 가라앉았지만, 정화라는 미명하에 진행되었던 종단의 분규가 불교계 전반에 걸쳐 여러 가지 부정적인 영향을 초래하였음은 누구도 부인하지 못한다.

　실제 분규로 변질되어 버렸던 정화운동은 한국불교의 교단에 많은 문제점을 안겨 주었다. 우선 개혁을 통한 발전에 쏟아야 할 많은 시간과 재산을 탕진한 결과가 되었다. 정화운동의 여파는 목적을 성취한 조계종 내부에 미쳐, 또 다른 분규를 야기하였다. 또 하나의 큰 문제는 승단의 문제를 세속법에 의지하여 해결하려는 풍조를 만연시킴으로써 승단의 권위가 여지없이 무너지고 말았다는 점이다. 승단 고유의 청정성과 독립성과 주체성이 불신을 받고, 교단은 구심점을 잃고 말았다. 이런 부정적 여파를 일소해야 한다는 자각과 반성이, 정화운동이 남긴 교훈이라면 교훈일 것이다. 가장 근본적인 교훈은 투철한 역사의식으로 내부의 문제는 권력이나 세속법에 의존함이 없이 종헌에 따라 내부에서 해결해야 한다는 점일 것이다. 이 교훈을 투철하게 인식하지 못할 때, 불교의 출세간법은 세속법으로 전락하고 말 것이다.

〔참고문헌〕 『新東亞』(1967년 6월호), pp. 146~149.
　　　　　　『青年佛教徒自書』(青年佛教徒聯合會, 佛紀2527), pp. 5~19, 93~100.

70 불교유신론
한국불교의 과제는 무엇인가?

현재 한국불교는 세계를 향해 발돋움하고자 애쓰고 있다. 내실은 어떠하든 간에 일부 외국인의 눈에는 적어도 대승불교권에서 한국의 승단이 가장 순수함을 지니고 있는 것처럼 비치는 경우가 있는 것도 사실이다. 그러나 당사자인 우리가 잘 알다시피 불교계에서는 이제 시작이라 하면서 중흥과 개혁을 소리 높여 외치고 있으며, 신도의 수도 기독교에 비하면 상대적으로 줄어들었다. 외적으로나 내적으로나 발전을 위해서는 많은 문제가 산적해 있다는 인식을 불교인이라면 공통적으로 갖고 있다. 이러한 문제에 대한 포괄적인 답변으로서 누구나 공감하고 있는 것은, 불교 본연의 역사성과 과거의 유산들을 정확하게 파악하고 이를 정리하며, 오늘의 시대성과 사회상에 있어서 현재 우리 불교의 위치를 똑바로 관찰하고 실천하여야 한다는 것이다. 그러나 구체적으로 어떻게 할 것인가가 문제이다.

한국불교의 당면과제를 생각할 때면 우리는 부끄럽게도 오래 전에 지적된 사실을 되새기지 않을 수 없다. 1913년에 만해 한용운

348

(韓龍雲)은 『조선불교유신론(朝鮮佛教維新論)』을 발표하였는데, 그는 한국불교가 해결해야 할 과제로서 다음과 같은 12항을 지적했다.

① 승려에게 현대교육을 시킬 것.

② 참선을 올바르게 지도할 것.

③ 염불당을 폐지할 것.

④ 포교를 현대화할 것.

⑤ 사원을 도시로 옮길 것.

⑥ 무속적인 산신, 칠성들을 제거하고 석가모니불만을 봉안할 것.

⑦ 의식(儀式)을 간소화할 것.

⑧ 승가의 경제적 자립을 이룰 것.

⑨ 승려의 결혼을 허용할 것.

⑩ 주지의 결정은 선거에 의할 것.

⑪ 승가의 화합을 꾀할 것.

⑫ 사원을 통할(統轄)할 것.

한용운 이외에도 몇몇 뜻있는 불교인에 의한 불교개혁론이 제기되었다. 그러나 모두가 이 범주에서 크게 벗어나지 않았다. 더욱이 1950년대 이후 불교정화라는 홍역을 치르고 나서 조계종 내부에서는 불교의 현대화를 부르짖으며 수차에 걸쳐 근래에까지 많은 문제제기가 있었다. 그럼에도 그 모든 과제들이 "승려의 결혼을 허용하라."는 제의만을 제외하고 『불교유신론』의 제의를 거의 답습해 왔던 것이다. 여기에 한 가지 첨가한다면 신도의 조직화, 활성화와 사찰재정의 합리화이다. 사실은 승려의 결혼문제도 전혀 거론되지 않았던 것은 아니다. 복잡한 현대사회에서 보다 효율적이고 적극적인 활동을 위해서는 대민(對民)활동을 전담하는 승려에게 결혼을 허용하는 문제가 조심스럽게 검토된 적도 있었다.

  이상 제기된 과제들은 대개 불교의 외실에 관한 문제였다. 다시 말하면 불교의 외양이 현실을 수용할 수 있도록 개조되어야 한다는 것이다. 워낙 사회의 변화가 무쌍했기 때문에 그것이 급선무였음은 재론의 여지가 없다. 이와 아울러 내실을 기해야 함은 지극히 당연하다. 이는 사상적 뒷받침이 있어야 한다는 말이다. 그러나 이 점이 크게 부각되지 않았던 것도 사실이다. 이는 어떻게 보면 불교 교리의 다양함과 포용성, 심오함에 안주한 탓이라고도 말할 수 있다. 하지만 한편으로는 그러한 장점들이 불교인들에게 갈피를 못 잡게 하는 역효과를 초래하였음도 주시하여야 한다. 이런 사상적 뒷받침이라는 문제에 대해, 불교학자 고익진 박사는 다음과 같은 의견을 피력한 바 있다. 만해와 더불어 그는 **대중불교**를 위한 방향을 제시한 것으로 보인다.

  우리 나라의 선(禪)과 교학이 다같이 문제점을 안고 있다고 지적한다. 한국불교의 주류를 이루고 있는 것이 선이고, 선이 불교의 진정한 뜻을 발휘하는 데에 탁월한 장점을 가지고 있는 것은 사실이지만, 선의 파격적인 독창성이 일반 대중을 위해 실질적으로 어떤 역할을 할 수 있을 것인지를 검토해야 한다는 것이다. 그는 선에 대한 속단이나 오해가 오늘날 불교계에 얼마나 많은 해독을 끼쳤는가를 반문하면서, 불립문자(不立文字)라는 표방 아래 경전은 배척하면서도 조사어록은 탐독하고, 무애행(無碍行)을 한다면서 파계를 합리화하며, 일종의 기교에 불과한 화두(話頭)에 집착하여 교묘한 희론을 일삼았던 잘못도 있었음을 지적한다. 다음으로 교학의 문제점을 지적하길, 화엄학을 대표로 들 수 있듯이 전문적인 불교학자도 감당하기 어려운 교학에 치중한다면 어떻게 일반 대중을 위한 불교가 될 수 있느냐고 반문한다. 교학은 계속 연구의 대상이 되어야 할 것이지만, 대중을 위한 길도 아울러 모색해 두어야 한다는 것이다. 그래서 일반 대중을 위한 오늘날의 불교를 위해서는 지나치게 종파적인 교학은 부적당하며, 경전으로 하여금 부처님의 말씀을 각자의 마음속에 직접 들려주도록 해야 한다고 주장한다. 그는 이상의 문제를 해결하기 위한 결론으로서 불교의 근본성전을 새로이 편찬해야 한다고 강조하였다. 그리고 그러한 근본성전의 기반은 아함경이 되어야 할 것임을 천명하였다. 사실 우리 나라의 불교계에서는 아함경을 소승경전이라는 인식하에 무시해 온 경향이 있다. 제25문에서도 소개한 바 있듯이 아함은 불교의 뿌리라고 말할 수 있다. 아함을 비롯한 초기성전에서는 당장의 현실을 직시하고 지적하는 부처님의 선명한 눈과 생생한 음성을 접할 수 있다. 대승불교의 이론도 결국은 아함에 기초하고 있음을 부인할 수 없다. 대승의 공사상(空思想)도 불교의 근본인식인 연기(緣起)의 해석이고, 그 연기를 설하는 것은 아함이다. 따라서 대승불교의 올바른 이해를 위해서는 아함경부터 읽어 가야 한다는 주장은 일반 대중을 위해 충분한 설득력을 지닌다.

한국불교의 과제를 점검할 때는, 전적으로 타당하다고 할 수는 없을지라도 적어도 사상의 측면에서는 위와 같은 고익진 박사의 견해를 경청할 필요가 있다고 생각한다. 흔히 대승불교의 교의적 탁월함을 내세우는 사람들은 공사상의 심오함을 예로 든다. 과연 그 공을 어떻게 이해해야 하는가. 서구인들은 이를 오해하여 불교를 염세적 종교라고 인식했다. 그러나 대승불교에서 무한한 공관의 실천은 깨달음이라는 종교적 체험을 통해 궁극에 가서는 중생에게 회향(廻向)된다. 그러기에 부처님을 '그렇게 온 자', 즉 여래(如來)라고 부르기도 한다. 그렇게 돌아옴으로써 부처의 깨달음과 중생에 대한 사랑은 더없이 원만해지는 것이다. 그리고 일반 불교인에게 있어서 가장 시급한 일은 부처님의 진정한 뜻을 마음에 와 닿을 수 있는 언어로 전달하는 성전의 편찬이다. 그런 성전이 이루어질 때 비로소 한국불교의 이념이 정립되고, 이념이 정립될 때 승려교육이나 포교 및 종단의 혁신이 방향을 잡을 수 있을 것이라는 주장이다. 만해 한용운이 불교유신론을 발표하고 나서『불교대전』이라는 성전을 편찬했던 것도 위와 같은 맥락에서 받아들여야 할 것임을 고익진 박사는 교훈으로 지적했다.

　이상의 지적은 불교학에 전념하는 승려나 학자에 대한 요구로서 이해된다. 그것은 또 대중불교로의 전향이라 할 수 있다. 불교유신론에 이미 지적된 한국불교의 과제는 종단의 지도자들이 앞장서고 불교인 모두가 심혈을 기울여야 할 일이다.

［참고문헌］　김영태, 『韓國佛教史概說』(→ 문 45), p. 262.
　　　　　　　고익진, 『현대한국불교의 방향』(→ 문 8), pp. 17～34.

제6장

수행과 신앙

71 4의지

초기에 출가수행자들의 청정생활은 어떠했는가?

초창기의 수행자들은 초기의 성전에서 '집없는 사람' '삼림에 거주하는 사람' 등으로 표현하고 있듯이, 말 그대로 출가, 유행의 생활을 했던 것이 분명하다. 그들은 나무 밑이나 임야, 삼림, 동굴, 골짜기나 냇가, 묘지 등에 기거하면서 무일푼의 생활 속에 명상수행을 하고 있었던 것이다. 이는 불교수행자만이 아니라, 소위 사문(沙門)이라 불리던 당시 수행자들의 일상적인 생활양식이었다. 부처님도 애초에는 사문의 일원으로서 수행했기 때문에 나중에 재가신도의 후원에 따라 생활양식을 일부 수정하기 전까지는 전적으로 당시의 다른 사문들과 동일한 생활을 했을 것으로 보인다. 생활양식이 약간 수정됐다 하더라도 사문의 정신이나 생활양식을 완전히 파기한 것은 아니었다. 성전에서는 사문들의 생활양식을 비구가 지켜야 하는 4의지(四依止)로써 표시하고 있는데, 이 4의지가 초기 수행자들의 생활지침이었다고 볼 수 있을 것이다. 불교에서 말하는 두타행(頭陀行)이란 이런 4의지를 기반으로 하여 정진하면서 더욱 엄격하고 철저히 계율을 준수하는 청정생활을 가리킨다.

첫째, 탁발(托鉢) 즉 걸식으로 음식을 얻는다는 것이다. 따라서 신자의 집에 초대되어도 식사를 하지 않으며, 자기가 직접 음식을 만들지도 않는다. 이 전통은 현재도 스리랑카와 같은 남방불교의 국가에서 철저히 고수되고 있다. 둘째, 분소의(糞掃衣) 즉 남이 버린 헌옷 조각으로 옷을 만들어 입는다는 것이다. 이러한 관행은 비록 상징적이긴 하지만 현재에도 종종 목격할 수 있다. 간혹 승려들이 다양한 색깔의 천으로 기운 옷을 입고 있는 것이 이것이다. 실제로 수행하는 승려들은 넝마처럼 헤진 옷을 물려 가면서 자랑처럼 입기도 한다. 셋째, 수하좌(樹下坐) 즉 나무 아래서 명상한다는 뜻으로, 원칙적으로는 지붕이 있는 곳에서 잠을 자지 않는다는 것이다. 인도와 같은 열대성의 기후 조건이었기에 이런 생활이 가능했을 것이다. 넷째, 부란약(腐爛藥) 즉 소의 오줌을 발효시켜 만든 허술한 약을 사용한다는 것인데, 생명에 대한 집착을 끊어야 할 수행자로서는 좋은 약을 구하려는 태도가 결코 격에 맞을 수 없었을 것이다. 약에 집착하는 것을 경계한다는 뜻으로 이해할 수 있겠다.

철저한 출가수행자들은 위와 같은 4의지를 본분으로 알았을 것이며, 이것을 지킨다는 것은 사회에서 대우받을 수 있는 긍지이기도 했을 것이다. 그러나 부처님은 이에 대해 융통성을 발휘하였고, 제6문에서 언급한 바와 같이 그러한 융통성은 엄격주의자인 데바닷타의 반역이라는 반발을 야기하기도 하였다. 수행자들의 이러한 청정생활은 나중에 3의 1발(三衣一鉢)이라는 말로 상징된다. 승려가 소지하는 것은 상의, 중의, 하의의 세 가지 옷과 밥을 빌어먹는 그릇뿐이라는 것이다. 또 승려의 옷을 뜻하는 가사라는 말도 원래는 '더러운 옷' '더럽혀진 것'을 뜻했다 한다. 이후 불교에서는 청정한 생활을 일러 **범행(梵行)**이라 하였다. 이는 원래 브라만교의 개넘인데 그 차원은 다르다. 브라만교 또는 전통 힌두교에서는 인생에 4주기를 설정하고 그 최초의 단계를 범행기라 하였다. 범행기란 학습의 기간으로서 새로운 삶을 얻는다는 입문식을 거치고 나서 스승을 정해 최고의 성전인 베다의 학습에 전념하는 기간을 말한다. 따라서 이 기간에는 스승에게 절대적으로 복종하고 봉사함은 물론, 엄격한 도덕적 의무를 준수해야 하며 청정생활로 정진해야 하는 것이다. 불교의 범행도 이러한 취의를 받아들여, 욕망을 떨쳐 버린 절대적 금욕생활을 의미하게 되었다. 재가신자에게도 특정한 날에는 범행이 요구되는데, 예를 들면 포살일(布薩日)에는 성적 행위를 하지 않는 절대 금욕을 실시하는 것이다. 나중에 범행은 그 의미가 확대되어, 부처님의 가르침에 따라 계율을 지키면서 열반을 추구하는 수행 전반을 가리키기도 하였다. 예를 들어 팔정도를 실천하는 일도 범행이라 하였다. 대승불교에 이르면, 청정한 마음으로써 자비를 일으켜 어디까지나 모든 중생의 고통을 제거코자 하는 일을 범행이라고 설명하게 된다.

따라서 출가자의 청정한 생활이란 단순히 형식적인 엄격성으로만 일관되는 것이 아니라고 이해할 수 있다. 부처님이 4의지의 엄격한 고수를 주장하지 않았던 이유도 위와 같은 대승적 의도 때문이었을 것이다. 그러나 4의지의 정신만은 출가수행자가 잊지 말아야 할 것이다. 또한 범행은 불교인 모두가 추구하고 견지해야 할 자세이다.

〔참고문헌〕 高崎直道, 『佛敎・インド思想辞典』(→ 문 13), pp. 426~427.
김지견 역, 『佛陀의 世界』(→ 문 1), p. 229, 257.
中村 元, 『原始佛敎 - その思想と生活』(東京 : 日本放送出版協會, 1970), p. 156.

72 안거

안거란 어떠한 의의를 지니는 제도인가?

안거(安居)는 현재에도 사원에서 지속되고 있는 전통이다. 원래 인도에서는 비가 오는 계절에 실시되었으므로 우안거(雨安居)라 하였지만, 우리 나라에서는 여름과 겨울에 실시하므로 각각 하안거(夏安居), 동안거(冬安居)라 한다. 안거란 인도의 기후적 조건 때문에 어쩔 수 없이 실시한 자연발생적인 제도였지만, 불교의 입장에서는 교단과 승원제도를 발전시키는 계기가 되었다고도 할 수 있다. 안거가 당시 종교계의 보편적인 관행이었음에도 불구하고 불교에게 승원제도의 문을 열게 하였던 것은 부처님 자신의 융통성과 불교에 대한 당시의 열렬한 호응에 기인한 결과라고 간주된다.

부처님 당시의 출가수행자인 사문(沙門)들은 지붕이 있는 곳에서는 거주하지 않는 것을 신조로 삼았으므로, 비가 약 3개월간 지속적으로 내리는 우기에는 여러 가지 곤란을 겪지 않을 수 없었다. 따라서 이 기간은 각지를 돌아다니는 유행을 중단하고, 비를 피하는 동시에 걸식하기에 편리한 곳에 거주하는 습관이 있었다. 찌는 듯한 무더위가 계속되다가 우기로 접어들면 대지는 활기를 되찾고

작은 동물들이 기어 나온다. 이때 돌아다니다간 작은 생명들을 밟아 죽일 염려가 있었고, 교통이 불편할 뿐만 아니라 나쁜 질병이 유행했고 독사와 해충에 해를 입을 우려도 있었다. 동시에 비로 인해 도로가 유실되면 촌락까지 가지 못해 탁발의 기회를 잃어버릴 염려도 있었다. 따라서 이때만큼은 일정한 장소에 모여 공부하고 수도에 전념하는 기간으로 삼았다. 이것은 다른 종파의 수행자에게는 관습으로 되어 있었지만, 부처님은 애당초 이 관습을 따르지 않으려 했던 것 같다. 그러나 다른 사람들의 비판을 고려하여 이를 허락했다고 한다. 이에 따라 불교의 수행자들도 처음에는 각자 친척이나 친지의 인연을 찾아서 매일 탁발할 곳을 확보한 다음, 그 가까운 곳에 거주하면서 수행했을 것으로 여겨진다.

이런 관습이 점차 정착되어 가자, 부유한 재가신자나 유력한 왕들은 승려의 안거를 위한 장소나 건물을 자진해서 불교교단에 회사하게 되었다. 신심이 돈독한 신자로서 존경과 귀의의 대상인 부처님과 그의 제자들이 비를 피하면서 불편하게 수행하는 모습을 그냥 지나칠 수 없었던 것이다. 따라서 처음에는 마땅한 장소만을 제공했을 것이지만, 이내 그곳에 건물까지 짓게 되었다.

제48문에서 설명하였듯이 이로써 유행생활은 서서히 정착생활로 바뀌게 되고, 후대에 불교문화의 산실이 될 승원의 문이 열리게 된 것이다. 불교수행자들은 일정한 거처가 확보된 뒤에도 유행(遊行)과 안거의 전통은 버리지 않고 보다 창조적으로 활용하였다. 지금도 승려들은 자신의 공부와 수행에 적합한 스승과 장소를 찾아 여기저기 떠돌아다닌다. 이런 수도자들을 흔히 운수(雲水)라 하는데, 이는 구름처럼 가고 물처럼 흘러 유행한다는 '행운유수(行雲流水)'에서 유래한다. 그러나 안거가 시작되면 일단 유행을 정지한다.

이 기간은 흩어져 있던 동료들이 한 곳에 모이는 기회였다. 그간 돌아다니느라 전념하지 못했던 공부와 수도를 이 기회를 통해 정진하고, 일단 안거의 기간이 끝나면 전체가 모여 각자의 생활을 반성, 점검하고 각자 지녀 왔던 의문을 풀었으며, 교단의 현안문제도 토의하였을 것이다. 즉 안거의 종료일에 자자(自恣)라는 참회제도를 도입하였다는 것은 그러한 의의를 입증하는 것이다.

  안거는 확실히 계율을 정비하고 수행자의 정신력을 보충하는 기회로서 활용될 수 있었다. 그렇기에 시대와 지역을 달리하면서도 안거제도는 지속되어 왔다. 이 안거를 통하여 모임과 합의를 뜻하는 승가(僧伽) 고유의 전통을 유지해 올 수 있었다. 따라서 사원생활이 개방되고 다원화되어 갈수록 승단의 결속과 화합을 위해서는 안거가 더욱 절실히 요구되는 것이다. 현대에 이르러 안거의 가장 중요한 의의는 결속과 화합의 차원에 있을 것이다. 승단인 승가 자체가 화합의 상징이다. 개인의 욕구에 따라 이합집산하는 것이 세속의 다반사이지만 승가는 그렇지 않은 것이다. 안거를 단순한 의례적 행사나 상징적 전통으로만 생각한다면 옳지 않다. 수도자로서의 직분과 사명을 정기적으로 점검하는 필요불가결의 관행이다. 그 동안 약간 느슨해졌을 수도 있는 청정생활을 가장 엄격하고 철저하게 실시하는 기간이기도 하다. 그래서 이 안거의 시작을 결제(結制)라고 하고, 종료를 해제(解制)라고 한다.

[참고문헌] 김지견 역, 『佛陀의 世界』(→ 문 1), p. 229, 258.
        高崎直道, 『佛教・インド思想辭典』(→ 문 13), p. 474.

73 자자와 포살

자자와 포살이란 어떠한 의례인가?

종교는 필수적으로 다양한 의례나 의식(儀式)을 요구한다. 이런 형식들을 통해 각 종교가 지향하는 근본취의와 신심을 고취하고 종교인으로서의 자세를 확립함과 동시에 결속을 다지기도 한다. 실제로 의례나 의식이 없는 종교는 존재하지 않는다. 불교의 많은 의례들 중에서 초기에 형성되어 정착한 것이 자자(自恣)와 포살(布薩)이다. 전자는 승려들이, 후자는 주로 재가신도가 행하는 의례이다.

승단을 유지해 나가는 기반은 두말할 나위 없이 승려의 권위이고, 이 권위는 승려의 청정성과 성스러움에서 나온다. 권위의 원천인 청정성은 승려의 생활이 실제로 얼마나 바르게 이루어지느냐에 달려 있다고 할 수 있다. 따라서 수행생활을 함에 있어, 항상 반성하고 죄를 지었으면 참회하여 청정성을 유지해 나가게 하는 조직상의 기능이 필요하게 된다. 자자와 포살이라는 의례는 바로 그런 필요성 때문에 자연스럽게 도입된 것이다.

자자란 안거의 종료일에 그간 함께 지낸 동료들끼리 율의 가르침을 잘 준수하였는지 또는 그것을 깨뜨린 일은 없었는지를 서로 반성하고 참회하는 의식이다. 그러나 승원생활이 확립되면서 승려들은 대개 함께 거주하게 되었으므로 안거 때만 아니라 일상적인 일로서 자자와 같은 종류의 의례가 실시되었는데, 그것이 포살이다. 다시 말하면 안거 때의 참회의식은 자자이고, 일상시의 자자와 유사한 의례는 포살인 셈이다.

그러나 **포살**은 재가신도에게도 일상적인 의례가 되었다. 포살이란 '우포사타'라는 인도 말의 음을 빌어 표현한 용어인데, 이는 원래 인도에서 오래 전부터 시행되어 오던 습속이었다. 중요한 제사를 지내기 전에 실시하는 단식에서 유래한 것으로서, 나중에는 일반적으로 중요한 행사나 행동을 하기 위해 준비하는 일을 가리키게 되었다. 특히 사제인 브라만들은 매달 초하루와 보름을 성스러운 날로 정해 놓고 그 전날 밤부터 화당(火堂)에 머무르면서 단식 내지 절식을 하여 깨끗한 하루를 보내는 습관이 있었는데, 이를 흔히 포살이라고 하였다. 애초에 불교는 마음이 우선 청정해야 함을 중시하여, 그런 습속이 불필요하다고 생각했으나, 그것이 일반 민중 사이에서 뿌리 박혀 있음을 보고서 그것을 발전적으로 수용했다고 한다. 민중적인 습속의 형식은 채택하되 그 실질을 불교적 내용으로 바꾸었던 것이다. 이는 민중교화를 위해 불교가 흔히 사용했던 환골탈태(換骨奪胎)의 방법이다. 그 경위야 어찌되었든지 불교에도 이 습속이 비교적 일찍부터 도입되었던 것은 틀림없는 사실이다.

포살은 승려들에게도 있었지만, 승려의 포살은 재가신도의 포살과 그 내용이 다르다. 승려의 포살은 매월 2회 보름과 초하루에 상가의 승려 전원이 한 자리에 모인 가운데 열린다. 여기서는 율장에 정해진 대로 승려들이 지켜야 할 계율의 조목들을 읽어 나간다. 이를 위반한 승려는 그 사실을 고백하고 참회하는 것이다. 큰 죄를 범한 자는 별도의 처분을 받으며, 이 자리에 참석하지 않는다. 즉 여기서는 비교적 가벼운 범계(犯戒)를 고백하고 참회하는 것이다. 이 의례는 승려 개인은 물론 상가 전체의 청정을 유지하게 하는 데에 막대한 역할을 해 왔다. 그래서 이를 철저히 고수해 온 남방불교에서는 승려들이 변함없이 권위를 지켜올 수 있었던 것이다. 한편 재가신도의 포살은 성스러운 날로 정해진 날에 가까운 절에 모여 스님의 법문을 듣고 오계를 받으며, 팔재계(八齋戒)를 지키면서 깨끗한 마음으로 하루를 생활하는 것이다. 포살일에는 속인일지라도 역시 단식이나 절식을 하면서 성적 행위를 금하는 등의 금욕생활을 하였다. 말하자면 이 날만은 출가수행자가 되어 불교인으로서의 참된 자세를 되새기고 다짐하는 것이다.

팔재계는 시대에 따라서 어느 정도의 차이나 발전이 있지만, 기본적으로 오계의 실천과 더불어 "때가 아닌 때에 음식물을 먹지 않는다." "꽃이나 향료로 몸을 단장하지 않으며, 그것을 즐기지도 않는다." "다리가 달린 좋은 침대가 아닌 마루에서 잔다"는 3종의 계율을 실천하는 것이다. 그리고 오계란 잘 알다시피 생명을 해치지 말라(不殺生), 남의 것을 탐하거나 훔치지 말라(不偸盜), 거짓을 말하지 말라(不妄語), 잘못된 성생활을 하지 말라(不邪婬), 정신을 가누지 못하게 할 약물 같은 것을 복용하지 말라(不飮酒)의 다섯 금지 조항이다. 결국 포살일이란 재가신도에게는 오계를 한층 더 확대하여 준수하면서 깨끗한 하루를 보내는 **정진결재일(精進潔齋日)**이며, 그것을 되풀이함으로써 모든 생활을 올바른 방향으로 이끌어 나가도록 결의를 새롭게 하여, 그 습관을 몸에 배이게 하는 날인 것이다. 이런 좋은 의례가 우리 나라와 같은 대승불교권에서는 그

다지 활성화되어 있지 않은 것은 안타까운 일이다. 여기에는 그럴 만한 이유가 있다고 본다. 우선 사원 자체가 일반 신도로부터 거리감을 유지하려고 한다. 승단의 권위는 청정을 유지함으로써 스스로 보장받을 수 있을 텐데, 속인들이 감히 접하지 못한 위치에서 권위를 지키고자 하는 경향이 승과 속의 거리감을 낳았다. 이를 해소하기 위해서는 속인들이 가까이 접할 수 있도록 도시에 인접하거나 도시 안에 있는 사찰도 건립되어야 할 필요가 있다. 이와 아울러 지적되는 원인은 계율에 대한 승속의 자세이다. 소승이라고 경시하는 남방불교에 비해 형식에 얽매이길 싫어하는 대승불교의 전반적인 경향이 계율의 엄격한 고수를 그다지 중시하지 않게 한다. 이런 경향이 결정적인 약점은 될 수 없다고 인정되지만, 포살의례의 활성화는 분명히 그러한 약점을 보완할 수 있을 것이다.

[참고문헌] 김지견 역, 『佛陀의 世界』(→ 문 1), p. 265, 419.

中村 元, 『原始佛敎の生活倫理』(東京 : 春秋社, 1972), pp. 279~285.

74 계율

계율이란 무엇이며, 어떻게 제정되었는가?

우리가 일상적으로 이해하고 있는 바에 의하면, 계율이란 종교인이 준수해야 할 행동규범으로서 해서는 안될 일을 제시한 금지조항으로 되어 있다. 불교의 계율에 대해서도 그렇게 이해한다고 해서 잘못일 리는 없다. 그러나 이런 피상적인 이해로써는 불교가 제시한 계율의 진정한 의도를 제대로 파악하기 어렵다. 통상 계율이라고는 하지만, 불교에 있어서 계와 율은 그 성격이 다른 것으로서 분리되기 때문이다.

불교란 그 성격상 자각의 종교이다. 그래서 수도자는 부처님이 깨달은 것과 같은 진실을 그 자신도 스스로 성취코자 노력하는 것이다. 부처님의 가르침인 중도라는 것도 어디까지나 수도자가 진실을 자각하고, 그에 근거한 생활방식으로서 주체적으로 선택할 수 있는 행위를 가리킨다. 따라서 자각을 추구하면서 그에 걸맞는 행위를 하고자 하는 주체적인 생활방식을 계(戒)라고 한다. 즉 계는 주체적이고 자율적인 성격을 지닌 행위를 가리킨다고 할 수 있다. 그러나 교단이 커지고 수행자가 많아지게 되자 수행자 개개인의 자각만을 기대할 수 없게 되었다. 새로 출가한 자는 어떻게 처신해야 할 것인지에 대한 훈련이 부족했을 것이며, 그 중에는 전혀 자각이 없는 자도 있었을 것이다. 수행자로서는 허용될 수 없는 행위가 등장하게 된 것도 교단의 증대에 따른 부득이한 일이었을 것이다.

과거의 유행생활로부터 승원에서의 공동생활로 생활방식이 바뀌게 되자, 승원 내에는 공동체 전원이 지켜야 할 규칙이 필요하게 된 것이다. 많은 사람들이 함께 생활하다 보니 자연히 해서는 안 될 비행도 생겨났을 것이며, 승원 내의 물건을 평등하게 분배해야 하는 등의 여러 문제도 제기되지 않을 수 없었을 것이다. 바로 이러한 상황에 처해 승려들이 개인적으로나 또는 교단의 한 성원으로서 지켜야 할 행위규범으로 정한 것을 율(律)이라 한다. 계를 편의상 계율이라 칭하는 것이 보통이지만, 이는 엄격히 말해서 타율적인 율과는 구별되는 계인 것이다. 즉 율은 타율적인 성격을 지니고, 따라서 계에 대해서는 위반시의 벌칙이 따로 정해지지 않지만 율의 조항을 위반할 시에는 벌칙이 가해지게 된다는 차이가 있다.

원래 계라는 말은 실라(sīla, 또는 śīla)라는 원어를 번역한 것인데, 이는 습관성, 행위, 성격, 경향 등을 의미한다. 또 실라라는 말 자체는 명상, 봉사, 실천 등을 뜻하는 어원에서 파생하였다. 따라서 계라는 말은 이미 주체성이나 자율성을 간직하고 있는 것이다. 그런 자율성 등이 선으로도 악으로도 표출될 수 있겠지만, 보통 계라고 할 때는 선한 계를 의미한다. 그래서 이 말은 폭넓게 윤리적 행위나 윤리도덕을 뜻하는 개념으로 쓰인다. 이런 계의 대표적인 예가 오계라고 할 수 있겠다. 반면에 율이라는 말은 비나야(Vinaya)라는 원어를 번역한 것인데, 비나야라는 말은 제거, 훈련, 교도 등을 의미한다. 이 의미가 전화되어 규칙, 규율, 규범 등의 뜻으로 쓰이게 되었다. 이 말 자체가 타율성을 함축하고 있기 때문에 한역에서는 조복(調伏)이라고도 하고 율이라는 말의 원어의 발음을 그대로 옮겨 비나야(毘奈耶)라고도 쓴다. 율이라는 말이 지니고 있는 원래의 의미는 보통 계율이라는 복합어로써 표현해 버리고, 실제에 있어서 율이나 비나야는 경, 율, 논의 삼장에서 율장을 총칭하는 말로서 쓰인다. 율장은, 보다 구체적으로 말하면 우리가 흔히 계율이라고 하는 '계의 조목(예를 들어 250계, 350계 등)'들을 해석하고 설명하는 것과 교단의 운영규정을 통틀어 지칭하는 것이다.

계와 율을 엄밀히 구별하여 말한다면, 5계나 10계 같은 일반적인 계율은 재가신도에게 적용될 때 위반시에 교단으로부터 타율적인 벌칙이 반드시 가해지는 것이 아니므로 계라 할 수 있을 것이고, 승려에게 적용되는 250계나 348계는 위반시에 벌칙이 뒤따르게 되므로 율이라 말할 수 있을 것이다. 그러나 이런 구별이 실제에 있어 꼭 필요한 것은 아니다. 계율이란 자율성과 타율성을 함께 지닌다고 알면 될 것이다. 소승의 계율은 율의 취의에 입각한 타율성을 전제로 하는 반면, 대승의 계율은 계의 취의에 따른 자율성을 중시한다. 대승불교가 계율에 대해 엄격해 보이지 않는 이유도 여기에 있다.

이러한 계율들은 부처님이 여러 가지 사항을 예견하고서 한꺼번에 제정한 것이 아니라는 데에 중요한 의의가 있다. 현재 율장에 담겨 있는 계율의 조목들은 필요에 따라서 그때그때 제정된 것을 모은 것이다. 즉 교단 내에 승려들의 어떠한 비행이 있을 때마다 그것을 규제하는 금지조항을 만들었던 것이다. 이런 식의 계율 제정을 **수범수제(隨犯隨制)**라고 한다. 잘못이 있을 때마다 재발을 방지하기 위하여 적당한 제재조치를 취했다.

이런 의미에서 보면 계율은 시대와 상황에 따라 융통성을 지닌다고 할 수도 있을 것이다. 물론 보수주의자들은 이에 철저히 반대한다. 이런 의견의 차가 결국에는 교단의 분열을 야기하기도 하였다.

부처님 당시를 되돌아볼 때, 45년간의 교화 중에 부처님이 정한 행위규범은 상당히 많았을 것이다. 그러나 부처님이 입멸할 무렵이 되어서는 승려의 수도 많이 늘어났을 것이므로 모두가 그 규범의 전부를 그대로 지킬 수는 없었을 것이다. 이와 아울러 승려의 규범에도 그 시대의 사회적, 경제적 추세나 자연환경에 따라서 개정해야 할 부분이 있기 마련이었을 것이다. 그래서 부처님의 말씀을 가장 많이 들었다는 아난다가 증언했듯이, 부처님 자신도 그다지 중요하지 않은 부수적인 율의 조항은 교단에서 원할 경우 폐지해도 좋다고 말했을 것이다. 계율 제정의 정신으로 보아 아난다의 증언은 사실이었을 것으로 여겨진다. 즉 율이라는 것이 성격상 어떤 획일적인 내용으로 될 수만은 없었을 것이다.

그러나 부처님 말씀의 권위를 중시하고 혼란을 염려하는 여론에 밀려, 제1결집에서 막상 계율을 다시 정리할 때는 "부처님이 제정하지 않은 조항은 새로 제정하지 말고, 부처님이 제정한 조항은 버리지 말고 지키도록 한다."고 총괄해 버림으로써 당시의 계율은 오늘에 이르고 있다.

시대가 바뀌고 사회가 변천할수록 계율의 문제는 커다란 과제로서 대두될 수밖에 없다. 초기에는 이러한 문제를 예외 규정으로써 해결했다. 이는 사실상 계율 적용의 융통성을 인정한 것이고,

아울러 수범수제의 정신을 응용한 것이다. 이 점을 인정한다면 계율은 합리적이고 실질적인 운용을 위해 재해석되고 보완될 필요가 있다.

[참고문헌] 김지견 역, 『佛陀의 世界』(→ 문 1), pp. 255~256.
中村 元, 『原始佛敎の生活倫理』(→ 문 73), pp. 242~243.
高崎直道, 『佛敎・インド思想辭典』(→ 문 13), pp. 46~48.

75 수계

수계의 의의와 내용은 무엇인가?

수계(受戒)는, 제74문에서 설명한 것과 같은 계를 받는 것을 말한다. 이 계를 받는 의식은 불교의 모든 의식(儀式) 중에서 가장 기본이 되는 것이며, 교단을 형성하는 근거가 된다고 말할 수 있다. 이 수계라는 절차를 통하여 정식의 신자와 승려가 배출될 수 있기 때문이다. 수계는 입문의 필수적인 조건이다. 수계는 재가신자나 승려에게나 다 통하는 말이지만, 승려의 경우에는 득도(得度)라는 말을 더 즐겨 쓴다. 물론 득도의 경우는 승려가 되기 위한 입문을 가리키는 것은 아니고, 소위 구족계(具足戒)를 받아 명실상부한 비구, 비구니가 될 때를 가리킨다. 따라서 여기서의 수계는 우선 재가신도에 한정하기로 한다.

수계의 의의는 불교인으로서 부처님의 가르침을 실천하며 살아가겠다는 맹세를 수반하는 데에 있다. 그래서 수계식에서는 먼저 "이 목숨을 다하여 부처님과, 부처님의 가르침인 법과, 부처님의 참된 제자로서 우리의 지도자요 모범인 스님들께 귀의합니다."하는 맹세를 다짐하도록 한다. 소위 삼귀의(三歸依)라는 것이다. 그리고 나서 오계를 지킬 것을 약속하고, 이런 맹세와 약속을 영원히 잊지 않고 되새긴다는 상징으로서 또 실질적으로는 심리적 효과를 위해, 팔뚝에 향을 피우는 연비를 행한다. 요즘에 들어 재가신자에게는 이 연비를 생략하기도 한다. 물론 연비의 의식이 처음부터 있었던 것은 아니다. 초기의 성전에 의하면 애초에는 출가자든 재가자든 삼귀의만으로 불교에 입문할 수 있었다.

불교인으로서의 바람직한 행위규범이 오계로서 정리된 것은 어느 정도 후대의 일이었을 것으로 짐작되고 있다. 재가신자들은 처음에는 불, 법, 승의 삼보에 대한 귀의를 표명했다가, 나중에 이와 함께 오계를 받는 방식이 일상화되었을 것으로 본다.

오계는 기본적으로 욕망을 억제하는 방향으로 제정된 것이며, 이는 불교 본래의 참뜻을 실현하는 보편적인 생활방식이다. 그러나 실상 이 오계를 지킨다는 것은 매우 어려운 일이다. 그렇기 때문에 항상 일상의 생활 속에 오계의 정신을 계속 불어넣지 않으면 안 된다. 오계를 한 번 받은 것으로 그쳐서는 안 되고, 몇 번이고 되풀이하여 받으면서 그것을 상기하여, 이에 따라 나날이 앞을 향해 나아가는 삶의 각오를 새롭게 해야만 하는 것이다. 이를 위해서는 오계의 정신을 되새겨 볼 필요가 있다. 초기의 성전에서는 오계를 다음과 같이 언급하고 있다.

"생물을 스스로 해치지 말라. 타인으로 하여금 죽이도록 하지 말라. 또한 다른 사람들이 살해하는 것을 용인해서도 안 된다." 이것이 불살생(不殺生)의 계이다. 생명의 존엄성에 대한 인식을 강조하고 살생과 폭력을 금지하는 자비의 정신이다.

"다음으로, 불제자는 주어지지 않은 것은 무엇이든, 어디에 있든 알고서 취하지 말고, 또한 타인으로 하여금 취하지 않도록 하며,

타인이 취하는 것을 인정해서도 안 되며, 주어지지 않은 것은 무엇이든 취해서는 안 된다.” 이것은 불투도(不偸盜)의 계이다. 기본적으로 타인의 재산권에 대한 인식을 강조하는 것이다.

“집회에 가서나 군중 속에 있어서나 누구든 타인에게 거짓을 말해서는 안 된다. 또 타인으로 하여금 그것을 말하도록 해서는 안 된다. 또한 타인이 거짓을 말하는 것을 용인해서도 안 된다. 허망한 말을 모두 피하라.” 이것은 불망어(不妄語)의 계이다. 인간의 삶이 진실해야 함을 이렇게 극명하게 표현하고 있는 것이다.

“시뻘건 불구덩이를 피하듯이 지혜로운 자는 음행을 피하라. 만약 재가자로서 음행을 피할 수 없으면 아내를 가지는 데 그치고 타인의 처를 범하지 말라.” 이는 불사음(不邪婬)의 계를 말하는 것이다. 일반적으로는 육체적 탐닉을 금지하는 것이다.

이상의 네 가지에 불음주(不飮酒)의 계가 부가되어 오계가 성립된다.

“방일(放逸)의 원인이 되고 사람을 취하게 하는 술을 마시지 말라.”는 것이 불음주의 계인데, 술을 완전히 금하라는 단정적인 뜻보다는 술을 조심하라는 뜻이 성전에서는 누누이 강조되고 있다. 예를 들면, “재물은 하나도 없으면서 술을 먹고 싶다 하여 술집에 가서 먹고 마시고 나면, 물에 잠기듯이 부채에 빠져 얼마 못 가 집안을 망치게 될 것이다.”고 한다.

이상에서 오계의 정신이 어떤 것인지 충분히 짐작할 수 있다. 단순히 개인적으로 금지사항을 지키는 것만이 오계를 충실히 이행하는 것이 아님을 여실히 보여 주고 있다. 남도 나처럼 지킬 수 있도록 노력함으로써 그 정신이 제대로 실현될 것이다. 그야말로 불교의 참뜻을 오계는 담고 있으며, 그래서 오계는 두고두

고 강조되는 것이다. 수계의 의의는 바로 위와 같은 오계의 정신
속에 있다.

〔참고문헌〕 김지견 역, 『佛陀의 世界』(→ 문 1), p. 214, 418.
中村 元, 『原始佛敎 - その思想と生活』(→ 문 71), pp. 116, 190~192.
정승석 역, 『불교의 정치철학』(→ 문 10), p. 194.

76 칠불통계

칠불통계의 내용과 의의는 무엇인가?

중국의 유명한 시인인 백거이(白居易)는 백낙천(白樂天)이라는 이름으로 더 잘 알려져 있다. 이 백낙천과 당시의 선사로서 이름 난 도림(道林)과의 일화는 불교의 진정한 뜻을 간명하게 전하고자 할 때 널리 인용되고 있다.

『경덕전등록(景德傳燈錄)』에서는 다음과 같은 짤막한 대화를 전한다.

"어떤 것이 불법(佛法)의 큰 뜻입니까?"

"모든 악을 짓지 말고 온갖 선은 받들어 행하라(諸惡莫作 衆善奉行)."

"세 살짜리 아기도 그런 것은 알겠습니다."

"세 살짜리 아기도 말은 할 수 있으나, 팔십이 된 노인도 행하기는 어렵다."

위의 대화는 불교가 실천의 종교여야 함을 극명하게 보여 주고 있다. 여기서 "모든 악을 짓지 말고 온갖 선으로 받들어 행하라."라고 한 도림선사의 답변은 유명한 『법구경』에도 나와 있는 말이며, 초기성전 중의 『출요경(出曜經)』 등에서도 보다 갖추어진 형태로 발견할 수 있다.

"모든 악은 짓지 말고, 모든 선은 힘써 행하며, 제 마음을 맑게 하라. 이것이 곧 모든 부처님의 가르침이다(諸惡莫作 衆善奉行 自淨其意 是諸佛教)."라고 되어 있는데, 이를 흔히 칠불통계(七佛通戒)라고 한다.

칠불통계라 함은 어느 한 부처님의 가르침이 아니고, 과거에 있었다는 일곱 분 부처의 공통된 훈계라는 뜻이다. 원시불교의 신앙에 의하면, 부처님은 석가모니 이전에도 여섯 분이 계셨고 석가모니는 일곱 번째 부처님이라 한다. 소위 과거칠불이란 이런 부처들을 일컫는 말이다.

따라서 이 일곱 부처에게 두루 통하는 가르침이 칠불통계라는 것이지만, 칠불통계는 그만큼 보편 타당한 진리라는 뜻이 될 것이다. 이것은 한때 한 곳에 국한되는 특수한 가르침이 아니고, 동서 고금을 통해 어떠한 제한도 받지 않는 불변의 가르침이라는 의미로 파악하여도 무방할 것이다. 그렇다면 이는 불교적 행위의 근본원칙일 뿐만 아니라 불교윤리의 정수를 표방한 것이라고 볼 수 있다.

누구나 공통으로 인식하고 있듯이 선(善)이란 인간생활의 향상과 완성에 부응하는 것이며, 악은 반대로 그러한 향상과 완성을 저해하는 것이다. 그러므로 선의 봉행과 악의 금지를 강조하는 것은 지극히 당연한 일이다. 이런 점에 있어서는 칠불통계에 나타난 불교윤리는 일반의 윤리와 다를 바가 없다. 그러나 칠불통계에서는 그 선의 성격을 분명히 제시해 주고 있다. 근본적으로 선은 "스스로 그 마음을 맑게 하는(自淨其意)" 것이어야 한다. 선을 행하는 의도가 순수해야 함을 지적한 것이라 하겠다. 일반의 윤리에서 말하는 선은 다분히 자기를 중심으로 한 타산적인 경향이 농후함을 부인하기 어렵다. 불교에서는 이러한 선을 가리켜 말하길, 번뇌가 완전히 끊어지지 못한 상태의 선이라는 뜻에서 유루(有漏)의 선이라 한다. 즉 마음이 청정하지 못한 상태의 선이라는 것이다. 칠불통계에서 강조하는 선을 그러한 타산적인 선, 청정치 못한 선을 경계한 순수한 선이다. "선을 위해 노력하되 제 마음을 맑게 하라"는 내용이 바로 그것이다. 다시 말해서 불교의 선은 이기성 또는 의타성으로 대표되는 번뇌와는 타협을 배제하고 자발적인 순수한 마음을 요구한다. 이러한 선은 자기중심적인 아집을 타파할 때 가능하다. 또 그것은 더 깊이 추구해 들어가면, 우주의 질서, 즉 보편적 진리와의 직접적인 대면에서 이루어지는 선이다.

그러나 칠불통계를 그렇게 어렵게 이해할 필요 없이, 특별한 개인적 대가나 목적을 기도함이 없는 이타적 정신이라고 이해하는 것으로도 충분하리라 생각한다. 선의 진정한 가치는 잘 이해한다거나 안다는 데에 있는 것이 아니라, 실제로 행하는 데에 있다. 즉 앞에서 도림선사가 말한 대로 팔십의 노인이라도 행하기가 어려운 그 선을 행할 수 있어야만이 부처님의 가르침이 실질적인 가치를 발휘하는 것이다. 불교는 자비의 종교임이 누누이 강조되어 왔다. 자비는 관념이 아니라 행위로 나타나야 함을 칠불통계가 강조하고 있다고 본다. 이는 불교가 천명하는 모든 윤리사상의 근거임을 인식해야 할 것이다.

[참고문헌] 『불교학개론』(→ 문 1), pp. 190~191.
『한글대장경』, 181, 「景德傳燈錄 I」(동국역경원, 1971), p. 146.
김지견 역, 『佛陀의 世界』(→ 문 1), p. 424.

77 삼취정계

삼취정계의 내용과 의의는 무엇인가?

제35문에서 설명한 바 있듯이 소승불교는 출가자 위주의 불교로 치달아 번쇄한 철학을 일삼는 경향이 있었다. 이에 대해 재가자의 입장으로부터 그런 경향을 혁신하여 부처님 본래의 정신으로 회귀하길 지향하는 종교운동이 일어났다. 이것이 대승불교의 시작임은 주지하는 바와 같다. 이런 정신이 기존의 계율에 대해서도 표출되어 정립된 것을 **대승계** 또는 **보살계**라고 한다. 이 대승계의 대표적인 것이 십선계(十善戒)인데, 십선업도(十善業道)라고도 불린다.

십선계란 선한 결과를 초래할 인간의 주요한 행위, 즉 신체적 활동에 관한 것 3종, 언어의 표현에 관한 것 4종, 마음의 동기에 관한 것 3종으로 분류하여 일상적인 실천덕목으로 삼은 것이다. 그 구체적인 내용은 제75문에서 설명한 오계 중에서 불음주를 제외한 나머지 넷에 여섯 가지의 새로운 조목을 첨가하였다.

① 살생하지 말라.

② 남의 것을 훔치지 말라.

③ 잘못된 음행을 하지 말라.

④ 거짓을 말하지 말라.

⑤ 이간질을 하지 말라.

⑥ 사나운 말을 하지 말라.

⑦ 실없고 잡된 말을 하지 말라.

⑧ 아끼어 탐내는 마음을 지니지 말라.

⑨ 성내거나 원한된 마음을 지니지 말라.

⑩ 잘못된 소견을 버려라.

이들은 사실 진즉부터 성립되어 있었으나, 율장이 정비되는 과정에서 계로서의 성격을 잃고 경시되어 있었던 것이다. 더욱이 형식논리에 치우친 소승의 계는 번잡화하고 형해화하여 현실에 대한 대응능력도 상실해 가고 있었다. 이 때문에 초기의 대승불교에서는 자발적 결의로서의 계(제74문 참조)가 지닌 본래의 취의에 근거하여 십선계를 부활시킴으로써 자신을 지키는 동시에 타인도 지키는 대승정신을 실현코자 했다.

이상과 같은 십선계일지라도 실천하는 방법의 차이에 따라 항상 이기적 성향으로 전락할 가능성도 있는 것이다. 따라서 그에 대한 대승의 입장을 확고히 정립할 필요성이 있다. 이에 따라 대두된 것이 삼취정계(三聚淨戒)라는 계율사상이다.

삼취정계는 『보살지지경(菩薩地持經)』에서 대표적으로 설명되고 있다. 삼취정계는 보살이 마땅히 행해야 할 윤리규범을 섭율의계(攝律儀戒), 섭선법계(攝善法戒), 섭요익유정계(攝饒益有情戒)의 셋으로 분류한 것이다. 섭율의계는 모든 악을 완전히 끊는 것이다. 이는 악의 방지를 목적으로 하는 것으로서 비구의 250계와 비구니의 350계를 중심으로 여러 가지 계를 총괄하여 말하는 것이다. 쉽게 말하면 대승 이전에 교단 내에 제시되어 있던 수동적인 온갖 금지조항이라 할 수 있다. 우리가 통상 '하지 말라'라는 의미로서 계율이라고 말하는 개념이다. 섭선법계는 모든 선을 닦는다는 것으로서 적극적으로 선을 행한다는 의미를 지닌다. 즉 보살이 계를 받은 다음 몸과 마음, 언어의 삼업을 통하여 일체의 선을 쌓아 나가는 것을 목적으로 한다. 섭요익유정계 또는 섭중생계는 선을 쌓는 것을 목적으로 하면서 오로지 중생에게 이익을 베푸는 것이다. 쉽게 말하면 자비행이다. 자비에 의해 중생을 돕고 중생이 악에 떨어지지 않도록 하는 활동법칙인 셈이다.

이상의 삼취정계가 지닌 의의는 요컨대 섭율의계에 의하여 마음의 안정을, 섭선법계에 의하여 불법(佛法)의 성숙을, 섭요익유정계에 의하여 중생의 성숙을 도모하는 데에 있다. 이들 세 가지는 보살이 마땅히 행하여야 할 윤리규범이다. 즉 기존의 소승의 계를 포용하면서, 다시 그 위에 적극적으로 선을 행하는 섭선법계와 섭요익유정계를 더한 것이다. 따라서 삼취정계는 대승계의 폭넓은 입장을 드러내어, 계의 입장에서 대승과 소승을 종합하고 있다. 그런데 앞에서 설명한 십선계는 소승의 여러 계들이 지닌 근본정신을 대승의 견지에서 총괄한 것이다. 따라서 십선계를 실천함으로써 섭율의계를 준수하는 것이 된다. 그리고 이 십선계가 없으면 그 다음의 섭선법계와 섭요익유정계도 성립될 수 없다. 이 둘은 십선계가 발전적으로 전개된 것이므로 삼취정계라는 것도 십선계의 테두리를 벗어나지는 않는다. 이처럼 십선계는 대승의 윤리사상에 있어서 매우 중요한 의의를 지니고 있다. 계율을 수동적인 금지조항으로 받아들일 것이 아니라 나와 남의 동시적인 발전을 위해 적극적이고 능동적으로 잘못을 타파해 나가야 한다는 것을 강조하는 데에 십선계나 삼취정계의 참뜻이 있음을 되새겨야 할 것이다. 이

런 정신은 사실 대승불교에 이르러 새로 개발된 것이 아니고, 제75
문의 오계에서도 알 수 있듯이 불교가 처음부터 지향하고 있었던
것임을 깊이 인식해야 한다. 대승은 망각되어 가고 있는 이 정신을
되살리고자 했을 뿐이다.

[참고문헌] 『불교학개론』(→ 문 1), pp. 140, 194~195.
　　　　　『佛敎解題事典』(→ 문 23), p. 112.
　　　　　高崎直道, 『佛敎・インド思想辭典』(→ 문 13), p. 49.

78 바라밀

바라밀의 의미와 육바라밀의 내용은 무엇인가?

특히 대승불교에서는 바라밀이라는 말을 빈번히 사용한다. 우리 나라도 대승불교권에 있으므로 불교에 접하다 보면 바라밀이라는 말을 흔히 들을 수 있다. 너무 자주 듣기 때문에 오히려 그 의미에 대해 별로 신경 쓰지 않는 경향이 있다. 자주 쓰이는 다른 용어에 대해서도 비슷한 것 같다. 바라밀(波羅密)이라는 말 자체는 '파라미타'라는 산스크리트의 발음을 한자로 옮긴 것이다. 그래서 보다 정확히 옮겨 '바라밀다'라고도 쓴다. 그러나 이 말의 의미에 대해서는 어원분석의 차이에 따라 우열을 가릴 수 없는 두 가지 견해가 있다. 아마 이 때문에도 그 의미로 번역하는 말을 사용하지 않고 음역된 말을 그대로 사용하는 경향이 일반화된 것 같다.

바라밀의 의미에 대해 약간 우세를 보여 왔던 견해는 그것이 도피안(到彼岸), 즉 '피안에 이른다'는 뜻과 또는 도(度), 즉 '구제한다'는 뜻을 지닌다는 것이다. 이에 대해 근래에 이르러서는 성취, 최상, 완성 등의 의미를 지닌다는 견해가 더 지지를 받고 있다. 그래서 요즘 들어서는 바라밀을 '완성'이라는 뜻으로 이해하는 것이 일반적인 경향이다. 또 이렇게 이해하는 것이 다음의 육바라밀과 견주어 볼 때 자연스럽기도 하다. 그러나 어느 쪽에서 이해하더라도 전반적인 의의가 오해되지는 않을 것으로 본다. 피안에 이르든, 구제를 하든 그 궁극 목적은 추구하는 바의 성취나 완성에 있음을 함축하고 있기 때문이다.

불교인에게 바라밀이라는 말이 낯설지 않은 것은 **육바라밀** 때문이다. 바라밀이라는 말 자체만으로 보살의 기본덕목인 육바라밀을 연상하게 되는 것이다. 육바라밀에 대비되는 주요 덕목은 팔정도이다. 불교 전반에 걸쳐 팔정도가 얼마나 중시되고 있느냐 하는 것은 새삼 말할 필요도 없을 것이다. 제21문에서 설명했듯이 부처님의 깨달음이란 단적으로 말해서 연기와 중도라 할 수 있고, 팔정도는 중도의 구체적인 실천방도로서 제시되었다.

그러나 애초에는 속인들을 끌어들이려는 현실적인 방향에서 강조되던 팔정도가 점점 출가자의 입장에서 강조되어 감으로써 그 생동감을 잃고 관념론으로 젖어 들게 된다. 그러다 대승불교에 이르러 중도와 연기를 공사상(空思想)으로 재해석하게 되며, 이와 아울러 그것에 걸맞는 실천도로서 육바라밀이 중시된다. 즉 "공의 법에 깊이 들어가 육바라밀을 행하며 대자대비를 지니는 사람을 보살이라고 한다."고 천명함으로써, 육바라밀은 공을 실천하는 보살의 자비행임을 드러내고 있다. 육바라밀이란 다음의 여섯 가지 덕목을 내용으로 한다.

① 보시(布施) : 베푸는 것을 말한다. 여기에는 진리를 가르치는 법시(法施), 의복 등의 재물을 베푸는 재시(財施), 공포를 제거하여 안심케 해주는 무외시(無畏施)의 3종이 있다고 한다. 물질적으로만이 아니라 정신적으로도 남을 도와주어야 함을 강조하는 것이다.

더욱 중요한 것은 어떤 대가를 바라고 돕는 것이 아니라, 돕는 그 자체로서 만족해야 한다는 것이다. 베푼다는 생각도 없이 베푸는 것, 이것이 진정한 보시라는 것이다. 이것이야말로 대승에서 강조하는 이타적 자비행의 근본이다.

② 지계(持戒) : 계율을 지키는 것이다. 불교의 계율뿐만 아니라 국가의 법률과 사회의 도덕을 지키는 것까지 포함한다. 또 이는 수동적이거나 타율적이 아닌 자발적이고 적극적인 의지로써 준수되어야 하는 것이다.

③ 인욕(忍辱) : 고난을 감당하여 참는 것이다. 물론 육체적 고난만이 아니라 정신적인 고난도 포함한다. 인내의 보살은 득과 실, 명예와 불명예, 칭찬과 비난, 즐거움과 괴로움이라는 세속사에 집착하지 않는다고 한다.

④ 정진(精進) : 진실의 도를 끊임없이 실천하는 것이다. 나머지 다섯 바라밀 모두를 실천하는 데에 노력을 아끼지 말아야 한다는 것으로 이해된다.

⑤ 선정(禪定) : 정신을 통일하여 안정하는 것이다. 산란한 마음을 가라앉히고 고요히 사색함으로써, 존재의 실상을 밝혀 인간의 마음속에 깃들어 있는 무지와 욕망을 타파하는 것이 선정의 목표일 것이다. 이러한 자세가 일상의 생활 속에서 습관처럼 배어야 한다.

⑥ 반야(般若) : 진실의 지혜를 얻는 것이다. 앞의 다섯은 모두 이를 바탕으로 하여 실천되어야 한다. 이 지혜는 결국 연기, 중도, 공을 체득한 지혜이다.

이들 각 바라밀은 자기완성과 동시에 많은 타인의 이익을 추구하는 것을 목적으로 하고 있다. 여기에 방편(方便), 원(願), 력(力),

지(智)의 넷을 더하여 십바라밀이라고 하지만, 그 넷도 사실은 육바라밀 속에 포함되어 있다고 할 수 있겠다. 육바라밀은 굳이 불교를 내세울 것도 없이 일반 생활인으로서의 가장 바람직한 자세를 제시하는 것으로 이해해도 좋을 것이다.

[참고문헌] 『불교학개론』(→ 문 1), pp. 113~115.
　　　　　정승석, 「공의 실천적 의의」, 『海印』(→ 문 21), pp. 63~65.
　　　　　정승석 역, 『大乘佛敎槪說』(→ 문 14), pp. 171~172.
　　　　　高崎直道, 『佛敎・インド思想辭典』(→ 문 13), p. 353.

79 삼도
불교를 실천하는 세 가지 길은 무엇인가?

종교의 유용성을 단적으로 말한다면 무엇이라 할 수 있을까? 여러 가지 답변이 있을 수 있겠지만, 인생을 바르고 행복하게 살아가는 길을 제시하는 것이라고 답하는 게 가장 무난하리라 생각한다. 과거로부터 숱한 성현들이 그러한 길을 제시해 왔다. 그 중에서도 가장 믿을 만한 길이 종교로 집약되었다고 생각해서 사람들은 종교에 의지하고자 한다. 불교에서 말하는 삼도(三道)라는 것도 결국은 불교의 이상을 실현할 수 있는 단계적인 세 가지 길을 가리킨다.

계(戒)와 정(定)과 혜(慧)를 뜻하는 삼학(三學)이라는 말은 교의적으로도 빈번히 쓰이고 있는 데에 비해, 삼도라는 개념은 그다지 잘 인식되어 있는 것 같지 않다. 계율과 선정과 반야(지혜)를 가리키는 삼학은 이미 설명했다.

삼도란 쉽게 말해, 보고 닦아서 이상을 실현하는 과정을 가리킨다. 즉 견도(見道)와 수도(修道)와 무학도(無學道)이다. 이를 현실적인 의미로 해석하면 인생을 관찰하고, 인생을 성숙시키는 길을 거

쳐, 더 이상 배움이 필요없는 길에 이르는 것이다. 이를 불교의 대
표적인 교의를 빌어 적용하면, 이 세상의 법칙을 관찰하여 연기(緣
起)와 중도(中道)임을 알고, 팔정도나 육바라밀로써 그것을 실천하
여, 종국에는 자유의 세계인 열반 또는 해탈에 이르는 것이다. 이
에 대한 실제의 설명에 있어서 견도란 사성제의 도리를 깨닫는 수
행과정이다. 즉 부처님이 맨 먼저 설한 것이 견도인데, 고통과 이
의 절멸에 관한 사성제, 인과와 생성에 관한 십이인연, 모든 사물
과 존재의 성질을 단정할 수는 없다는 불확정성의 원리 등은 부처
님 자신이 삶에 대해 어떠한 견해를 취하였는지를 보여준다. 이런
관찰에 의하면 결국 인간은 스스로 창조해 나가는 존재이다. 자기
창조에 의해 인간은 그 불확정성을 극복해 나가는 것이다. 이렇게
이론적으로 세계관과 인생관을 확립하면, 인간은 사성제나 연기의
도리를 체험적으로 실천하여 자기의 행동이 그 관점에 부합하도록
노력해야 한다. 이것이 수도이다.

　　견도가 이지적(理智的)인 것이라면 수도는 정의적(情誼的)인 것
이다. 우리는 이론적으로는 용이하게 이해할 수 있는 것에 대해서
도, 실천이라고 하는 문제에 있어서는 그 이론대로 행하지 못하는
경우가 많다. 술과 담배의 해독은 이론적으로 충분히 인정하면서
도 그것을 쉽게 끊을 수 없는 것은 정의적인 습관이 굳어져 있기
때문이다. 또 이론적으로는 아침에 일찍 일어나는 것이 좋은 줄 알
면서도, 습관으로 인해 계속 늦잠을 자고 싶은 것이 우리의 일상생
활이다. 이처럼 잘못된 습관을 고치는 것이 수도라 할 수 있다. 그
래서 부처님은 견도를 설하고 나서 수도를 설했다. 여기서 부처님
은 어떤 때는 대화를 통한 논쟁으로써, 또 어떤 때는 직관적인 명
상으로써 제자들을 훈련시켜 각자의 통찰력을 일깨워 주었다. 이

여파로 후대에는 여러 학파나 종파에서 깨달음을 성취하는 독자적인 방법을 개발하게 되었던 것이다. 이런 방법들에 의한 수도의 결과 완전한 자유인 열반에 이르게 된다. 이는 무차별의 경지이며, 불교에서 추구하는 삶의 이상이 실현된 상태이다. 즉 삼도 중의 무학도이다.

사실 초기의 경전에는 견도나 수도의 수행이 무엇을 어떻게 사유하고 관찰하는 것인지에 대해 구체적인 설명이 없다. 다만 부처님 자신은 사성제의 관찰법을 통해 견도, 수도, 정각의 3단계를 거쳐 나아갔다고 말하고 있다. 먼저 제1단계로서 "이것이 고(苦)임을 알고, 이것이 고의 집(集)임을 알고, 이것이 고의 멸(滅)임을 알고, 이것이 고의 멸에 이르게 하는 도(道)임을 안다."고 하는 사제의 충실한 이론적 이해를 제시한다. 다음의 제2단계로서 "고는 널리 알아야 할 것이요, 집은 끊어 버려야 할 것이요, 멸은 실증해야 할 것이요, 도는 닦아야 할 것이다."고 하여 사제를 여실히 실천하고 체험해야 할 것임을 제시한다. 마지막의 제3단계로서 "고의 두루 앎을 마치고, 집의 끊어 버림을 마치고, 멸의 실증함을 마치고, 도의 닦음을 마친다."고 하여 사제의 실천과 체험이 완결됨을 서술하고 있다. 여기서 마지막이 무학도임은 더 말할 나위가 없겠다.

삼도란 결국 최고의 인격자가 되기 위해 거쳐야 하는 3단계를 말한다고 이해할 수 있다. 이것은 불교의 수행에만 국한되지 않고, 인간 완성을 추구하는 교육과정에 있어서도 마찬가지일 것이다. 모두가 공감하고 있듯이 교육은 당장 필요한 지식을 전달하는 것만으로 그치는 것이 아니다. 도덕적이며 정의적인 교육도 그에 못지 않게 중시되고 있다. 오히려 교육의 가치와 정도는 후자에 의해 판가름된다. 오늘날 교육의 결함으로 지적되고 있는 것은 후자의 측면이 갈수록 간과되어 간다는 사실이다. 이로 빚어진 사회문제를 우리는 심각하게 겪고 목격하면서 우려하고 있다. 정의적 훈련이나 교육의 필요성을 새삼스럽게 절감하고 있는 것이다. 불교의 수행은 대부분이 이 방면을 중시한다. 우리의 삶에서 무엇이 옳고 바른가를 알고자 노력하고, 그렇게 안 것을 실제의 행동으로 실천하고자 노력하며, 그리하여 자타가 조화롭게 공존하는 이상적 사회를 실현하고자 노력하는 과정이 불교의 삼도라고 보아도 좋을 것이다. 불교적으로 말하면 바르게 관찰하고, 그렇게 관찰한 것을 더욱 잘 닦아 확고히 생활화하며, 자기만이 아니라 모두에게 통하는 무애의 자유로 나아가는 과정이다. 이를 우리는 통상 이론과 실천과 완성이라고 말한다.

〔참고문헌〕 Junjirō Takakusu, The Essentials of Buddhist philosophy(→ 문 13), p. 211.
水野弘元 저, 김현 역, 『原始佛教』(→ 문 12), pp. 149~151.

80 사섭법

사섭법의 내용과 의의는 무엇인가?

인간생활을 하면서 원만한 관계를 유지하기 위해 취해야 할 네 가지의 포용 태도를 사섭법(四攝法) 또는 사섭사(四攝事)라고 한다. 사람들은 단지 친구들과 교제하는 외에도 일정한 공통의 목표를 위해 단체를 결성할 필요에 직면하게 된다. 그리고 단체를 결성할 경우, 그 성원들 사이에는 단순히 친구라는 것 이상의 관계가 성립된다. 공동생활에 있어서는 사람들을 따뜻하게 포용하는 태도가 필수적이다. 이러한 요구에 응하는 덕목을 불교에서는 사섭법으로써 제시한 것이다. 이를 쉽게 말하면 네 가지의 친절이라고 해도 좋을 것이다. 불교라는 종교의 입장에서 본다면, 이는 사람들을 친절한 마음으로 받아들여 불교의 가르침으로 이끄는 수단이 될 네 가지 행위이다. 사섭법은 구체적으로 다음과 같다.

① 보시(布施) : 다른 사람에게 뭔가를 베푸는 것이다. 베푸는 것이 물질적인 것일 수도 있고 정신적인 것일 수도 있다. 이에 대해서는 제78문의 육바라밀에서 보다 자세히 설명했다.

② 애어(愛語) : 친절한 말이다. 타인을 대함에 있어서 친절하고

부드러운 언어를 사용함을 말한다.

③ 이행(利行) : 타인을 이롭게 하는 행위이다. 상대방에게 이익이 되는 신체와 언어와 마음의 온갖 행위를 가리킨다. 여기서 이익이란 의로움을 뜻하기도 한다. 이익은 정의로부터 생기는 것이다. 적어도 인도에서는 같은 하나의 말로써 이(利)와 의(義)라는 두 가지 의미를 나타내고 있다.

④ 동사(同事) : 협동 또는 협력하는 것이다. 그렇다고 무슨 일에나 협력하라는 것은 아니다. 상대방의 입장에 서서 자기의 일처럼 협력하는 것이지만, 그 일은 법에 따른 바른 일이어야 한다. 무조건 협력하는 것이 아니라 인간으로서의 도리에 합당한 일에만 협력한다는 조건이 붙어 있다.

이 사섭법은 이미 원시불교에서 설해졌으며, 대승불교에서는 이것을 채택하여 보살이 실천해야 할 덕목으로서 중시하였다. 불교인의 기본윤리인 오계가 개인윤리라면 이 사섭법은 사회윤리이다. 사섭법은 중생을 결합시키는 조건으로서 부처님이 가장 중시한 덕목이었다고 보기 때문이다. 그래서 이를 가리켜 성전에서 말하길 "이들은 세상에서 사람들을 포용하는 것이다. 마치 회전하는 바퀴의 축과 같다."고 한다. 이 사섭법을 보다 현실적으로 해석하면, 보시란 부자는 가난한 자에게 재물을, 현자는 무지한 자에게 진리의 법을 베푸는 것이다. 애어란 상호간에 부드러운 말로써 위로하고 서로를 장려하는 것이다. 이행은 사회봉사로써 공익을 추구하는 것이다. 동사는 단체생활에서의 약정된 법에 대해서는 그 취지가 타당할 경우 개인적으로는 불만이 있더라도 자신을 그에 동화시키는 것이다. 이 사섭법은 작게는 한 가족, 크게는 전세계에까지 결코 없어서는 안 될 공동생활의 덕목으로서 불교의 승가(僧伽)도 사실 이 정신에 의해 지도되었다고 한다.

사섭법이 승단의 화합을 위해 중시되기도 했을 것이지만, 성전에 설해진 바에 의하면 이는 속인들에 대한 윤리이다. 그래서 재가자의 입장을 중시하는 대승불교에서 이를 중시하게 된 것이다. 사섭법에 의해 사람들의 눈을 불교로 향하게 하여 불교에 의거하는 생활로 이끌 수 있다. 어떻게 보면 사섭법은 사회생활에 있어서의 평범하고 당위적인 윤리를 강조하고 있다. 그러나 그런 평범함과 당위성 속에 불교의 진리가 있다는 사실도 아울러 함축한 것이 사섭법이다.

[참고문헌]　中村 元, 『原始佛教 - その思想と生活』(→ 문 71), pp. 197~199.
　　　　　　　木村泰賢, 『原始佛教の思想論』(東京 : 大法輪閣, 1969), pp. 277~279.
　　　　　　　高崎直道, 『佛教・インド思想辭典』(→ 문 13), p. 72.

81 서원
서원이란 무엇이며, 어떠한 의의를 지니는가?

인간사회가 믿음으로 유지될 수 있다는 점은 누구나 인정할 것이다. 그러면서도 불신이 난무하는 것이 인간사회의 현실이기도 하다. 그렇기 때문에 더욱 무엇인가 확고한 믿음을 제시해 줄 만한 것을 찾고자 한다. 그리고 대개는 그러한 욕구를 종교에 의지함으로써 충족시킨다. 종교가 믿음의 대상으로 각광을 받는 근본이유가 어디에 있을까? 그것은 구원을 약속하기 때문이다. 다시 말해서 종교를 믿는다는 것은 그 종교가 천명한 약속을 믿는다는 말이다. 약속이라는 말은 일상생활에서 매우 흔하게 쓰이고 있다. 너무 흔하기 때문인지는 모르겠지만, 보통 사람들은 약속을 중시하면서도 잘 믿지를 못한다. 이런 불신감 때문에 보다 진실하고 확고한 의지의 표명으로서 맹세를 하는 것이다. 불교에서 말하는 서원(誓願)이란 이런 맹세와 같은 것이라고 이해할 수 있다. 물론 서원에는 불교 특유의 종교적인 뜻이 담겨 있다.

서원이란 불도(佛道)를 수행함에 있어 스스로 깨달음을 얻겠다고 맹세하고, 타인을 구제하겠다고 맹세하는 것 또는 그렇게 원하는 것이다. 애초에 초기불교의 경전에서 이 말은 내세에 왕족이나 부자로 태어나던가 천국에 태어나길 바라는 세속적인 소원을 가리키는 데 사용되었다. 따라서 출가의 입장에서는 이 말이 부정적인 의미로 쓰였다. 한편 부처님의 전생을 이야기하는 본생담에서는 이 말이 사용되고 있지는 않으나, 부처님이 전생에서 깨달음을 구하려는 마음을 일으켜 수행했다는 사고방식이 보인다. 이것은 나중에 중시된 서원의 선구라고 일반적으로 간주되고 있다.

서원이라는 말이 중요한 의미를 지니게 된 것은 대승불교의 보살사상에서이다. 대승에서는 부처님의 전생에만 한정하지 않고, 누구라도 깨달음을 구하려는 마음을 일으켜 수행하면 모두 보살이라고 했다. 그러한 보살의 마음을 서원이라 한 것이다. 그러나 보살의 서원은 단지 자신의 깨달음만을 구하는 것이 아니라, 미혹의 세계에 생존하는 중생까지도 깨달음으로 이끄는 것을 포함하고 있다. 이를 일러 상구보리(上求菩提) 하화중생(下化衆生), 즉 위로는 깨달음을 구하고 아래로는 중생을 교화한다고 말하는 것이다. 대승의 경전들 중에서도 초기에 성립된 반야경(般若經) 계통의 경전에서는 서원이 보다 구체적으로 설해지기 시작했는데, 예를 들면 보살이 모든 중생을 구제하여 열반으로 이끌기를 원한다던가, 또는 보살 자신이 부처가 되면 그 국토를 청정하게 하겠다고 원하는 등이다.

대승에서는 많은 서원들이 설해지는데, 이들은 나중에 정리되어 모든 보살에게 공통되는 서원이 제시되기에 이른다. 이를 **사홍서원(四弘誓願)**이라고 하며, 총괄적인 서원이라는 의미에서 총원(總願)이라고도 한다. 이 사홍서원은 현재 공식적인 불교의식에서 한결같이 사용되고 있다.

중생이 가없어도 건지고야 말리라(衆生無邊誓願度).

번뇌가 끝없어도 끊고야 말리라(煩惱無盡誓願斷).

법문이 한없어도 배우고야 말리라(法門無量誓願學).

불도가 위없어도 이루고야 말리라(佛道無上誓願成).

부처님과 같은 깨달음을 얻는 것이 보살의 지상과제이다. 하지만 이에 앞서 중생을 구제하겠다는 의지를 분명하게 천명하고 있는 것이 위의 사홍서원이다. 앞에서 말한 대로 이같은 보살의 의지를 흔히 '상구보리 하화중생'이라는 말로 표현한다. 그러나 이 말에 대해, 먼저 깨달음을 얻은 다음에 중생을 교화하겠다는 뜻으로 해석하는 것은 옳지 않다. 깨달음을 구하는 일과 중생을 교화하는 일은 동시적이다. 완벽한 사람만이 남을 도울 수 있는 것은 아니다. 오히려 남을 돕는 과정에서 인격을 수련할 수도 있는 것이다. 그래서 흔히 말하길, 가르치면서 배운다고 하지 않는가. 중생을 교화하는 일이 곧 깨달음을 구하는 일이 되는 것이요, 또 깨달음을 구하는 일이 곧 중생을 교화하는 일이 될 수 있도록 하여야 한다. 대승이란 남을 돕는 자체가 나의 이익이 되는 것이라고 생각하는 사고방식이다. 이런 사고방식을 더욱 적극적으로 천명하여 자미도선도타(自未度先度他)라고 한다. 즉 나를 구제하기에 앞서 남을 구제한다는 것이다. 이타정신의 극명한 표현이다. 이 생각이 더 철저해지면 자기는 영원히 깨달음을 얻지 않겠다는 서원으로까지 나아간다. 제78문에서 설명한 바 있는 육바라밀에서 인욕과 정진을 제시하는 것은 보살의 그러한 소원을 철저히 실현하기 위함이다.

대승불교에서는 여러 유명한 보살들이 나름대로의 서원을 천명하고 있다. 제16문에서 소개한 바 있는 여러 보살들 중 지장보살과 같은 보살은 지옥에서 고통받고 있는 많은 중생들을 제도하기 전

에는 결코 성불하지 않겠다고 서원하고 있으며, 법장보살의 서원
에는 자신이 비록 부처가 된다 하더라도 괴로운 중생에게 깨달음
을 열어줄 수 있는 것이 아니라면 결코 깨달음을 얻지 않겠노라는
뜻이 반복해서 천명되고 있다. 이처럼 위대한 보살들이 개별적으
로 천명하는 서원을 앞에서 말한 사홍서원, 즉 총원에 대비하여 별
원(別願)이라 한다. 유명한 별원으로는 아촉불의 12원, 보현보살의
10대원, 약사여래의 12원, 법장보살, 즉 아미타여래의 48원 등이
있다.

　　본원(本願)이라는 것도 있다. 어떤 부처가 여러 가지의 서원을 가
지고 있다면, 그 서원은 그 부처가 과거의 보살이었을 적에 세웠던
것으로 보아 본원이라 불리는 것이다. 또는 부처의 근본을 이룬다
는 의미에서도 본원이라 한다. 이처럼 서원은 종교인으로서의 약
속 또는 의지의 표명이다. 그리고 그 의지는 기본적으로 나와 남의
발전을 동시적으로 추구하겠다는 것이며, 나아가서는 나의 이익이
나 발전보다 남의 이익이나 발전을 먼저 추구하겠다는 것이다. 불
교정신의 적극성과 능동성과 실천성을 여실히 보여 주는 것이 바
로 서원임을 알 수 있다.

［참고문헌］『불교학개론』(→ 문 1), pp. 112~113.
　　　　　高崎直道, 『佛敎·インド思想辭典』(→ 문 13), p. 249.

 회향

회향이란 무엇인가?

종교를 믿는 사람의 일차적인 심정은 우선 종교를 통해 나의 당면한 문제를 해결하고, 나아가 삶의 전반적인 행복을 추구하려는 것이다. 이 개인적 행복을 얻기 위해 그 조건으로서 종교가 요구하는 여러 가지 윤리규범을 따르게 된다. 불교가 아닌 다른 종교에서도 개인적 욕구를 충족시켜 줌으로써 종교의 소임을 다했다고는 생각지 않는다. 그러나 불교는 개인의 행복이 궁극적으로 어떻게 활용되어야 할 것인지를 명백히 제시한다. 일반의 교훈은 노력하면 그 만큼의 대가를 받는다고 하고, 기독교에서도 심은 대로 거두리라고 한다. 사람들은 또 노력한 결실을 얻고자 하고, 노력한 만큼의 정당한 대가를 요구하며 투쟁을 불사하기도 한다. 그런데 불교는 정당한 그 대가나 결실을 내가 아닌 다른 대상에게 돌리라고 권한다. 회향은 바로 이것을 가리키는 것이다. 불교인들이 흔히 실시하는 회향식은 그러한 의사의 집단적 표명이다.

회향이란 자기가 닦은 공덕을 돌리는 것이다. 그 돌리는 대상은 보리, 즉 깨달음과 중생이다. 제78문에서 설명한 육바라밀은 보살의 대표적인 실천강령이다. 그런 강령을 충실히 이행하는 것을 흔히 보살행이라고 말한다. 그리고 보살행의 이념은 나와 남의 이익을 동시적으로 추구하는 '상구보리(上求菩提) 하화중생(下化衆生)'이다.

그런데 그 이념은 회향을 통해 완성된다. 즉 보살행의 종국적인 태도가 회향인 것이다. 이 회향에 대해『화엄경』은 다음과 같이 설명한다.

"모두 다 회향한다는 것은 어떤 것인가. 처음 예배하고 공경함으로부터 중생의 뜻을 수순하기까지 그 모든 공덕을 온누리에 있는 모든 중생에게 돌려, 중생들로 하여금 항상 편안하고 즐겁고 병고가 없게 한다. 나쁜 일은 하나도 이루어지지 않고 착한 일은 모두 이루어지며, 온갖 나쁜 일의 문은 닫아버리고 열반에 이르는 바른 길은 활짝 열어 보인다. 중생들이 쌓아 온 나쁜 업으로 말미암아 받게 되는 무거운 고통의 여러 가지 과보를 내가 대신 받으며, 그 중생들이 모두 다 해탈을 얻고 마침내는 더없이 훌륭한 깨달음을 성취하도록 힘쓴다.

보살은 대자비를 완성하여 중생의 마음을 깨달음으로 돌려, 중생을 위해 활동하길 조금도 쉬는 일이 없다. 보살은 깨달음의 마음으로써 온갖 선을 닦고, 모든 중생을 위해 지도자가 되어 지혜의 길을 제시하고, 진리의 태양이 되어 온누리를 비춤으로써 중생으로 하여금 선을 행하게 하길 조금도 쉬는 일이 없다. 보살은 부처님이 설한 최상의 진리를 듣고 마음속 깊이 새길 뿐 아니라, 나아가 그것을 중생에게 설법하여 다음과 같이 회향한다.

'저는 오로지 한 마음으로 무수하고 끝없는 세계 속의 모든 부처님들을 바르게 생각하여 보살의 의무를 다하겠습니다.

저는 하나의 세계에 있어서 한 사람의 중생을 위해 영원토록 보살의 의무를 다하겠습니다.

저는 모든 세계에 있어서 모든 중생을 위해 마찬가지로 영원토록 보살의 의무를 다하겠습니다.'"

이처럼 웅대하고 비장한 의지로 표명된 회향의 정신은, 남이 잘못한 대가는 내가 받겠으며 내가 잘한 대가는 남에게 돌리겠다는 자비심의 극치이다. 내게 있는 조그마한 잘못이라도 그 책임을 남에게 전가하려는 세태를 생각하면 위와 같은 회향의 정신은 가히 비장한 각오의 표현이라고 할 수 있다. 따라서 회향은 곧 업보의 전환을 의미한다.

나중에 대승불교의 정토교에서는 회향의 정신이 아미타불의 자비에 가장 명료하게 나타나 있음을 주목하여, 아미타불에 대한 믿음을 통해 그의 국토인 정토(淨土)에 왕생할 수 있기를 기원하지만, 이는 회향의 진정한 의의를 실천하는 것이라고 보기 어렵다. 회향은 그를 통해 뭔가 개인적인 이득을 얻고자 하는 것이 아니기 때문이다. 고도의 헌신과 자기희생이 회향의 정신에 전제되어 있다.

이런 의미에서 회향을 보살행의 완성이라고 하는 것이다. 이 정신이 웅대해 보인다고 해서 범부로서는 불가능한 것이 결코 아니다. 사소한 주변의 일에서부터 보다 높은 차원을 지향하는 습관적 생활이 바로 보살의 회향으로 연결될 것이다. 불교의 모든 수련회가 회향식으로 끝맺는 것도 회향의 습관화 또는 일상화를 기하고자 함이다.

〔참고문헌〕『불교성전』(→ 문 4), pp. 529~530.
　　　　　　高崎直道, 『佛敎・インド思想辭典』(→ 문 13), pp. 39~40.
　　　　　　孝橋正一, 『社會科學と現代佛敎』(大阪 : 創元社, 1968), p. 269.

83 윤회와 업

불교의 윤회와 업을 어떻게 이해해야 하는가?

일상의 언어에서 윤회와 업은 불교를 상징하는 말처럼 사용되고 있을 정도로 보편화된 개념이다. 특히 업(業)은 이 말이 지닌 본래의 의의가 무시된 채, 자신의 행위가 어쩔 수 없는 것인 양 합리화하는 말로서 쓰이고 있는 경우가 대부분이다. "업이 그러니 어쩔 수 없다." "그것도 다 네가 타고난 업이다." 등의 말을 우리는 흔히 사용하고 또 듣고 있다. 따라서 업은 당연히 제거되어야 할 부정적인 것이 된다. 업을 부정적인 시각으로 보는 것은 불교의 교리상 잘못된 것은 아니다. 그러나 업에 대한 그러한 인식이 일반화된 데에는 교리를 실제에 적용함에 있어서 잘못된 경향 때문임을 지적하지 않을 수 없다. 교리를 따지기 이전에 당장 눈에 띄는 모순도 있다. 업이라는 개념은 윤회와 불가분의 관계에 있으므로, 일상적인 관념에서 업이 없는 편이 좋을 부정적인 것이라면 윤회 또한 원해서는 안 될 부정적인 것이어야 한다. 그러나 실제 신앙인들은 사후에도 자신의 삶이 계속되길 바라며, 그 다음의 세계에서도 더욱 좋은 신분으로 자신의 삶이 계속 이어지길 바란다. 불교의 교리상으로 보면 업과 마찬가지로 윤회로부터도 탈피할 수 있을 때 진정한 자유와 행복이 보장되는 것이다. 이렇듯 불교에 있어서 교리와 현실과의 괴리는 결국 윤회와 업을 바르게 이해하지 못하거나 적용하지 못함에서 비롯된 것이라고 생각된다.

인도의 윤회와 업

윤회사상은 인도인들의 독특한 발상이라고 일반적으로 인식하고 있지만, 사실 현실에서의 육신이 사라진 후에도 영원한 삶이 있길 희구한 것은 인도인만이 아닌 인류의 공통된 심정이다. 따지고 보면 영원한 삶에 대한 희구가 종교를 탄생시켰고, 어느 종교나 사후에 또 다른 세계가 기다리고 있음을 제시한다. 그 사후의 세계는 크게 두 종류로 분류된다. 하나는 온통 행복으로 가득 찬 낙원이고, 다른 하나는 지독한 고통만이 계속되는 연옥이다. 따라서 사후에 낙원에 태어날 수 있기 위해서는 그 종교가 요구하는 바를 충실히 이행해야 한다. 이러한 사고방식을 보다 논리적이고 체계적으로 전개하여 현실사회에서의 인간행위와 사후세계의 여러 양상을 연결시킴으로써 인간의 행위를 자발적으로 규율코자 한 것이 인도에서 발전된 업과 윤회의 사상이다. 그래서 인간은 현실세계의 행위에 따라 사후에 그에 상응하는 보답을 받아 다양한 모습의 생명체로서 다양한 세계에 다시 태어난다고 믿는다. 사후에 다시 지상에 태어날 수도 있고 달이나 태양을 포함한 천상에 태어날 수도 있다. 또는 조상들의 세계나, 신들의 세계에 태어날 수도 있다. 또 다시 태어나는 자신의 모습은 식물일 수도 있고 가축일 수도 있으며, 인간으로 태어난다면 그 신분 역시 이전의 세상과는 다르다. 어떤 사후세계는 한 번으로 그치는 것이 아니라, 다음 세상에서의 행위에 따라 또 그 다음 세상으로 계속 연결되면서 끊임없이 이어지는 것이다. 그래서 **윤회(輪廻)**라고 한다. 인간은 이러저러한 세상을 수레바퀴가 돌아가듯이 계속 맴돈다. 시작도 없고 끝도 없다. 윤회의 원어인 상사라(saṃsara)라는 말은 '흐르다' '움직이다'는 뜻에서 파생되었기 때문에 '흘러 맴돈다'는 뜻으로서 유전(流轉)이라고도 번역된다. 불교의 입장에서 보면 이러한 윤회의 세계는 번뇌로 더럽혀진 인간의 생존이기 때문에, 윤회를 생사(生死)라고도 표현한다.

다른 종교의 내세관과 윤회라고 불리는 인도의 내세관이 크게 다른 점은 내세가 일회적이냐 연속적이냐 하는 점에 있다. 그 발상은 동일하지만, 기독교의 예로써 알 수 있듯이 일반 종교의 내세관은 인간의 영혼이 사후에 천국이나 연옥의 어느 한 곳에서 더 이상 다른 세계로 나아가지 않지만, 인도의 내세관은 그 영혼이 다양한 모습을 취하면서 영원히 다양한 세계를 전전한다는 것이다. 즉 기독교의 내세관은 종말론이지만, 인도의 내세관은 순환론이다. 현실의 세계보다 더 좋은 세계를 전전하기 위해서는 그때 그때마다 어떻게 살아야 할 것인가가 문제이다.

인도의 전통적 신앙에 의하면 인간의 사후세계는 신들이 결정한다. 그리고 그 판단기준은 당연히 인간의 행위이다. 좋은 세계를 보장받기 위해서는 인간이 신들의 비위를 거스르지 않고 그들에게 잘 보이도록 행동해야 한다. 이러한 행동을 **업**이라 하였던 것이다. 신들의 비위를 맞추어 좋은 사후세계를 보장받을 수 있는 최선의 행위는 조상과 신들의 은혜를 기원하고 감사하는 제사였다. 그래서 업의 원어인 카르마(Karma)라는 말도 애초에는 제사를 의미하는 말로서 쓰였다. 제사와 업은 동일한 의미였다는 것인데, 이러한 영향은 불교에도 그 흔적이 남아 있다. 불교에서는 의식(儀式)의 작법을 갈마(羯磨)라고 하는데, 여기서 갈마란 카르마라는 말의 발음을 그대로 옮긴 것이다. 그러나 불교가 성립하기 이전 인간의 인지가 개발되는 과정에서 업의 의미도 확대되었다. 인간의 행위에 대해 보다 합리적인 탐구가 이루어졌던 것이다. 보통 행위라든가 행동이라 할 때는 신체적으로 나타나는 동작을 가리키는 것이 일반적이다. 그러나 인도의 사상가들은 행위는 신체로만 나타나는 것이 아니라 언어로도 나타나고, 더 나아가 밖으로 표출되지 않은 의식이나 마음도 행위의 범주에 포함되는 것으로 파악하였다. 소위 신(身), 구(口), 의(意)의 삼업이 이것이다. 이는 매우 합당하고 진보적인 사고방식이었다. 행위의 성격을 이렇게 규정함으로써 업을 단순한 운명이라고 간주하지 않고 의지의 자유라고 이해하였던 것이다. 따라서 사후세계는 신들의 의지에 의해 일방적으로 결정되는 것이 아니라, 인간의 의지와 노력에 의해 결정될 수도 있다는 의식이 싹트게 되었다.

뿐만 아니라 인도사상가들의 목표는 어떻게 하면 이러저러한 세계를 전전하면서 고통에 시달릴 수밖에 없는 영혼을 구출할 수 있느냐 하는 것이었다. 최선의 방법은 그런 윤회로부터 벗어나는 길이다. 생사의 세계인 윤회로부터 벗어나는 것을 해탈(解脫)이라고 하였다. 업과 윤회에 대한 이런 고차원적 사고방식은 불교에서도 그대로 계승된다. 그러나 불교의 입장은 인도의 유신론적 차원을 탈피하고 한 단계 더 나아간 것이었다. 인도의 기존 종교에서는 실제 윤회와 업을 받아들이는 입장이 숙명론적 차원을 크게 탈피하지 못했던 것이다. 그리고 윤회를 완전히 탈피하는 것이 아니라 사후에 천상의 낙원에 태어나는 것을 목표로 삼았다. 이는 불교가 성립할 당시에도 일반 신앙인의 지배적인 관념이었다. 따라서 제12문에서 설명하였듯이 부처님은 소위 생천론(生天論)이라든가 기존의 관념을 채택하였다. 이를 채택함에는 보다 깊은 뜻이 있었다. 그 깊은 뜻이란 인간은 스스로의 노력에 의해 운명을 극복하고 자신의 미래를 개척할 수 있다는 무한한 능력과 의지의 자유에 눈뜨게 하려는 것이었다. 그럼에도 불구하고 이후의 신앙형태에서 불교인은 업과 윤회를 받아들임에 있어서 숙명론적 입장을 크게 벗어나지 못하였음을 지적하지 않을 수 없다.

불교적 수용

불교가 업과 윤회의 사고방식을 채택함에 있어서 불교의 근본교리와 배치되는 모순에 부닥치게 된다. 윤회는 영혼의 존재를 전제하지 않을 수 없는데, 불교의 무아설(無我說)은 영혼과 같은 절대적 실체를 근본적으로 부정하는 것이다. 그래서 아비달마불교에서는 매우 상세한 연구로써 업을 이론화하여 업설을 정립하게 된다. 불교의 업설이 체계화되기 이전에 기존의 업설은 다음과 같은 전제조건을 지니고 있다. 첫째, 선하거나 악한 행위는 원인이 되어 행복이나 재앙이라는 결과를 야기한다는 인과율이다. 둘째, 행위의 세력이 그 과보를 받을 때까지는 행위자 속에 어떠한 형태로 존속해야 한다는 것이다. 셋째, 행위자와 그 보답을 받는 자가 동일한 사람이어야 한다는 것이다. 그러나 이런 조건들을 반드시 사실이라고 인식할 수는 없다. 특히 문제가 되는 것은 첫째의 조건이다. 자신의 행위가 어떠한 결과를 초래할 것인지를 유한한 인간존재로서는 확인할 길이 없는 것이다. 따라서 업이니 윤회니 하는 것은 현상으로부터 유추한 하나의 가정이라고 할 수밖에 없다. 다시 말해서 업설

은 하나의 행위가 반드시 그에 상응하는 결과를 낳을 것이라는 가
정에 근거하는 것이고, 이 가정을 믿느냐, 믿지 않느냐 하는 것은
각자의 신념과 사회적 필요성에 달려 있다. 이 업이 또 윤회와 연
결되기 위해서는 다음과 같은 조건들이 전제되어야 한다.

① 행위와 결과에는 시간차가 있으므로, 과거의 행위와 곧 다가
올 결과 사이에는 눈에 보이지 않는 어떤 연계가 있어야 한다.

② 죽음이 결과의 발생을 막지 못한다.

③ 영혼은 업에 의해 구속된다.

④ 업의 보이지 않은 힘에 있어 영혼은 자기의 원에 어긋나더라
도 하나의 신체에서 다른 신체로 이동한다.

⑤ 영혼의 자유는 과거의 업의 결과가 머물러 있는 한 저지된다.

이상의 전제조건들을 통해 알 수 있듯이 윤회와 업이 불멸의 진
리로서 성립하기 위해선 어떤 행위의 영향력을 담고 있는 그릇과
같은 불멸하는 어떤 존재를 설정하지 않을 수 없는 것이다. 그래서
영혼의 존재를 믿게 되고, 영혼의 존재 여부는 당시 사상가들의 주
요 쟁점이었다. 불교는 본래부터 영혼의 존재를 믿지 않았다는 점
에 교리상의 문제점이 대두되었고, 이 문제는 아직까지 근본적으
로는 불식되지 않고 있다.

이를 해결하기 위해 불교 내부에서는 많은 노력을 기울여 왔다.
우선 『대비바사론(大毘婆沙論)』에서는 업의 의미를 다음과 같은
세 가지로 분류한다. 첫째, 가장 넓은 의미로서 세상에 존재하는
모든 것의 작용과 활동을 가리킨다. 따라서 업은 정신적일 수도 있
고 물질적일 수도 있으며, 의지적일 수도 있고 비의지적일 수도 있
다. 반드시 도덕적이거나 종교적인 행위에 국한되지 않는 것이다.
둘째, 단순한 일상의 행위가 아니라 규정되어 의식화(儀式化)된 동

작이다. 업의 본래 의미로서 일반적으로 생각하는 행위로서의 업과 구별하기 위해 한역에서는 갈마(羯磨)라고 한다. 셋째, 일반적인 의미로서 결과를 야기하는 선하거나 악한 동작이다. 즉 윤리적 종교적 가치나 반가치를 지니는 행위 전반이다. 『구사론(俱舍論)』에서는 이러한 업의 성격과 종류를 면밀히 분석하고서, 업의 영향에 의한 연기의 법칙을 사용하였다. 이를 업감연기설(業感緣起說)이라 한다. 여기서 특히 주목되는 것은 공업(共業)의 존재를 주장한 점이다. 앞에서 소개하였듯이 원래 업설은 자신이 지은 업의 결과는 반드시 자기에게 돌아옴을 전제로 한다. 이 때문에 업을 더욱 숙명론적이거나 이기적으로 받아들이게 된다. 그러나 보다 냉철히 파악해 들어가면 자신의 행위는 타인에게도 영향을 미칠 뿐만 아니라 타인의 행위 또한 내게 영향을 미치고 있음을 우리는 경험으로써 알 수 있다. 공업은 바로 이 점을 지적한 것이다. 즉 공업은 사회공동의 연대책임을 고려한 것이다. 따라서 자기가 소속한 사회 내에서는 자신이 저지른 행위의 결과를 자신만이 아니라 연대사회가 받으며, 마찬가지로 그 사회 내의 타인이 지은 업의 과보를 자기도 공유한다는 것이다. 이 법칙이 성립하므로 개인은 자기발전을 통해 사회발전에 이바지할 수 있으며, 또 타인의 구제와 사회발전을 통해 자신의 구제와 발전을 도모할 수 있게 된다. 업을 의지의 자유로서 또는 적극적 능동적 행위로서 이해해야 함은 이 때문이다.

영혼을 부정함으로써 야기된 윤회의 주체라는 문제를 해결하기 위해 알라야식 연기설(제40문 참조)이 대두된다. 윤회의 주체는 바로 인간의 의식(意識)이라는 것이다. 알라야식이 행위의 모든 세력을 담고 있다가 외부로 노출되어 새로운 형태를 취한다고 본다. 다시 여래장 연기설(如來藏緣起說) 또는 법계연기설(法界緣起說, 제41 문 참조)이 대두된다. 윤회의 주체는 결국 진여(眞如) 또는 법계(法界)라고 표현되는 현상세계의 진상 자체이며, 더 이상 그 연유는 묻지 말아야 한다고 주장한다.

사실 행위의 인과관계라는 법칙 자체가 중요한 것이지 그것을 결정하는 실체가 무엇인가 하는 문제가 중요한 것은 아니다. 제10문에서 설명한 대로 일찍이 부처님이 비현실적인 관념적 논쟁은 무의미함을 천명했던 이유도 여기에 있다. 인간의 문제는 인간 스스로가 해결할 수 있다는 신념으로서의 가치를 불교는 업설에 부여하고 있는 것이다. 그것은 사회적 존재로서의 인간에게 절대적으로 필요한 것이다. 그런 업의 근거가 무엇이냐고 묻는 것은 기독교에서 하나님의 존재근거가 무엇이냐고 묻는 것과 같다. 자기 창조, 또는 자기 변혁의 가능성을 업설은 천명하는 것이며, 이를 확고한 신념으로 받아들이게 하는 방편으로서 불교는 윤회설을 채용한 것이다. 소위 육도(六道) 또는 육취(六趣) 윤회를 제시한다. 평범한 인간들은 현세에서의 행위에 따라 지옥, 아귀, 축생, 아수라, 인간, 천계라는 여섯 세계를 맴돈다. 그러나 가능하면 이런 세계로부터 탈피하여 완전한 자유를 획득할 수 있어야 한다. 하지만 그런 윤회를 두려워 할 필요는 없다. 윤회는 근본적으로 인간 의식의 문제이기 때문이다. 의식의 변혁을 통해 고통의 세계인 현실이 곧바로 열반이라는 이상세계로 개조될 수 있음을 불교는 확신하고 있다.

불교의 윤회설이 인도의 다른 사상과 근본적으로 다른 점은 윤회를 인간의 내부에서 파악하였다는 점이다. 인도철학의 각 학파들은 윤회를 외적인 현상이라고 파악하였다. 따라서 윤회의 고통에서 벗어나려면 역시 형상체인 인간의 육체를 극복해야 한다. 그래서 육체적 고행을 수행의 방법으로 삼을 수밖에 없었다. 이에 대해 불교는 윤회를 생명의 무한성을 상징하는 것이라 파악하였다. 이에 따라 불교는 윤회를 내적으로, 심리적으로, 의식 속에서 파악했던 것이다.

불교에 의하면 마음은 찰나적인 것이고 가장 쉽게 움직이는 것이다. 윤회 역시 생명의 움직임인 이상, 움직임을 본질로 하는 마음의 차원, 즉 의식의 차원에서 윤회는 파악되는 것이다. 이런 입장을 불교는 처음부터 끝까지 견지한다. 앞서 말한 대로 윤회의 주체 문제도 인간의 의식으로써 해결되는 것이다.

업의 의의

아직까지 엄존하고 있는 신앙형태로서, 많은 불교신자들이 업과 윤회를 수동적이고 이기적인 숙명론의 입장에서 받아들이고 있는 것은 윤회를 외적인 현상이라고 인식하고 있기 때문이다. 그것은 인간의 의식의 세계이고, 따라서 어떤 좋은 보답을 받을 수 있을 것인가 하는 문제도 인간의 의지를 통해 해결될 수 있는 것이다. 마음의 행위인 의업(意業)이 중시되는 이유도 여기에 있다.

업은 적극적, 능동적 실천행을 강조하는 개념이다. 해탈이든 열반이든 불국토든 불교의 이상은 업을 억제함으로써 이루어지는 것이 아니라 적극적인 업을 통해서 이루어질 수 있다. 생사윤회를 고통과 동일시하고, 이 윤회의 원인이 업이라 하여, 업을 목적 달성의 장애가 된다고 간주함으로써 일상행위의 적극성이 약화되어 왔다. 그러나 현실을 극복하는 노력없이는 그 이상도 달성될 수 없다. 업이란 그러한 노력이다. 그 과정을 겪어 보지도 않고 성급하게 결과에 입각하여 일체 행위의 무의미함을 지적함으로써 업에 대한 그릇된 인식을 초래하고 있다. 더욱이 교리상으로도 궁극의 목적에 도달하면 업의 나쁜 영향은 더 이상 미치지 않는다고 한다. 또 업의 영향은 나만이 아니라 사회 전체가 공유하게 된다. 따라서 개조와 발전을 위해서라면 주저 없는 노력, 즉 업이 필요하다. 이제는 더 이상 자신의 무능을 전생의 업으로 돌리지 말아야 한다. 나의 공덕을 다른 사람에게로 돌릴 수 있다는 대승불교의 회향사상(제82문 참조)은 공업으로써 그 논리성이 해명될 수 있으며, 중생구제의 서원을 위해 자진해서 고난을 감수한다고 하는 보살의 이타적 사상도 공업의 논리를 통해 성립된다. 불교의 업설 중 공업이 지닌 사회성이 대승의 회향사상이나 보살도를 유인했다고 할 수 있다. 이렇듯 업설이 그 효용을 발휘하기 위해서는, 복을 개인적으로 한정하지 말고 사회적 복지로 확대하는 태도가 전제되어야 한다.

〔참고문헌〕 水野弘元, 「業說について」, 『印度佛敎學硏究』, vol. 4(1953), pp. 111∼119.

Romchandra Pandeya, Indian Studies in Philosophy(New Dehli : Motilal Banarsidass, 1977), p. 210.

佐佐木現順, 『業の思想』, レグルス文庫 128(東京 : 第三文明社, 1980), pp. 56∼59.

정승석, 「業說의 兩面性問題」, 『청년여래』(如來藏佛敎硏究會, 佛紀 2525), pp. 20∼33.

84 신통

신통이란 무엇이며, 이를 어떻게 이해해야 하는가?

불교의 실천도로서 가장 기본이 되는 팔정도에서 맨 먼저 언급되는 정견(正見)은 기적과 같은 초능력에 의지하려는 생각을 배제한다. 신과 같은 존재를 부정하고 철저히 인간 중심주의의 입장에 서 있는 불교로서는 당연한 지적이다. 신통(神通)이란 쉽게 말하면 기적과 같은 일을 자유자재로 구사하는 것이다. 불교의 기본적 사고방식으로 보면 부처님이 신통력을 구사했다는 이야기가 아무래도 불교의 합리성을 몰각한 것이라고 여겨질 수도 있을 것이다. 그래서 이것은 아마도 원래의 불교에는 없었던 것이 나중에 첨가된 불순물일 것이라고 생각하는 학자도 있다. 그러나 한편으로 생각해 보면 부처님처럼 위대한 인물이, 옛날의 위인들이라면 흔히 행사했다고 믿어지는 신통력을 지니고 있지 않았다고 생각하는 것도 쉽게 납득되지 않는 일이다. 오히려 불교가 단순히 과학이나 윤리도덕이 아니고 종교인 한, 그같은 신통의 존재는 불교의 종교적 요소로서 매우 가치있고 필요한 것이기도 함을 부정할 수 없다. 따라서 신통이라는 것을 기이하게 생각할 것이 아니라 종교의 일반적

요소라고 간주해 두는 것이 무난할 것이다.

　종교가 많은 사람들에게 신앙되어 널리 전파되어 가는 것은 기적과 같은 불가사의한 일에 의한 경우가 많다. 많은 종교인들이 흔히 말하는 감응(感應)이라는 것도 일반의 논리로서는 설명할 수 없는 불가사의한 경험이다. 기적 또는 신통은 거의 모든 종교가 사용하는 교화의 수단이며, 오늘날의 신흥종교도 일반인으로서는 얻을 수 없는 불가사의한 영력을 체험케 함으로써 교세를 급격히 확장하는 경우가 적지 않다.

　아직도 많은 사람들이 인도를 신비의 대상으로 바라보고 있듯이, 불교도 그 예외가 아니었을 것이다. 부처님이 제자들에게 함부로 신통력을 행사하지 말라고 경계하고 있음을 종종 발견할 수 있는데, 이 역시 당시의 상황을 어느 정도 엿볼 수 있는 단서가 된다.

　부처님의 신통에 관한 기사에는 심한 과장이나 후세의 창작도 섞여 있음이 사실이다. 그렇다 하더라도 부처님이 특별한 지혜의 힘을 가졌을 것임을 부정할 수는 없을 것이다. 원래 신통이나 기적에는 두 종류가 있다고 생각된다. 하나는 자연현상의 법칙과는 상반되는 것을 자유자재로 행하는 기적이고, 다른 하나는 자연법칙의 범위 안에서 보통 사람으로서는 도저히 구사할 수 없는 일을 합리적으로 행하는 것이다. 전자는 신적인 존재가 우주와 인생을 마음대로 지배할 수 있다는 발상에서 비롯된다. 불교는 애초부터 그런 가능성을 부정하였다. 따라서 불교의 신통은 당연히 후자의 의미이다. 이런 신통은 행하는 사람의 입장에서는 그간의 수행과 지적 훈련을 통해 얻어진 자연스럽고 합리적인 것이지만, 이를 보는 보통 사람들의 입장에서는 불가사의한 기적으로 인식될 수밖에 없다. 예를 들어 문명인이 만든 비행기가 야만인의 눈에는 신으로 보일 것이다. 불교의 신통도 이와 같은 것이다. 불교에서는 대표적인 신통을 여섯 가지로 제시하는데, 이를 흔히 **6신통**이라 한다.

첫째, 신족통(神足通)이다. 이것만큼은 자연현상과는 상반되는 비합리적인 기적을 포함한다. 공중을 날아간다든가, 물위를 걷는다든가, 벽이나 암석을 꿰뚫는다든가, 한 몸을 여럿으로 혹은 여러 몸을 하나로 한다든가, 신체를 자유자재로 변형시킨다든가, 몸을 한순간 보이지 않게 한다든가 하는 등이다. 말하자면 둔갑술과 같은 것인데, 실제 그러한 일이 있었는가의 여부는 물론 의심스럽다. 이는 부처님의 무한한 능력을 총괄적으로 상징한 것으로 이해할 수 있겠다.

둘째, 천이통(天耳通)이다. 보통의 귀로는 들을 수 없는 먼 곳의 소리 또는 미세한 소리를 들을 수 있는 비상한 능력을 말하는데, 정신통일의 훈련을 쌓으면 결코 불가능한 일이 아니다. 이는 단순한 소리를 듣는다는 것이 아니라, 세상의 평판을 듣고서 실제의 현상이나 사건이 일어나기 전에 세상의 움직임과 세인의 생각을 다른 사람보다 먼저 아는 지혜를 가리킨다고 할 수 있다. 소위 선견지명이라는 것도 여기에 해당될 수 있을 것이다.

셋째, 타심통(他心通)이다. 타인의 마음을 아는 지혜를 말한다. 다른 사람의 말이나 태도, 얼굴 표정으로 그의 생각이나 기분을 알아내는 것은 보통 사람에게도 흔히 있는 일이다. 그러나 이런 일상적 능력이 탁월할 때 타심통이라 할 것이다.

넷째, 숙명통(宿命通)이다. 자신은 물론이고 다른 사람의 과거의 상태나 운명을 아는 지혜이다. 타심통이 가능하다면 이 또한 전혀 불가사의한 것이 아니다. 상대방의 현재 상태를 잘 관찰하여 그 사람의 과거가 어떠했을 것인가를 짐작하는 것은 불가능한 것이 아니다. 다만 경전에서는 과거에 거쳤던 여러 생애의 모든 운명을 아는 지혜라 하므로, 보통 사람으로서는 이해하기 어렵다. 그러나 자신의 전생을 안다는 사람이 현대에도 종종 나타나고 있다. 특히 티베트의 라마들은 이런 능력을 지니고 있다고 일반적으로 알려져 있다.

다섯째, 천안통(天眼通)이다. 사람들의 미래를 예지하는 지혜이다. 과거를 아는 숙명통과 마찬가지로 상대방의 현상을 관찰함으로써 그 사람이 이후 어떤 운명을 밟을 것인가를 예지하는 것으로서, 이에 숙련된 사람은 꽤 정확한 예측을 할 수 있을 것이다. 경전에서 부처님은 사후의 운명을 묻는 제자들에게 이러이러한 수행을 한 사람은 이러저러한 결과를 얻을 수 있다고 하는 것을 법칙적으로 설명하고, 앞으로는 각자가 스스로 살펴서 자신의 미래를 아는 것이 좋다고 말하고 있는데, 이는 충분히 납득할 수 있는 일이다.

여섯째, 누진통(漏盡通)이다. 인간의 완성에 장애가 되는 번뇌를 완전히 제거하는 지혜이다. 흔히 말하는 반야의 지혜이다. 다른 다섯 신통은 불교 이외의 사람들은 물론 귀신이나 짐승조차도 얻을 수 있으나, 이것만큼은 불교 특유의 것으로서 연기나 사성제의 도리를 알아 체득한 자가 아니면 얻을 수 없다고 한다. 불교에서 말하는 신통의 본질적인 성격을 알 수 있게 하는 능력이다.

위의 6신통 중에서 특히 중요시되는 것은 숙명통과 천안통과 누진통이다. 이는 단순한 신통이 아니라 성자, 즉 아라한이 갖추어야 할 기본적인 지혜이므로 각각 숙명지, 천안지, 누진지라 불린다. 이 셋을 일러 3명(三明)이라 하고 6신통과 함께 말할 때는 **3명 6통(三明六通)**이라 한다. 신통 중에서도 이들 셋은 고통의 초극과 밀접한 관련을 갖는다. 즉 천안통은 미래의 고통을, 숙명통은 과거의 고통을 각각 알고, 누진통은 고의 원인인 번뇌를 끊는 지혜이다. 이 때문에 이들 셋을 단지 초자연적 능력에 불과한 신족통, 타심통, 천이통과 구별하여 깨달음의 지혜(明)라고 칭한 것이다.

　신통이란 결국 부처님의 지혜를 중시하고 강조한 데서 비롯된 것임을 알 수 있다. 따라서 그것을 신비적인 초능력으로 오해해서는 안 된다. 사실 인간의 내부에 잠재되어 있는 무궁한 정신력은 개발되기만 하면 무한한 지혜로 표출될 것임을 인간 스스로 믿고 있다. 신통력은 그러한 정신력의 표출이라고 이해해야 할 것이다. 그렇기 때문에 신통의 사상은 나중에 크게 전환된다. 특히 선사상(禪思想)에서는 일상의 행위 자체가 바로 참된 신통과 다름이 아니라는 사고방식으로 발전하였다. 물론 신통을 이런 식으로만 이해한다면 종교적 감정을 무시하고 지나치게 이지적인 면에 치우친다는 비판도 있을 수 있다. 그러나 한편 신통을 곧이곧대로 받아들이는 것도 불교 본연의 입장인 자기 창조의 정신을 도외시할 수 있다. 인간의 정신력에 대한 확고한 믿음으로부터 신통도 가능하다고 이해할 필요가 있다. 신통을 정신력 또는 지혜의 무한한 가능성이라 믿고, 이 믿음에 따라 자신의 능력을 개발할 때 신통은 불가사의의 기적이 아니라 자신의 일상적 현실이 될 수 있을 것이다.

〔참고문헌〕　水野弘元 저, 김현 역, 『原始佛敎』(→ 문 12), pp. 163~168.
　　　　　　　高崎直道, 『佛敎・インド思想辭典』(→ 문 13), pp. 238~239.

85 수기
수기는 무엇이며, 어떠한 의미를 지니는가?

일상생활에서도 다른 사람들로부터 자기의 능력을 인정받는다는 것은 여간 기분좋은 일이 아니다. 자신의 노력이나 능력에 대해 좋은 평판과 동시에 앞으로 잘 되리라는 예견을 들음으로써 자신감과 의지가 고취되기 마련이다. 경전에서도 부처님이 제자들을 칭찬하고 그들의 좋은 미래를 예언하고 있음을 흔히 볼 수 있다. 수기(授記)란 부처님이 수행자 혹은 제자가 미래에 최고의 깨달음을 얻어 부처가 될 것이라고 예언하거나 보증, 인가하는 것을 말한다. 수결(授決), 기(記), 기설(記說), **기별(記別)** 등도 같은 말이다.

대승불교 경전에는 수기의 장면이 빈번하게 등장하는데, 특히 『무량수경』과 『법화경』의 수기가 유명하다. 『무량수경』에는 법장(法藏)비구가 아미타불이 되리라는 수기가 있고, 『법화경』에서 부처님은 성불이 불가능하다고 생각되어 왔던 성문과 데바닷타와 여인에게도 부처가 되리라는 수기를 주고 있다. 수기도 여러 종류가 있지만 『법화경』의 수기야말로 수기사상의 전형을 보여주는 것이라고 평가된다. 다른 경전에서의 수기는 그 형식이 극히 간단하여 어느 보살이 과거의 부처로부터 미래에 성불할 것이라는 보증을 받는 1행 1구 정도로 끝나 버리는데, 『법화경』에서는 미래의 상황을 소상히 설명하여 그 형식과 내용이 완전한 모습을 보여 주고 있다.

　대승불교에서는 인간은 창조적 가능성의 정신적 빛을 자주적으로 발휘할 수 있는 기능을 본질적으로 갖추고 있다고 본다. 인간에 대한 교육이 효과를 발휘할 수 있다고 믿는 이유도 사실은 여기에 있다. 수기사상도 이러한 전제 위에서 성립한다. 성불을 보증하는 수기는 높은 정신적 단계에 도달한 제자가 자기 스스로 깨달음의 내용을 표명하는 자기확신이 변형된 형태로 나타난 것이라고 할 수 있다. 자기 스스로는 확신하지만 자기보다 더 완전한 누군가로부터 보증받고 싶은 것이 인간의 심리이다. 즉 상당히 높은 정신을 지니고 있다 하더라도 생사(生死)의 불안을 완전히 초월하지 못한 인간의 불안한 심리가 정말 안심을 줄 수 있는 사람, 그것을 보증하여 줄 사람을 찾음으로써 수기라는 형식이 일어났다고 보는 것이다. 『법화경』〈수기품〉에 보이는 제자들의 다음과 같은 간청이 그러한 심정을 잘 나타내고 있다.

　"비록 부처님 음성으로 저희들도 성불한다는 말씀을 들었으나, 마음에는 오히려 근심과 두려움을 품어 감히 먹지 못함과 같사오니, 만일 부처님께서 수기를 주시면 그때야 쾌히 안락하오리다."

　그러나 인간의 나약함이 도리어 가르침을 보호하는 힘으로 변하게 하였다. 악에 강한 사람은 선에도 강하다고 하는데, 그것을 가능케 하는 것이 수기라는 것이다. 『법화경』에 의하면 수기의 효과는 "세존은 지혜의 등불이시라. 저희는 수기하는 말씀 듣사옵고 환희심이 충만하여, 감로수를 부어 주심과 같사옵니다."라고 느끼며 "저희는 정녕코 성불하여 천상과 인간의 존경을 받으며, 위없는 법륜 굴리어 모든 보살을 교화하오리다."라는 결심으로 나타난다.

『법화경』의 유명한 비유 중에서 수기가 어떤 역할을 할 수 있는지를 짐작케 하는 비유가 있다. 오백 아라한들은 부처님으로부터 수기를 받고 나서 참회하면서 다음과 같은 요지의 비유를 든다. 어떤 친구에게 보배 구슬을 옷 속에 매어 주었으나, 그 친구는 그것을 모르고 입을 것과 먹을 것을 구걸하며 고생하고 있었다. 이에 보배를 매에 둔 사실을 깨우쳐 줌으로써 고생을 면하게 되었다. 오백 아라한들은 수기를 받은 자신들의 처지가 자기 옷 속에 있는 보배를 발견한 비유 속의 친구와 같음을 반성하고자 "세존이시어, 이제서야 저희들은 보살로서 최상의 깨달음을 성취할 수 있다는 수기를 받을 수 있음을 알았으며, 이런 인연으로 매우 크게 환희하여 일찍이 없었던 것을 얻었나이다."라고 말한다. 따라서 수기의 목적은 스스로가 보살이며 성불할 수 있는 잠재능력을 인식케 하는 데 있다고 볼 수 있을 것이다. 또 『법화경』에 의하면 특수한 사람만이 그런 수기를 받을 수 있는 것이 아니라, 아무리 사소한 일일지라도 노력하는 사람이면 누구나 수기를 받을 수 있음을 암시하고 있다. 예를 들어 "묘법연화경의 한 게송 한 구절이라도 듣고 일념으로 기뻐하는 이는 내가 다 수기하리라"고 말하고 있다.

결국 수기란 각자가 지닌 잠재능력을 부추겨 목적성취를 위해 노력케 하는 역할을 한다고 생각된다. 미약할지라도 뭔가의 동기를 지닌 사람에게 그 스스로가 지닌 잠재능력을 인식시키고 개발케 함으로써 인간의 나약함을 자신감과 능동성으로 전환시키는 교

육적 방편이라고 할 수 있다. 그러나 그 효과가 지나쳐 자만심으로
까지 나아간다면 이미 수기의 본래 취의를 상실한 것이다.

[참고문헌] 洪庭植, 「法華經硏究」(동국대학교대학원, 1974), pp. 36~37.
紀野一義 저, 정승석 역, 『생명의 연꽃 - 법화경의 세계』(도서출판 여래,
1983), pp. 64~65, 75.
박선영, 『佛敎의 敎育思想』(同和出版社, 1981), p. 115.
光雨 편역, 『묘법연화경』(민족사, 1986), 授記品, 五百弟子授記品, 法師品.
高崎直道, 『佛敎・インド思想辭典』(→ 문 13), p. 198.

86 4대성지

인도에서 붓다의 4대성지는 어느 곳인가?

어느 종교나 창시자를 기리는 성지가 있기 마련이다. 그리고 그러한 성지는 대개 단 하나로 설정되어 신자들의 구심점을 확보하는 데에 기여한다. 그러나 불교에 있어서는 단 하나의 성지라는 사고가 통하지 않는다. 이는 절대유일의 관념을 거부하는 불교의 전반적 성격 탓인지도 모른다. 종교의 성지라는 것이 보통 창시자의 출생이나 죽음과 연관되어 있지만, 불교적 관념에서는 출생이나 죽음이 그렇게 특기할 만한 사건은 아니다. 그것은 끊임없이 반복되는 한 과정일 뿐이다. 더욱이 죽음이란 육체의 속박으로부터 벗어나는 것으로서 깨달음을 성취한 이에게는 완전한 열반의 계기이다. 교의적으로는 그렇긴 하지만 일반인의 종교적 감정상 위대한 역사적 인물의 행적을 기리고 그 숨결을 직접 느껴 봄으로써 자신의 믿음을 고취하고 확인하고자 하는 욕구가 일어남은 당연하다 하겠다.

불교에서는 부처님의 생애 중 중요한 사건이 있었던 곳에 탑을 세우고, 사건의 의의를 되새기고자 하였다. 초기성전에는 이미 그런 장소로서 네 군데가 열거되어 있으며, 불교도에게 그곳을 순례할 것을 권하고 있다. 이를 소위 4대성지라 한다. 여기서 성지(聖地)라고 했지만, 인도어로는 차이티야(caitya) 또는 체티야(cetiya)로서 영묘(靈廟)라는 뜻이다. 이 4대성지만큼은 어느 경우에나 일치하고 있다. 첫째는 부처님의 탄생지인 룸비니이다. 흔히 룸비니동산이라고 알려진 곳인데, 지금은 네팔의 영토에 있으며, 마야부인당이 건립되어 있다. 둘째는 부처님이 정각을 이루신 곳인 붓다가야인데, 현재의 지명은 보드가야라 한다. 현재 이곳에는 거대한 보리수와 '붓다가야의 대탑'이라고 불리는 거대한 탑이 있다. 셋째는 최초로 설법한 장소인 사르나트의 녹야원(鹿野苑)이다. 사르나트는 바라나시 교외에 있는 곳인데, 바라나시의 현대 지명은 베나레스이다. 넷째는 부처님이 입멸한 장소인 쿠쉬나가라이다. 기록에 의하면 부처님은 이곳에 있는 두 그루의 나무 아래서 열반에 들었다고 한다. 현재 이곳에는 열반당이 옆에 서 있다. 팔리어로 전해지는 초기의 성전 중 『대반열반경(大般涅槃經)』에서는 이 4대성지에 대해서 다음과 같이 말하고 있다.

"아난다여, 신심이 깊고 성실한 사람이 실제로 찾아보고 감명을 받을 곳은 이 네 곳이다. '수행의 완성자는 이곳에서 태어나셨다'하니, 신심이 깊고 성실한 사람이 찾아보고 감명을 받을 장소가 있다. '수행의 완성자는 이곳에서 위없는 완전한 깨달음을 열으셨다'하니, 신심이 깊고 성실한 사람이 찾아보고 감명을 받을 장소가 있다. '수행의 완성자는 이곳에서 가르침을 시작하였다' 하니, …… '수행의 완성자는 이곳에서 번뇌의 찌꺼기가 없는 열반의 경지에 드셨다' 하니, …… 아난다여, 이와 같은 네 곳이 신심이 깊고 성실한 사람이 찾아보고 감명을 받을 곳이다. 아난다여, 출가한 수행자들이나 재가의 신자들은 '수행의 완성자는 이곳에서 태어나셨다' '수행의 완성자는 이곳에서 위없는 깨달음을 여셨다' '수행의 완성자는 이곳에서 가르침을 시작하셨다' '수행의 완성자는 이곳에서 번뇌의 찌꺼기가 없는 열반의 경지에 드셨다'고 말하면서 이들 장소로 모여드는 것이다. 아난다여, 누구든지 이곳의 사당을 순례하고 깨끗한 마음으로 죽어간다면, 그들은 죽어서 몸이 없어진 다음에 모두 좋은 곳에 태어날 것이다."

부처님의 가르침이 일반 대중의 마음을 사로잡으면 잡을수록 부처님에 대한 흠모의 정은 그만큼 깊어졌을 것이고, 그러한 정은 곧 성지의 순례로 이어졌을 것이다. 그래서 부처님 자신은 원하지 않았음에도 불구하고 그의 가르침은 하나의 신앙체계로서 그리고 종교로서의 성격을 굳혀 갔을 것이다. 전설에 의하면 그러한 성지순례는 부처님이 입멸한 200여 년 후인 아쇼카왕의 시대에는 어느 정도 성행하였을 것임을 짐작할 수 있다. 그는 4대성지를 순례하였다고 전해지기 때문이다. 현재 남아 있는 비문을 통해서도 아쇼카왕이 룸비니, 붓다가야, 사르나트를 방문하였음이 확실하기 때문이다. 아쇼카왕은 4대성지에 10만 금(金)을 희사했다고도 한다.

후대에 내려오면 성지의 수가 증가하여 **8대성지**가 열거된다. 앞의 4대성지에 흔히 사위성(舍衛城)이라 불리는 슈라바스티의 기원정사(祇園精舍)가 있던 자리, 부처님이 도리천으로부터 내려온 곳이라는 상카쉬야(桑迦尸)국의 곡녀성(曲女城, Kānyakubja), 부처님의 교화활동이 특히 두드러졌던 라자그리하로서 흔히 왕사성(王舍城)이라 불리는 곳, 역시 많은 교화활동을 벌였던 바이샬리(廣嚴城)에 있는 대탑 등 네 곳을 첨가하여 8대성지라 한다. 그러나 8대성지에 대해서는 그 장소가 일치하지 않고 있다. 세계 각국의 불교인들이 순례하는 성지로서 공통되는 곳은 4대성지이다.

성지는 결국 부처님의 생애 중에 있었던 중요한 사건과 결부되어 있으므로, 쉽게 성지를 순례할 수 없었던 과거의 불교인들은 그러한 중요한 사건들을 그림으로 표현하여 그림으로써 순례와 마찬가지로 공덕을 쌓을 수 있다고 생각했다. 그래서 4상도 혹은 8상도가 신앙의 대상이 되기도 했던 것이다. 인도에서 이들은 일찍이 조각으로 표현되어 전해 왔다.

[참고문헌] 김지견 역, 『佛陀의 世界』(→ 문 1), pp. 517~520.
　　　　　　中村 元, 『ゴタマブツダ』(→ 문 1), p. 517, 525.

87 탑

불탑의 신앙적 의의는 무엇인가?

부처님이 그러했듯이 불교의 승려들도 죽어서 무덤이나 묘를 남기지 않는다. 영원불멸하지 않을 육신이나 뼈가 무슨 의미가 있겠느냐는 것이 불교의 기본적 사유이다. 한 인간이 죽어서 남길 수 있는 것은 그가 살아 있을 적에 깨닫고 간직했던 정신일 뿐이다. 그러한 정신이 보편타당한 진리나 진실로 인정될 때, 불교인들은 그것을 법(法)으로서 받아들인다. 그래서 승려가 죽으면 그러한 법의 상징으로서 그 흔적을 다듬은 돌로 표시하게 되는데, 이를 부도(浮屠)라고 한다. 물론 거기에는 육신도 없고 뼈도 없으며, 뼈 속에 박혀 있는 영롱한 구슬로서, 사람들이 흔히 수행의 결정체일 것으로 믿는 사리만이 담겨 있다. 물론 그런 것이 없어도 상관없다. 보통 승려가 그럴진대 부처님과 같은 위대한 분의 주검에 대해서는 어떻게 했을까. 아마도 대단히 큰 부도를 만들었을 것임이 틀림없다. 그러나 이제까지 순서를 거꾸로 하여 생각하여 왔다. 부도의 관습은 부처님의 경우를 전례로 삼아 후대에 형성된 것이다.

입멸할 때까지 부처님의 생생한 모습을 전하는 팔리의 『대반열반경(大般涅槃經)』에 의하면, 부처님이 돌아가셨다는 소식이 전해지자 주변의 여러 종족들은 부처님의 유품을 서로 차지하기 위해 몰려들었다 한다. 시신을 화장하고 나자 많은 사리(舍利)들이 쏟아졌는데, 이의 분배를 둘러싸고 전쟁까지 야기되었다고 한다. 결국 원만히 수습되어 부처님의 사리는 8등분되었고, 이마저 분배받지 못한 종족들은 사리를 담았던 병이나 재와 같은 나머지 유물들을 가지고 갔다. 사리를 받은 여덟 종족들은 각기 자기 땅에 사리를 안치하고서 그 위에 이를 기념하는 구조물을 쌓았다. 이것을 인도 말로는 '스투파'라고 하는데, 한자로는 탑(塔)이라 쓴다. 특히 부처님의 유골이 안치되었으므로 또는 부처님의 유덕을 기리는 것이므로 불탑(佛塔)이라 칭하는 것이 원칙이다. 중국이나 한국 같은 곳에서 후대에 생긴 부도는 그러한 탑의 축소판이라 할 수 있을 것이다.

이후 **불탑**은 부처님을 예배하는 신앙의 중심지가 된다. 왜냐하면 초기에는 불상(佛像)을 제작한다는 것은 꿈에도 생각할 수 없었기 때문이다. 부처님은 분명히 그 자신이 신격화되는 것을 스스로 거부하였던 것이다. 따라서 부처님에 대한 절실한 신앙을 표시할 수 있는 유일한 것은 불탑밖에 없었다. 당연히 많은 사람들이 불탑에 운집하게 되고, 이에 따라 불탑을 관리할 건물이 형성되었을 것인데, 이러한 곳이 탑원이다. 제48문에서 설명하였듯이 애초에 승원은 이런 탑원과 분리되어 있었다. 이런 연유로 해서 불탑은 이후 불교신앙의 발전에 매우 중요한 역할을 하게 된다. 대승불교도 불탑을 중심으로 한 신앙으로부터 출발하였음은 이미 지적한 바와 같다.

불탑은 신앙상 크게 세 가지의 기능을 발휘했을 것으로 보인다.

첫째는 분묘로서의 기능이다. 후대의 부도처럼 특정 인물의 사리를 모셔 놓음으로써 탑은 그에 대한 숭배나 예배의 대상이 되는 것이다. 나중에는 불탑에도 유명한 고승들의 유골을 봉납해 두었다고 한다. 둘째는 예불의 대상으로서의 기능이다. 반드시 부처님의 사리만을 안치한 것이 불탑이었던 것은 아니라 한다. 부처님과 관계되는 것이면 무엇이나 모셔 두고 부처님 대신으로 삼아 예불했다는 것이다. 예컨대 부처님의 손톱, 머리카락, 치아 등을 안치한 불탑도 있었다. 당시의 불탑 숭배는 원칙적으로 육신이 없어진 부처님에 대한 상징이 되었던 것이다. 셋째는 공덕을 쌓는 장소로서의 기능이다. 불탑의 운영을 위한 보시는 지극히 큰 공덕을 쌓는 행위로 인식되었던 것이다. 승원이 그러하듯이 불탑도 소위 복전(福田)이 된 것이다. 그래서 지금도 인도에 남아 있는 불탑에는 불탑을 건립할 때 보시한 사람들의 이름이 새겨져 있음을 볼 수 있다.

불탑의 신앙적 의의는 그것이 무엇보다도 재가신자의 신앙적 구심점이 됨으로써 나중에 대승불교 성립의 기반이 되었다는 점을 들 수 있다. 원래 부처님은 제자인 아난다를 통해 출가제자들이 자신의 사리를 봉안하는 일에 참여하지 말도록 하였다. 또 사리의 공양은 신심깊은 브라만이나 거사들이 할 일이라고 하였다. 따라서 **불탑신앙**은 재가신자들의 전통이 될 수밖에 없었다. 이런 전통이 고수되고 있는 미얀마에서는 현재에도 불탑이 재가신자의 위원회에 의해 관리, 운영되고 출가자는 이에 참여하지 않는다고 한다. 그렇다고 인도에서 출가자들이 불탑에 전혀 관여하지 않았던 것은 아니다. 현존하는 불탑의 명문에는 승려들의 이름도 상당수 포함되어 있다는 사실에서 그 점을 알 수 있다. 현존하는 것들 중 가장 오래된 불탑은 그 기원이 서기전 2~3세기까지 거슬러 올라가고,

또 아쇼카왕은 많은 불탑을 건립하였다고 전해진다.

불탑의 건립이 가장 성행했던 시기는 대승불교의 성립시기와도 일치하는 서기 전후이다. 이때가 되면 승원 내에도 불탑이 건립되어 있었다. 그러나 소위 승물(僧物)과 탑물(塔物)이라 하여 승려에 대한 보시물과 불탑에 대한 보시물을 구별하고, 그의 사용이 뒤섞이지 않도록 규제하였다. 이런 사실로 보아 불탑이 넓은 의미에서는 승원에 포함되어 있었지만, 승단으로부터는 독립되어 있었음을 알 수 있다. 그러므로 불탑신앙은 보다 대중적인 신앙으로 발전할 수 있었던 것이다.

불탑신앙은 다양한 불교예술을 촉진하기도 하였다. 불탑을 공양하는 데 있어서는 무용, 음악, 꽃, 향 등이 사용되었기 때문이다. 특히 불탑의 재산을 관리하는 데에는 특수한 전문인이 필요하였다. 그것은 원칙적으로 승단의 재산이 될 수가 없었고, 또 부처님의 예배에 바친 것이므로 일반 속인의 재산일 수도 없었다. 그러므로 이를 관리하는 사람은 속인도 아니고 승려도 아닌 중립적 입장에 서 있는 것이다. 소위 비승비속(非僧非俗)이다. 이들의 역할은 단순한 재산관리에 그치지 않고 불탑을 찾는 신자들의 신앙적 지도자가 되는 것이었다. 부처님의 전생을 이야기 해주고, 부처님의 위대성과 무한한 자비를 설명하였을 것이다. 이런 이야기들이 반복됨으로써 자연스럽게 부처님의 구제에 관한 교리가 성립하게 된다. 이것이 대승불교의 시발이며, 비승비속인 이들의 입장이 바로 보살이라는 대승의 인간상으로 연결된 것으로 보인다. 부처님의 구제력에 대한 강렬한 염원은 불상의 제작을 촉진하게 되었고, 불상이 성행함에 따라 불탑의 신앙적 역할도 상대적으로 감소되었다.

중국과 우리 나라에 건립된 많은 탑들은 부처님 자신보다는 그의 가르침을 상징하는 것이다. 그래서 그 속에는 주로 불전이나 이에 상당하는 것들이 안치되어 있다.

오늘날 우리는 사찰이면 어디에나 있는 탑을 대하면서 그 의의를 별로 절실하게 느끼지 못한다. 단순히 하나의 예술적 작품이라는 것 이상의 의미를 찾지 못하기 마련이다. 신앙의 대상으로야 그보다 훨씬 생생한 감명을 주는 불상이 있기 때문이다. 그러나 불상을 우리가 흔히 접할 수 있게 된 것도, 부처님의 구제력을 보다 실감나게 느낄 수 있게 된 것도 따지고 보면 탑 덕분이라는 점은 되새길 필요가 있다. 더욱이 중요한 것은 그것이 부처님의 가르침을 실천하고자 하는 염원의 표시라는 점이다.

[참고문헌] 김지견 역, 『佛陀의 世界』(→ 문 1), pp. 239~240, 356~358.

平川 彰, 『イソド佛教史』(→ 문 3), pp. 344~349.

T. W. Rhys Davids trans, Dialougues of Buddha II(London : Pali Text Society, 1959), pp. 187~191.

불상

불상의 신앙적 의의는 무엇인가?

굳이 불상의 의의를 해명하려 하는 것이 자가당착인 듯한 생각도 든다. 그러나 아직도 간혹 불상을 우상으로 운운하는 독선과 맹목이 고개를 쳐들고 있음을 보면서 스스로 자신의 신앙 대상에 대한 이해를 확고히 해야 할 필요를 느낀다. 지극히 객관적인 뜻풀이로서 우상을 '신앙의 대상이 되는 상(像)'이라고 본다면, 불상은 물론이고 십자가에 새겨진 예수의 상과 성모마리아상을 포함한 종교의 모든 상들이 우상이다. 그러나 흔히 우상이라 할 때는 지극히 배타적이고 부정적인 의미가 내재되어 있다. 우(偶)라는 말 자체가 허수아비를 뜻하듯이, 종교인이 사용하는 우상이라는 말에는 내가 믿는 것만이 옳고 다른 이들이 믿는 것은 거짓이라는 독선이 깔려 있다. 어쩌면 이러한 용법은 기독교인 특유의 사고방식에 기인하는 것인지도 모른다. 따라서 이런 사고방식은 적어도 고등종교의 입장에서 보면 너무나 비종교적이므로 굳이 언급할 필요가 없다고 생각한다. 더욱이 불교는 자기의 가치만을 절대라고 생각하는 아집을 철저히 부정한다. 그러나 그러한 독선과 아집이 사랑을 빙자 하여 이기적이고 획일화된 사고방식을 팽배케 하고 있음을 우리는 자신의 일인 양 경계해야 할 필요가 있다.

　신앙의 대상을 확인하고 싶어하는 것은 모든 종교인의 일반적인 심리이다. 그럼에도 부처님은 이 점을 매우 염려하였다. 인간의 나약한 심성이 거기에 얽매임으로써 각자가 지닌 창조적 능력이 발휘되지 못하게 될 수도 있음을 염려한 것이다. 그래서 제8문에서 설명했듯이 부처님은 제자들에게 마지막의 당부로서, 오로지 진리인 법과 각자 스스로에 의지하라고 말했다. 그리고 부처님 자신을 절대적 권위로서 신격화하지 말라고 당부하였으며, 그 자신을 묘사한 상 같은 것도 제작하지 말라고 하였다. 이 당부가 얼마나 철저히 지켜졌느냐 하는 사실은 정말 놀라울 정도였다. 불교가 대중에게 널리 퍼지면서 그 창시자에 대한 흠모의 정이 시간이 흐를수록 깊어 갔고, 그의 행적에 관한 이야기들이 조각을 통해 다양하게 묘사되었음에도, 실상 부처님 자신의 모습은 전혀 묘사되지 않았다. 제13문에서 소개하였듯이, 굳이 표현하고자 할 때는 탄생하는 모습은 만개한 연꽃으로, 깨달음을 성취할 때의 모습은 보리수로, 맨 처음 설법할 때의 모습은 법륜으로, 탁발할 때의 모습은 밥그릇인 발우로 표현할 뿐이었다. 당시 인도에서는 여러 신상을 비롯한 많은 조각품들이 조성되고 있었음에도, 무려 500년 가까이 부처님의 모습이 전혀 새겨지지 않았다는 것은 참으로 놀라운 일이다. 또 그러면서도 부처님의 위대한 삶을 사람들의 가슴속에 새길 수 있었던 인도인들의 재능에 감탄하지 않을 수 없다. 어쨌든 당시 불교인의 종교적 감정으로는, 무한한 덕을 지닌 성스런 존재인 부처님을 감히 유형의 상에 한정시킨다는 것은 용납될 수 없는 행위였을 것이다.

그러나 부파불교의 말기에 이르면 학문에 치우친 당시의 메마른 신앙적 풍토로 인해, 일반 신자들은 부처님의 생생한 숨결을 보다 가까이서 느끼고 싶어하게 되었다. 그래서 사람들은 더욱 불탑으로 모여들어 부처님의 무한한 자비와 구제력을 칭송하였다. 이리하여 대승불교라는 새로운 종교운동이 태동한 것이다. 아울러 부처란 무엇인가에 대해 보다 심각하게 생각하게 되었다. 제13문에서 설명했듯이 역사적 부처님은 이미 그 육신을 떠났지만, 그는 영원한 진리로서 항상 우리 주변에 가까이 있다. 또 그의 자비에 의해 성취된 깨달음으로서 진리는 무한한 힘을 지닌 것이므로 언제라도 필요하다면 적당한 모습으로 이 세상에 현현하여 우리를 구제할 것이다. 또 역사적 부처님이 그러했듯이 우리도 숱한 공덕을 쌓고 열심히 노력하면 부처의 몸으로 태어나는 보답을 받을 수 있을 것이다. 그러나 연약한 인간으로서는 그러한 가능성과 자비와 진리를 직접 확인할 수단을 절실히 요구하게 된다. 이런 욕구가 팽배할 무렵, 그리스의 영향을 받아 일찍부터 조형 미술의 전통이 뿌리를 내리고 있던 서북부의 간다라 지방에서는 서서히 부처님의 모습을 조각으로 묘사하게 된다. 그러다가 단독의 불상을 제작하게 되었다.

인도에서 불상이 조성되기 시작한 것은 대략 1세기 말에서 2세기 초였을 것으로 추정하고 있다. 불상의 출현으로 불교의 신앙형태는 커다란 진전을 보였다. 이때까지의 불교에 있어서도, 경전에 있는 대로 깨달음에 기반을 둔 윤리적 생활만이 일반 불교도의 유일한 신앙형태였던 것은 아니다. 그들의 신앙은 여러 가지 민간신앙과 결부되어 있었으며, 불탑신앙을 통해 현세이익적인 기원을 하고 있었다. 그런데 때마침 불상이라는 적절한 예배의 대상이 출현했고, 이 무렵에 성립된 대승불교에서는 여러 부처의 존재를 믿게 됨으로써 힌두교의 종교적 요소들도 흡수하게 되었다. 불상을 포함한 여러 부처와 보살들에 대한 숭배는 저마다의 기능에 따라 모두 깨달음을 구하는 수행의 과정 속에 편입되는 동시에 현세에서 복을 기원하는 신앙의 대상이 되었다.

이후 대승불교의 불상은 중앙아시아와 중국을 거쳐 발전하면서 헤아리기조차 어려울 정도의 변모를 겪게 되었다. 그러나 원칙적으로 부처님의 가르침을 피부로 확인하는 추모적인 예배의 대상이지, 현실적인 이익을 얻기 위한 기복의 대상은 아니었다. 앞서 잠시 언급한 대로 부처의 다양한 모습에 대한 이론인 불신론(佛身論)이 대승불교에서 발전한 것도 여러 부처의 숭배에 대한 올바른 인식과 자세를 제시하기 위함이라 볼 수 있다.

기독교인이 아닌 일반인으로부터 불상을 우상이라고 비판하는 소리를 듣는다면, 이는 불교인이 불상을 너무 기복(祈福)의 대상으로 숭배한다는 인상 때문일 것이다. 불상은 부처님이 지닌 무궁한 자비와 구제력의 상징임을 부인할 수 없다. 그렇다면 불교인에게 있어서 불상의 진정한 의의는 부처님의 자비와 구제력을 스스로 확인하면서 부처님의 가르침을 더욱 진지하게 이해하고 실천하겠다는 의지를 다지는 데 있다고 하겠다. 복은 단순히 빌어서 오는 것이 아니라 부처님의 가르침에 대한 믿음과 실천을 통해서 얻어진다. 이러한 사실들이 믿어지지 않을 때 우리는 불상 앞에 서서 다시 확인하는 것이다. 그리고 불상의 장엄 앞에서 그간의 독선과 아집을 타파하고 자신의 믿음과 삶을 겸허하게 반성한다. 이런 자세도 갖추지 않고 구원을 기대한다면, 이는 맹목적으로 복을 구하는 기복에 불과하다. 그러나 자신의 노력을 전제로 하는 기복은 신앙의 측면에서 인정하지 않을 수 없다. 불상은 이상에서 말한 것과 같은 확인과 다짐과 반성의 대상으로서의 가치를 지닌다. 애초에 불상이 제작된 것도 사실은 이러한 가치의 필요성 때문이라고 이해된다.

[참고문헌] 김지견 역, 『佛陀의 世界』(→ 문 1), pp. 306~308.
　　　　　　Junjirō Takakusu, The Essentials of Buddhist philosophy(→ 문 13), pp. 47~48.

89

석굴사원

유명한 석굴사원으로는 어떤 것이 있으며, 그 의의는 무엇인가?

사원은 지상의 건축물로 이루어지는 것이 상례이지만, 동굴을 파내고서 거기에 불상 등 필요한 예배의 대상을 갖추어 놓은 특수한 경우도 있다. 그런데 이 경우 흙은 쉽게 부스러지므로 단단한 돌로 이루어진 지형을 그 장소로 택하기 마련이다. 대표적인 예로서 우리 나라 경주의 석굴암이 있음은 누구나 잘 알고 있다. 석굴사원이란 그런 동굴의 규모가 클 경우를 가리킨다. 우리는 석굴암 하나만 가지고도 한국문화의 자랑으로 삼아 왔지만, 중국이나 인도의 상상을 불허하는 거대한 석굴사원군 앞에서는 그 왜소함에 절로 고개를 숙이지 않을 수 없을 것이다.

왜 온갖 어려움을 겪으면서도 굳이 바위를 깎아 사원을 조성하였을까? 언뜻 생각하면 그렇게 하는 것이 신자들에게 장엄함을 부여하고 아울러 신심을 더욱 고취시킬 수 있었을 것 같다. 물론 그럴 듯한 생각이다. 또 한편으로는 바위로 사원을 조성함으로써 영원히 보존될 수 있으리라고 생각했을지도 모른다. 이 역시 타당성이 있는 설명이지만, 실제 서역이나 중국 등지에서 석굴사원이 조성된 전통은 인도에서 연유했던 것임이 분명하다. 따라서 석굴사원의 조성 배경은 인도에서 찾아야 할 것이며, 인도에서 찾는다면 먼저 떠오르는 것이 인도 특유의 기후조건이다. 다시 말하면 자연환경이 석굴사원을 조성하게 된 근본이유라고 보는 것인데, 유명한 석굴사원이 있었던 실크로드의 서역이나 중국의 지역도 자연환경이 열악했다는 점에서 그 이유는 타당하리라고 생각된다. 물론 이런 이유만으로 거대한 무리를 이룬 석굴사원이 조성되었던 것은 아닐 것이다.

인도에는 많은 석굴사원군이 있지만, 그 중에서도 가장 규모가 큰 유명한 곳을 든다면 **아잔타와 엘로라의 석굴군**이다. 뛰어난 벽화와 조각으로 유명한 아잔타의 석굴군은 동서 약 500미터의 구릉 중턱에 조성된 29개의 사원으로 이루어져 있다. 1919년 영국인 장교가 훈련 도중에 우연히 발견하였다고 한다. 엘로라의 석굴군은 남북으로 약 2킬로미터에 걸친 경사면에 조성되어 있는데, 이곳의 특징은 힌두교와 자이나교의 사원도 포함되어 있다는 점이며, 그 중에서 불교사원은 12개라 한다. 다른 종교의 사원과 공존하고 있는 점을 봐도 이 사원들의 조성시기는 상당히 후대임을 알 수 있다.

현재 인도 전체에 남아 있는 석굴사원의 수는 약 1,200개에 달하며, 이중의 75%가 불교사원인 것으로 알려져 있다. 그런데 이 석굴사원들의 중요한 특징은 이들이 서부 해안의 봄베이를 기점으로 하여 문화적 중심지가 되는 도시로 통하는 과거의 길목에 자리잡고 있으며, 또한 예로부터 유명한 무역항이었던 봄베이의 주변지역에 몰려 있다는 점이다. 인도로 보면 이 지역은 데칸의 서부이다.

인도는 일찍부터 해상을 통해 서방의 로마와 교역을 시작했다. 당연히 교역을 위한 도로가 개발되었을 것이며, 승려들은 이런 무역로를 따라 대상들과 여행을 계속했을 것이다. 당시의 상황에서 항상 불안할 수밖에 없는 상인들은 신앙에 의지하고자 하였을 것이고, 당시 확장일로에 있던 불교가 자연스럽게 그들의 귀의처가 되었을 것이다. 불교는 성립 초기부터 상인계급의 후원을 받아 왔다. 석굴사원의 대부분이 교역로 주변에 있었고, 또 도시로부터 멀지도 않고 가깝지도 않은 곳에 조성되어 있다는 사실은 당시 불교의 발전상을 아는 데 중요한 열쇠가 된다. 아마도 불교의 비호자들인 상인들은 여행 도중에 시원한 석굴에서 잠시 휴식을 취했을 것이다. 여행중의 상인들과 그 주변의 신자들은 모두 이곳에 와서 설법을 들으며 예불당의 불탑에 예배하고 공양을 올리는 등의 의식을 통하여 마음을 정화하고 삶의 의지를 새롭게 하였을 것이다. 동시에 그들은 이러한 석굴에 여러 가지 보시를 함으로써 공덕을 쌓아 보답이 있기를 기원하였을 것이다. 하나의 석굴은 한 사람의 비용부담으로 조성된 경우도 있고, 여러 사람이 그 일부씩을 부담함으로써 조성된 경우도 있었다. 승려들은 신자들에게 부처님의 가르침으로써 마음의 안녕을 베풀고, 신자들은 승단에 재산을 희사하여 석굴을 조성해 주었다. 즉 법시(法施)와 재시(財施)의 교환 위에서 석굴사원이 완성되었던 것이다. 석굴의 조성활동은 적어도 기원전 1세기를 전후로 하여 9세기까지 계속된 것으로 추정되고 있다. 물론 가장 오래된 고형은 더 이전인 기원전 3세기 중엽에 이루어진 것도 있다.

인도의 석굴사원은 구조상 두 종류로 분류된다. 이미 제48문이나 제87문에서 언급했듯이 불탑을 모신 탑원(塔院)굴과 승려들의 주거지로 이루어진 승원(僧院)굴이다. 전자를 '차이티야'라고 하고 후자를 '비하라'라고 한다. 그리고 하나의 석굴사원은 모든 부분이 일시에 조성된 것이 아니라 오랜 시간에 걸쳐 조성되면서 그 수가 불어난 것이다. 또, 하나의 석굴사원에는 승원과 탑원이 반드시 함께 갖추어져 있다. 조금 후대로 내려오게 되면 승려들이 탁발에 의존하지 않고 승원굴 내에서 음식을 조리해 먹은 흔적이 있다. 즉 승려들이 떠돌아다니지 않고 한 장소에서 수행과 교화활동을 독자적으로 영위해 나갈 수 있는 오늘날의 사원형식이 일찍이 서력 기원을 전후로 하여 성립되어 있었음을 알 수 있다. 그들은 석굴이라는 자연조건 때문에 더위를 잊고서 수행에 전념할 수 있었을 것이다.

다른 지역의 유명한 석굴사원도 그렇지만, 인도의 석굴사원이 당시에 끼친 가장 큰 영향은 불교예술의 발전이다. 뛰어난 조각과 조상은 물론 색채가 화려한 회화까지 석굴 내부에 점철되어 있다. 물론 그 양식과 기법은 조성된 시기에 따라 상당한 차이를 보이고 있으며, 거기에는 민간신앙의 다양한 요소들이 가미됨으로써 불교예술의 폭이 넓어지게 되었다. 거대한 바위를 뚫어 가면서 예배의 대상과 온갖 장식을 정교하게 깎아 내어 하나의 완전한 건축물을 완성해 낸 정성과 집념과 노력은 깊고 강렬한 신심과 구도열에서 비롯된 것임이 틀림없다. 인도불교인의 이러한 정신력과 재능을 대하면 숙연해지지 않을 수 없다.

석굴사원들은 인도 밖에서도 불교가 전파되는 주요한 길목에 조성되었다. 제52문에서 설명하였듯이 인도불교는 서역의 실크로드를 따라 중국에 전래된다. 실크로드 중 천산남로의 북도(北道)에는 중간쯤에 쿠차(Kucha)라는 도시가 있다. 이 쿠차의 주변에 많은 석굴사원들이 조성되어 있는데, 그 중에도 키질(Kizil)의 천불동(千佛洞)이 특히 유명하다.

키질의 천불동은 5~6세기 무렵에 조성된 것으로 추정되는데, 넓은 입구에 방형 또는 장방형의 내실을 갖추고 있다. 내실에는 불상의 기단 둘레에 회랑을 설치했으나 불상은 사라지고 벽화들만이 현재 전해지고 있다. 물론 그 대부분도 유럽의 탐험대들이 뜯어 가 버렸다. 벽화는 회랑에 신자들이 보시한 그림으로서 그 내용은 부처님에 관한 것이다. 즉 불전도(佛傳圖)를 비롯한 부처님의 본생담과 설법도이다. 비교적 후대의 작품은 섬세한 선에 의해 윤곽이 뚜렷하며 색채가 잘 조화되어 있다. 그러나 그 양식은 이란풍(風)으로 서방적이며, 주제는 소승불교적이다.

다시 중국의 관문격인 돈황(敦煌)에 이르면 역시 그 주변에는 천불동으로 통칭되는 많은 석굴사원들이 있다. **돈황의 천불동**은 4세기에서 11세기 사이에 조성된 것으로 추정된다. 그 형식은 실크로드에서 볼 수 있는 중앙아시아의 양식을 계승한 것으로서 서방의 영향을 많이 받았으며, 인도나 키질의 형식과 유관하다. 돈황석굴의 의의와 가치에 대해서는 제56문에서 설명한 바 있다. 특히 돈황의 석굴은 운강과 용문 등의 중국석굴의 선구가 된다는 점에서도 중요하다.

돈황에서 다시 중국의 중심부로 이어지는 길목에 유명한 운강(雲崗)석굴과 용문(龍門)석굴이 있다. 당시 이 지역을 지배하던 북위(北魏)는 460년부터 운강석굴을 조성하고 다시 용문석굴을 조성하였다 한다. 운강의 불상에서는 인도의 양식을 발견할 수 있는데 반해, 용문의 불상은 중국풍의 양식을 드러낸다. 인도의 석굴사원과는 달리, 운강과 용문의 석굴은 완전한 사원으로서의 역할이 아니라 예배의 대상으로서의 역할을 하였던 것으로 보인다.

이상에서 대표적으로 소개한 석굴사원들은 외양상 불교예술의 발전과정을 보여 준다. 아울러 이는 불교가 신자들에게 어떤 식으로 수용되었는가 하는 점도 알 수 있게 한다. 신앙적 차원에서 불교에는 시대가 변천하면서 각 민족의 취향에 따른 이질적 요소가 가미되었던 것이다. 그러나 무엇보다 중요한 것은 거대하고 장엄한 석굴사원을 대하면서 느낄 수 있는 당시 불교인들의 돈독한 신심이다. 지극히 순수한 종교적 감정이 없이는 그러한 사원들을 조성할 수 없었을 것이며, 이에 따라 누구라도 그것을 대면하게 되면 마찬가지의 순수한 종교적 감정에 사로잡히게 되는 것이다. 석굴사원들을 통해 우리는, 불교는 물론 인간정신의 위대한 힘을 새삼 확인할 수 있다.

[참고문헌]　김지견 역,『佛陀의 世界』(→ 문 1), pp. 316~318, 324~325, 360~363.
　　　　　　『アジア佛敎史』, 中國編 V(→ 문 51), pp. 143~144, 185~188.
　　　　　　『東洋美術의 鑑賞』(悅話堂, 1977), p. 115.

90 강원과 선원

우리 나라의 강원과 선원은 어떠한 곳인가?

우리의 상식으로 사원은 스님들이 수도하는 곳이라고 알고 있다. 사원을 흔히 도량(道場)이라 칭하는 것도 이 때문이다. 수도한다, 즉 도를 닦는다는 뜻은 공부한다는 의미이다. 따라서 엄격한 규율을 지키며 생활하는 승려들이 공부한다면 거기에는 계획과 절차가 있을 것이다. 다시 말해서 나름대로의 교육제도가 정비되어 있을 것임을 쉽게 짐작할 수 있다. 어떤 의미에서는 사원이야말로 교육기관의 시원이며, 교육제도가 맨 먼저 수립된 곳이라 할 수 있다.

일찍이 인도에 있었던 유명한 승원으로서 현재까지 그 웅대했던 터와 흔적이 생생히 남아 과거의 찬란했던 역사를 전해 주고 있는 날란다승원은 날란다대학이라는 칭호로 더 잘 알려져 있다. 5세기와 7세기에 각각 인도에 유학했던 중국의 법현(法顯)과 현장(玄奘)도 이곳에서 공부하였다. 사실 여부는 확인할 수 없지만, 한때 2만 명의 학생이 수학했다고 하는 이곳은 가히 종합대학으로서의 기능을 수행하고 있었다고 한다. 사원의 교육적 전통은 이처럼 뿌리 깊은 것이다.

우리 나라의 사원에서도 승려들에 대한 교육은 진작부터 실시되어 왔고, 나중에는 그 성격이 다른 두 가지의 교육기관이 설치되었는데, 그것이 곧 강원(講院)과 선원(禪院)이다. 물론 이외에도 계율을 공부하는 율원과 염불을 공부하는 염불원도 있었다. 그리고 이 넷을 다 갖춘 종합 수도원을 **총림(叢林)**이라 하였다. 간혹 우리 나라의 대사찰들이 총림이라는 말을 사용하는 것은 그곳이 곧 승려들의 종합교육장임을 뜻한다.

조선 후기 이래 전문적인 승려를 양성하는 교육기관은 역시 강원과 선원이었다. 강원은 경전을 가르치던 교육기관이며, 선원은 선종이 전래된 이래 좌선을 통해 진리를 체득케 하고자 한 교육기관이다. 전통적으로 강원은 기초학교의 역할을 하였으며, 선원은 원칙적으로 강원을 수료한 자가 정식승려가 되는 비구계를 받고 나서 들어가는 평생교육기관의 역할을 하였다. 따라서 기초적이고 중점적인 교육은 강원에서 이루어졌다.

강원은 삼국시대 이후 경전연구인 교학을 중시한 데서부터 유래한다고 할 수 있으나, 선(禪)까지 겸학하는 강원제의 유래는 확실하지 않다. 강원의 학제는 기본적으로 4단계로 구성되는데, 사미과(沙彌科), 사집과(四集科), 사교과(四敎科), 대교과(大敎科)가 그것이다. 사미과란 다음 단계인 사집과의 예비단계이고, 사집과는 경전을 볼 수 있는 기초지식의 습득을 목적으로 하는 단계이며, 사교과는 대승불교의 주요한 네 경전을 공부하는 단계이고, 대교과는 가장 중요한 경전인 『화엄경』과 선에 관한 주요문헌을 공부하는 단계이다. 이밖에 대교과를 수료한 자가 수학하는 수의과(隨意科)도 있다. 이를 오늘날의 일반학제에 비교하면 각각 초등학교, 중학교, 고등학교, 대학교, 대학원에 해당된다. 이 과정을 원칙대로 이수하려면 14~15년이 걸린다고 한다.

선원은 그 유래를 제72문에서 설명한 바 있는 안거(安居)에서 찾을 수 있다. 안거의 전통이 선원에 이어져, 선원은 중요한 교육기관으로서의 역할을 하게 되었다. 선원의 교육목표는 좌선을 통해서 자기의 심성을 발견하여 불교의 진리인 깨달음을 성취함에 있으며, 아울러 중생제도에 기여하는 것에 있다. 따라서 선원의 교육은 평생을 두고 진행되어야 할 성질이었다.

강원과 선원이 제도화된 이후 강원의 수료자가 선원을 전전하며 수행하길 그치지 않는 것은 이 때문이다. 선원의 조직은 강원과 거의 같았으며 선원에서의 하루 수행시간은 8시간 이상을 원칙으로 했으나, 각 사찰마다 차이가 있었다.

선원에서의 수행방법은 모든 것을 스스로 하는 것이다. 또 좌선을 위주로 하되 선의 이치를 연구하고 소승과 대승의 율을 배우기도 하였다. 설법 도중에는 질문을 할 수가 없으나, 의심이 있을 경우에는 나중에 개별적으로 질문할 수 있었다. 선원은 강원에 재학 중인 경우라도 잠시 수행하는 기관으로 사용되었으나, 정식입문은 강원을 수료한 후에라야 가능했다.

이상과 같은 강원과 선원의 제도가 아직도 그 골격을 유지하고 있지만, 애초에 정해진 원칙이 절대적으로 지켜져 왔던 것은 아니다. 이들은 사원교육의 전통으로서의 의의가 중시되고 있는 것이 현실이라 할 수 있다. 뿐만 아니라 현대사회에서의 승려의 역할을 주목하여 전통적 사원교육에 대한 비판이 제기되고 있고, 승단의 내부에서도 일부는 그러한 비판을 수용하여 드러난 문제점을 해결하고자 노력하고 있다. 기존의 제도에 대한 문제점들을 지적한다면, 강원의 교육은 승려로서 당연히 갖추어야 할 경전에 대한 지식과 교리를 습득하게는 하나 강제적인 것이 아니라서 일관성을 지니기 어렵다. 또 교육내용이 고정된 특정문헌에 한정되어 있고 선을 위주로 하기 때문에 불교 전반을 일목요연하게 설명할 수 있는 역량을 키우는 데 부족함이 있다. 그 방법에 있어서 한문해독과 간단한 설명 위주이고, 논강을 곁들인다 하더라도 학인의 이해도에 따라 심한 격차를 낳지 않을 수 없다. 특히 현실적으로 연령이나 세속의 학력을 엄격히 규제하지 않고 승려의 입문을 허용하기 때문에 그만큼 교육적 효과를 기대하기 어려운 것이다.

그러나 현재 가장 큰 문제로 대두되고 있는 것은, 승려의 교육에도 필수적인 세속의 학문이나 방법을 어느 정도 도입해야 한다는 점이다. 과거의 전통은 소위 외전(外典)이라 하여 불교 이외의 것은 철저히 배척하였다.

승려의 종교적 역할이 중생의 교화와 제도에 있다면, 먼저 중생을 알아야 하고, 중생을 알기 위해선 시대적 상황과 지식을 인지하고 있어야 한다. 이런 의미에서, 강원과 선원의 전통적인 교육에 있어 그 내용과 방법이 달라지든가, 아니면 새로운 교육기관이 설립되길 많은 불교인들이 기대하고 또 요구하고 있다. 일찍이 인도의 날란다승원과 같은 곳은 힌두교 계통의 학문까지 가르친 종합대학의 역할을 했다는 점을 다시 상기할 필요가 있다.

〔참고문헌〕 『한국종교교육제도 조사연구』(중앙승가대학 불교사회문화연구소, 1983),
        pp. 261~266, 316.
        김지견 역, 『佛陀의 世界』(→ 문 1), p. 467.

91 다라니와 만다라

다라니, 만다라, 만트라 등은 어떠한 것인가?

제37문에서 설명하였듯이, 인도불교의 발전사에서 마지막 단계에 등장한 밀교는 힌두교를 대표로 하는 민간신앙의 요소를 어느 정도 흡수하여 불교적으로 소화했다는 특징을 지닌다. 이런 밀교의 특징을 이루는 요소로서 불교 전반에서 널리 알려지고 사용된 것이 다라니, 만다라, 무드라 등이다. 자기의 생각이나 태도만을 절대적으로 옳다고 고집하지 않고, 현실의 문제에 있어서는 남의 생각이나 태도도 수용하는 불교의 포용력은 이미 부처님 자신의 말씀을 통해 표명된 바 있다. 부처님은 제자들에게 주술을 행하지 못하게 하면서도 수행상 일신의 보호를 위해서는 어떤 신비력에 의지하는 행위도 묵인하였다고 한다. 특히 그는 세속적인 신앙에 대하여 이렇게 말했다.

"어디에 살든지 성실한 사람은 거기에 있는 여러 신에 대하여 공물을 바치지 않으면 안 된다. 신들을 공경하는 자는 신들의 사랑을 받을 것이다. 어머니가 자식을 사랑하듯 이 신들은 이렇게 사랑하리라."

이후 불교가 세계 종교로 발전할 수 있었던 것은 이렇게 유화적이고 포용력있는 자세 때문이라고 보아도 틀림이 없을 것이다.

만트라는 진실한 말이라는 뜻을 지니므로 흔히 **진언**(眞言)이라는 표현으로써 통용되고 있다. 이 역시 인도의 오랜 종교적 전통을 불교가 수용한 것들 중의 하나이다. 이는 원래 제사를 집행할 때에 제관이 신들에 대해 사용하는 주문이나 찬송을 가리킨다. 불교성립의 초기에는 이러한 주문의 사용이 금지되었으나, 대승불교에 이르러 설명할 다라니와 함께 교의상 중요한 위치를 점하게 되었다. 인간의 행위를 뜻하는 업에도 신체와 말과 의식(身, 口, 意)의 삼업이 있듯이, 밀교의 수행법에도 신, 구, 의의 삼밀(三密)이 있다. 이 중에서 구밀은 말로 나타나는 소리를 통해서 나에게로 들어오고 내가 부처에게로 들어가는 방법인데, 이의 실제가 만트라와 다라니인 것이다. 만트라와 마찬가지로 다라니도 진언이라 불린다. 이들은 모두 입을 통해서 행하는 수행으로서 명(明)이라고도 불린다. 진언이라 함은 부처의 참된 경지를 밝히는 말소리라는 뜻이요, 그것을 입으로 불러서 무명(無明)을 타파하기 때문에 명이라 하며, 마음을 통일하는 거룩한 구절이기 때문에 다라니라고 한다.

다라니는 정신을 통일하게 하는 것이라는 의미에서 **총지**(總持)라고 번역된다. 앞의 만트라, 즉 진언이 비교적 짧은 복수음절로 이루어진 주문임에 반해, 이 다라니는 비교적 긴 복수음절로 이루어진 주문이다. 이에 대해 '옴'처럼 원칙적으로 한 음절로 이루어진 주문은 심진언(心眞言)이라 불린다. 다라니는 본래 정신을 집중하여 부처님의 가르침을 기억하고 간직하는 것, 혹은 그 결과로서 얻게 되는 정신집중의 상태를 가리키는 말이었으나, 나중에는 이것이 재앙을 막는 등의 공덕을 지닌 주문이라고 간주되었다. 이것 역시 근본불교에서는 원칙적으로 부정되었음은 만트라와 마찬가지이다. 그러나 실제에 있어서 만트라와 다라니의 구별은 그다지 엄밀하지 않고 대체로 동일한 의미로서 사용되고 있다. 대승불교의 문헌에서는 다라니를 3종 또는 4종으로 분류하여 설명하고 있는데, 밀교는 이렇듯 다양한 다라니를 의례 속에 교묘히 짜 넣었다고 평가되기도 한다. 이런 진언 또는 다라니의 구조는 그것을 형성하고 있는 말의 성질에 따라 세 종류로 분류된다. 첫째는 아무런 의미가 없는 말로 구성된 것, 둘째는 뜻이 있는 말과 뜻이 없는 말이 혼합되어 있는 것, 셋째는 모두 의미있는 말로 구성된 것이다.

현재 불교인들은 일상의 신앙생활에서 많은 진언들을 무의식적으로 사용하고 있고, 그 의의에 대해서도 그다지 깊이 생각하지 않는다. 막연히 신비적인 힘이 있을 것으로 믿는다. 그러나 진언이 위와 같은 세 구조로 되어 있음을 유의한다면 그러한 태도는 바람직하지 않다. 뜻이 없는 진언은 자칫 잘못하면 마음의 고요에만 침잠하기 쉽게 한다. 이 폐단을 막기 위해 의미있는 진언도 필요하게 된 것이다. 즉 의미있는 말로써 지혜를 여는 것이다. 어려운 뜻의 말일지라도 마음을 집중하여 계속 추구해 들어가면 드디어 그 뜻에 도달하게 되리라 믿는 데에 진언의 가치가 있다. 이러한 방식으로도 해탈이 가능하다는 입장이다.

만다라는 원래 원(圓)을 뜻한다. 실제로는 밀교에서 사용하는 각종 도형을 가리킨다. 정방형 속에 포함된 원형을 기본형으로 하여, 중앙으로부터 상하, 좌우가 대칭이 되도록 여러 부처와 존자를 정연하게 배치한 도형으로서, 깨달음을 얻은 부처의 내면세계 혹은 부처의 법신(法身)인 진실의 세계를 상징주의적으로 표현한 것이다. 만다라는 바퀴처럼 둥글게 두루 갖춤을 의미하는 말로서 사용된다. 사상적으로는 어떤 것이 그것을 형성하는 데에 필요한 요소나 부분이 단 하나도 빠짐없이 완전하게 구비된 상태를 나타낸다. 밀교에서 이 만다라는 그림으로만 표현되는 것이 아니라 원형의 단(壇)으로도 표현된다. 숭배의 대상들을 원형의 도형이나 원형의 단 위에 배치한 풍습은 밀교의 초기에서부터, 더 거슬러 올라가 신비주의적 제식의 단계에서부터 존재해 있었다고 상상되는데, 대승적 세계관의 전형을 보여 주는 『화엄경』에서는 만다라가 하나의 사상으로서 제시되어 있다.

앞에서 말한 삼밀 중 신밀(身密)은 몸가짐으로써 부처의 세계와 합일하는 것으로서 이른바 **무드라**라고 하는 것이다. 무드라는 **인계**(**印契**)라고 번역된다. 고대의 인도에서 무드라는 반지모양의 도장이나 흔적을 가리키는 말이었다. 불교에서도 부처님이 깨달은 내용을 법인(法印)이라 하여 삼법인을 제시하고 있는 바, 이는 인장과 같이 진실한 것이요 허망하지 않다는 뜻으로 쓰이고 있다. 인도에서는 손가락으로 여러 가지 형태를 취함으로써 일정한 개념을 표시하는 것이 일반화되어 있었으며, 이러한 예는 인도의 고전무용에서 현저하게 나타난다. 그래서 인계라고 할 경우는 일차적으로 수인(手印)을 가리킨다. 부처님의 생애를 그림으로 보여 주는 불전도(佛傳圖)나 각종의 불상에는 다양한 수인이 표시되어 있다. 부처님의 수인으로서 가장 중요한 것이 5인(五印)인데, 곧 선정인, 항마촉지인, 전법륜인, 시무외인, 여원인이다. 선정인(禪定印)은 부처님이 명상, 즉 선정에 들어 있음을 표현한다. 일상적으로 참선을 지도할 때 취하게 하는 손가락의 자세가 바로 이것이다. 항마촉지인(降魔觸地印)은 부처님이 성도하기 직전 마왕의 방해를 받고 있을 때, 이를 혼자서 물리칠 수 있음을 지신(地神)을 향해 증명해 보이는 표현이다. 전법륜인(轉法輪印)은 부처님이 최초로 설법함을 표현한다. 시무외인(施無畏印)은 중생에게 공포와 두려움에서 벗어나게 하여 고통을 없애 주는 자비의 덕을 보이는 표현이다. 여원인(與願印)은 자비를 베풀어 중생이 원하는 바를 이루게 함을 표현한다. 이밖에 중요한 것으로는 지권인(智拳印)이 있다. 이는 중생과 부처가 둘이 아닌 하나로서, 깨달음의 지혜를 얻음을 표현한다.

가장 다양한 수인을 보여 주는 것은 아미타불이다. 극락세계에 태어나길 원하는 중생들의 모습이나 성향이 다양하므로 이를 대하는 아미타불의 자비도 각각 다른 모습으로 나타남을 수인으로 표현하고 있는 것이다. 그러나 무드라는 이러한 수인만을 가리키는 것이 아니고, 특히 밀교에서는 그 의미도 확대되었다. 어쨌든 위에서 소개한 것과 같은 무드라에 대한 지식은 우리가 불상을 대함에 있어 전과 다른 의의를 느끼게 할 것이다.

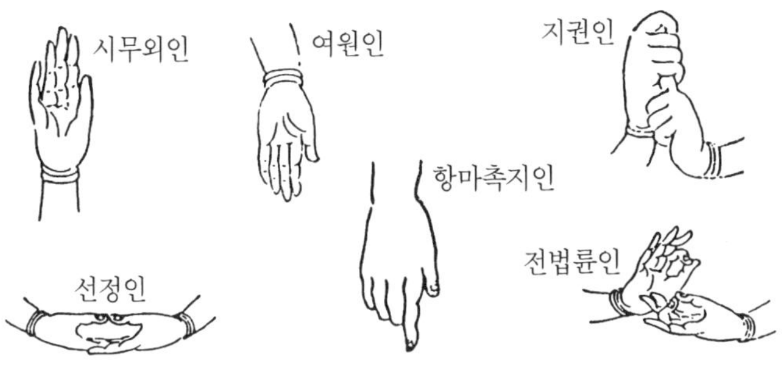

[참고문헌] 정태혁, 『密敎』, 現代佛敎新書 36(동국대학교 역경원, 1981), pp. 27, 32∼38.
高崎直道, 『佛敎・インド思想辭典』(→ 문 13), pp. 24, 290, 436∼437, 439.
『月刊金剛』(1985년 1월호), pp. 121∼123.

92 연등

연등행사의 의의는 무엇인가?

불교계의 가장 큰 행사인 '부처님 오신 날'이 단순히 불교인만의 축일이 아니라 공식적인 국가적 축일이 된 것은 잊혀져 가는 우리의 전통을 되살린다는 입장에서도 의의있는 일이다. 불교인이라면 누구나 부처님 오신 날에 절에 가서 소원을 담은 등을 달고, 그 중에 일부는 온 누리에 부처님의 가르침과 자비가 광명으로서 두루 퍼져 나가기를 기원하는 연등행사에 참가하기도 한다.

연등(燃燈)이란 등불을 밝힌다는 뜻이다. 그러나 많은 사람들이 등의 크기로 자기에게 돌아올 복의 크기를 재거나 연등행렬의 장관으로써 신심의 충족을 추구할 뿐, 연등과 그 행사의 의미를 깊이 생각해 보려 하지는 않는 것 같다. 매일 부처님 앞에 나설 수 없을 바에야 이런 축일에 부처님을 찾는 것이 결코 무의미할 수는 없다. 하지만 등을 달고 불상 앞에서 수십 번, 수백 번 절을 하면서 누구를 위해 무엇을 염원하는가. 대개는 자신의 소망이 무엇인지를 구체적으로 생각해 보지 않고 그 소원이 옳고 그른 지도 생각하지 않으면서, 등을 달고 절하는 그 자체로써 뭔가 잘 이루어지만 기대한다. 등을 달고 또 행사에 참여하는 것은, 부처님의 가르침을 스스로 실천함은 물론 널리 전하여 이 세상을 두루 밝히겠다는 다짐이다.

등(燈)이라는 말이 가장 효과적으로 쓰이고 있는 예는 제8문에서 설명한 '자등명 법등명(自燈明法燈明)'의 가르침이다. 등이라는 것은 어둠을 밝히는 것이므로 불교에서는 이를 지혜에 비유하고, 불전에 등을 켜 바치는 등공양을 향공양과 아울러 매우 중요시하여 왔다. 연등행사에서는 연꽃모양의 등을 사용하는 경우가 많다. 불교가 취하는 기본입장을 잘 상징해 주는 것으로 연꽃 이상의 것이 없다. 연꽃은 진흙 바탕의 지저분한 못에서 자라면서도 그 청결함과 아름다움을 결코 잃는 법이 없다. 모름지기 보살은 연꽃과 같이 살아야 한다. 세속에서 온갖 중생과 더불어 살면서도 세속의 때에 물듦이 없이 오히려 그로 인해 주변을 아름답게 비춰야 한다. 결국 이때의 연등(蓮燈)은 불교인의 개인적 자세와 사회적 자세를 상징적으로 표시하고 있는 것이다.

초기 불전에는 연등의 의의를 강조하는 대목이 많이 있지만, 연등행사의 유래와 그 의의를 설명하고자 할 때면, 대개 '가난한 여인의 등불'에 관한 이야기를 든다. 비록 보잘 것 없는 등이었지만 가난한 여인이 정성껏 부처님께 공양한 등불은 아무리 끄려고 해도 꺼지지 않았다는 이야기이다. 등불을 끄려 애쓰는 아난다에게 부처님은 이렇게 말한다.

"아난다야, 부질없이 애쓰지 말아라. 그것은 가난하지만 마음 착한 여인의 넓고 큰 서원과 정성으로 켜진 등불이다. 그러니 결코 꺼지지 않을 것이다. 그 등불의 공덕으로 그 여인은 오는 세상에 반드시 성불할 것이다."

이밖에 연등불(燃燈佛)이라는 부처님이 석가모니가 성불할 것임을 보증하였다는 이야기도 있다.

연등의 의의가 그만큼 중요하였으므로 일찍이 연등의 의례는 법회로서 일반화되어 그 형태가 오늘날까지 전해지게 되었다. 연등의 의례가 법회화된 것이 **연등회** 또는 관등회(觀燈會)이다. 우리 나라에서는 신라 때에 연등회가 실시된 기록이 있는데, 고려시대에 이르러서는 국가적 행사로서 실시되었다. 잠시의 기간을 제외하고는 고려시대 전기간에 걸쳐 매년 성대하게 실시되었던 연등회는 호국적인 성격을 지녔다고 한다. 고려 태조의 유명한 훈요 10조에서는 "부처님을 섬기기 위하여 연등회를 행한다."고 하였지만, 이후 이 행사는 민심을 이끌기 위하여 정치적으로 응용되고 조상숭배의 사상이 끼여드는 등 세속적인 신앙의 양상으로 발전하였다. 또 이 행사가 있을 때에는 지나칠 정도로 주연이 벌어져 본래의 취지가 전도되었던 경우도 허다하였다고 한다. 결국 연등회는 호국적인 조상숭배의 의식이 되었다. 이런 국가적 연등회는 정월 보름에 실시되었다가 나중에는 대체로 2월 보름에 실시되었던 것으로서, 부처님 오신 날인 사월초파일의 연등회와는 성격이 달랐다. 사월초파일의 연등행사는 고려 말인 공민왕 시대부터 본격적으로 실시되었다고 한다. 이 날은 공휴일로 지정되었고, 왕이 직접 절에 행차하여 진행했으며, 금주령이 있을 때도 이 날만은 예외를 허용하였다고 한다. 고려시대 전반에 걸쳐 연등회가 중시되었음은, 연등회의 제반 사무를 관장하는 국가부서로서 연등도감이 설치되었다는 점에서 단적으로 알 수 있다. 이후 조선시대에 와서는 배불정책과 불교교세의 쇠퇴와 더불어 연등회가 금지되기도 하는 등 어느 정도의 기복은 있었으나, 대체로 말기까지 지속되었다. 즉 국가적으로는 환영되지 않았지만, 민속행사로서는 꾸준히 지속되어 왔던 것이다.

어떻게 보면 불교행사로서의 참뜻을 잃고 전도되었던 고려시대의 연등회가 조선시대에 이르러 불교를 배척하게 한 요인이 되었다고도 할 수 있을 것이다. 앞에서 언급한 대로 상징으로서의 등이 간직한 불교적 의의를 되새기지 않으면, 그 행사의 규모가 아무리 크더라도 연등회는 존재가치를 상실할 수밖에 없다. 고려시대의 행사가 이를 입증하고 있음을 잊지 말아야 한다. 연등을 통해 복을 빌고자 하는 생각이 잘못일 수는 없지만, 앞서 말한 대로 등을 밝히는 보다 더 크고 깊은 의미를 피부로 느낄 때 불교인으로서의 자각과 사명을 간직할 수 있을 것이다.

[참고문헌] 『불교학개론』(→ 문 1), pp. 146~147.
안계현, 『韓國佛敎思想史硏究』(동국대학교 출판부, 1983), pp. 223~224.
『月刊金剛』(1985년 5월호), pp. 33, 37~39.
『불교성전』(→ 문 4), pp. 203~204.

93 자력과 타력
자력문과 타력문이란 어떠한 입장을 가리키는가?

극단적 사고와 방법을 배제하는 불교는 양극의 대립된 입장을 포용한다. 어쩌면 그러한 노력을 지속적으로 하는 것이 수행인지 모른다. 중도(中道)라는 것도 근본적으로는 여기서 출발한다. 불교사상사를 살펴보면 항상 대립된 입장이 공존하면서 유기적인 통합을 추구해 왔다. 대표적으로 소승과 대승이 그렇다. 실천수행인 선(禪)과 경전연구인 교(敎)가 그렇다. 양자는 서로 부정되는 것이 아니라 상호보완적인 것이다. 실천수행의 면에 있어서 상호보완적인 대표적 예가 난행도와 이행도, 또는 자력문과 타력문이다. 대승불교의 탁월한 철학자인 나가르주나, 즉 용수(龍樹)는 일찍이 성불하는 방법에는 어려운 길과 쉬운 길이 있다고 주장했다. 여기서 어려운 길이란 곧 난행도(難行道)이며, 쉬운 길이란 곧 이행도(易行道)이다.

먼저, 그 길이 어려운 이유는 스스로 문제를 해결해야 하기 때문이다. 이러한 길로 들어서는 것이 **자력문(自力門)**이다. 사실 불교는 이 자력문과 난행도로부터 출발하였다. 근본적으로 부처님이 깨달음을 얻는 과정이 그렇고, 인간 모두는 부처의 성품을 이미 간직하고 있으므로 그것을 스스로 개발할 능력이 있다고 주장함이 그렇다. 중도, 연기, 공 등의 진리를 깨닫는 것도 스스로의 노력에 의해 가능하다. 인간에 대한 모든 신뢰가 가능한 것도 이 때문이다. 이 길을 철저히 따르고자 한 입장으로서 대표적인 예가 제64문에서 설명한 선종이다. 그러나 이 길을 걷는 데에는 각고의 노력이 필요하다. 육바라밀은 이들이 수행해야 할 구체적인 방도이다.

그런데 만약 부처님이 인간 각자가 이 어려운 길을 택하여 스스로 문제를 풀어 나가야 한다고 생각했다면, 굳이 자신이 얻은 진리를 제시하면서 거기에 이르는 방법을 알려 주고자 애쓸 필요가 없었을 것이다. 일상생활을 하는 인간은 대개 자신의 능력을 모르면서 살고 있거나, 안다고 하여도 그것을 스스로 개발할 만한 정신적 여유를 갖지 못하고서 살아가기 일쑤이다. 예로부터 성인들은 주로 이런 사람들을 위해 힘써 왔다. 보다 더 쉽게 올바른 삶을 영위할 수 있도록 노력했으며, 스스로 그 사람들의 의지처가 되든가, 의지할 대상을 마련해 주고자 하였다. 그래서 이행도, 즉 타력문 (他力門)이 제시된 것이다. 따라서 **이행도**와 **타력문**은 부처님의 구제를 바라는 불교이며, 신앙의 불교는 남의 힘을 믿고 그에 의지하면 되므로 쉽게 수행할 수 있는 길이 되는 것이다.

불교사적으로 볼 때, 이는 제87문에서 설명한 불탑신앙에서 발전했다고 볼 수 있으며, 부처님의 무궁한 자비와 구제력을 중시하는 대승불교의 기본입장이다.

석가모니부처님을 포함한 여러 부처들이 중생을 구제한다고 믿는 것은 신앙의 불교가 되는데, 이 점에서 대표적인 것이 제65문에서 설명한 정토교 또는 아미타신앙이다. 아미타불은 자비와 다양한 방편을 겸비한 부처이다. 대승불교의 자비를 대표하는 부처이기 때문에 대부분의 대승경전에 이 부처가 소개되어 있다. 경전들 속에서 아미타불이 중생을 구제하는 '구제의 논리'를 밝히고, 어떻게 하여 구제되는가 하는 이유를 펼쳐 나가고 있다. 즉 아미타불이 보살이었을 때에 세웠던 본원(本願) 중에서 중생의 구제를 맹세하고 있다는 것과 이 본원을 달성하기 위해 기나긴 수행을 했다는 것, 그 결과로서 서방에 극락국토를 건립했다는 것을 밝힌다. 그리고 그 국토에 중생을 맞아 들여 구제한다는 것이다. 결국 구제의 근거가 되는 것은 여러 부처의 굳건한 결의이다. 모든 세계는 인간의 결의에 의해 움직이고 있다. 마찬가지로 부처의 결의가 구제의 근원이 되는 것이다. 중생의 입장에서 말하면 이상세계인 극락에 왕생하는 것이 구제인 셈이다.

그러나 그런 왕생은 사후의 일이기 때문에 현실에서의 구제는 의지의 대상에 대한 신앙, 즉 믿음에 의해 가능하다. 믿는다는 것은 어려운 일이 아니다. 그러므로 믿음의 불교는 이행도의 불교이다. 그러나 믿는다는 것은 그 대상이 가르치는 바를 실천하겠다는 것이므로 다시 스스로의 노력이 요구된다. 즉 이행도나 타력문이 난행도나 자력문과 전혀 별개일 수 없다는 말이다. 그래서 오로지 믿기만 하면 된다는 사고방식은 불교에서 통용될 수 없고, 바른 태도도 아니다. 또 앞에서 말한 난행도는 지혜에 의해 해탈하는 길을 가리키는데, 여기서도 이 혜해탈(慧解脫) 외에 신해탈(信解脫)을 중시한다. 신해탈이란 믿음을 깊게 하고 믿음의 힘을 강하게 함으로써 마음의 자재로움을 얻을 수 있다는 것이다. 그래서 믿음은 마음을 정화하는 힘을 지닌다. 믿음을 깊게 하면 그것은 자연히 지혜로 변해 간다. 이와 같이 불교에서의 믿음은 맹목적이고 비합리적인 믿음이 아니라, 지혜로 이어져 변화하는 마음이다. 난행도와 이행도는 이렇게 하여 서로 통하게 된다.

　불교를 믿는다면서도 신앙인답지 못한 두 가지 병폐가 있다. 그
것은 이제까지 설명한 두 가지 입장의 어느 한쪽에 치우침으로써
생긴 것이다. 하나는 믿음이 결여된 자력문의 입장에서 불교를 오
로지 인생철학으로 삼아 자의적으로 해석하는 것이다. 이런 입장
은 사변철학, 또는 학문불교의 입장을 취할 수밖에 없다. 불국토라
는 이상에 대해서도 사회의 구성원 모두가 제각기 나처럼 자각하
고 바르게 이해하며 행동하면 저절로 이루어진다는 소박하면서도
지극히 비현실적인 생각을 견지한다. 일견 타당해 보이지만 큰 오
류에 빠져 있다. 사회는 다양한 성향과 능력의 사람들로 구성되어
있다. 나 이외의 사회는 그런 복합체이다. 나의 생각과 능력을 그
런 이질적 요소로 가득찬 복합체와 동일시할 수 있겠는가.

　다른 하나는 우선 자신의 복을 구하는 맹목적 믿음이다. 믿음에
요구되는 전제조건과 필요조건을 생각지도 않고 갖추려고 노력하
지도 않음으로써 기복불교화 되는 것이다. 뜻있는 불교인들은 대
개 기복화 되는 이런 불교를 경계하고 비판하지만, 사실 더 경계해
야 할 것은 바로 앞에서 지적한 경향일지 모른다. 상식적으로도 어
려운 길을 걷는 사람은 쉬운 길을 쉽게 이해하고 포용할 수 있지
만, 처음부터 쉬운 길을 걷는 사람은 어려운 쪽을 이해하거나 선뜻
택하려 하지 않기 때문에, 결국 전자의 바른 입장이 후자를 이끌어
나갈 수밖에 없다. 믿음이 힘을 부여한다는 사실은 누구나 인정한
다. 잘못을 타파하여 바르게 이끌고자 하는 노력도 믿음의 힘으로
써 빛을 발할 수 있다.

〔참고문헌〕 정승석 역, 『大乘佛敎槪說』(→ 문 14), pp. 68~71.
　　　　Junjirō Takakusu, The Essentials of Buddhist philosophy(→ 문 13), p. 174.

94 기복불교

우리 나라 기복불교의 실태와 문제점은 무엇인가?

복이라는 말을 행복이나 안녕이라고 이해할 때, 복을 추구하지 않는 종교는 없다고 단언할 수 있다. 기복(祈福)이란 복을 빈다든가 구한다는 뜻이므로 모든 종교는 본질적으로 기복적인 성격을 지니고 있다. 그러나 그 복의 성격이 문제이다. 기복불교라는 말이 좋지 않은 의미로 쓰이고 있는 것은 불교 본래의 이타적 입장을 도외시한 채 오로지 당장의 이기적 성취를 위해 불교를 이용하기 때문이다. 말하자면 불교의 본질적 요소가 비본질적 요소로 전도된 입장을 취하는 것이 기복불교라 할 수 있다.

원래 기복불교는 불교가 민간신앙과 습합하는 과정에서 생겨났다. 따라서 어떤 불교국가에서도 기복불교의 양상은 발견할 수 있다. 누구나 공감하듯이 불교는 포용의 종교이며 관용의 종교이다. 그래서 일찍이 인도에서부터 민간신앙의 요소를 흡수하여 왔다. 그것은 불교의 대중화 또는 민중화의 과정이기도 했다. 이런 과정은 고도의 지적수련이 요구되는 불교가 일반 대중 사이에서 생활화되도록 하기 위해 어쩔 수 없는 것이었다.

　사실 인도의 불교지도자들로서는 민간신앙과 힌두교의 신들에게 뭔가 소원을 말하고 그 성취를 비는 행위는 그대로 인정할 수 없는 것이었다. 자신의 욕망을 억제하는 방향에서 스스로의 생활을 바로잡는 데에 진정한 의미에서의 불안과 고뇌의 극복이 있다고 가르치는 불교로서는, 인간적 욕망의 성취를 직접적으로 기원하는 기복의례가 그 본의와 서로 배치되는 것이기 때문이었다. 불교가 주술적 요소를 도입하긴 했지만, 그 근본입장은 이전의 경우와 마찬가지였다. 그렇지만 실제로 세간적 차원에서 여러 신들에게 소원성취를 비는 행위가 없었던 것은 아니었다.

　또 불교경전은 여러 각도에서 불교도가 기복의례를 실시하고 있었던 실태를 보여 주고 있다. 그러면서도 역시 불교 본래의 입장에서 보면, 해서는 안 되는 것이라는 생각이 문맥에 나타나 있는데, 이는 여러 가지 형태가 교리적 입장에서 용납될 수 있도록 많은 변용을 가했다는 것으로 이해할 수 있을 것이다. 결국 불교가 민간신앙의 요소를 흡수하고 기복적 의례를 도입했던 것은 불교를 민중생활에 접목시키기 위한 방편이었다. 따라서 민중을 위한 기복적 요소가, 보다 높은 가치를 추구하는 본질적 요소를 능가하게 되면 그것은 이미 불교가 아니다. 인도에서 불교가 그 모습을 감추게 되었던 것도 여기에서 그 근본이유를 찾을 수 있다. 민간신앙의 기복적 요소는 그로 인해 불교 본래의 이념이 보다 확산되고 생활화될 수 있다는 한계 내에서만 가치를 지닐 수 있다.

　대승불교의 경전에서 기복적 요소가 많이 도입되어 있음에도 그 경전 자체가 대승이라는 보다 높은 차원에서 평가될 수 있었던 것도 위와 같은 이유에서이다.

　대표적인 예로서 『법화경』의 〈관세음보살보문품〉에서는 관음

보살을 지성껏 염불하면 일곱 가지 난을 당하더라도 그 화를 면하게 될 것이라고 한다. 즉 큰 불과 큰 물을 만나도 타 죽거나 빠져 죽는 일이 없을 것이며, 바다에서 태풍을 만나 바다 밑 귀신의 나라에 빠지는 한이 있어도 죽지 않을 것이며, 원수나 도적을 만나도 그들이 스스로 물러날 것이라는 등이다. 아미타불의 염불을 강조하는 정토종 계통의 경전에서는 그 정도가 훨씬 더 심하다. 그럼에도 이들이 용납되는 것은 이들을 통해 이타적 자비와 구제라는 대승의 이념이 더욱 고양될 수 있다고 믿기 때문이다.

문제는 이러한 입장이 무속적인 민간신앙과 심하게 습합되면서 본래의 입장이 전도되는 데에 있다. 우리 나라의 경우에는 그 정도가 심각한 단계에 이르렀다고 보는 데서 기복불교의 문제성이 지적되고 있다. 제53문에서 잠시 언급했듯이 우리 나라 사찰에는 불교와는 관련이 없는 산신(山神)과 칠성(七星)을 모시는 것이 일반화되어 있다. 사찰을 찾아가서 비는 내용은 거의가 대학입시나 사업이나 병과 관련되어 있다. 심지어는 아들 낳기를 기원하고, 더 심한 경우에는 승려를 통해 길흉화복을 점치려 한다. 이런 기복의 풍조가 만연됨으로 인해 불교를 빙자한 사이비 종교인, 점쟁이, 무당이 등장하여 불교를 왜곡하여 왔던 것이다. 본래 불교의 방편으로서 수용되었던 기복적 신앙이 한국에서는 무속신앙과 습합하여 더욱 풍부하게 심화되었다. 그러다 보니 주객이 전도된 경지에 이르렀다.

기복의 복이란 어떤 의미에서 자기밖에 모르고 제 식구 제 자손밖에 모르는 철저한 개인주의의 개념이라 할 수 있다. 그래서 어떤 스님은 "한국불교의 기복신앙은 비리의 상징이요, 미신의 샘터요, 현실영합과 현실회피의 통로이며, 세속주의, 물질주의의 기수요,

돈과 명예와 권력이라는 복사상(福思想)의 시녀"라고 지나치다 싶을 정도의 통박을 가하기도 하였다.

세속적 가치와 결합한 기복신앙은 거의 맹목적 신앙이라고 할 수 있다. 기복에 빠진 불교도들은 현실적인 고통 속에서 그 해결을 위해 불교를 신앙하기 때문에 부처님을 현실적 구제자로 확신하는 절실한 신앙을 갖는다. 그러나 그 자신이 봉착하고 있는 고통의 원인이 잘못된 사회구조에 있다는 점을 인식하지 못하기 때문에, 그 신앙도 개인적이고 이기적일 수밖에 없다. 정토니 극락이니 하는 것도 계급과 차별이 타파된 사회구조를 가리키는 것이며, 부처님의 구제라는 것도 궁극적으로는 사회구조의 개선을 통해 이루어짐을 모르는 것이다. 단적으로 말해서 기복신앙은 현실의 물질적 보상으로써 충족을 느끼고자 하는 것이다. 이러한 기복신앙은 진정한 불교적 가치를 망각하게 한다.

원래 불교의 복이란 중생이 바른 도리를 향해, 바른 이상을 향해, 자신을 사심 없이 내던지는 마음가짐 속에서 근원적으로 자기 구제가 열린다는 의식을 통해 성취되는 것이다. 기도란 마음의 개혁이며, 불가능을 가능으로 만드는 영험이 있다는 것은 불교적 가치의 상승을 통해 이루어지는 것이지 물질주의와 결탁할 때 이루어지는 것은 아니다. 기도를 이와 같이 이해한다면 기복신앙이 불교를 타락으로 이끌지는 않을 것이다. 적어도 기도를 통해 얻게 된 복이 있다면 그 보답으로 사회 안에서 그것을 어떻게 활용할 수 있을까 조금만 생각할 수만 있어도, 기복은 본래의 취의를 벗어나지 않게 될 것이다. 근본적으로 기복에서의 기도가 이타적 실천의 맹세인 서원(誓願)으로 바뀔 때, 기복불교는 대승의 방편으로서 제자리를 찾게 될 것이다. 따라서 한국불교의 장래는 기복의

일방적 배척이 아니라 기복을 어떻게 개선하느냐에 달려 있다고
생각한다.

[참고문헌]　김지견 역, 『佛陀의 世界』(→ 문 1), p. 438.
여익구, 『민중불교철학』(민족사, 1988), pp. 215~220.

95 사불괴정

불교신자로서 바른 자세는 어떠해야 하는가?

불교신자로서의 바른 자세에 관한 문제는 누구에게나 궁금한 것이긴 하지만, 사실 정답을 제시할 수 없을 만큼 포괄적이고 상투적이다. 지금까지 설명해 온 모든 것이 이 문제에 대한 답이 될 것이며, 이제까지의 설명은 모두 이 문제를 해결하는 것으로 귀결된다. 그러나 복잡한 사회에 살고 있는 보통사람들은 이와 같이 대답하는 것을 가장 싫어한다. 뭔가 좀 구체적이고 확실한 답을 요구하는 것이다. 따라서 해결의 범위를 보다 압축시킬 필요가 있다. 이렇게 압축해 보면 불교도의 바른 자세와 직접 연관있는 것은 앞에서 설명한 제93문의 자력과 타력, 제94문의 기복불교이다. 불교를 삶의 의지처로 삼는 한 신앙인으로서 바르게 이해하고 극복해야 할 것은 자력과 타력이라는 두 가지의 입장, 그리고 기복신앙이라고 생각한다.

불교의 교리가 심오하고 무궁무진하다 하지만, 그것들은 대개 전문적인 수행자, 즉 출가자의 입장에서 전개되어 온 것임을 부인할 수 없다. 그러나 불교가 종교로서 출범할 수 있었던 것은 부처님 자신이 재가자의 입장을 고려하여 재가자에게 적합한 가르침을 설했기 때문이다. 그 가르침이란 제12문에서 설명한 차제설법이다. 이는 곧 남에게 베품으로써 자선을 행하고, 계율로써 제시한 도덕을 지킴으로써 바라는 바의 목적을 성취할 수 있다는 간명한 가르침이다. 이는 불교신자에게 한정되는 것이 아니다. 불교는 이러한 상식으로부터 출발했다고 봐도 된다. 하지만 도덕적인 일반인이 아닌 불교인, 즉 보다 더 가치있는 삶을 추구하는 깨인 사람이길 원하는 불교인에게는 당연히 보다 비범한 자세가 요구되었을 것이다. 그렇다고 출가자처럼 전문적인 수행을 하라고 요구하였을 리는 없다. 초기의 성전에 재가신자의 실천수도법으로 서술되어 있는 하나의 방법이 있는데, 그것을 사불괴정(四不壞淨) 또는 사증정(四證淨)이라고 한다.

불괴정이란 '절대 확실한 신앙'을 의미하는데, 불교적인 신앙이 확립되어 다른 어떤 것에 의해서도 동요되지 않는다는 것이다. 재가신자에게 있어서 믿음이 중요한 것은 새삼 강조할 필요조차 없을 것이다. 믿음이라는 것은 아직 깨달음을 얻지 못한 자가, 깨달음을 얻어 절대의 진리를 체득한 부처님이나 그의 제자들의 설법을 틀림없는 것이라 믿는 것이다. 따라서 믿음이라는 것은 아직 깨달음에 도달하지 못한 자에게 해당되는 말이고, 깨달음에 도달할 수 있는 전제조건이 되는 것이다. 그 깨달음이 무엇이냐에 대해서는 이미 제21문에서 설명한 바 있다. 그것도 골몰히 생각하자면 한이 없겠지만, 우선 현실적인 의미로서 자주와 자율과 자유의 경지를 확립하는 것이라고 생각해 두는 것이 좋겠다. 만약 믿는 내용이 잘못된 것이라면 그것은 미신이 될 것이다. 그러나 불교는 그 교리가 매우 합리적이어서, 그것을 옳다고 믿는 것은 결코 미신이 될 수 없다.

　불괴정은 구체적으로 무엇을 믿으라는 것인가? 그것은 불, 법, 승의 삼보와 가장 보편타당한 도덕인 계율이다. 그래서 4불괴정이다. 일차적으로 삼보에 대한 믿음이란, 부처님이야말로 진정 위대한 지도자요 스승이며, 법은 어느 때 어느 곳에서도 타당한 영원의 진리이며, 승은 부처님의 대리자로서 민중을 지도하기에 부족함이 없는 훌륭한 인격자라고 믿어 의심치 않는 것이다. 다음으로 계에 대한 믿음이란 계율이야말로 불교의 생명이며, 계를 지키는 것이 불교도로서 가장 중요한 것임을 확신하여 결코 범하지 않으려 노력하는 것이다. 일반 신도에게 있어서 이는 사실상 오계의 준수를 의미한다. 이런 사불괴정은 불교인에게 지극히 상식적인 것이다. 누구든지 불교에 입문하고자 할 때면 먼저 이 네 가지에 대한 믿음과 실천을 맹세하고 있기 때문이다(제75문 참조). 그럼에도 불구하고 그 맹세를 하나의 요식행위로 받아들여 성실하게 이행하지 않으며, 그 의의를 진지하게 되새기지 않는다는 데에 문제가 있다.

　이 사불괴정을 간단하고 쉬운 것으로 생각하기 쉽지만, 이를 얻었다고 하는 것은 불교적인 인생관과 세계관에 투철하여 의심하지 않게 되는 것이며, 이론적으로는 사성제의 도리를 완전하게 이해한 것이 된다. 앞서 말한 차제설법이라는 것도 자선을 행하고 계율을 준수하고자 노력하는 사이에 불교의 올바른 인생관과 세계관이 확립되어 사성제의 도리를 이해할 수 있게 되길 기도한 것이다. 불교도로서 갖추어야 할 이같은 기본자세는 아무리 시대와 사회가 바뀌어도 불교가 존속하는 한, 결코 변할 수 없는 것이다. 그러나 불교신자로서의 실천방도는 시대와 사회에 따라 발전적 변용이 가능하다. 또 마땅히 그리 되어야 할 것이다. 생활방식이 다양해진

만큼 불교의 실천방식도 그에 적응하여 개발되어야 할 것이다. 이는 부처님 자신이 직접 취했던 입장이다. 이런 의미에서 대승불교에서 특히 강조된 육바라밀은 불교도가 취해야 할 보편적 실천강령이라 할 수 있다.

육바라밀의 내용에 대해서는 제78문에서 설명하였듯이, 그것은 이전의 강령인 팔정도를 포용하면서 그것을 대(對)사회적 시각에서 변형시킨 것이다. 팔정도는 자기의 지혜와 인격을 완성시키기 위한 수행도로서 강조되어 왔다. 거기에는 타인을 직접 유도한다거나 타인을 교육시키고 완성시킨다는 대사회적인 면이 아니라, 자기 한 사람의 수양이나 인격완성이라는 면이 강조되어 있다. 사회구조가 단순했을 당시의 상황에서는 그것이 보편적인 강령일 수 있다. 그러나 보다 이기적이고 타산적인 개인과 집단이 난무하는 사회에서 홀로 고고함을 지킨다는 것은 결코 불교인다운 모습일 수 없다. 자신을 깨끗이 할 수 있는 효과적인 방법은 오히려 주변의 환경을 정화하는 것이다. 이를 위해서는 헌신과 인내가 필요하다. 그래서 육바라밀은 팔정도에 없었던 보시와 인내를 강령으로서 제시하고 있는 것이다.

이상에서 보면 불교인으로서의 바람직한 자세는 견실한 믿음과 대사회적 실천이라고 결론지을 수 있을 것이다. 그러나 이에 대해서는 결코 획일적인 답을 제시할 수 없다. 이미 지적하였듯이 믿음을 갖더라도 기복신앙의 병폐를 일소해야 할 것이며, 또 스스로 문제를 해결하려는 불교 본래의 입장도 이해해야 한다. 또 불교가 자각의 종교임을 내세워 구원에 대한 믿음을 무시해서도 안 된다. 자력과 타력의 겸비야말로 불교도가 노력해야 할 근본자세이다.

끝으로 불교도는 종교인으로서 자신의 믿음에 대해 감사하는 자

세를 지녀야 한다. 일반 신자로서 감사를 표하는 최선의 방법은 보
시이다. 또 가장 효과적인 보시는 승단에 대한 것이다. 자신의 보
시가 이타의 자비로 활용될 수 있게 하는 가장 믿을 만한 집단이
불제자들의 모임인 승단이기 때문이다. 이에 앞서 승단이 그런 신
뢰성을 확보해야 함은 더 말할 나위가 없다. 그렇다고 승단을 믿지
못해 보시할 수 없다는 논리를 편다면 그야말로 어불성설이요 궤
변이라 할 것이다. 그 자신이 불교도가 아님을 강변하는 것에 지나
지 않기 때문이다. 불교인이 보시하는 대상은 특정한 승려나 사찰
이 아니다. 그 장소와 인물이 어떻든 간에 그것은 상가, 즉 승단 전
체로 향하는 것이다.

[참고문헌] 水野弘元 저, 김현 역, 『原始佛敎』(→ 문 12), pp. 148~149.
여익구, 『민중불교입문』(풀빛, 1985), pp. 309~310.

96 민중불교
민중불교운동의 의의와 문제점은 무엇인가?

불교는 포용과 관용의 종교이므로 불교라는 말 앞에 그 성격을
표시하는 수식어가 붙는 것은 이상할 것이 없다. 그것은 불교를 설
명하는 일차적이고 편리한 방법이기도 하다. 이러한 예는 이루 헤
아릴 수 없을 정도이다. 소승불교, 대승불교로부터 시작하여 인도
불교, 중국불교 등의 용어는 지극히 상식화되어 있고 당연한 것으
로 인정되고 있다. 뿐만 아니라 왕실불교, 민중불교라는 말도 이상
할 것이 없다. 왕실불교라는 말은 다시 적용될 일이 없겠지만, 민
중불교라는 말은 불교가 존속하는 한, 언제라도 적용될 수 있다.

그런데 한때는 그 많은 용어 중에서도 민중불교라는 말에 대해
서는 거부감을 표시하는 사람들이 많이 있었다. 구체적으로 그 이
유를 표명하지 않지만, 민중불교라는 말에 대한 선입관이 대체로,
"민중불교란 마르크스의 이론과 같은 사회과학을 불교에 접목시키
려는 주객 전도의 입장을 취한다."라는 시각에 고정되어 있기 때문
이었다. 그러나 이러한 시각은 그야말로 선입관일 뿐이다. 이 같은
선입관은 보다 발전적으로 개발할 소지가 있는 새로운 입장 전체

를 무시해 버리려는 태도를 유발하기 쉽다는 점에서도 결코 바람직하지 않다.

　민중불교라는 말 자체는 하나의 이념으로서 얼마든지 성립할 수 있는 것이다. 따라서 민중불교라는 말은 옳지 않고 중생불교라는 말이 옳다라는 식의 주장이나 그 반대의 주장은 타당성이 없다. 민중불교라는 말로써 천명된 이념이 있음은 엄연한 현실이다. 이 현실 자체를 용어의 파기로써 없었던 것으로 간주할 수는 없는 것이다. 하나의 용어가 거기에 담긴 이념이 옳든 그르든 보편적으로 통용되었다면, 그 용어에는 당시대의 사회적 배경 및 사용자의 의식이 담겨 있는 것이다. 문제의 해결은 그러한 배경을 이해하고서 이후 의식을 바르게 정립하는 데에 있다. 용어를 파기한다든가 수정한다고 하여 역사적으로 실재했던 배경이나 의식이 아울러 없어지거나 수정되는 것은 아니다. 이렇게 **민중불교라는 개념의 성립**을 현실로서 인정할 때, 우리는 역사 전개의 과정에 서 있음을 의식할 수 있다. 그 과정에 있기 때문에 우리는 "민중불교란 무엇인가?"라는 문제에 대하여 당장 확정적으로 답변하기가 곤란하다. 그것은 과거에 실재했다가 현재는 정지상태에 있는 개념이 아니고, 현재 진행중인 개념인 것이다. 그리고 우리는 그 운동의 양상을 파악하여 그 이념을 추출해낼 수 있다. 여기에는 객관적인 시각이 요구된다. 왜냐하면 그 이념을 끌어내는 데에 있어서 운동가마다 아전인수의 경향도 없지 않기 때문이다. 더욱이 운동의 바탕으로서 이념을 제시하는 운동가들의 불교에 대한 이해가 모두 객관적이거나 타당하다고만은 볼 수 없기 때문이다. 운동으로서가 아니라 후대에 영향을 미칠지도 모르는 하나의 사상으로서의 민중불교의 문제점은 근본적으로 여기에 있다.

어떤 이는 "모순 구조를 변혁시키기 위해서는 먼저 그로부터 기인한 민중들의 종속적인 삶을 변혁시켜야 한다. 민중이 스스로 자신의 삶과 역사 발전의 주인임을 자각하여 그들 스스로 사회변혁을 통해 해방된 사회를 건설하고자 하는 집단적 인간 해방운동이 민중불교운동"이라고 말한다. 이는 민중불교를 천명함에 있어 사회과학의 이론을 앞세운 대표적인 예라 할 수 있다. 불교사의 발전 과정을 통해 민중불교를 천명하는 대표적 입장은 "민중불교가 가지는 역할을 역사적 측면에서 얘기한다면 초기 대승불교의 입장으로 회귀하는 것이라고 할 수 있을 것이다. …… 그들은 깨달음이 우리가 몸담고 살아가고 있는 이 땅의 역사적 삶의 현실을 떠나서 개인적인 차원에서 이루어질 수 없으며, 타인을 위한 활동(利他)이 바로 수행의 완성(自利)이 된다는 교리를 내세웠다."고 말하는 것이다. 이 입장은 민중불교의 출발점을 곧바로 부처님으로부터 찾아, 고통받는 인간의 구원과 해방의 길을 제시하는 것이 민중불교라고 보는 입장과 상통하는 바가 있다.

보다 더 이론적인 논의를 통해 민중불교라는 개념의 성립을 부각시키고자 하는 예가 있다. 이 경우는 중생불교와 민중불교를 구별하고 그 차이를 설명한다. 중생불교란 "한없는 중생을 남김없이 다 건지오리다."는 맹세를 실천하려는 입장이라고 본다. 그런데 중생불교의 그러한 보편적 구제원리는 현실의 세계에서 구체적이고 역사적으로 적용될 수밖에 없다고 한다. 이 말은 중생불교의 이념이 민중불교로써 실현될 수밖에 없다는 의미이다. 즉 민중불교는 "작고 약하고 선한 자는 거두어들이고, 크고 강하고 악한 자는 항복시키는 것"이며, 더 나아가 "엄청난 악의 세력이 폭력을 사용하여 대중을 괴롭힐 때, 그에 맞서서 방편으로써 역시 폭력에 호소하여 절복시키는 중도적 실천"이라는 것이다. 이 논리에 의하면 "민중불교는 중생불교의 중도적 실천불교"라는 결론에 이른다. 이를 보다 구체화하여 이렇게 결론내리고 있다. "중생불교는 보편적, 초역사적, 절대적 불교임에 반하여, 민중불교는 방편적, 역사적, 상대적, 조건적 불교이다. 중생불교가 불교의 본질임에 반하여 민중불교는 불교의 현상이다. 그러므로 본질은 현상화하고 현상은 본질을 나타낸다는 변증법의 관점에서 볼 때, 민중불교는 항상 중생불교의 원리를 구체적으로 실현하고 있는 셈이다." 이상은 상당히 비약된 감이 있고 자기 논리에 빠져 있는 면이 없지 않으나, 민중불교의 당위성을 천명하는 대표적인 예라 할 수 있다. 이 논리에는 분명히 문제점이 있다. 객관적 이념의 측면보다는 주관적인 운동의 측면에서 민중불교를 규정하려 함으로써 민중불교 자체의 취의를 오도할 소지를 스스로 내포하고 있는 것이다. 위의 논의 전개로 보면 민중불교는 본질이라고 하는 중생불교를 포용하는 것이다. 또 그래야만 이 중도라 할 수 있다. 그럼에도 현상이라고 스스로 규정한 민중불교를 중생불교와 분리시켜 현상만을 중시하는 듯한 결과를 빚고 있다. 아마 이 논리를 전개시킨 본래의 의도는 그런 것이 아니었을지 모르나, 실제의 운동은 민중불교를 본질과는 별개의 현상으로만 이해한 양상을 보여 왔다. 그렇기 때문에 폭력정당화의 논리로까지 비약되는 것이다.

동일한 두 가지의 방법이나 내용을 채택하는 것을 중도라고 하지는 않는다. 악에 대한 악, 폭력에 대한 폭력을 중도라고 한다면, 이는 너무 일방적인 주장이다. 폭력이 방편으로서 정당화될 수 있다면 그것은 특수한 상황에서이지 불교의 보편적 원리로서가 아니다. 그럼에도 그것을 중도적 실천이라고 규정함으로써 민중불교 자체에 대한 오해를 불러일으켰다. 중도적 실천이라는 민중불교가 실제로는 현상을 절대시하고 획일화된 양상으로 나타났음은 민중불교운동의 성격을 통해 엿볼 수 있다. 상당히 객관적이라고 믿을 만한 자료에 의하면 그간에 있었던 **민중불교운동의 성격**은 다음과 같이 지적된다.

첫째, 기성불교(또는 전통불교)에 대해서 매우 비판적이라는 점이다. 여기서 비판의 대상이 되는 것은 불교가 가지고 있는 이념 또는 교리 그 자체에 대한 것이 아니라, 주로 실천적 측면의 것이다. 민중의 억압된 삶이 곧 고통이라 할 때, 그것을 극복 또는 해결하지 않고서는 진정한 불교의 이상이 실현될 수 없다는 것이 이들의 입장이다.

둘째, 정치, 경제, 사회적으로 모순구조를 변혁시킴으로써 민중의 현실고가 해결될 수 있다고 믿고 있으며, 그 방법으로는 계급투쟁적 색채가 매우 강하다는 점이다.

셋째, 교리에 대한 해석 방법도 전통적인 교판(敎判)의 틀이 아니라 사회과학적 지식을 바탕으로 하고 있다는 점이다. 예를 들면 고(苦)의 원인을 인간의 내재적 욕망이나 무명(無明)에 의한 것으로 보지 않고, 외재적인 사회구조의 모순에 기인한다고 보며, 해결방법 역시 모순구조의 해결에 중점을 두고 있다.

넷째, 이같은 이념에 동조하는 사람은 유대감을 바탕으로 일종의 결사적(結社的) 그룹을 형성하고 있다는 점이다. 아울러 선진적 자각의식이 매우 강하며, 그렇지 못한 대중이나 개인에 대해서는 비판적이거나 심지어는 적대감같은 것마저 가지고 있다는 느낌이 들 정도이다.

그러나 민중불교운동이 일천한 역사에 비하면 오히려 성과가 더 많았다고 평할 수 있다. 그 이념적 근원이 어디에 있든 현실적으로 민중불교가 불교운동의 새로운 진보적 세력을 형성하면서 활동을 전개한 것은 1980년도 이후로 보는 것이 일반적인 견해이다. 물론 이전에도 그에 관한 논의가 있긴 했다. 어쨌든 그 성과로는 첫째, 기성불교에 대한 나태와 무기력을 비판함과 동시에 사회구원을 위한 운동을 실천적으로 전개함으로써, 불교의 사회적 역할에 대한 새로운 모델을 제시했다는 점이다.

둘째, 1980년대 중반의 암울한 상황에서 불교권 내에 민주화 열기를 광범하게 확산시킴으로써 한국사회의 민주발전에 어느 정도 기여했다는 점이다.

셋째, 불교교리를 사회과학적 시각에서 해석함으로써, 불교교리가 학문적 논리체계인 것만이 아니라, 인간 해방을 위한 구원의 체계라는 점도 재인식시켰다는 점이다.

넷째, 불교교단 내에서 불교 자주화운동을 주도함으로써 불교의 민주적 역량을 회복시키는 계기를 마련했다는 점이다.

민중불교가 문제시되어 온 것은 그의 이념적 측면보다는 운동적 측면에서 였다. 그 이념에 대해 말한다면 불교학자들의 책임도 있다. 그러나 전체적으로 보아 민중불교를 천명하는 기본시각은 공감대를 형성할 수 있고 타당성도 지니고 있다. 대승불교도 애초에는 새로운 불교운동이었다고 평가된다. **민중불교의 출발점**도 여기에 둔다면, 그것이 부정되어야 할 이유가 없다.

초기 대승불교운동가들의 그 당시 시각과 입장을 약 2000년이 지난 이 시점으로 옮겼을 때 나타나리라고 예견되는 상황을 민중불교가 자처하고 있다고 이해하는 것이 가장 타당할 것이다. 그 기본논리는 대승운동가들의 이타적 자세를 현시점에서 현상황의 타개를 위해 실현한다는 것이다. 민중불교운동가들이 그 이념의 정립에 있어 몇 가지 문제점을 안고 있는 것은 계속 개선되고 보완되어야 할 사항이지, 그로 인해 그 논의 자체가 배척되어야 할 것은 아니다. 소수의 비전문적 지식으로 이 문제가 해결될 수 없다. 그 기본입장이 타당함을 공감한다면 전문적 지식인이 이념의 정립에 원조해야 한다. 어찌 보면 이는 불교학자의 책무이기도 하다. 만약 민중불교가 불교를 왜곡하는 것이 된다면 이를 방관한 책임을 면하기 어려운 것이다. 이 책임은 당연히 승단도 져야 할 것이다. 따라서 기성불교는 시대 상황에 따라 새로운 형태로 등장할 수 있는 민중불교운동을 방관하거나 외면해서는 안 된다. 부처님이 행하고 제시한 자비와 구제의 자세를 당면한 시대와 사회에서 어떻게 실천할 것인가 하는 문제는 어느 시대에 있어서나 불교인의 공동 관심사이다. 그러므로 민중불교가 이타(利他)의 실천적 자세를 견지한다는 점에서 그 의의를 인정해야 할 것이고, 그 방법론을 촉구하면서 아울러 모색해야 할 것이다.

이상의 관점에서 민중불교운동의 주도자들도 항상 유의해야 할 것이 있다. 그것은 과거의 운동에서 나타난 다음과 같은 문제점들이다. 투쟁 과정에서 야기된 폭력화 현상, 거부감을 주는 계급 투쟁적 성격, 일부 교리에 대한 지나친 자의적 또는 기계적 해석으로 인한 왜곡의 우려, 불교운동으로서의 주체성이 약하고 일반사회운동에 종속되는 듯한 태도, 운동 주역들의 기성불교에 대한 우월감과 지나친 지사적(志士的) 엘리트 의식, 운동 세력들간의 불협화음 등이다.

민중불교운동은 어느 특정한 시대에 돌발했다가 사라졌던 일회적인 활동이 아니다. 사회에 능동적이고 적극적으로 대처하면서 불교의 이념을 실천하려는 집단적인 노력은 '민중불교운동'으로 불릴 수 있을 것이다.

[참고문헌] 여익구, 『민중불교철학』(→ 문 94), pp. 209~210.
　　　　　최석호, 「민중불교의 역사적 전개」, 『민중불교의 탐구』(민족사, 1989), p. 53.
　　　　　홍사성, 「민중불교 운동의 평가와 전망」, 위의 책, pp. 91~127.
　　　　　정승석, 「동남아의 진보적 불교운동과 민중불교」, 위의 책, p. 199, 240.

제7장

불교와 세계

97 ^온

불교는 인간을 어떠한 존재라고 파악하는가?

자연과학이 발전하면서 현상세계를 구성하고 있는 물질의 비밀이 속속들이 밝혀져 왔다. 이 작업은 인간이 존재하는 한, 끊임없이 지속될 것이다. 그리고 지금까지 일관되게 진행되어 온 그 방법은 하나의 물질을 계속 쪼개어 분석하면서 더 이상 쪼갤 수 없는 근본실체가 무엇이냐를 밝히는 것이다. 아울러 모든 물질에 공통되는 성분이 무엇인지를 밝힌다. 사실 이러한 작업은 동양과 서양을 막론하고 매우 일찍부터 시도되었다. 물론 과학기구가 발달되지 않았으므로 오로지 인간이 지닌 이성의 추리에 의존했지만, 그 결론은 동양이나 서양이 동일한 바가 있다. 즉 모든 물질은 근본적으로 몇 가지의 동일한 요소로 구성된다는 요소설(要素說)이 그것인데, 그 중 네 가지 요소에 대해서 만큼은 그리스와 인도와 중국에서 모두 근본바탕이라고 인정하고 있다.

인도에서는 그 넷을 사대(四大)라고 불렀다. 사대란 흔히 지(地), 수(水), 화(火), 풍(風)이라고 표현되는데, 이들은 실제에 있어서 각각 고체성, 액체성, 열, 운동을 뜻한다. 이 네 가지 요소들이 적절히 화합하여 물질적인 형체를 이루는데, 불교에서는 이런 물질적 형체를 색(色)이라고 부른다. 인간도 우주 속에 있는 물질적 존재인 한, 색은 인간존재의 근저를 이루는 것이다. 다시 말해서 색은 인간이라는 존재를 형성하는 데 있어서 '근간이 되는 부분'인 것이다. 그런데 인간을 구성하는 근간적 부분은 물질적 형체인 색만 있는 것은 아니다. 불교가 성립할 당시 인도의 유물론자들은 인간을 오로지 사대(四大)의 화합물에 지나지 않는다고 간주하고 있었다. 제32문에서 설명했듯이 부처님은 이러한 극단적 사고방식을 특히 경계하였다. 인간이 외형상 물질적 존재인 것은 사실이지만, 인간을 구성하는 또다른 근간적 부분으로서 정신적인 것이 있음도 아울러 주목하였던 것이다. 정신적인 부분에는 역시 네 가지가 있다고 하였으며, 물질적인 부분을 색이라 칭했던 것처럼 정신적인 부분을 명(名)이라 칭했다. 결국 부처님은 인간이란 정신과 물질의 결합체라고 파악했던 것이다.

앞에서 말한 '근간이 되는 부분'을 불교에서는 온(蘊)이라는 말로써 표현한다. 온이란 쌓임, 모임, 집합 등을 의미한다. 이 말은 특히 인간존재를 설명하기 위해, 인간이 몇 가지의 집합으로 이루어져 있음을 가리키는 데에 사용되고 있다. 즉 앞에서 말한 대로 인간을 구성하는 물질적 형체인 색이라는 집합과 정신을 구성하는 네 가지 결합을 일러 오온이라 칭하는 것이다. 이렇게 하여 소위 오온설이 성립된다. 오온이란 물질의 색온과 정신의 수온, 상온, 행온, 식온이다. 불교인이라면 누구나 한 번쯤은 이 오온을 입으로 불러 봤을 것이다. 공식적인 행사가 있을 때마다 독송하고 있는『반야심경』은 앞 부분에서 이 오온에 대한 바른 인식을 촉구하고 있기 때문이다. 이는 인간 그리고 바로 나 자신에 대한 바른 이해를 요구하는 것이다. 『반야심경』은 인간을 구성하는 물질적 측면과 정신적 측면을 별개의 것인 양 집착하지 말기를 촉구하며, 그 구체적 내용인 오온도 마찬가지임을 지적하고 있다. 이는 인간이 정신과 물질의 유기적 존재임으로 어느 한 측면만을 중시하거나 그에 집착해서는 안 된다는 점을 천명한 것이라 이해된다.

색온 이외의 수, 상, 행, 식이라는 사온은 색온을 바탕으로 하여 개체를 지속적으로 존속시키고자 느끼고, 생각하고, 작용하고, 식별하는 정신적 기능을 각각 표현한 것이라고 할 수 있다. 구체적으로 말하면 색은 육체이다. 수(受)는 즐거움이나 고통 등의 감정을 느끼는 감수작용으로서, 외계의 자극에 대하여 뭔가의 감각, 지각, 인상 등을 받아들이는 것이다. 상(想)은 대상을 인식할 수 있게 하는 표상작용으로서, 이의 대상은 반드시 외계만이 아니라 기억의 내용 등도 포함된다. 감수된 것을 색깔이나 모습 등으로 마음속에 그리고 표상하여 개념화하는 것이다. 행(行)은 의지 및 그 밖의 정신작용으로서, 어떠한 정신을 형성하는 것이라 할 수 있다. 대상에 대하여 스스로의 의지에 의해 적극적으로 활동하는 작용을 가리키며, 또는 보다 넓은 의미로서 잠재적으로 형성되는 힘을 가리킨다. 다시 말해서 신체와 언어와 의식으로 표출되는 업(業)을 형성하는 작용이다. 식(識)은 판단이나 추리에 의한 식별작용을 가리킨다. 대상을 구별하여 인식하는 것이고, 어떠한 인식에 대해 판단하는 의식작용인 것이다. 이런 의미에서 마음의 작용 전체를 통괄하는 기능도 지니며, 마음 그 자체를 가리키기도 한다. 정확하다고 할 수는 없겠지만, 좀 쉽게 이해할 수 있도록 다음과 같은 비유를 들 수 있겠다. 우연히 꽃밭을 지나치다 눈길을 끄는 꽃을 보고서 좋은 기분을 느꼈다면, 이는 수온 때문이다. 그러면서 마음에 드는 이 꽃이 자신의 책상 앞에 놓여 있는 모습을 상상해 보았다면, 이는 상온 때문이다. 그래서 이 꽃을 꺾어서 집으로 가지고 가야 되겠다고 생각하여 행동을 취하려 했다면, 이는 행온 때문이다. 그런데 그런 행위가 옳은지 그른지를 판별하여 그래도 된다든가 그래서는 안 된다는 등의 판단을 내렸다면, 이는 식온 때문이다. 이처럼 인간은 내면에 있는 몇 단계의 정신이 유기적이면서 거의 동시적으로 활동함으로써 육체를 통한 구체적인 행동을 취하게 되는 것이다.

한편 색온은 인간의 구체적인 신체기관으로 드러난다. 즉 눈, 귀, 코, 혀, 몸, 마음이다. 마음을 물질인 육체의 범주에 포함시킨 것이 이상하게 보이겠지만, 사온이라는 정신적 집합을 담는 하나의 그릇으로 생각한 것이라고 이해할 수 있다. 물질의 집합인 이런 신체기관을 통하여 인간은 외부의 대상을 내면으로 끌어들여 느끼고 생각하고 작용하고 식별하는 것이다. 따라서 이 오온설은 결국 색온으로써 모든 물질적 요소들을 끌어들여 나머지 사온으로써 인간의 심리적 요소를 드러내게 된다는 사실을 설명하는 것이라 할 수 있다. 원시불교에서는 인간이 이같은 다섯 요소로 이루어져 있다고 보았다. 즉 오온의 원래 의미는 인간의 심신(心身) 전체였던 것이다. 그러나 교리가 발전하면서 이러한 오온의 의미가 점차 확대되어, 이윽고 인간의 심신뿐 아니라 주변의 세계 전체를 의미하게 되었다. 즉 물질세계와 정신세계 전체를 의미하게 된 것이다. 그래서 특히 인간존재로 한정하여 오온이라는 용어를 사용하고자 할 때는 **5취온(五取蘊)**이라는 말을 별도로 사용하기도 한다. 또 오온을 **5음(五陰)**이라고도 한다.

오온설의 의의는 정신과 물질의 관계를 생명활동의 측면에서 관찰하여 현실세계의 현상을 정확하게 포착한 것이라고 평가된다.

오온설은 물질을 바탕으로 하고 있으면서도 정신의 독자성을 분명히 하고 있으며 물질보다는 정신쪽에 중점을 두고 있다. 즉 인간존재를 정신과 물질의 두 부분으로 구성되어 있다고 볼 경우는 그 정신적 부분을 생명활동이라는 측면에서 세분화한 것이 오온설인 것이다. 그러나 불교의 인간관이 정신적 측면만을 절대시하는 것으로 생각하는 것은 잘못이다. 후대의 교학에 있어서 인간의 정신적 측면에 대해 깊은 탐구가 이루어진 것은 사실이지만, 그것은 일종의 사조(思潮)로서 연구가의 관심에 의한 것이지 불교 전체 입장이라고 볼 수 없다. 이를 오해하기 때문에 불교를 비현실적인 관념론이라고 간주해 버리는 사람도 없지 않은 것이다. 인간은 물질적 측면을 바탕으로 하고 있음을 처음부터 인정하였던 것이 불교의 입장이다. 물질적 측면을 인정하기 때문에 인간을 고(苦)의 덩어리라고 파악할 수 있었던 것이다. 오온설은 원래 인간구조를 설명하는 것으로서 인간이 왜 고의 존재인가를 설명하려는 취지를 지니고 있다. 물질과 정신의 두 힘이 복잡하게 얽히기 때문에 고일 수밖에 없다. 이는 인간 현실에 대한 파악이다. 이 현실을 어떻게 극복할 수 있느냐가 이후 가르침의 초점이 되는 것이다.

[참고문헌]　水野弘元 저, 김현 역, 『原始佛敎』(→ 문 12), pp. 87~88.
　　　　　　　『불교학개론』(→ 문 1), pp. 54~56.
　　　　　　　정승석 역, 『불교의 정치철학』(→ 문 10), pp. 16~21.
　　　　　　　高崎直道, 『佛敎·インド思想辞典』(→ 문 13), pp. 120~121.

98 십이처

불교는 현실세계를 어떠한 입장에서 파악하는가?

인간 존재를 파악하는 불교의 기본입장은 제97문에서 설명한 오온설이다. 오온이 인간을 구성하는 골격이며, 이는 더 나아가 정신계와 물질계로 이루어지는 모든 현상세계의 기반이 된다. 말하자면 인간을 포함한 세계관을 압축적으로 표현한 것이 오온설이다. 왜냐하면 현상의 모든 존재가 오온 중의 물질적 부분인 색온(色蘊)을 바탕으로 하여 이루어질 수 있으며, 이것이 정신적 부분인 나머지 사온을 통해 인간에게 인식될 때만이 실재하는 것으로서 간주되기 때문이다. 불교는 이러한 현상세계의 모습을 십이처(十二處)로써 설명한다.

누군가가 부처님에게 물었다. "사람들은 흔히 세상의 모든 것이라고 하는데, 그 모든 것이란 도대체 무엇입니까?" 이에 부처님은 대답했다. "모든 것이란 열두 가지에 포섭되는 것이니 눈과 색, 귀와 소리, 코와 냄새, 혀와 맛, 몸과 촉감, 마음과 법(法)이다." 흔히 일체라고도 표현되는 모든 것이란 우주 전체를 가리키는 대명사로서 쓰이고 있다. 우주 전체가 따지고 보면 열두 가지에서 나왔으며, 그 원인을 규명하면 열두 가지 속으로 들어간다는 것이다. 그래서 이 열두 가지를 십이처(十二處)라고도 하고 **십이입(十二入)**이라고도 한다. 여기서 처 또는 입이라고 번역되는 말의 어원은 확실치 않지만, '존재 속으로 들어가는 문' 또는 '도달의 문'이라고 이해된다. 이렇게 하여 십이처설이 성립되는데, 십이처설은 불교의 가장 기본적인 세계관이며 우주의 모든 존재에 대한 일종의 분류법이라고 말할 수 있다. 종교적 세계관으로서는 너무 소박한 것이라고 생각할지 모르나, 여기에 간직되어 있는 사상적 배경은 그렇게 간단한 것이 아니다.

앞에서 언급한 바와 같이 여섯 쌍을 이루고 있는 십이처는 각기 인식기관과 인식대상이 하나의 짝을 이루고 있다. 눈, 귀, 코, 혀, 몸, 마음(眼耳鼻舌身意)이라는 인식기관을 6근(六根)이라 한다. 인간 밖의 외부세계에는 이들에 각각 상응하는 대상이 있다. 그래서 색, 소리, 냄새, 맛, 촉감, 법(色聲香味觸法)이라는 여섯 대상을 6경(六境)이라 한다. 말하자면 눈이 있으므로 세상에는 색깔이 있음을 알 수 있고, 귀가 있으므로 세상에는 소리가 있음을 알 수 있고, 코가 있으므로 세상에는 냄새나 향기가 있음을 알 수 있고, 혀가 있으므로 세상에는 맛을 지닌 존재가 있음을 알 수 있고, 몸이 있으므로 촉감으로써 사물의 존재를 파악할 수가 있으며, 마음이 있으므로 이 세상의 법칙, 진리, 진실 등을 알 수가 있다. 또 색, 소리 등의 세계는 인간의 눈, 귀 등이 없으면 그것이 실제로 있는 것이라고 장담할 수도 확인할 수도 없다. 이처럼 외부세계의 모든 존재는 인간의 의식을 통해서만 그 존재의 여부가 파악되는 것이다. 인간의 의식에 의해 파악되지 않는 것은 일단 존재하지 않는 것으로 봐야 한다는 입장이다. 이러한 세계관은 인간이 현실세계의 중심을 이룬다는 입장을 강하게 표명한 것이다. 십이처설에서 인식의 주체가 되고 있는 여섯 감각기관, 즉 6근은 그대로 인간존재를 나타내고, 인식의 객체가 되고 있는 여섯 대상, 즉 6경은 인간을 둘러싼 자연환경을 나타내는 것이다.

종교에서는 인간의 인식범위를 넘어선 초월적인 존재가 실재한다고 인정하는 것이 보통이다. 그러나 그러한 초월적인 존재가 종교적인 수행을 통해서도 끝내 인간에게 스스로 입증되지 않는 것이라면, 그런 것의 실재성을 인정할 수 없다는 것이 불교의 입장이다. 그러한 문제에 대한 불교의 입장을 다음과 같은 부처님의 말씀이 잘 대변하고 있다.

"탁월한 온갖 지혜를 갖춘 브라만으로서 일찍이 한 사람이라도 그들이 믿는 최고의 신을 본 적이 있는가? 만일 본 일도 없고 볼 수도 없는 그런 신을 믿고 받든다면, 이는 마치 어떤 사람이 한 여인을 사랑한다고 하면서 그녀의 얼굴을 본 일도 없고, 이름도 거처도 모른다는 것과 무엇이 다르리요."

이렇듯 불교는 인간을 중심으로 하여 세계를 파악하고, 객체적 대상의 특질을 법으로 파악하고 있다는 사실을 크게 주목해야 한다. 여기서 6근 중의 맨 끝을 포괄적으로 마음이라고 표현했지만, 실제는 의지(意志)라는 뜻이 강하다. 의지라는 것은 자기 마음대로 할 수 있는 자유와 능동적인 힘이 있음을 의미한다. 이 의지의 대상인 현상세계의 법(法)은 '필연성을 지닌 것'을 가리킨다. 이를 자연법칙이라고 보아도 되고 진리 또는 진실이라고 보아도 무방하다. 포괄적으로 말하면 인위적으로 그 질서를 깨뜨릴 수 없는 자연환경이다. 이렇게 의지와 법이 십이처설에서는 주체와 객체의 관계를 나타낸다는 사실은, 인간이 의지적 작용을 가하면 필연적인 반응을 보임을 나타낸다. 이러한 사고방식은 기존의 종교가 신을 세계의 중심에 두고 있음에 반하여 인간을 세계의 중심에 두려는 것이며, 인간의 의지와 노력에 의해 세계가 개조될 수 있음을 강력히 시사하려는 것이라 하겠다. 제83문에서 설명한 업의 논리도 이와 관련하여 이해할 때, 자기 창조 나아가 세계창조라는 그 본래의 취의를 재인식할 수 있을 것이다.

  이상과 같은 불교의 세계관에 의하면, 각 개인이 보다 더 많이 그리고 넓게 깊게 보고 느끼고 이해하며 노력할 때, 그가 직면하고 활동할 세계의 폭은 그만큼 넓어진다는 사실이 자명한 진리로서 이해된다.

［참고문헌］ 『불교학개론』(→ 문 1), pp. 52~53.
　　　　　　고익진, 『현대한국불교의 방향』(→ 문 8), pp. 136~137.
　　　　　　안성두, 주민황 공역, 『인도불교사상사』(민족사, 1988), p. 117.

99 불교사회주의

불교사회주의란 어떠한 이념인가?

초기 불교의 사상적 맥락 속에서 사회주의적 입장을 어느 정도 발견하기란 그다지 어렵지 않다. 초기의 성전 중에서 사회의 진화나 발전을 설명하는 몇몇 경전들은 사유재산제도의 성립을 사회악이 발생하는 시발이라고 파악하고 있으며, 불교의 상가는 그러한 사회악이 일소될 수 있는 하나의 모범적인 이상사회로서 구성된 것이라고 평가하는 학자들도 있다. 여기에 무아설(無我說)까지 끌어들여 사회적 시각으로 해석한다면, 불교는 애초에 공산적 사회를 이상으로 추구한 것 같은 생각이 들기도 한다. 특히 "발전 과정에서 계급차별이 사라질 때, 모든 생산물은 국가 전체가 참여하는 방대한 조합에 장악되며, 공공의 힘은 그의 정치적 성격을 잃을 것이다"라는 마르크스의 발언에 주목하여, 이를 불교의 평등사상과 상가라는 공동체에 대비하고서는 "이상적 형태의 정부에 관한 한, 불교와 마르크스의 체계는 유사한 입장을 취한 것 같다"고 생각하는 이도 있다.

그러나 불교와 사회주의와의 유사성을 규명하기에 앞서 위에서와 같이 마르크시즘과 불교를 곧바로 대비하는 접근방식에 있어서는 한 가지 근본적인 시각의 차이를 지적하지 않을 수 없다. 마르크시즘과 불교의 차이는 그 의도와 방법에 있어서 명백하다. 마르크시즘은 유물론에서 출발한 데 반하여, 불교는 유심론적(唯心論的) 입장이 강하고 실제 그러한 측면이 더 노골적으로 표출되어 왔다. 방법론에서 마르크시즘은 결과인 현상을 타파하고 개혁함으로써 원인이 제거될 것으로 기대하지만, 불교는 교의상 그 원인을 다스림으로써 결과는 저절로 개선될 것이라는 입장을 견지한다. 따라서 전자는 당면한 문제를 해결하기 위해선 우선 전제주의적 방법을 동원하지 않을 수 없으나, 후자는 각자의 해결이라는 자유방임적 방법을 허락한다. 불교의 자유방임적 입장은 개인주의와도 통하는데, 이 개인주의가 극단으로 치닫게 될 때 불교의 본의도 상실될 소지가 있음은 유의할 필요가 있다. 후대의 대승불교가 이타적 보살사상을 특히 강조한 데에는 그러한 우려를 해소하기 위한 배려였다고도 생각된다.

이상과 같은 몇 가지 면만을 보더라도 불교와 사회주의와의 절충은 충분히 매력을 끌만한 시도로 보인다. 문제는 불교사회주의라 할 때, 그 주체가 불교이냐 사회주의이냐 하는 점에 있다. 불교사회주의라는 이념이 표면적으로 관심을 끌기 시작한 것은 미얀마를 비롯한 동남아의 일부 사회주의 국가들이 불교를 사회체제의 이념에 끌어들이면서 부터인데, 결론을 먼저 말한다면 여기서는 불교보다는 사회주의라는 체제가 우선한다. 다시 말하면 국가 존립의 방편으로서 불교가 이용되는 것이다. 이러한 입장은 불법사회주의(佛法社會主義)라는 말로써 더 잘 알려져 있다. 그러나 불교사회주의라는 이념이 공식상 최초로 천명될 때는 불교가 사회주의를 우선하며, 불교의 이상을 실현하는 데에 사회주의를 이용한다는 입장이었다. 즉 불교사회주의는 불교의 원리에 대한 현대사회적 해석, 적용, 전개이며, 특히 마르크스주의를 비판적으로 흡수하면서도 그것을 초월한 신(新) 인도주의를 제창함으로써 불교인간주의를 현대적으로 표현한 것이라고 한다. 이런 불교사회주의는 전시의 일본에서 신흥불청(新興佛青)의 지도자에 의해서 표방되었다. 그의 불교사회주의는 전시의 일본에서 파시즘과 제국주의 전쟁에 대한 저항의 일환이기도 했다. 그는 공동사회에 대한 인식과 실천에 있어서 사회과학과 불교가 완전히 동일한 것은 물론 아니라고 지적하면서, 비판의 여지가 있긴 하지만 공동적 사회조직을 향해 자본주의를 개조하려는 구극의 이상에 있어서는 동일하다고 하였다. 따라서 경제문제나 제도조직의 개혁을 단순히 물질문제라고 본다면 거기에는 커다란 오류가 있으므로, 불교사회주의의 운동은 결코 물질운동이 아니라 실로 부단히 발전하는 사회의 생명을 본질적으로 요구하는 운동이어야 한다고 주장했다. 무아주의(無我主義)의 사회적 실천은 이러한 인식과 행동에 있어서야 그 완전성을 드러낸다는 것이다.

그러나 미얀마의 **불법사회주의**는 처음부터 이런 이론적 기반 위에서 출발한 것이 아니었다. 그것은 순전히 자생적인 것이라기 보다는 유럽제국주의의 식민통치가 만들어 놓은 것이었다. 영국의 통치하에서 미얀마 독립운동의 지도자들은 자연히 서구의 자본주의에 대해 혐오감을 가질 수밖에 없었고, 또 승려를 포함한 불교인들은 영국에 대한 독립투쟁에 앞장서기도 하였다. 그래서 영국으로부터 독립한 후, 수상으로 선출된 우누(U Nu)는 전통적인 불교와 민주주의, 그리고 사회주의의 여러 제도들을 조합함으로써 미얀마를 재통합시키는 일에 착수했다. 뿐만 아니라 경제발전을 위하여 사회주의적 모형을 채용함으로써 서구를 따라 잡아야 했다. 수상인 우누에게 있어서는 이러한 당면한 필요성과 불교가 담당했던 사회적 역할이 잘 일치되는 것으로 보였다. 거의 예외 없이 각 지방의 다양한 인종과 집단들을 한데 통합해 준 것이 불교였으며, 또 문맹자 집단으로부터 교양인에 이르기까지 다양한 계층을 연결해 주는 것 역시 불교였기 때문이다. 비종교적인 과격파 민족주의자들, 심지어는 마르크스주의자들까지도 대중의 지지를 얻기 위해서는 불교에 대해 경의를 표하지 않을 수 없었다. 더구나 불교의 가르침이 담고 있는 합리적인 내용은 사회주의 경제와 민주적 제도 그리고 과학까지도 수용할 만큼 쉽게 조절될 수 있을 것으로 보였다. 그러나 우누가 취하였던 이런 불법사회주의는 그 성격이 뚜렷하지는 않았다. 그의 공식적인 발언은 수단과 목적을 수시로 바꾸었던 것이다. 즉 불교를 목적으로 하는 수단으로서 사회주의를 옹호하는가 하면, 사회주의를 가능케 하는 수단으로서 불교를 옹호하기도 하였던 것이다. 그의 일관성없는 정책과 스스로 전륜성왕이 되길 원하는 듯한 집착으로 인해 그는 결국 네윈(Ne Win)의 쿠데타로 실각하고 말았다.

새로 집권한 네윈의 군사정부는 '미얀마의 사회주의화'를 표방하고 불교를 완전히 체제에 종속시켰다. 그는 이론상 불교와 마르크시즘의 기본요소를 결합했고, 그 이념은 변증법적인 방법으로 각 개인의 의지와 욕망을 사회의 그것과 결합한 불교적 '중도의 실천'을 추구하는 것이었다. 그러나 새로운 주도적 역할은 사회주의적 군대가 담당하며, 불교승려들은 새로운 사회에서 실제적인 역할을 갖지 못했다. 정부는 교단을 내버려둔 채 불교교리를 사회적, 정치적, 경제적 변화에 적용시키려고 노력하였던 것이다. 따라서 미얀마의 불법사회주의는 불교가 국가 존립의 도구로서 정착되는 단계에 이른 것이다. 불교가 순수하게 이런 역할만을 할 수 있었다면, 국가주의 사회에서 이는 크게 탓할 일이 아니라고 할 수 있다. 그러나 여기서 국가란 실제의 전개된 상황으로 보면 독재체제를 가리키게 된다는 점에서 미얀마 불교사회주의의 문제가 있다. 사회주의의 이념에 불교를 종속시키는 불교사회주의는 이후 라오스와 오늘날의 캄푸치아에서 더욱 개발되었다. 예를 들어 1976년 라오스의 부수상은 승려들에게 행한 연설에서 "승려들의 정치연구는 진보적 혁명정부에 맞도록 통합시키는 데 그 목적이 있다."고 전제하고서, "우리는 혁명적 정치학과 부처님께서 실천하신 정치학이 같은 목적을 가지고 있으며, 오직 그 조직과 실행만이 다를 뿐이라는 사실을 알았습니다. …… 승려들은 세상의 불의에 맞서 싸우는 부처님의 정치적 간부인 것입니다. 따라서 여러분은 여러분의 정치적 의무를 보다 깊이 이해해야 할 것입니다."라고 말한 적이 있다. 근래에 캄푸치아의 한 승려는 정치와 불교의 공존에 대해서 "양쪽 모두 사람들의 행복을 구하는 데서는 동일합니다. 이러한 점에서 현정부는 승려의 존재방식에 대해 승려가 사회를 위해 크게 활동하도록 권하고 있습니다."라고 말하고 있다. 미얀마는 제외하더라도 여기서 보이는 라오스와 캄푸치아의 상황이 현재 표면화된 불교사회주의의 실상일 것이다.

이상과 같이 동남아에서 사회주의가 불교를 등에 업고 대두하게 된 데에는 수긍할 만한 이유가 있는 것으로 보인다. 태국 이외의 동남아시아 대부분을 지배하였던 서구의 식민지정치는 곧 자본주의였다. 그리고 이에 대항한 민족주의운동은 대개 불교도가 주도했는데, 이는 서구적 가치에 대한 전통적 가치의 수호와도 연계된다. 그런데 불교로부터 자본주의의 정신을 끌어내기란 거의 불가능하다는 것이 사회학자의 시각이다. 더욱이 독립 이후에는 전통적 가치와 이미 확산된 서구적 가치와의 조정작업이 불가피하게 되었다. 따라서 이러한 정치적, 문화적 상황을 타개할 중도(中道)로서 불교사회주의의 표방은 지극히 당연한 귀결이라고도 할 수 있을 것이다. 그러나 주변의 세계정세나 자국의 국가정세가 중도를 표방했던 애초의 불교사회주의를 국가사회주의적 성격으로 변질시켰던 것이다.

불교사회주의의 본래 이념은 불교라는 종교와 사회주의라는 이념을 중도적으로 결합시키는 것이라고 봐야 할 것이다. 아니면 불교를 우선한다는 게 불교도의 입장일 것이다. 그러나 실제에 있어서는 정치적 국가를 이끌기 마련이므로 그 본래의 이념은 변질될 수밖에 없다. 그것이 변질된다 하더라도 불교가 특수한 지엽적 목적에 이용되지 않고 민중 전체를 위해 공헌하는 역할을 한다면, 불교사회주의는 중생구제라는 실천적 측면에서 나름대로의 가치를 지니는 것이라고 평할 수 있을 것이다. 앞에서 소개한 일본 신흥불청의 불교사회주의의 기본입장을 고려하면서 불교사회주의라는 이념에 접근하는 시각을 교정할 필요가 있다. 물론 현재의 동남아 불교사회주의에 대한 냉철한 비판도 아울러 요구된다. 어떤 의미에서 불교사회주의는 하나의 이상으로서 끊임없이 추구되는 대상이다.

〔참고문헌〕 孝橋正一, 『社會科學と現代佛敎』(→ 문 82), pp. 38~40.
정승석, 「동남아의 진보적 불교운동과 민중 불교」, 『민중불교의 탐구』
(민족사, 1989), pp. 220~226.
정승석 역, 『불교의 정치철학』(→ 문 10), p. 157.

100 불교의 현대적 의의

현대사회에서 불교의 의의는 무엇인가?

근래에 들어 서구사회에서는 기독교에 대한 신앙심이 현저히 퇴색해 가고 불교에 대한 관심이 고조되어 가고 있다고 한다. 물론 이러한 현상에 대해 속단할 것은 없다. 불교에 대한 서구인의 관심은 불교에 대한 진지한 이해나 가치추구에 기인한 것이라기 보다는, 아직은 물질주의적 서구문화 자체의 한계성을 피부로 느끼면서 뭔가 새로운 것을 찾고자 하는 호기심의 수준에 머물러 있다고 볼 수 있기 때문이다.

애초에 기독교 정신을 표방해 왔던 오늘날의 미국문화를 보면서, 우리 자신도 기독교 문화의 한계 및 인류문화의 위기 의식마저 느끼게 된다. 그러나 단순한 호기심이라 할지라도 불교에 대해 뭔가 기대를 걸고 있는 것은 사실이다. 그래서 호기심을 끄는 이유와 기대의 내용을 종합하여 불교로부터 다음과 같은 세 가지 장점을 끌어내고 있는 것이 공통된 견해이다. 즉 첫째는 신앙의 합리성이요, 둘째는 평화주의적인 무상해의 이상이요, 셋째는 마음의 평안이다. 이것을 현대사회에 있어서 불교가 지니는 세 가지 의의라 평해도 좋을 것이다.

첫째, 불교는 **합리주의**에 입각한 종교다. 현대인의 일반적인 경향은 이치로 생각해서 납득이 가지 않으면 수긍하지 않으려는 것이다. 불교는 무엇보다도 독단을 배제하며, 특수한 교리로써 인간을 속박하려 하지 않는다. 그래서 비불교국가로서 문명의 발달 정도가 낮은 나라들에서는 불교에 대해 관심을 기울이는 예가 거의 없다고 한다. 또 철저한 도그마에 빠져 있는 이슬람교에서 불교로 개종하는 예가 거의 없다. 뿐만 아니라 서양의 일부 철학계에서는 서양철학만이 유일한 철학이라고 생각했던 고정관념을 깨뜨리고 동양철학, 특히 불교철학에 대해 관심을 기울이는 경향이 점차 확산되어 있다. 의학계에서도 불교적 처방이 실용화되고 있다. 정신분석 또는 정신요법을 실행하고 있는 임상의사들이나 천주교의 신부들이 선문답(禪問答)의 방법을 사용하여 환자의 콤플렉스를 치료한다든가 신자의 번민을 해결하는 데에 좋은 효과를 거두고 있는 예가 많다고 한다.

불교의 합리적 사고는 인간의 주체성 회복이라는 문제에도 한 줄기 빛이 될 수 있다. 불교는 특히 인간의 주체적 인격완성을 종교적 목표로 삼고 있기 때문이다. 이를 위한 방법적 체계로서 삼학(三學)은 행동의 정화인 계(戒), 정신통일인 정(定), 인간의 예지인 혜(慧)를 주체적으로 닦아 나가 자신의 인격을 완성하는 것이다. 뿐만 아니라 "모든 중생이 불성을 갖추고 있다."는 '일체중생실유불성(一切衆生悉有佛性)'의 주장은 인간의 주체성 회복이 모든 인류에게 가능함을 천명하는 것이고, 세계인의 관심의 대상이 된 선사상(禪思想)은 "자신의 마음을 곧바로 꿰뚫어 그 참된 성품을 발견함으로써 부처가 된다."는 '직지인심(直指人心) 견성성불(見性成佛)'

을 주장하여 주체성을 회복할 수 있는 근본적 방법을 제시한다. 이는 서구적 합리주의와 불교적 합리주의의 차이점이기도 하다. 이성을 절대시하였던 서구의 합리주의로서는 일찍이 접할 수 없었던 신선한 해결책이 불교에 제시되어 있는 것이다.

둘째, 불교는 철저히 **평화**를 추구하는 종교이다. 고등종교로서 무력을 사용하지 않고 세계로 퍼져 나간 유일한 종교가 불교이다. 이는 불교의 자비가 말뿐인 자비가 아님을 실증하는 것이다. 따라서 불교의 정치이념도 불교적인 정치지도자들에 의하여 드높이 제창되었다. UN 사무총장이었던 우탄트(U Thant) 같은 이들은 평화주의와 인류의 일체성이라는 불교의 근본원칙을 견지하였던 것이다.

불교의 관용적 태도는 다른 여러 종교와의 대립을 없애고, 세계평화를 실현하기 위한 건전한 기초를 제공할 수 있다. 그 기초란 두말할 나위가 없이 불교의 중도사상(中道思想)이다. 중도란 대립된 견해를 극복하는 것이다. 삶과 죽음, 즐거움과 괴로움 등 일체의 모순과 대립을 원천적으로 해결하는 것이다. 그리하여 악을 선으로, 모순을 조화로, 대립을 협동으로, 무지를 지혜로, 분쟁을 평화로 지양하여 승화시키는 것이 중도사상이다. 이렇게 평화의 기반인 중도사상을 체득하기 위한 구체적인 방안이 팔정도와 육바라밀이며, 이를 구현하는 이상적인 인간상이 보살이다. 팔정도는 자기를 향한 평화구현의 방도이며, 육바라밀은 남을 향한 평화구현의 방도이다. 자기를 향한 팔정도가 아울러 중시되는 이유는, 불교가 바라는 진정한 평화란 전쟁이 없는 상태만을 뜻하는 것이 아니라 더 나아가 각자 참된 인간으로 복귀함으로써 완벽해지기 때문이다. 단순히 불살생(不殺生)이라는 계율의 실천만으로써 인류의 진정한 평화가 이루어지는 것은 아니다. 따라서 이 평화는 물론 각 개인의 안녕과 평안으로 연결되는 것이다. 그러나 인간 개개인이 중도의 원리를 깨달아 서로 협조하고 화합하는 보살행을 실천함으로써 인류가 직면한 위기와 불행을 극복하고 영원한 평화가 이루어질 수 있음을 제시하고 있다.

셋째, 불교는 마음의 **평안**을 구하는 종교이다. 이에 대해서는 새삼 설명할 필요가 없을 것이다. 이기심과 욕망과 편견을 제거하도록 되어 있는 불교의 모든 수행은 일차적으로 마음의 평안을 구하는 데 그 목적이 있다. 특수한 기법이나 가혹한 시련을 요구하지 않는 불교적 명상법은 누구나 이를 통해 평안을 얻도록 되어 있다. 그렇기 때문에 현대인은 특히 이에 대해 관심을 갖는다. 현대인은 비록 물질적으로는 만족을 느끼고 있을지 모르나, 마음은 매우 거칠어져 있음을 스스로도 알고 있다. 그래서 불교적 수양의 생활화가 갈수록 요구되는 것이다.

이상과 같은 의의에 부응하여 불교의 전향적 자세도 요구된다. 서양의 문명이 크게 일어나 불교를 자극하고, 국제적으로 볼 때도 모든 나라들의 사회정세가 변화되었으므로, 불교는 그 전통적인 가치체계를 새롭게 평가하여 일반 민중들의 풍습과 생활형태를 재음미해야 할 필요성에 직면한 것이다. 그리고 부차적인 방법들은 그에 따라 수정하든가 개발할 필요가 있다. 이는 불교가 살아있는 종교로서 삶의 지침이 될 수 있는 길이다.

일체의 집착이나 편견을 떨쳐 버린다는 그 본래의 입장을 불교도는 다시 한 번 깊이 생각해 보아야 할 것이다. 불교도는 우리들의 습관적인 말버릇이나 무의식중에 내재되어 있는 편견을 반성하고, 넓고도 높은 객관적 관념에 도달하지 않으면 안 되는 것이다.

아울러 불교의 각 종파나 이에 협력하는 지식인들은 긴밀한 협조
로써 부처님이 설한 바른 길로 현대인을 이끌어 가야 할 것이다.
이것이야말로 불교의 현대적 의의를 살리는 길이다.

[참고문헌] 김지견 역, 『佛陀의 世界』(→ 문 1), pp. 49~50.
          『불교학개론』(→ 문 1), pp. 209~210, 215~216.

찾아보기

1. 고딕으로 표시한 숫자는 집중적으로 설명되기 시작하거나 비교적 자세히 설명된 면을 표시한다.

2. 인명의 경우에는 [인]으로, 지명의 경우에는 [지]로 각각 표시하였다. 출신 국명을 표시하지 않은 인명은 대개 인도인이고, 서역출신의 역경승과 티베트인도 약간 있다.

ㄱ

가난한 아들의 비유 / 220
가람(伽藍) / 241
가사(袈裟) / 355
가상(加上)의 이론 / 152
가섭[인] / **99**
가전연[인] / **102**
가타 → 게
가타어 / 140
각자(覺者) → 부처
간다라[지] / 258, 428
간정(刊正) / 157
간화선(看話禪) / 321, 330
갈마 → 업
감응(感應) / 409
감진(感眞)[인, 중국] / 314
감흥게(感興偈) / 131
강경문(講經文) / 281
강원(講院) / **438**
강원과 선원 / 437

개오(開悟) / 318
개원석교록(開元釋敎錄) / 148
개인주의 / 484
거란판대장경 / 162
게(偈) / 131
격의불교(格義佛敎) / **222**
견도(見道) / 385
견성성불(見性成佛) / 318
견실심(堅實心) / 309
결제(結制) / 359
결집(結集) / **122**
경(經) / 126, 130
경덕전등록(景德傳燈錄) / 373
경록(經錄) / 148
경장(經藏) / **125**, 136
경장과 율장 / **125**, 171
경전(經典) / 125
계(戒) / 364, 365
계론(戒論) / 65
계법(戒法) / 313
계상(戒相) / 313

계율(戒律) / **364**

계체(戒體) / 313

계행(戒行) / 313

고(苦) / 173

고구려 / 264

고려대장경(高麗大藏經) / **160**

고역(古譯) / 158

고칙공안(古則公案) / 320

고타마 싯다르타 / **24**

곡녀성(曲女城) / 419

공(空) / **118, 198**

공명당(公明黨) / 335

공사상 → 공(空)

공안(公案) / 320

공업(共業) / 404

과거칠불(過去七佛) / 374

관등회(觀燈會) / 448

관무량수경(觀無量壽經) / 324

관음보살(觀音菩薩) / **80**

관판대장경(官版大藏經) / 162

교관이문(敎觀二門) / 293

교단(敎團) / 232

교법(敎法)으로서의 법 / **111**

교상판석(敎相判釋) → 교판

교선일치(敎禪一致) / 311

교외별전(敎外別傳) / 318

교종(敎宗) / 328

교판(敎判) / **217**

　　화엄종의 교판 / **308**

교학의 문제 / 349

구겸지(寇謙之)[인, 중국] / 339

구마라집(鳩摩羅什)[인] / 262, 287

구분교(九分敎) / **130**

구사론(俱舍論) / 304, 404

구산선문(九山禪門) / 328

구역과 신역 / 158

구원(久遠)의 부처 / 292

구족계(具足戒) / 369

규기(窺基) / 303

근본교설(根本敎說) / **173**

근본분열(根本分裂) / 184

근본불교 → 원시불교

근본설일체유부율(根本說一切有部律) /
　314

금강승(金剛乘) / **194**, 195

금강정경(金剛頂經) / 194

금강침론(金剛針論) / 253

급고독장자(級孤獨長者)[인] / 242

기(機) / 318

기(記) → 수기

기(基)[인, 중국] → 규기

기답(記答) / 130

기도 / 457

기별(記別) → 수기

기복(祈福) / 429

기복불교 / **454**

기복신앙 / 457

기설(記說) → 수기

기원정사(祇園精舍) / 242, 419

길장(吉藏)[인, 중국] / 287

496

까삘라밧뚜 / 143
깨달음 / **113**

ㄴ

나가르주나(Nāgārjuna)[인] → 용수
나가세나(Nāgasena)[인] / 62
나무묘법연화경 / 333
나무아미타불 / 325
나선비구경(那先比丘經) / 62
나한 → 아라한
나후라[인] / **103**
난행도(難行道) / 450
날란다대학(Nālandā大學) / 252, 437
남돈(南頓) / 319
남방불교(南方佛敎) / **246**
남산율종(南山律宗) / **312**
남종(南宗) / 319
남해기귀내법전(南海奇歸內法傳) / 314
네윈(Ne Win)[인] / 486
노사(老死) / 181
노자화호설(老子化胡說) / 223
노장사상(老莊思想) / 224
녹야원(鹿野苑) / 418
논의(論議) / 131
논의제일(論議第一) → 가전연
논장(論藏) / **125**
누진통(漏盡通) / 411
능변(能變) / 207
능취(能取) / 208

니간타 나타풋타[인] / 168
니다나(nidāna) → 인연담
니치렌(日蓮) → 일련
니카야(nikāya) / 127

ㄷ

다라니(dhāraṇi) / **442**
다르마(dharma) → 법
다르마스와민(Dharmasvāmin)[인] / 251
다르마위둠텐[인] / 338
다르마팔라(Dharmapāla)[인] / 250
다문제일(多聞第一) → 아난
단(壇) / 444
달라이라마 / 277
달마대사[인] / 316
담란(曇鸞)[인, 중국] / 323
담마(dhamma) → 법
대교과(大敎科) / 438
대기설법(對機說法) / 63, 218
대반열반경(大般涅槃經) / 418, 422
대보리회(大菩提會) / 250
대비바사론(大毘婆沙論) / 403
대사(大事) → 마하바스투
대사파(大寺派) / 248
대승 → 대승불교
대승경전(大乘經典) / **151**
대승계(大乘戒) / 313, **376**
대승기신론(大乘起信論) / 311
대승불교(大乘佛敎) / **188**

대승비불설(大乘非佛說) / **152**
대승시교(大乘始敎) / 308
대승종교(大乘終敎) / 308
대일경(大日經) / 194
대일여래 → 비로자나불
대장경(大藏經) / **160**
대정신수대장경(大正新修大藏經) / 162
대중부(大衆部) / 184
대중불교(大衆佛敎) / **349**
대지도론(大智度論) / 220, 292
대처승제도 / 343
대한불교 조계종 → 조계종
데바닷타(Devadatta)[인] / **39**
데바닷타의 반역 / **39**
도강(都講) / 281
도교 / 222
도덕부정론 / 166
도량(道場) / 437
도선(道宣)[인, 중국] / 312
도안(道安)[인, 중국] / 157
도작(道綽)[인, 중국] / 323
도피안(到彼岸) → 바라밀
독각(獨覺) / **90**
독경(讀經) / 325
독화살의 비유 / 55, 62
돈교(頓敎) / 293, 308
돈오(頓悟) / 276, 318
돈오선(頓悟禪) / 319, 328
돈오와 점오 / 318
돈오점수(頓悟漸修) / **329**

돈황(敦煌)[지] / 257, **279**, 435
돈황불교(敦煌佛敎) / **279**
동사(同事) / 389
두순(杜順)[인, 중국] / 307
두타제일(頭陀第一) → 가섭
두타행(頭陀行) / 354
득도(得度) / 369
등(燈) / 447
디야나(dhyāna) → 선
뗏목의 비유 / **52**

ㄹ

라마교 / **276**
라자그리하(Rājagriha)[지] → 왕사성
룸비니(Lumbini)[지] / 22, 418
리그베다 / 22

ㅁ

마가다어 / 134, 139
마라난타[인] / 265
마르크시즘 / 484
마명(馬鳴)[인] / 143
마야부인 / 22
마왕파순 / **29**
마우드갈리야야나(Maudgalyāyana) → 목
    건련
마음 / 476
마하바스투(Mahāvastu) / 143, 144

498

마하반야바라밀다심경 → 반야심경
마하비라(Mahāvira) / 168
마하프라자파티(Mahāprajāpati)[인] / 44
마흐무드(Mahmud)[인] / 252
마힌다(Mahinda)[인] / 247
막고굴(莫高窟) / **279**
막칼리 고살라[인] / 166
만다라(Maṇḍala) / **443**
　　일련(日蓮)의 만다라 / 333
만트라 / **442**
만해[인] → 한용운
말나식(末那識) / 208, 305
말법사상(末法思想) / 83, 298
말법시대(末法時代) / 83, 298, 299, 333
명(名) / 475
명(明) / 412, 442
명(命)과 비명(非命) / 169
명색(名色) / 180
모례(毛禮)[인, 신라] / 266
목건련[인] / **98**
묘법연화경 → 법화경
무구진여(無垢眞如) / 212
무드라(mudrā) / **444**
무량수경(無量壽經) / 79, 324, 410
무량수경의 수기 / 413
무명(無明) / 179
무속신앙 / 456
무아설(無我說) / **51**, 175, 402, 483
무아주의(無我主義) / 485
무여열반(無餘涅槃) / 85

무위(無爲) / 224
무위법(無爲法) / 186
무제(武帝)[인, 北周] / 338
무종(武宗)[인, 唐] / 338
무진장원(無盡藏院) / **300**
무착(無著)[인] / 304
무학(無學) / 85
무학도(無學道) / 386
묵조선(默照禪) / 321
묵호자(墨胡子)[인] / 266
문답법 / **61**
문성공주(文成公主)[인, 중국] / 275
문수보살(文殊菩薩) / **81**
문자의 사용 / **141**
미륵불(彌勒佛) / 323
미증유법(未曾有法) / 131
민간신앙 / 454
민중불교 / **464**
밀교 / **192**
밀린다왕의 질문 → 나선비구경
밀행제일(密行第一) → 나후라

ㅂ

바라나시[지] / 418
바라밀(波羅密) / **380**
바수반두(Vasubandhu)[인] → 세친
반니원경(般泥洹經) / 21
반야(般若) / **197**, 382
반야경(般若經) / 198, 392

반야바라밀(般若波羅密) / 198
반야심경(般若心經) / 194, 475
반야와 공 / **197**
반힐기(反詰記) / 62
방광(方廣) / 131
방광대장엄경(方廣大莊嚴經) / 144
방편(方便) / **52**
백거이(白居易)[인, 중국] / 373
백낙천(白樂天)[인, 중국] / 373
백론(百論) / 287
백마사(百馬寺) / 260
백제 / 265, 269
백중(百衆) / 99
번경원(翻經院) / 156
번역관 / 157
번역불교 / 248
범망경(梵網經, 대승) / 149, 313
범어(梵語) / **138**
범행(梵行) / **355**
법(法) / **108**, 481
법계(法界) / 191, 310
법계연기(法界緣起) / **310**
법과 율 / 126
법구경(法句經) / 141, 171, 373
법난(法難) / **337**
법륜(法輪) / 72, 424
법사(法師) / 188
법상종(法相宗) / **303**
법순(法順)[인, 중국] → 두순
법신(法身) / **73**, 212, 443

법운(法雲)[인, 중국] / 219
법을 먹는 아귀 / 34
법인(法印) / 444
법장(法藏)[인, 중국] / 307
법장보살(法藏菩薩) / **79**, 394
법장보살의 48원 / 324
법총(法聰)[인, 중국] / 312
법현(法顯)[인, 중국] / 257, 437
법화경(法華經) / 42, 47, 53, 86, 214,
　292, 333
　　법화경의 수기 / 413
　　법화경의 염불 / 456
법화경의기(法華經義記) / 219
베나레스[지] / 418
베달라(vedalla) → 방광
벽지불(辟支佛) → 독각
변계소집성(遍計所執性) / 305
변문(變文) / 281
변상도(變相圖) / 281
별교(別敎) / 294
별원(別願) / 394
보경보불(普敬普佛) / 300
보리 → 깨달음
보리달마(菩提達磨)[인] → 달마대사
보리살타 → 보살
보법(普法) / 299
보살(菩薩) / **74**, **78**, 424, 491
보살계(菩薩戒) / **376**
보살사상 → 보살
보살영락본업경(菩薩瓔珞本業經) / 149

보살행(菩薩行) / 396, 492
보시(布施) / 239, 381, 388, 463
보신(報身) / **73**
보요경(普曜經) / 143
보우국사(普愚國師)[인, 고려] → 태고
보조국사(普照國師)[인, 고려] → 지눌
보현보살(普賢菩薩) / **82**
복전(福田) / 85, **238**, 423
본교(Bon敎) / 276
본무(本無) / 224
본문(本門) / 292
본사(本事) → 여시어
본생담(本生譚) / 131, 143
본원(本願) / 79, 324, **394**
부도(浮屠) / 421
부란약(腐爛藥) / 355
부루나[인] / **101**
부영중기(富永仲基)[인, 일본] / 152, 217
부정교(不定敎) / 294
부정주의(不定主義) / 168
부정주의(否定主義) / 287
부처 / **70**
　　출생연대 / **20**
　　출생지 / **22**
　　출생과정 / **22**
　　성장과정 / **24**
　　설법의 언어 / **138**
부파불교 → 아비달마불교
북방불교(北方佛敎) / **248**, 257
북점(北漸) / 319

북종(北宗) / 319
분별기(分別記) / 61
분소의(糞掃衣) / 355
불 → 부처
불가지론(不可知論) / 167
불괴정(不壞淨) / 460
불교대전 / 351
불교문학 / **129**
불교부흥운동 / 250
불교사회주의 / **483**
불교예술 / 434
불교유신론(佛敎維新論) / **347**
불교의 전향적 자세 / 492
불교의 현대적 의의 / **489**
불교인간주의 / 485
불교정화 / **342**
불기(佛紀) / 21
불립문자(不立文字) / **317**
불망어(不妄語) / 371
불멸론(不滅論) / 167
불모(佛母) / 198
불법사회주의(佛法社會主義) → 불교사
　　회주의
불본행집경(佛本行集經) / 34, 144
불사음(不邪婬) / 371
불살생(不殺生) / 370
불상(佛像) / **426**
불성(佛性) / **211**, 216, 289
불소행찬(佛所行讚) / 143
불승(佛乘) / 215

불신론(佛身論) → 삼신설
불음주(不飲酒) / 371
불[火]의 설법 / 37
불전(佛典) → 삼장
불전도(佛傳圖) / 435, 444
불전문학(佛傳文學) / 142
불타(佛陀) → 부처
불탑(佛塔) / 421
불탑신앙 / 423
불투도(不偸盜) / 371
붓다 → 부처
붓다가야(Buddhagayā)[지] / 418
붓다고사(Buddhaghosa)[인] / 109, 143
붓다의 전기 / 142
브라만교 / 164, 193, 252
비나야(Vinaya) → 율
비단길 → 실크로드
비로자나불 / 194
비밀교(秘密敎) / 293
비슈누신(Viṣṇu神) / 254
비승비속(非僧非俗) / 424
비유(譬喩) / 60, 131
비하라(Vihāra) → 승원

ㅅ

사교과(四敎科) / 438
사대(四大) / 167, 474
사대성지 / 417
사르나트(Sārnāth)[지] / 418

사리(舍利) / 422
사리불[인] / 98
사리자[인] → 사리불
사명외도(邪命外道) / 166
사무량심(四無量心) / 63
사문(沙門) / 165, 236, 354, 357
사문과경(沙門果經) / 165
사문유관(四門遊觀) / 26
사미과(沙彌科) / 438
사방승가(四方僧伽) / 243
사법인(四法印) / 176
사부대중 / 234
사분율(四分律) / 312
사분율종(四分律宗) / 312
사불괴정(四不壞淨) / 459
사사무애(事事無碍) / 310
사상도 / 420
사섭법(四攝法) / 388
사섭사 → 사섭법
사성제(四聖諦) / 110
사십이장경(四十二章經) / 260
사아함 → 아함
사원 → 승원
사원교육 / 439
사위성(舍衛城) / 419
사의지(四依止) / 354
사자상승(師資相承) / 192
사제 → 사성제
사증정(四證淨) → 사불괴정
사집과(四集科) / 438

502

사찰령(寺刹令) / 327
사치기(捨置記) / 62
사키야족 → 석가족
사향사과(四向四果) / 85
사홍서원(四弘誓願) / 392
사화외도(事火外道) / 36
산스크리트어 → 범어
산자야 벨랏티풋타(Sanjaya Belaṭṭiputta)
 [인] / 167
삼거화택(三車火宅)의 비유 / 88
삼계교(三階敎) / 298
삼귀의(三歸依) / 369
삼도(三道) / 384
삼론(三論) → 차제설법
삼론종(三論宗) / 287
삼명육통(三明六通) / 411
삼무일종(三武一宗)의 법난 / 338
삼밀(三密) / 442
삼법인(三法印) / 173
삼불역(三不易) → 오실본 삼불역
삼보(三寶) / 70, 108, 232, 461
삼성설(三性說) / 305
삼세간(三世間) / 296
삼승(三乘) / 88, 215
삼시전(三時殿) / 25
삼신설(三身說) / 72
삼십칠도품(三十七道品) / 89
삼업(三業) / 378, 401, 442
삼예사 / 276
삼의일발(三衣一鉢) / 248, 355

삼장(三藏) / 125
삼제원융(三諦圓融) / 294
삼종설(三從說) / 45
삼천세계 / 296
삼취정계(三聚淨戒) / 376
삼학(三學) / 384, 490
상(想) / 476
상가(Saṅgha) / 232, 236
상가라마(Saṅghārāma) → 승원
상구보리 하화중생(上求菩提下化衆生) /
 392, 396
상카쉬야(Saṃkāśya)[지] / 419
상대주의 / 168
상법결의경(像法決疑經) / 149
상불경보살(常不輕菩薩) / 76
상사라(saṃsāra) → 윤회
상좌부(上座部) / 184
상좌불교 → 남방불교
상주론(常住論) / 167
상즉상입(相卽相入) / 310
상호설법(相互說法) → 위의교화
색(色) / 475
생(生) / 181
생사(生死) → 윤회
생천론(生天論) / 63, 65, 402
샤리푸트라(Śāriputra)[인] → 사리불
샨타라크쉬타(Śāntarakṣita)[인] → 적호
서사(書寫) / 282
서역(西域) / 246
서역불교(西域佛敎) / 256

서원(誓願) / **391**

서자(書字) / 157

서장대장경(西藏大藏經) / 275

서장불교 → 티베트불교

서장어 → 티베트어

석가모니 → 부처님

석가족 / 22

석굴사원 / 242, 279, **431**

석굴암 / 431

선(善) / 374

선(禪) / 289, 315, 349

선도(善導)[인, 중국] / 323

선문답 / 490

선불교 → 선종

선생자경(善生子經) / 237

선원(禪院) / **439**

선원제전집도서(禪源諸詮集都序) / 316

선정(禪定) / 315, 382

선정인(禪定印) / 444

선종(禪宗) / **315**, 328

    선과 교 / 328, 349

선혜쌍수론(禪慧雙修論) / 267

설법교화(說法敎化) / **60**

설법도(說法圖) / 435

설법제일(說法第一) → 부루나

설일체유부(說一切有部) / 185

섭론종(攝論宗) / 307

섭선법계(攝善法戒) / 378

섭율의계(攝律儀戒) / 377

섭중생계(攝衆生戒) / 378

성명왕(聖明王)[인, 백제] / 270

성문(聲聞) / **89**

성불(成佛) / 211

성실론(成實論) / 185

성실종(成實宗) / 304

성유식론(成唯識論) / 304

세간 / 296

세계창조 / 482

세기경(世記經) / 135

세속제(世俗諦) / 288

세종(世宗)[인, 後周] / 338

세지보살(勢至菩薩) / **82**

세친(世親)[인] / 304

소가(蘇我)[인, 일본] / 270

소림사(少林寺) / 316

소변(所變) / 207

소승(小乘) / 152, 186

소승교(小乘敎) / 308

소승불교 → 아비달마불교

소승 20부 / 184

소취(所取) / 208

손첸감포[인] / 274

쇼오토쿠(聖德)[인, 일본] / 270

수(受) / 180, 476

수결(授決) → 수기

수계(受戒) / **369**

수기(授記) / 130, **413**

수도(修道) / 385

수범수제(隨犯隨制) / **367**

수보리[인] / **100**

수부티[인] → 수보리
수선사(修禪社) / 329
수의과(隨意科) / 438
수인(手印) / 444
수하좌(樹下座) / 355
수행과 성 / **44**
숙명론 / 166
숙명통(宿命通) / 410
순도(順道)[인] / 264
순밀(純密) / 194
순세파(順世派) / 167
순환론 / 400
숫도다나왕[인] → 정반왕
숫타(sutta) → 경
숫타니파타(Suttanipāta) / 28, 171
슈라바스티(Śrāvasti)[지] → 사위성
스리랑카 / 246
스투파(stūpa) → 탑
승(乘) / 88
승(僧) / **232**
승가 → 상가
승가람(僧伽藍) / 241
승단(僧團) / 235, **236**
승랑(僧朗)[인, 고구려] / 287
승물(僧物) / 424
승원(僧院) / **241**
시론(施論) / 65
시무외인(施無畏印) / 445
시아귀회(施餓鬼會) / 99
시주(施主) / 243

식(識) / 180, 206, 476
신도(神道) / 271, 333
신라 / 265
신수(神秀)[인, 중국] / 318
신역(新譯) / 158
신족통(神足通) / 410
신통(神通) / **408**
신통제일(神通第一) → 목건련
신해탈(信解脫) / 452
신행(信行)[인, 중국] / 298
신흥불청(新興佛靑) / 485
실라(sila) → 계
실천불교 / 302
실크로드 / 246, 257, 434
십계(十界) / 295
십대원(十大願) / 82
십대제자 / **97**
십문화쟁론(十門和諍論) / 229
십바라밀(十波羅密) / 383
십선계(十善戒) / **376**
십여시(十如是) / 296
십이문론(十二門論) / 287
십이분교(十二分敎) / **131**
십이연기 → 십이인연
십이인연(十二因緣) / 116, **179**
십이입(十二入) → 십이처
십이처(十二處) / **479**
십이칠(10 · 27) 법난 / **340**
십일면관음(十一面觀音) / 81
십지(十地) / 191

십현문(十玄門) / 311
싯다르타 → 부처님
싱할리 / 141

ㅇ

아가마(āgama) → 아함
아나율[인] / 102
아난[인] / 104
아난다 → 아난
아뇩다라삼먁삼보리 / 114
아니룻다[인] → 아나율
아도(阿道)[인] / 264
아라한(阿羅漢) / 33, 84
아뢰야식 → 알라야식
아미타경(阿彌陀經) / 324
아미타바(Amitabha) → 아미타불
아미타불(阿彌陀佛) / 79, 323, 324, 397,
  445, 451
아미타신앙 → 정토교
아바다나(avadāna) → 비유
아비다르마(abhidharma) → 아비달마
아비달마(阿毘達磨) / 127, 184
아비달마불교(阿毘達磨佛敎) / 183
아상가(Asaṅga)[인] → 무착
아쇼카(Aśoka)[인] / 21, 122, 140, 170,
  247, 258, 419
아슈와고샤(Aśvaghoṣa) → 마명
아시타(Asita)[인] / 93
아자타삿투(Ajātasattu)[인] / 40, 165

아잔타[지] / 253, 432
아지타 케사캄발린(Ajita Kesakambalin) /
  167
아타르바베다 / 193
아함(阿含) / 127, 133, 350
악마의 유혹 / 28
안거(安居) / 357
알라야식(ālaya識) / 207, 208, 305
알라야식 연기 / 404
암베드카르[인] / 250
압부타담마(abbhutadhamma) → 미증유법
애(愛) / 180
애어(愛語) / 388
야사(Yasa)[인] / 33, 64
야쇼다라(Yaśodharā)[인] / 25
양기파(楊岐派) / 321
업(業) / 400
업감연기(業感緣起) / 182, 186, 404
업보설 / 66
업생(業生) / 79
엘로라[지] / 432
여래(如來) / 350
여래선(如來禪) / 316, 319
여래장(如來藏) / 210
여래장 연기설 / 213, 405
여성의 출가 / 44
여시아문(如是我聞) / 123
여시어(如是語) / 131
여원인(與願印) / 445
여인 5장설(五障說) / 45

506

역경(譯經) / **155**
역경원(譯經院) / **156**
역주(譯註) / 157
연각(緣覺) → 독각
연기(緣起) / 110, **115**, 203
연기론과 실상론 / 227
연기와 중도 / 115
연등(燃燈) / **446**
연등도감 / 448
연등불(燃燈佛) / 448
연등회(燃燈會) / **448**
연화생(蓮華生)[인] / 276
열반(涅槃) / 113, 115, 176, 224
열반경(涅槃經) / 288
열반적정(涅槃寂靜) / 176
염불(念佛) / 323
염불원(念佛院) / 438
염화시중(拈華示衆)의 미소 / 100
영묘(靈廟) / 418
영혼 / 403
오가칠종(五家七宗) / 321
오계(五戒) / 65, 362, **370**
오교십종(五教十宗) / **308**
오니카야 / 127, 134
오시교판설(五時教判說) / **219**
오시설(五時說) / 219
오시팔교(五時八教) / 219, **293**
오실본 삼불역(五失本三不易) / 157
오역죄(五逆罪) / 324
오온(五蘊) / 174, **474**, 479

오위백법(五位百法) / 304
오종불번(五種不翻) / 158
오취온 → 오온
온(蘊) / 475
왕사성(王舍城) / 419
왕실불교 / 96, 262
왕오천축국전(往五天竺國傳) / 280
외전(外典) / 440
요가(Yoga) / 315
요가차라(Yogācāra) → 유가행파
요가학파 / 206
요소설(要素說) / 474
용문석굴 / 435
용수(龍樹)[인] / 199, **201**, 450
우누(Unu)[인] / 485
우다나(udāna) → 감흥게
우도밀교(右道密教) / 195
우란분절 / 99
우루벨라의 신변 / **36**
우상(偶像) / 426
우파데샤(upadeśa) → 논의
우파리[인] / **103**
우팔리[인] → 우파리
우포사타(uposatha) → 포살
운강석굴 / 435
운수(雲水) / 358
원(圓) → 만다라
원교(圓教) / 294, 308
원림(園林) / 242
원생(願生) / 79

원성실성(圓成實性) / 305
원시불교(原始佛敎) / **170**
원측(圓測)[인, 신라] / 306
원효(元曉)[인, 신라] / 227, 311
월광보살(月光菩薩) / 83
위경(僞經) / **147**
위의경(僞疑經) / 148
위의교화(威儀敎化) / **60**
유(有) / 181
유가사지론(瑜伽師地論) / 91
유가유식(瑜伽唯識) / 205
유가행파(瑜伽行派) → 유식
유교의 오상(五常) / 224
유구진여(有垢眞如) / 212
유루(有漏)의 선 / 375
유마경(維摩經) / 47, 153
유물론 / 167
유식(唯識) / **205**
유식설 → 유식
유식종 → 법상종
유식학 → 유식
유심연기(唯心緣起) / **309**
유위법(有爲法) / 186
유전(流轉) → 윤회
유행(遊行) / 358
육경(六境) / 180, 480
육근(六根) / 180, 480
육도(六道) / 295, 405
육바라밀(六波羅密) / **381**
육사외도(六師外道) / **164**

육식(六識) / 180
육신통(六神通) / **410**
육처 → 육근
육취 → 육도
윤문(潤文) / 157
윤회(輪廻) / **400**
윤회와 업 / **398**
율(律) / 126, 365
율원(律院) / 438
율장(律藏) / 125, 366
율종(律宗) / **312**
응공(應供) → 아라한
응병여약(應病與藥) / 63
의경(疑經) / **148**
의상(義湘)[인, 신라] / 311
의식의 전환 / 114
의정(義淨)[인, 중국] / 314
의천(義天)[인, 고려] / 267, 291
의타기성(依他起性) / 305
이법(理法)으로서의 법 / **110**
이불란사(伊弗蘭寺) / 264
이슬람교 / 250
이원론 / 168
이차돈(異次頓)[인, 신라] / 265
이타행(利他行) / 76, 388
이행(利行) / 389
이행도(易行道) / 324, **451**
인계(印契) → 무드라
인도불교(印度佛敎) / **250**
인연(因緣) / 110, **116**

508

인연담(因緣譚) / 61, 131, 143
인왕반야경(仁王般若經) / 149
인욕(忍辱) / 382
일광보살(日光菩薩) / 83
일념삼천(一念三千) / **295**
일념성불(一念成佛) / 310
일련(日蓮)[인, 일본] / 332
　　일련의 만다라 / 333
일련종(日蓮宗) / **332**
일본불교(日本佛敎) / **269**
일본서기(日本書紀) / 270
일불승(一佛乘) / 214
일승(一乘) / **214**
일승사상 → 일승
일심삼관(一心三觀) / 292, **294**
일즉다 다즉일(一卽多多卽一) / 311
일천제(一闡提) / 210, 228
일체개고(一切皆苦) / 174, 186
일체경(一切經) → 대장경
일체중생실유불성(一切衆生悉有佛性) /
　490
일향기(一向記) / 61
임제종(臨濟宗) / 321
입정안국론(立正安國論) / 334

ㅈ

자기 창조 / 118, 385, 482
자기 확인 / 114
자나(jhana) → 선

자등명 법등명(自燈明法燈明) / **49**
자력과 타력 / **450**
자력문(自力門) / **450**
자력신앙 / 323
자미도 선도타(自未度先度他) / 393
자비 / 118
자비행 / 378
자아(自我) / 175
자은대사(慈恩大師) → 규기
자이나교 / **168**, 254
자자(自恣) / 359, **360**
자타카(Jātaka) → 본생담
잡밀(雜密) / 194
장건(長騫)[인, 중국] / 257
장교(藏敎) / 294
장로게(長老偈) / 47, 171
장로니게(長老尼偈) / 47, 171
장자(長者) / 238
적문(迹門) / 292
적호(寂護)[인] / 276
전도의 선언 / 33, 34
전륜성왕(轉輪聖王) / **93**
전륜왕사자후경(轉輪王獅子吼經) / **94**
전법륜인(轉法輪印) / 445
전의법(轉意法) / **63**, 361
점교(漸敎) / 293
점찰법(占察法) / 150
점찰선악업보경(占察善惡業報經) / 150
정(定) → 선(禪)
정견(正見) / 177

정경(正經) / 147
정념(正念) / 178
정명(正命) / 178
정반왕(淨飯王)[인] / 22, 25
정사(精舍) / 240, **241**
정사유(正思惟) / 177
정어(正語) /177
정업(正業) /178
정정(正定) / 178
정정진(正精進) / 178
정진(精進) / 382
정진결재일(精進潔齋日) / **362**
정토교(淨土敎) / **322**, 397
정토삼부경(淨土三部經) / 324
정토신앙 → 정토교
정토진종(淨土眞宗) / 332
정통밀교(正統密敎) / 194
정혜사(定慧社) / 329
정혜쌍수(定慧雙修) / **329**
제1결집 / 123, 130, 136
제2결집 / 183
제3결집 / 247
제관(諦觀)[인, 고려] / 219, 297
제교(制敎) / 313
제법무아(諸法無我) / 175
제법실상(諸法實相) / 309
제일의제(第一義諦) / 288
제행무상(諸行無常) / 173, 186
조계종(曹溪宗) / **327**
조귀진(趙歸眞)[인, 중국] / 340

조동종(曹洞宗) / 321
조복(調伏) / 366
조사선(祖師禪) / **320**
조선불교선교양종(朝鮮佛敎禪敎兩宗) / 327
조선불교유신론(朝鮮佛敎維新論) / 348
종교(宗敎) / 283
종남산(終南山) / 312
종단(宗團) / **285**
종말론 / 400
종밀(宗密)[인, 중국] / 311
종파(宗派) / **283**
종파불교(일본) / **272**
종파불교시대(중국) / 262, **285**
좌도밀교(左道密敎) / 195
좌선(坐禪) / 317, 319, 438, 439
죽림정사(竹林精舍) / 242
죽림촌(竹林村) / 49
중(衆) → 승(僧)
중경(衆經) → 대장경
중관(中觀) / **201**, 287
중관파 → 중관
중국불교(中國佛敎) / 224, 257, **260**, 283
중도(中道) / 115, **117**, 177, 203, 288, 289, 450, 467, 491
중론(中論) / 199, 287, 288, 292, 294
중생불교(衆生佛敎) / 466
중성점기설(衆聖點記說) / 20
중송(重訟) / 130
중승(中乘) / 88

510

즉신성불(卽身成佛) / 196
증문(證文) / 157
증의(證義) / 157
지계(持戒) / 382
지관(止觀) / **296**
지권인(智拳印) / 445
지눌(知訥)[인, 고려] / 267, 328
지도림(支道林)[인, 중국] / 264
지론종(地論宗) / 307
지말분열(枝末分裂) / 184
지엄(智儼)[인, 중국] / 307
지율제일(持律第一) → 우파리
지의(智顗)[인, 중국] / 219, 284, 292
지자대사(智者大師) → 지의
지장보살(地藏菩薩) / 76, **83**, 150, 393
지정(智正)[인, 중국] / 307
지혜제일(智慧第一) → 사리불
직지인심(直指人心) / 318
진경(眞經) / 147
진리 → 법
진속이제(眞俗二諦) / 218, 288
진실과 방편 / 218
진심(眞心) / 309
진언(眞言) → 만트라
진언승(眞言乘) / 195
진여(眞如) / 191, **211**, 224, 333, 405
진여와 무명 / 228
진제와 속제 → 진속이제
진호국가(鎭護國家) / **271**

ㅊ

차이티야(caitya) → 탑원
차제설법(次第說法) / **64**
찬탄 / 325
참다운 나 / 51
참역(參譯) / 157
창가학회(創價學會) / **335**
천불동(돈황) / **435**
　　　(키질) / **435**
천수천안관음(千手千眼觀音) / 81
천안제일(天眼第一) → 아나율
천안통(天眼通) / 411
천이통(天耳通) / 410
천태대사(天台大師)[인, 중국] → 지의
천태사교의(天台四敎儀) / 219, 297
천태종(天台宗) / 219, **291**
철문(綴文) / 157
체티야(cetiya) → 탑원
초기불교 → 원시불교
초문사(肖門寺) / 264
초전법륜(初轉法輪) / **32**, 84
촉(觸) / 180
총림(叢林) / **438**
총원(總願) → 사홍서원
총지(總持) → 다라니
최상승선(最上乘禪) / 316
최호(崔浩)[인, 중국] / 339
축법도(竺法度)[인] / 153
축법심(竺法深)[인] / 265

축법아(竺法雅)[인] / 223
출가교단 / **236**
출요경(出曜經) / 374
출정후어(出定後語) / 152
취(取) / 181
측천무후(則天武后)[인, 중국] / 318
치손데첸[인] / 275
칠부대중 / 235
칠불통계(七佛通戒) / **373**
칭명(稱名) / 325

ㅋ

카르마(karma) → 업
카쉬야파(Kāśyapa)[인] → 가섭
카티야야나(Kātyāyana) → 가전연
캇사파(Kassapa) 3형제 / 36, 37
쿠마라지바(Kumārajīva)[인] → 구마라집
쿠쉬나가라(Kuśinagara)[지] / 418
쿠차(Kucha)[지] / 434

ㅌ

타력문(他力門) / **451**
타력신앙 / 323
타심통(他心通) / 410
탁발(托鉢) / 238, 355
탄트라(Tantra) / 195
탄트라불교 / **195**, **277**
탑 / **421**

탑물(塔物) / 424
탑원(塔院) / 242, 422, 433
태고(太古)[인, 고려] / 328
태고사(太古寺) / 327
태고종(太古宗) / 330, 345
태무제(太武帝)[인, 중국] / 338
테라가타(Theragāthā) / 47
테리가타(Therigāthā) / 47
톤미삼보타[인] / 275
통교(通敎) / 294
통불교(通佛敎) / 229, **266**
티베트불교 / **274**
티베트어 / 275

ㅍ

파드마 삼바바(Padmasambhava)[인] → 연
  화생
파라미타(Pāramitā) → 바라밀
파불(破佛) → 법난
파사현정(破邪顯正) / 203, 288
파쿠다 캇차야나(Pakudha Kaccāyana)[인]
  / 167
팔경법(八敬法) / 46
팔대성지 / **419**
팔리삼장 / 160
팔리어 / 134, **139**
팔만대장경(八萬大藏經) / 162
팔부중도(八不中道) / 289
팔상도 / 420

512

팔성도 → 팔정도
팔식설(八識說) / 208
팔재계(八齋戒) / 362
팔정도(八正道) / **177**, 356, 381, 462,
  491
팔정도와 육바라밀 / 117
팔종의 조사 → 용수
펠리오(Pelliot)[인] / 280
평안 / **492**
평화 / **491**
폐불(廢佛) → 법난
포살(布薩) / **361**
푸라나 캇사파(Pūraṇa Kassapa)[인] / 166
푸르나(Pūrna)[인] → 부루나
푸쉬야미트라(Puṣyamitra) / 338
프라갸(prajñā) → 반야
프라크리티(Prakṛti) / 139
필수(筆受) / 157

ㅎ

한국불교(韓國佛敎) / **264**
한국불교의 과제 / **350**
한국불교 태고종 → 태고종
한무제(漢武帝)[인, 중국] / 257
한역대장경(漢譯大藏經) / 161
한용운(韓龍雲)[인] / 348
합리주의(불교) / **490**
합송(合誦) → 결집
항마촉지인(降魔觸地印) / 444

해공제일(解空第一) → 수보리
해심밀경소(解深密經疏) / 306
해제(解制) / 359
해탈(解脫) / 113, 115, 401
해탈과 열반 / 115
행(行) / 173, 180, 476
행법제일(行法第一) → 가섭
허공장보살(虛空藏菩薩) / 82
현교(顯敎) / 192
현성공안(現成公案) / 320
현실해결주의 / **55**
현장(玄奘)[인, 중국] / 22, 158, 256, 283,
  303, 307, 437
현전승가(現前僧伽) / **243**
형이상학적 문제 / **55**
혜가(慧可)[인, 중국] / 317
혜관(慧觀)[인, 고려] / 289
혜능(慧能)[인, 중국] / 317, 328
혜문(慧文)[인, 중국] / 292
혜초(慧超)[인, 신라] / 280
혜해탈(慧解脫) / 452
호국불교 / **266**
홍인(弘忍)[인, 중국] / 318
화교(化敎) / 313
화도사(化度寺) / 300
화법사교(化法四敎) / 220, **294**
화신(化身) / **73**
화신라마 / 277
화엄경(華嚴經) / 82, 194, 307, 396, 444
화엄종(華嚴宗) / **307**

화엄종의 교판 / 308
화의사교(化儀四敎) / 220, 293
화쟁(和諍) / **227**
환골탈태(換骨奪胎) → 전의법
회의론 / 167
회창의 폐불 / **339**
회향(廻向) / **395**
훼석(毀釋) → 법난
휴정(休靜)[인, 조선] / 267
힌두교 / 193

간추린 불교상식 100문100답

초판 1쇄 발행 • 2004년 6월 10일
초판 3쇄 발행 • 2012년 6월 20일

지은이 • 정 승 석
펴낸이 • 윤 재 승
펴낸곳 • 도서출판 민족사

등록 • 1980년 5월 9일(등록 제1-149호)
주소 • (110-858)서울시 종로구 수송동 58 두산위브파빌리온 1131호
전화 • (02) 732-2403~4 / 팩스 • (02) 739-7565
E-mail • minjoksa@chollian.net

*이 책은 『100문100답(불교강좌편)』(민족사, 1999)의 제목을 새롭게 바꾼
 책입니다.
*지은이와 협의하에 인지는 생략합니다.
*잘못된 책은 바꾸어 드립니다.

값 15,000원
ISBN 978-89-7009-394-9 03220